La place des bonnes

Souvenirs, nostalgies d'un temps à peine révolu : les bonnes, demeurées dans la mémoire collective comme des personnages idéaux, entre lutins et bonnes fées, veillant à tout et sur tout dans la maisonnée, ronchonnantes parfois, tendres souvent, mais toujours dévouées et toujours attentives... En fait une imagerie pieuse, ni plus ni moins qu'un mythe. La servante au grand cœur, le quasi membre de la famille où elle sert, était devenue aux abords du XXe siècle le jouet des fantasmes de ses maîtres : un instrument au service de Madame, soumise à ses caprices et à ses moindres humeurs; un sexe à disposition de Monsieur, son objet de désir et de plaisirs.

Avec *La place des bonnes,* Anne Martin-Fugier a éclairé d'un jour nouveau la société bourgeoise façon 1900. La bonne comme révélateur des structures cachées de l'ordre social. Car le fait est lumineux : en examinant le statut de ce personnage négligé par l'historiographie traditionnelle, en disséquant sa vie, en restituant son emploi du temps, bref en reconsidérant ce que fut son destin, le chercheur fait surgir l'univers mental d'une époque et nous fait clairement percevoir ce qui le charpente et l'organise. Donc les bonnes, la domesticité féminine en 1900 : à la lettre, l'objet d'une permanente fascination, l'obsession du bourgeois. Toute la littérature en porte l'empreinte. Zola, Balzac, Huysmans, les Goncourt, Maupassant, Erckmann-Chatrian... pas un notable de la plume qui ait fait l'impasse sur la « bonniche ». Tout comme la presse, les gazettes : les journalistes se régalent des faits divers puisés dans les démêlés des soubrettes avec leurs patrons. Tout comme encore les archives de grandes familles, telles les d'Harcourt ou les Murat, qui ont conservé la chronique d'affaires domestiques. Le matériau est abondant, débordant même. Confondant. La bonne partout, toujours. Alors que précisément elle devrait être absente, tant cette société mettait d'acharnement à lui dénier son poids d'humanité.

Mais elle est là, et bien là, la bonne. A sa place dans le décor quotidien, inscrite dans l'imaginaire de ceux qui l'emploient. A la fois rassurante et inquiétante. Rassurante? Une évidence en fait. Il n'y a qu'à se référer au rôle qu'elle remplit auprès des uns et des autres. Sa figure de vestale pointilleuse chargée de veiller sur l'intégrité du foyer et de transmettre, d'une génération à l'autre, les vertus auxquelles les rejetons de la lignée devront se conformer. Ses rappels à l'ordre si le maître témoigne trop de désinvolture à l'égard des usages. Son souci de l'économie. Son respect du dogme moral. Jusqu'à son existence, le fait de sa présence servile, de son obéissance benoîte, qui témoigne de la hiérarchie et de la place de chacun... La bonne, symbole de la permanence de l'ordre social. Figure exemplaire du peuple discipliné, enfin « domestiqué ».

Mais elle inquiète aussi. Et pour cause. Trop d'ambivalences émanent de

(Suite au verso.)

sa personne. Son origine d'abord : presque toujours paysanne montée à la ville. C'est-à-dire un produit du terroir, de la terre, une étrangère au cercle citadin. Donc, potentiellement, un danger. Sa fonction ensuite, sa charge : on lui abandonne le sale et le malodorant. A elle le ménage, la lessive, le service des immondices, les tâches ingrates et les besognes innommables. Et la voilà alors assimilée aux basses activités organiques du corps familial, une préposée à l'élimination excrémentielle qui, de fil en aiguille, d'assimilation en assimilation, devient symbole d'impureté, de crasse et de souillure, menace de maladies et de dégradations.

Enfin, il y a l'essentiel : le sexe. La bonne, obscur objet du désir bourgeois. L'attraction et la répulsion. L'excitation de la chair et l'angoisse de ses turpitudes. Le gouffre des fantasmes. En fait, comme le relève Anne Martin-Fugier, l'image de la servante oscille sans cesse entre deux pôles, Marthe d'un côté, Marie-Madeleine de l'autre. Le versant de l'abnégation et celui des concupiscences. Marthe et l'apostolat, quand la servante gagne sa rédemption dans l'abdication de son être et de son corps. Même si l'on note un glissement au cours du XIXe siècle, une laïcisation progressive du modèle allant de pair avec le déclin des valeurs religieuses, la dépossession corporelle demeure une constante. Un exemple, parmi des dizaines : le récit d'Yvonne Cretté-Breton, femme de service, qui, souffrant d'une rage de dents, est autorisée à se rendre chez le dentiste... pour qu'on lui arrache la cause de ses douleurs. Pas question d'autres soins. La dent cariée d'une domestique s'enlève : elle ne se soigne pas.

A l'opposé, Marie-Madeleine et le déchaînements des pulsions libidineuses. Le bourgeois dans tous ses états. La bonne ou le fruit du désir. On ne voit d'elle que ses chairs plantureuses : elle est fesses, seins, sexe, incarnation d'amours débridées, de la liberté des mœurs, elle est corps offert et à disposition, dont tous peuvent profiter, le père comme le fils. Le sixième étage où se tient sa chambre devient alors le lieu géométrique des fantasmes du mâle de la bourgeoisie, l'espace des rêves inavouables et des pratiques inavouées, le point de fixation des ardeurs refoulées. Un nouveau chapitre sur lequel la littérature est inépuisable : témoignage parfois cruel des vicissitudes de la bonne transformée en machine à faire jouir le bourgeois.

La place des bonnes constitue l'un des plus formidables documents, issus de la nouvelle génération des historiens, qui ait été écrit sur l'esprit du XIXe siècle. La société bourgeoise regardée par le trou de la serrure, approchée dans son intimité. Une étonnante plongée dans un monde que l'on croyait connaître et que l'on découvre bien différent de ce que la légende nous contait.

ANNE MARTIN-FUGIER

La place des bonnes

La domesticité féminine à Paris en 1900

GRASSET

© Éditions Grasset & Fasquelle, 1979.

AVANT-PROPOS

« *Sa tombe vague était ce terrain vague. Pour prier sur elle, il fallait prier au petit bonheur entre deux dates. Comme si la destinée de la pauvre fille avait voulu qu'il n'y eût, sur la terre, pas plus de place pour son corps que pour son cœur!* » *Ainsi les frères Goncourt terminent-ils* Germinie Lacerteux (1864), *roman d'une bonne, sur l'effacement de la domestique, élevé à la hauteur d'un destin. Reste à savoir quel intérêt ils ont à cet effacement, malgré leur ton éploré.*

Ecrire aujourd'hui un livre sur les bonnes en 1900, est-ce leur faire un tombeau? Est-ce dresser à ces inconnues un monument, tout comme il en existe à la mémoire du soldat inconnu? Certainement pas. Les monuments à la gloire des héros morts sont érigés en même temps à la gloire des patries pour lesquelles ils sont morts. Les bonnes n'étaient pas des héroïnes, ni soldates ni militantes; il n'y a pas lieu de leur faire gloire de leur martyre ou de leur dévouement, ni de glorifier, à travers elles, les valeurs qu'elles desservaient.

*Il faut se méfier de la fascination qu'exerce sur nous le charme discret de la bourgeoisie, et celui, plus discret encore, et par là même combien puissant, de l'aristocratie. Au XIX*e *siècle déjà, on se référait à l'Ancien Régime comme à un paradis perdu où régnait l'harmonie entre les maîtres et les serviteurs. Refuser donc ici de se servir des bonnes pour, à travers elles, célébrer les maîtres et le bon vieux temps. Refuser l'exotisme qui consiste à faire revivre le siècle* *passé dans ses fastes : déploiement de la hiérarchie sociale et mise en scène somptuaire.*

Tout aussi exotique serait l'évocation d'un monde plus rude, d'une vie quotidienne sans confort, où l'eau courante et l'électricité n'allaient pas de soi, radicalement différent de notre XXᵉ siècle finissant. Attrait de l'enfer perdu, qui, par contraste, permet d'exalter « le bon temps que ce siècle de fer! » et le progrès accompli – électricité et gadgets du Salon des arts ménagers. Les bonnes participaient du paradis comme de l'enfer, on pourrait donc aisément les utiliser à des fins opposées : restitution nostalgique d'un passé révolu et pittoresque, glorification d'un présent qui, par les progrès de la technique, nous a libérés du poids des tâches quotidiennes, par les progrès des lois sociales, d'au moins une catégorie de parias.

Parias, les bonnes l'étaient, asservies par des horaires parfois démentiels, entièrement dépendantes du bon vouloir des maîtres et de leur éventuelle humanité, puisqu'elles ne bénéficiaient d'aucune protection sociale. J'ai commencé par poser les données concrètes de la situation de la domestique en 1900 : elle arrive à Paris, comment se place-t-elle? combien gagne-t-elle? de quelles tâches est-elle chargée? comment est-elle logée? Mais il serait dérisoire de s'en tenir à cette « objectivité ».

Alors, pourquoi la bonne?

Il y a une grande variété de domestiques. La grande Nanon dans Balzac, Félicité dans Flaubert, Adèle dans Zola, Célestine dans Mirbeau, Bécassine : entre elles, quoi de commun? Tout, en apparence, les sépare : l'âge, le lieu où elles vivent (un monde entre la province et Paris), la classe sociale de leurs maîtres (un monde entre la petite bourgeoisie et l'aristocratie), les tâches qui leur incombent (la bonne à tout faire accablée de travail mène une existence bien différente de celle d'une femme de chambre attachée à une grande maison). La domestique type n'existe pas, mon travail n'a pas pour but d'en tracer un portrait synthétique. Au bas *de la hiérarchie, on trouve la bonne à tout faire : c'est elle que j'ai prise comme point de mire. Elle oriente l'analyse. L'évolution de la société à la fin du XIXe siècle l'imposait : le modèle tend alors vers une domestique unique par famille. Ailleurs, là où la domesticité est plus nombreuse, c'est à la bonne à tout faire qu'est dévolu le rôle le plus humble et le plus occulte. Enfin, si l'on peut, malgré la diversité des conditions de vie faites aux domestiques, parler de la bonne, c'est que ce personnage apparaît comme une entité dans l'imaginaire bourgeois.*

L'existence de la domestique est aussi la place qu'elle occupe dans l'univers fantasmatique qui se déploie autour d'elle. Dans l'imaginaire bourgeois, la bonne est l'une des représentations de la femme au sein de la famille, l'autre étant la maîtresse de maison. Deux pôles inséparables car c'est entre eux que s'opère la répartition des rôles, du corps et de la chair. A travers la bonne se joue le rapport au propre, au sale, au désirable, au répugnant, à l'ordure, au sexe, à ce qui, tout à la fois, attire et repousse. Le corps de la bonne tient une place importante dans l'économie symbolique de la famille bourgeoise. En témoigne la richesse des personnages de servantes en littérature, qu'elles soient héroïnes ou figures secondaires. La floraison de fantasmes qu'elles engendrent n'a rien à voir avec la dimension rétrécie de leurs existences réelles.

Fait d'époque, bien sûr. Il n'y a plus beaucoup de bonnes aujourd'hui, encore qu'il y ait des femmes de ménage. Mais si la bonne qui partageait la vie d'une famille a souvent disparu de la vie comme de la littérature, son personnage fantasmatique ne s'est pas évanoui pour autant, il gît quelque part dans le corps de chaque femme. « Je ne suis pas ta bonne » : quelle femme, dans un moment d'exaspération, n'a pas jeté cette exclamation à la tête de son compagnon ou de ses enfants ? Dénégation qui révèle que justement, si ! Qu'une femme travaille ou non, qu'elle appartienne à telle ou telle classe sociale, elle a à se situer par rapport à la répartition symbolique des rôles telle que l'a établie le XIXe siècle, à la souillure et à la pureté, au sale et au propre, à l'incarnation et à l'idéalisation, à la jouissance et à la frustration. Parmi toutes les images d'elle qui lui sont imposées, elle a à chercher une place pour son corps à elle. Comment une femme de 1979 peut-elle s'habiter si elle n'a pas reconnu et analysé les stéréotypes dont elle hérite et qui la contraignent ?

On dira : non seulement il n'y a presque plus de bonnes, mais les progrès techniques n'ont-ils pas changé radicalement le travail domestique de la femme ? Le pot de chambre a disparu, le balai est devenu aspirateur, les produits surgelés ont remplacé les soupes mijotées. Qui le nierait ? Mais suffit-il que les tâches matérielles soient allégées pour que nous ayons, du même coup, évacué la connotation symbolique ? A la bonne du XIXe siècle, le balai, la bouffe, la baise. Quelle femme, aujourd'hui, ne s'est jamais posé la question de son rapport au nettoyage, au rangement, à la confection des repas, à ce qui l'attire ou lui répugne, à ce qui, en elle, attire les autres ou leur répugne ?

> Bien mieux que dans la chambre, je t'aime dans la cuisine,
> Rien n'est plus beau que les mains d'une femme dans la farine

dit la chanson. Du temps où les rôles se répartissaient entre la bonne et la maîtresse de maison, le balai, la bouffe, la baise, déclarés répugnants, étaient assignés à la bonne, c'est-à-dire la femme en tant qu'elle était incarnée. La maîtresse, au contraire, était dispensée de ces corvées. La jeune fille bourgeoise, puis la mère de famille devaient rester virginales : à elles la représentation mondaine et morale. Elles doivent, de toute façon, se tenir à l'écart de la sexualité, il n'est pas question que leur corps se manifeste. Mais aujourd'hui que la bonne n'existe plus, que la maîtresse de maison est devenue aussi une bonne, il a fallu que change la connotation saleté-sexe-souillure. Puisqu'il n'y a plus de bonne sur laquelle fixer la saleté et le sexe pour les évacuer, il a fallu réintégrer dans le personnage de la ménagère ce qui ressortit au corps, déclarer le balai, la bouffe, la baise non seulement non répugnants mais exaltants et comblants.

La bonne qui habite toute ménagère doit être affirmée désirable. D'où le discours purement et simplement retourné : il est recommandé aux épouses d'être à la fois les fées du logis et les maîtresses expertes de leurs maris. Modèle issu des ménages petits-bourgeois où la femme est tenue de remplir tous les rôles à la fois. Que la ménagère ait incorporé le personnage de la bonne, qu'elle soit invitée par le discours dominant à habiter son corps, avec autant d'énergie qu'autrefois à le déserter, les femmes sont-elles pour autant rendues à elles-mêmes ? En chacune de nous coexistent la bonne incarnée et, par là même, destinée à la souillure, et la mère intouchable. Comment ne pas se sentir déchirée par cette dichotomie ? La bonne, c'est aussi l'inconscient de la ménagère.

La bonne, c'est le corps, et le corps dans la famille bourgeoise. La question de son identité se joue dans l'ambiguïté de son rapport à l'espace familial. Elle est l'extérieur qu'on introduit à l'intérieur. De là les tentatives pour l'assimiler à l'être familial; de là les angoisses devant l'extérieur menaçant. S'interroger sur la place des bonnes, c'est se demander dans quel lieu, dans quels interstices, elles ont le droit d'exister. Aux conditions de vie des femmes, elles n'ont, pendant les années où elles sont bonnes, quasiment pas droit : impossible de concilier vie conjugale ou maternité avec service domestique. Leurs maigres loisirs sont souvent du temps volé aux maîtres et à la contrainte des emplois du temps. En face de l'oppression qu'elles subissent, on est tenté de penser révolte, organisation collective. Il n'en est rien.

Ce ne sont pas des révoltées, ni des militantes. Elles commettent peu de crimes contre la personne de leurs maîtres, peu de vols à leurs dépens. Et si elles sont condamnées pour vol en correctionnelle, elles le sont davantage pour des vols dans les grands magasins que dans les maisons où elles servent. Leurs « révoltes » prennent plutôt la forme de mini-résistances quotidiennes : refus de répondre à la sonnette, petits profits sur les achats au marché. Les résistances sont affaire individuelle. Les bonnes ne sont, dans leur grande majorité, pas syndiquées. Les revendications des syndicats de gens de maison sont d'ailleurs très timorées.

Niées dans leur corps et leur cœur, n'ayant d'autre place sociale que l'étouffoir des familles bourgeoises, comment s'affirment-elles? Cela peut paraître paradoxal, mais elles trouvent leur raison d'être dans ce qui les aliène le plus : les codes bourgeois. Elles se montrent même pointilleuses sur le respect de ces codes, veillent à ce que la répartition des rôles sociaux soit respectée, et apparaissent ainsi comme les plus sûrs garants de l'ordre établi. Aucune solidarité de classe avec les autres prolétaires, au contraire. Elles tiennent à se démarquer de leur milieu d'origine et se rangent sans hésiter dans le camp des maîtres. Ou plutôt du côté des valeurs établies, quitte à faire sentir aux maîtres, s'ils s'en écartent, qu'ils ont tort. Dans leur adhésion aux codes bourgeois se joue la légitimité des domestiques à leurs propres yeux. Ne peut-on pas rapprocher cette attitude de celle, plus générale, des femmes, qui sont les défenseurs de l'ordre familial et social, que l'on dit volontiers plus « réactionnaires » que leurs maris? L'attachement à l'ordre établi n'est-il pas, dans les deux cas, une manière d'exister en même temps qu'il renforce l'aliénation?

La vraie tombe de la bonne n'est pas, comme l'écrivent les Goncourt à propos de Germinie, un terrain vague, mais c'est bel et bien le personnage de la ménagère. Une bonne habite en chacune de nous.

Selon une légende auvergnate, certains hommes meurent sous le poids de la galipote, monstre griffu qui leur saute sur le dos et s'agrippe à leur chair. Personne ne voit la galipote, mais celui qui la porte la sent peser et dépérit immanquablement. Notre galipote à nous, les femmes, n'est-ce pas l'addition monstrueuse de tous les rôles qui, au XIXᵉ siècle encore, étaient répartis entre plusieurs personnes (mère, maîtresse de maison, nourrice, domestique, bonne d'enfants, gouvernante, cuisinière... sans oublier l'amoureuse et la courtisane) et qui, peu à peu, au tournant du XIXe siècle, se réunissent en une seule et même personne : la femme au foyer, ou, plus exactement, la femme-à-la-maison, la femme quand elle est à la maison? A la maison, elle se consacre à l'entretien des plantes vertes comme à l'éducation des enfants, elle traque la poussière comme le désordre et fait de son chez-soi un « nid » pour le plus grand bonheur de tous : maris, enfants, vieux parents, chiens et chats, dans l'abnégation et l'oubli de soi. Placer sa raison d'être en dehors de soi, pour assurer le fonctionnement de la structure familiale, donc sociale, telle est la « mission » qui nous a incombé à toutes, grand-mères, mères et filles. On ne pourra pas, me semble-t-il, parler de « libération de la femme » tant qu'on n'aura pas fait l'archéologie de la ménagère et mère de famille, tant qu'on n'aura pas analysé tous les rôles dont, petit à petit, elle a été investie.

Nous sommes toutes hantées de multiples fantômes. Parmi ceux-ci, le plus prégnant est celui de la dévouée servante (les hommes, pour leur part, ont peut-être les leurs, mais c'est leur affaire, et il est peu probable qu'ils soient hantés par le fantôme d'un valet de chambre). Faire le portrait des bonnes de « nos » grand-mères – si nos grand-mères avaient des bonnes –, ce n'est pas tracer l'arbre généalogique des femmes de ménage actuelles, ce n'est pas évoquer avec nostalgie les familles bourgeoises du siècle dernier, mais c'est rendre visible la bonne qui vit en chacune de nous, restituer ses traits au fantôme pour le regarder en face et commencer à le congédier.

INTRODUCTION

I

MONTER À PARIS

Le *Journal* de Jules Renard[1] donne deux exemples de petites paysannes nivernaises venues servir à Paris : Mariette, en service chez les Renard de février 1905 au 27 juillet 1908; Augustine, du 30 juillet 1908 au 9 février 1909.

7 février 1905 : « Notre nouvelle bonne. Une fille d'ordre et d'argent. Elle a 600 francs à la Caisse d'épargne. »

6 novembre 1905 : « Mariette, notre bonne, qui n'a pas encore vu Paris, trouve tout superbe. Elle dit : " Voilà les journaux pour Monsieur... Une lettre pour Monsieur. " Quand elle va aux commissions, elle dit : " Au revoir, Madame. " »

3 décembre 1905 : « Ebloiue par le sou du franc, Mariette oublie toujours de le réclamer. »

En cette année 1905, Mariette apparaît donc comme une fille sérieuse et polie. Elle est aussi une provinciale qui découvre tout avec émerveillement à Paris. Deux ans après, Mariette est pervertie. Paris lui a ôté le goût de son travail et sa gentillesse envers les maîtres.

4 décembre 1907 : « Mariette ne veut plus laver la vaisselle ni cirer les chaussures. Elle voudrait être demoiselle de magasin. C'est une idée qui l'occupe, qui pousse toute seule. [...] Elle ne se plaint pas ici. Elle sait qu'ailleurs elle ne gagnera pas plus, mais on ne sent chez elle aucun regret, aucune tendresse pour nous qui la traitions

comme une petite fille de la maison. » Etre demoiselle de magasin, c'est, pour la petite bonne, le symbole d'une condition plus indépendante que la sienne. Pour se sortir de sa campagne, venir se placer comme domestique dans une grande ville est une bonne filière. Mais, une fois à la ville, la servante compare sa situation à d'autres et rêve de liberté.

Six mois plus tard, le 9 juin 1908, Renard donne des détails sur la dégradation que subit Mariette : « Mariette se gâte. Elle a dit à des jeunes filles qui l'ont répété : " J'ai un amoureux. Il est tellement bien qu'il ne veut pas dire son nom de famille. Il s'appelle Henri, de son prénom. Il est dans les autos; le dimanche, il me promène en bateau sur la Seine. " Et elle y pense. En faisant sa malle [pour accompagner ses maîtres l'été, à Chaumot], elle a oublié des tas de choses. Elle n'est pas de mauvaise humeur, mais elle semble préoccupée; elle ne vient plus travailler, comme naguère, près de " Madame " et de " Mademoiselle ".

« Voilà où l'ont menée le théâtre et les lectures. Chaque fois qu'elle revient du théâtre, elle voudrait être actrice. Elle dit à Baïe [fille de Jules Renard] : " Vous avez bien tort, vous qui le pouvez. "

« Et elle a lu, ces temps derniers, *Quand on aime* de Decourcelle et *Le Capitan, L'Héroïne* de Michel Zevaco. Elle est perdue. Il faut la sauver. »

Ce qui donc a perverti la jeune fille, c'est ce qui l'a éloignée de son travail, de la famille de ses maîtres. Au lieu de travailler à son ouvrage en compagnie des femmes de la maison, elle rêve à son amoureux. Que l'amoureux tienne à garder l'anonymat ne fait pas croire à une liaison honnête. Son premier rêve, être demoiselle de magasin, même s'il ne pouvait se réaliser, avait encore un pied dans la réalité. Devenir actrice, c'est un rêve de fuite totale hors de son monde, de rejet de sa condition.

Les Renard ne « sauveront » pas Mariette. Leurs rapports se terminent dans le drame. Le 8 juillet, « longue scène fatigante ». Mariette crie qu'elle veut s'en aller, sans donner de raison précise à ce départ. Renard tente une réconciliation : « Je parle en papa : " Embrassez Madame... " » Rien n'y fait. Le lendemain, on fait venir la mère de Mariette pour convaincre celle-ci; sans succès. Renard prédit à la mère l'avenir de sa fille : elle fera le trottoir à Paris et tombera dans la misère.

A Mariette succède Augustine. Elle a « l'aspect d'une bonne fille de ferme [...] la figure grumeleuse, bien débarbouillée au savon de Marseille » (30 juillet 1908). Augustine servait chez des cafetiers, elle vient se présenter chez les Renard parce qu'elle rêve de connaître Paris.

Elle est quasiment illettrée : « Juste assez d'instruction pour faire une bonne illettrée dans trois ou quatre ans, dès qu'elle aura oublié ce qu'elle sait, c'est-à-dire presque rien. » Elle est superstitieuse : « Augustine n'aurait pas voulu entrer hier, vendredi, mauvais jour. » Elle est fruste : « Elle se lave les pieds une fois par semaine. Elle se les lavera plus souvent si on veut. » Elle ne possède rien, entre en place avec un baluchon. Son désir est d'avoir un carnet de Caisse d'épargne.

Elle se pose sur la capitale toutes sortes de questions pratiques : « " Y a-t-il un grenier pour faire sécher le linge ? " [...] Elle demande si, à Paris, nous avons une vache. [...] " Est-ce que, le dimanche, ils [les Parisiens] ne sont pas en fête ? " » Lorsqu'on lui répond, par exemple, qu'à Paris on fait laver le linge à la blanchisserie, Augustine s'étonne : « " Alors, quoi donc qu'on fait, nous les bonnes, à Paris ? " » (4 août 1908.)

Autre question naïve, digne de Bécassine : « Comment va-t-on au troisième par l'escalier sans passer par le logement des autres ? » Paris l'attire et lui fait peur tout à la fois : « Elle ne lira pas les journaux : elle a trop peur. [...] A Paris, c'est surtout des " masques de carnaval " qu'elle aura peur. " Il paraît qu'il y en a, qu'il y en a ! " » (5 août.)

L'existence qu'elle mène chez les Renard étonne Augustine. Elle est surprise par la politesse qu'on lui témoigne :

« Baïe la prie de tirer un seau d'eau et lui dit merci » (1er août); surprise par la nourriture : « " Depuis que je suis ici, tous les jours, je mange quelque chose que je ne connaissais pas. Si je courais depuis la dernière fois que j'ai mangé du poulet rôti, je serais loin! " » (5 août); surprise de « voir le bout » de son ouvrage (3 septembre). Il est certain que sa nouvelle condition est plus douce que l'ancienne. Elle servait chez des cafetiers, mais surtout, dès l'âge de treize ans, elle était servante de ferme : « Elle tirait vingt vaches [...] » (1er août).

Augustine semble se trouver dans de bonnes conditions pour que sa venue à Paris lui soit profitable. Elle y est amenée par une famille honnête, qui se sent responsable d'elle, elle est pleine de bonnes résolutions, aime ses maîtres et veut faire des économies. Or rien de constructif ne sort de son séjour à Paris. Arrivée en août 1908, elle repart en février 1909.

Elle se trouve pourtant bien à Paris : « Je croyais que j'allais être embarrassée à Paris, mais pas du tout : je m'y plais bien. Ce n'est pas si laid que ça! » (21 septembre.) Mais elle se conduit de façon totalement désordonnée. Elle s'empiffre : elle qui ne mangeait que « du salé » découvre des nourritures variées et mange tellement qu'elle a des maux d'estomac. Elle ment : elle écrit à son amoureux et reçoit des lettres de lui en cachette de sa maîtresse. Elle dépense tout ce qu'elle gagne en babioles, « sucres d'orge et livraisons illustrées » (9 février 1909).

Est-ce parce qu'Augustine est trop jeune, comme le dit sa maîtresse? Elle n'a que dix-sept ans, il est vrai. Mais on peut penser aussi que, découvrant un monde inconnu, et malgré la stabilité que lui donne la famille de ses maîtres, elle est déboussolée par la grande ville, qu'elle ne peut s'y fixer une ligne de conduite, de travail, d'économie. Elle se conduit comme un jeune chien, qui frétille lors d'une découverte et tourne autour, sans savoir que faire d'elle, quel parti en tirer. La meilleure preuve en est qu'elle est très partagée dans son sentiment sur Paris. Au début, elle est terrorisée à l'idée de devoir retourner dans sa campagne, chez sa mère qui, dit-elle, la « calotterait » (20 novembre). Ensuite – est-ce le fruit de sa déception personnelle ou de celle de ses maîtres ? –, Jules Renard explique son départ par le mal du pays : « Elle s'ennuyait ici. Elle veut retourner au pays, chercher une place dans une ferme, et danser tous les dimanches » (9 février 1909).

Les Renard n'ont sans doute pas voulu poursuivre avec Augustine l'expérience qui s'était si mal terminée avec Mariette. Cette dernière était restée trois ans et demi chez eux, et les rapports des maîtres et de la domestique avaient pris fin dans des scènes répétées ; Augustine n'est restée que six mois. Mme Renard, aux prises avec les mêmes difficultés, a sans doute préféré ne pas attendre la dégradation totale de leurs relations.

Sur les deux servantes, Paris a le même effet dissolvant. Pourtant, Mariette semblait au départ plus solide qu'Augustine, travailleuse et économe. Mais Paris lui a donné des idées d'émancipation. Elle a vingt et un ou vingt-deux ans et, les Renard ont beau se sentir responsables d'elle, cette responsabilité n'est que morale. Augustine, au contraire, n'a que dix-sept ans et sa mère l'a confiée aux maîtres en recommandant « de ne la laisser sortir que pour les commissions. Elle ne connaît personne ; elle n'a pas besoin de sortir le dimanche » (23 août). Marinette Renard se sent donc un devoir à l'égard de cette adolescente, et, comme elle n'est contente ni de son travail ni de son attitude générale, elle se sépare d'elle dès qu'elle le peut. L'inquiétude de la maîtresse à propos de la trop grande jeunesse de ses deux domestiques se lit dans le choix qu'elle fait ensuite : la servante qu'elle engage le 16 février 1909, Marie, a trente-huit ans.

On peut imaginer, d'après ces exemples, ce que représente pour une jeune provinciale le fait de venir se placer comme domestique à Paris. C'est d'abord une libération. Libération des conditions de vie très dures de la campagne. Etre bonne dans une grande ville, même chez des petits-bourgeois, est sans doute, en général, plus attirant que d'être servante de ferme. Le travail dans une ferme est de toute façon pénible, et, dans les petites villes de province où le mode de vie est proche de celui de la campagne, les tâches dont est chargée la servante sont fort lourdes.

A Saumur, chez le père Grandet, la grande Nanon n'a jamais un moment de répit : « Elle faisait la cuisine, elle faisait les buées, elle allait laver le linge à la Loire, le rapportait sur ses épaules; elle se levait au jour, se couchait tard; faisait à manger à tous les vendangeurs pendant les récoltes, surveillait les halleboteurs[2]. » En province, on demande à une bonne de savoir tout faire. Félicité, dans *Un cœur simple*, non seulement s'occupe de la cuisine et du ménage, coud, lave, repasse, mais elle sait aussi « brider un cheval, engraisser les volailles, battre le beurre[3] ». Comme la grande Nanon, elle se lève à l'aube et travaille jusqu'au soir sans interruption.

Les Goncourt, à deux reprises, lors de séjours chez leurs cousins à Bar-sur-Seine, notent dans leur *Journal* combien, en province, les domestiques sont plus maltraités qu'à Paris. En octobre 1858, ils voient dans les domestiques, en province, des « êtres opprimés, torturés, crucifiés[4] ». Le 18 avril 1860, ils affirment : « Le service est dur, presque cruel en province »; les domestiques ne mangent pas à leur faim, et l'on exige d'eux « un labeur d'animal ».

On peut, bien sûr, se demander si cette vision n'est pas née dans l'imagination de Parisiens convaincus qu'il n'est de civilisation et d'humanisme qu'à Paris. Mais d'autres témoignages corroborent de telles affirmations. C'est l'exploitation des jeunes bonnes qui est la pire. Elles commencent en effet à douze ou treize ans, et on leur impose des tâches qui sont sans rapport avec leurs possibilités, comme l'indique le Congrès diocésain de Nevers en 1913 : « Plusieurs patrons exigent un travail disproportionné avec l'âge et les forces du domestique. Ainsi, à certaines époques, ce travail se prolonge jusqu'à treize, quatorze et même quinze heures par jour[5]. »

Paul Chabot raconte ce que les patronnes de sa mère, deux douairières de Saint-Pol, imposaient à celle-ci, lorsqu'elle avait treize ans, vers 1880 – Yvonne est restée dans cette place jusqu'à l'âge de seize ans. « Entretenir le manoir [de dix pièces]; faire la cuisine, assurer le service de ces dames, le lavage, le repassage, il y avait toujours une tâche qui débordait sur l'autre. [...] Depuis six heures, le matin, elle se démenait pour allumer les feux. Elle attaquait la journée par les corvées de bois [...] A quatre pattes, courbée sur sa paille de fer, elle décapait le parquet, l'encaustiquait et, au chiffon de laine, le faisait reluire. [...] Il lui fallait sortir les tapis dans la cour, les jeter à cheval sur un fil et les battre avec une tapette. Yvonne, qui était toute petite, avait un mal fou à les hisser[6] [...]. » Le dimanche, Yvonne fait la lessive.

Cet emploi du temps accablant s'accompagne de conditions de vie très dures. Yvonne souffre du froid et de la faim chez les deux vieilles avares. A ce régime, les petites bonnes perdaient leur santé. Paul Chabot parle d'une adolescente que connaissait sa mère : à force de mauvais traitements, elle a perdu toutes ses dents, et a dû attendre d'avoir vingt et un ans pour s'offrir un dentier. Elles y perdaient même la vie, comme l'écrit Balzac, dans *Pierrette*[7] : l'héroïne de ce roman est une enfant de quatorze ans accablée de travail, qui en meurt. Lorsque ces jeunes domestiques montent à Paris quelques années plus tard, elles sont sans doute mieux armées pour se défendre.

Venir se placer à Paris représente donc une certaine libération si l'on songe à la dureté des conditions de vie et de travail à la campagne et en province. Libération également parce que la jeune bonne s'éloigne de sa famille. Elle n'aura plus de parents proches qui peuvent s'approprier ses gages. Sa vie devient plus autonome, elle se met à faire des économies pour elle-même. C'est ainsi qu'elle se constitue une dot ou un pécule pour revenir acheter, dans son pays natal, une ferme ou un petit commerce. Paris présente deux avantages : on s'y émancipe et on y gagne son avenir.

Il faut bien voir, en effet, quel peut être le prestige des domestiques qui reviennent au pays après avoir servi dans la capitale. Ils ont de l'argent. Jules Renard, parlant de sa campagne nivernaise, constate : « Dans dix ans, Chitry aura, lui aussi, son aristocratie, celle des valets de chambre en retraite » (*Journal*, 26 septembre 1902); et l'année suivante : « Tous voudraient quitter le pays. Ces videurs de pots leur tournent la tête. Dans dix ans, il sera aux mains sales des valets de chambre » (23 juillet 1903). Les « videurs de pots » s'attirent le mépris du bourgeois qu'est Renard, mais les paysans ne voient pas les anciens domestiques de cet œil-là. Pour eux, ce sont des gens respectables, puisqu'ils ont économisé de quoi avoir un peu de bien au soleil. C'est bon pour les bourgeois de se moquer des manières des anciens domestiques.

Renard décrit avec ironie une ancienne cuisinjère, Mme Moreau, venue s'installer à la campagne. Elle rend visite à la mère de l'écrivain en « chapeau à grande plume mauve, gants blancs ». Elle dit avoir écrit à ses enfants qu'elle est maintenant « tout à fait campagnarde ». Elle ne se rend pas compte de ce qu'a de grotesque, de vulgaire, sa tenue, caricature des manières bourgeoises : « Ce n'est pas une visite que je vous fais, madame. Elle est trop longue. On ne doit pas faire des visites si longues que ça. » A ces bonnes manières d'emprunt copiées sur les maîtres se mêle le terre-à-terre des préoccupations paysannes : « J'envoie pour 51 francs de légumes par an à mes enfants [...] on abîme plus le linge à la campagne qu'à Paris. Aussi, moi, je ne me gêne pas. Je lave le mien » (29 août 1902). Là où le maître citadin ne voit que prétention ridicule et imitation vulgaire, le paysan lit au contraire la réussite et l'estime. Le Nivernais d'alors, n'est-ce pas le Portugal actuel, et, plus généralement, les pays sous-développés, d'où les habitants s'expatrient pour aller servir de main-d'œuvre dans les pays plus riches? Ils en reviennent avec des économies, de quoi construire une maison et gagner l'estime de leurs compatriotes.

Le prestige des domestiques qui rentrent au pays ne tient pas seulement à l'argent qu'ils ont gagné, mais à ce qu'ils rapportent de l'air de Paris. La mère de Mariette dit de sa fille aux Renard : « On la jalouse, et non seulement les filles du pays, mais les gens de la haute, parce qu'elle s'habille bien et qu'elle est belle » (27 juillet 1908). Quand la jeune fille en place à Paris rentre dans son village, elle s'exhibe et fait naturellement rêver les autres campagnardes. Ainsi, Lucienne, la fille de Ragotte, la laveuse. Elle a envoyé à sa mère une photographie d'elle où on la voit « en toilette » : « Elle a des boucles d'oreilles, une chaîne de montre[8], et sa tête bouffe, toute frisée exprès[9]. » Ragotte, en regardant ce portrait, a beau traiter Lucienne de « pauvre petite malheureuse! », on se doute bien que les filles de l'âge de Lucienne se diront tout autre chose.

Lorsqu'elle revient en Nivernais pour voir sa famille, Lucienne « se met sur son trente-et-un pour aller à la ville. [Elle] s'habille à la façon d'une demoiselle de Paris et elle a des gants ». Lucienne a non seulement la mise d'une Parisienne, elle a aussi les manières d'une fille qui a voyagé, qui connaît son monde. « Elle passe devant Ragotte, lui fait, comme elle a vu faire dans les gares, un petit signe de la main et dit : " Point de commissions? " »

La grande ville attire les jeunes provinciales. Aller à Paris apparaît comme une véritable promotion. Elles ne donnent de ce désir que les motifs avouables : gagner de l'argent, se constituer une dot. En réalité, entrent en jeu également le rêve d'une vie plus libre, l'attrait de l'exotisme et du « chic » parisien. Pour venir à Paris, « elles feraient n'importe quoi », affirme Jules Renard (*Journal*, 25 juin 1899). Comme elles ne savent rien faire, sauf le ménage, qu'elles n'ont pas appris de métier, elles se placent comme domestiques. Lucienne reproche à Ragotte de ne pas lui avoir fait apprendre un métier, celui de couturière, par exemple : « Si j'avais un métier, n'importe lequel, je ne serais pas en place chez les autres. »

Mais Lucienne est *déjà* en place, *déjà* à Paris. Ce désir de sortir de condition, de gagner sa vie de manière plus indépendante, ne vient qu'en second lieu, une fois que la jeune fille s'est expatriée dans la grande ville et sert comme domestique depuis quelque temps. En somme, se placer comme domestique à Paris ne serait donc qu'un moyen, le plus simple, pour quitter la campagne, la province, qu'on soit déjà domestique et qu'on rêve d'une place plus agréable et mieux payée, ou qu'on n'ait jamais travaillé, mais qu'on désire s'éloigner de sa famille et se débrouiller seule.

A ce propos, on peut se poser la question suivante : S'il n'y a à Paris qu'un très petit nombre de domestiques originaires de la capitale (environ 8 p. 100 d'après le recensement de 1901), n'est-ce pas parce que les filles nées dans la grande ville tout simplement y sont déjà et ne sont pas prêtes à faire « n'importe quoi », donc à se faire domestiques, pour y venir ? Cela expliquerait le faible attrait de ce métier pour les jeunes Parisiennes : leurs désirs ne se polarisent pas, comme celui des provinciales, sur le fait d'« aller à Paris ».

Pour tirer parti des avantages que peut apporter une place de domestique à Paris, il faut avoir la ferme résolution de mettre de l'argent de côté et se tenir à son projet tout en gardant la tête froide. Il est nécessaire de résister à toutes les tentations qu'offre la vie libre dans une grande ville. Ces tentations vont du gaspillage de ses gages en journaux et sucreries jusqu'à une vie sexuelle dissolue, en passant par le goût du théâtre. Il convient, par-dessus tout, de se méfier des hommes. C'est ce que dit la femme de chambre de Renée Saccard à sa maîtresse, désolée par la nouvelle de son départ. Céleste retourne au pays, près de Caen, une fois amassée la somme qu'elle s'était fixée : « Il y a huit ans que je suis avec vous, n'est-ce pas? Eh bien, dès le premier jour, je me suis dit : " Dès que j'aurai amassé 5 000 francs, je m'en retournerai là-bas; j'achèterai la maison à Lagache, et je vivrai bien heureuse... " C'est une promesse que je me suis faite, vous comprenez? Et j'ai les 5 000 francs d'hier, quand vous m'avez payé mes gages[10]. » A Renée, qui insiste pour que Céleste reste et lui propose de doubler ses gages, Céleste répond : « Ce serait ma mère que je refuserais... J'achèterai deux vaches. Je monterai peut-être un petit commerce de mercerie... » Le sérieux tranquille de la femme de chambre est évidemment là pour faire contraste avec la vie dissolue qu'a menée la maîtresse – Renée avait une liaison avec le fils de son mari. Avant de quitter sa maîtresse, Céleste se permet de lui donner son avis sur la vie qu'elle mène : « " Est-il possible qu'on soit si bête pour les hommes! Ça finit toujours mal... Ah! bien c'est moi qui me suis toujours méfiée. " Elle riait. [...] " C'est mes écus qui auraient dansé! [...] dès que je voyais un homme, je prenais un manche à balai... " »

II

LE CORPS NIÉ

La petite bonne qui arrive à Paris, qu'elle rêve à la grand-ville ou à la retraite qu'elle reviendra prendre au pays, une fois fortune faite, ne sait pas à quel processus d'effacement elle va être soumise.

Le corps du domestique, pour être acceptable, ne doit pas se manifester. S'il le fait, il ne peut être que source de désordre. D'où le soin que met le maître à voiler et à contraindre ce corps « en trop », de manière à pouvoir l'ignorer. C'est pourquoi le domestique porte un uniforme, qui cache le corps sous l'insigne de sa fonction. C'est pourquoi le valet de chambre doit se raser et la femme de chambre se présenter à ses maîtres avec une coiffe. Si, à la rigueur, on l'accepte en cheveux, il faut qu'elle les tire parfaitement. Poils et cheveux sont des manifestations débridées du corps : il s'agit donc de les faire disparaître. Les valets ressentent bien comme une castration l'obligation d'avoir le visage glabre, puisqu'ils revendiquent le port de la moustache [11].

Le rêve absolu d'annulation de la personne des domestiques, des Esseintes le réalise [12]. Il choisit ses deux domestiques, un couple, pour leur capacité à vivre cloîtrés. (Ils ont été les gardes-malades de la mère de des Esseintes.) Il les installe au premier étage de la maison, et, pour ne pas les entendre marcher, les oblige à porter des chaussons de feutre et recouvre leur plancher d'épais tapis. Afin d'installer le silence entre eux et lui, il réduit le plus possible la communication avec eux. Il a mis au point un code des différents timbres d'une sonnerie, pour ne pas avoir à leur parler ni à entendre leur voix. Chaque mois, ils doivent déposer le livre de comptes à une place convenue, pendant le sommeil du maître.

Si leur présence est muette, la femme a cependant le défaut d'être visible. Chargée de la cuisine, il lui faut parfois passer devant les fenêtres de des Esseintes pour aller chercher du bois. Celui-ci lui fait alors porter un costume spécial. Il lui ôte sa forme réelle pour la transformer, à l'aide de la grande coiffe des béguines, en personnage de rêve. Le corps de la cuisinière n'a plus droit à être, il doit se travestir de manière à donner au maître une sensation particulière et à s'intégrer ainsi à l'univers de son rêve.

Les domestiques sont, dans ce cas extrême, réduits à leur fonction, leur personne est comme gommée de la réalité, pour la plus grande tranquillité du maître. Le système de des Esseintes semblerait pure invention littéraire si n'existait le château de la Verrerie au Creusot. Reconstruit sur l'emplacement de l'ancienne Manufacture des cristaux de la reine (1785) par Eugène Schneider II, entre 1900 et 1907, le château comporte un système de circulation souterraine pour les domestiques. Cette demeure résidentielle est conçue de manière qu'aucun domestique ne soit jamais visible. Distribution des lieux bien symbolique : aux maîtres le paysage naturel, aux domestiques, les boyaux souterrains[13].

Ce sont là procédés exceptionnels, mais représentatifs de la contrainte absolue que vit le domestique. On peut même dire, avec Modeste Autome, que servir c'est d'abord se renier, renier son corps, son rythme, ses besoins et ses désirs : « Manger contre sa guise, s'habiller au goût des maîtres, dormir dans la case de temps infligée, sortir à l'heure ordonnée, travailler suivant leur méthode, accorder son humeur à la leur, en un mot devoir, pour vivre, s'introduire difficilement dans les modalités d'autrui, je ne connais pas une seconde destinée où l'on doive aussi continuellement contrarier ses organes, sa pensée, son caractère et ses désirs[14]. »

Le corps soumis

Etre domestique, c'est d'abord louer son corps, c'est faire qu'un rythme de vie étranger se substitue à son propre rythme. Les théoriciens ont beau disserter de la liberté du domestique en affirmant que, s'il loue sa « force de travail », c'est contre un salaire qui garantit son autonomie, c'est là un discours abstrait qui ne rend pas compte de la réalité : la manière dont le service domestique s'inscrit dans la chair d'un être.

Céleste Albaret, qui a servi Proust de 1913 à la mort de celui-ci, en 1922, raconte ce qu'étaient ses nuits. Elle attendait son maître qui dînait en ville. A son retour, il demande à Céleste de venir dans sa chambre pour lui faire le récit de sa soirée. C'est ce qu'ils appellent « une analyse[15] ». « Je le suivais dans sa chambre. Aussitôt entré, il s'asseyait en coin au pied de son lit, je m'arrêtais en face de lui, et cela commençait. Aujourd'hui, quand je songe aux heures et aux heures que j'ai pu passer ainsi, piquée devant lui comme un sergent de ville! Et je n'y pensais même pas, je n'ai même jamais senti une lassitude! » Elle ne songe pas à s'asseoir, il ne songe pas à l'en prier, occupés qu'ils sont, lui à raconter, elle à écouter. Céleste passait ses nuits auprès de Proust, se couchait de six heures à midi. Le rythme de vie du maître a modelé celui de la domestique : elle a connu auprès de lui des années hors du commun et son existence en a été bouleversée. Elle dit combien, après la mort de Proust, elle a été longue à se « refaire aux banalités de la vie », comme les horaires normaux et la vie au grand jour.

L'existence de la domestique se calque donc sur celle du maître, en devient une annexe. Le témoignage de Céleste Albaret fait penser à ce que raconte George Sand d'un ancien chef de cuisine de Napoléon Ier, Gallyot, chez qui elle louait un appartement en 1823 [16]. Gallyot avait été chargé de l'« en-cas » de l'empereur. L'en-cas était un poulet toujours rôti à point, à quelque heure du jour ou de la nuit que ce fût. « Une existence d'homme, commente Sand, avait été vouée à la présence de ce poulet à la broche. » Gallyot, occupé à surveiller ce poulet, a dormi dix ans sur une chaise, tout habillé, prêt à servir l'empereur si celui-ci le désirait. Le malheureux n'a jamais pu, après ces dix ans, se coucher comme tout le monde : s'il s'étendait sur un lit, il étouffait. Ces exemples montrent quelles traces le service laisse dans le corps du domestique, en obligeant ce corps à adopter un rythme de vie qui n'est pas le sien.

Le corps récurrent. Les mains et l'odeur

Le corps du domestique est encombrant. Le corps vient comme en surcroît de la fonction et au maître suffirait la fonction; que ne peut-il supprimer le corps ! Le corps a en effet le tort de n'être pas abstrait, de manifester sa présence de manière incongrue, au risque d'agresser les sens des maîtres. C'est pourquoi J.-Ch. Bailleul recommande au domestique qui fait la toilette de son maître de « ne pas toucher la peau avec ses mains [17] ». Pas de contact charnel gênant pour le maître; pas de contact non plus avec les objets de la maison, si le domestique a les mains moites. Dans ce cas, « qu'il ne touche les objets qu'avec des gants, ou en les enveloppant d'une serviette [18] ».

De suer à puer, il n'y a qu'un pas. Ce n'est pourtant pas le bailleur de conseils plein de morgue à l'égard de la domesticité du début du XIXe siècle qui exprime sa répugnance pour l'odeur des domestiques, mais une féministe de la fin du siècle, Mme Caro-Delvaille. Celle-ci répond à un article de *La Fronde*, de juillet 1899 [19], qui proposait de loger les servantes dans les appartements des maîtres.

Elle déclare que pour l'instant c'est impossible car les bonnes sentent trop mauvais. Mais – on n'est pas féministe pour rien – elle croit, la pédagogie aidant, à une amélioration : « Quand l'enseignement comme l'organisation matérielle auront fait à nos servantes des âmes plus claires en des corps plus lavés, croyez que toutes les femmes de la bourgeoisie seront heureuses de loger leurs domestiques près d'elles. »

Que la bonne prenne garde à ne pas infliger, par son odeur, des dégoûts aux maîtres. Ainsi Mme Millet-Robinet lui recommande-t-elle de ne faire la vaisselle que lorsqu'elle n'a plus à servir à table : « J'insiste beaucoup sur ceci, parce que c'est une habitude qu'ont beaucoup de bonnes de venir dans la salle à manger avec le torchon qu'elles ont mis devant elles pour laver la vaisselle, car alors elles sentent le graillon, odeur particulière à l'eau de vaisselle et qui est fort désagréable, surtout à la fin d'un repas[20]. »

Le corps malade

Ces corps de domestiques qui ont des sueurs et des odeurs peuvent aussi être atteints de maladies. Quoi de plus contrariant qu'un domestique souffrant? On est obligé d'en tenir compte et d'attendre qu'il se soigne. C'est du temps perdu dans le bon fonctionnement de la maison. Yvonne Cretté-Breton raconte comment s'est terminée pour elle une rage de dents[21] : c'était en 1913, elle avait dix-huit ans et était en service dans une famille de la rue de Rennes. Un jour, elle se met à souffrir d'une canine. Sa maîtresse l'envoie chez son propre dentiste, avec mission de... se faire arracher la dent. En effet, si le dentiste entreprenait de soigner cette dent, la domestique aurait à s'absenter à plusieurs reprises, et son service en pâtirait. Autant avoir recours tout de suite aux mesures radicales. Le corps d'une domestique doit être soigné dans la mesure où il l'empêche de travailler, mais on ne va pas s'embarrasser de considérations esthétiques ni penser en termes d'intégrité ou de préservation à son sujet. Seul le corps bourgeois a droit à des égards. Dent malade de domestique ? A arracher. La même dent dans la bouche d'une maîtresse sera soignée.

Une différence semblable se lit dans les appréciations sur la gravité de la petite vérole. Une femme en est-elle atteinte ? Si c'est la maîtresse, c'est catastrophique : la peau d'une bourgeoise supporte mal les trous. S'il s'agit de la servante, on déplorera fièvre et fatigue causées par la maladie, mais peu importent les traces que celle-ci laisse. Quand Elisa, la bonne des *Petites Filles modèles*, se relève de cette terrible maladie et qu'elle montre aux enfants son visage grêlé, Camille lui déclare : « Tu seras toujours ma bonne Elisa[22]. »

La question « beauté » se transforme tout de suite en « bonté », comme s'il y avait là une équivalence, un glissement nécessaire de l'un à l'autre. Il semble presque indécent de parler en termes de beauté d'une domestique, on lui accorde beaucoup plus volontiers la bonté. La première qualité met en valeur le corps et a des connotations inquiétantes : Beauté – Désir – Sensualité. La seconde qualité relève de l'âme et connote des valeurs rassurantes : Bonté – Oubli de soi – Sens du devoir et du sacrifice. La domestique belle met en péril l'ordre bourgeois, la domestique bonne le consolide.

Accessible à la maladie, le corps de la domestique est non seulement un facteur d'imprévus désagréables pour le maître, mais une source de menace et d'angoisse. Il peut en effet transmettre la tuberculose ou la syphilis. Si on se préoccupe peu de la santé des domestiques, on évoque cependant leurs maladies, dans la mesure où elles font peur. En la personne des domestiques, c'est la contagion, c'est la mort qui pénètrent dans les familles. Porteur de microbes, le corps de la servante peut causer des ravages chez les maîtres. Mais il paraît doublement suspect du fait qu'il est fécond : quelle perturbation, dans une honnête famille, qu'une bonne qui a le mauvais goût d'être enceinte, surtout de son maître !

Au total, il est donc fort ennuyeux, pour la tranquillité du maître, que la domestique soit incarnée.

III

LA CRISE DE LA DOMESTICITÉ

On manque de bonnes

Le *Journal des gens de maison*[23] se fait l'écho, à diverses reprises, de la pénurie des bonnes à tout faire. La Chambre syndicale des gens de maison ne peut fournir des bonnes aux maîtres qui en demandent (8 janvier 1906, 8 février 1907). Le 8 septembre 1908, le journal écrit : les bonnes à tout faire « s'enlèvent comme du pain chaud, le syndicat n'en fournit pas le dixième de ce qui lui est demandé ». Même leitmotiv dans les numéros du 8 novembre 1912 et du 8 mars 1913.

De son côté, le journal *L'Eclair*[24] fait paraître, le 27 janvier 1902, un article sur le « corinthianisme ». On nomme ainsi la mode qui consiste, pour les maîtres, à se passer de serviteurs. Puisque la bonne à tout faire est introuvable, « le petit-bourgeois, faute de pouvoir se faire servir, sera " corinthianiste " malgré lui ». Dix ans plus tard, Henri Joly[25] cite un exemple pour illustrer l'impossibilité où l'on est de trouver des bonnes. Il a été reçu à Zurich par un professeur d'université, et c'est la maîtresse de maison en personne qui l'a servi, aidée par une de ses filles. S'est d'ailleurs tenue, à Zurich, une réunion sur le thème de la crise des effectifs domestiques. Quatre cents personnes y sont venues échanger des doléances et s'étonner de ne plus trouver de servantes, alors qu'on n'a aucune peine à recruter dactylos et secrétaires.

Baisse des effectifs?

Le phénomène de crise se marque-t-il dans une baisse des effectifs de la domesticité?

Si on compare les résultats donnés par les recensements de la population, on constate :

1. Il y a effectivement baisse sensible du nombre des domestiques entre 1891 et 1896 : on passe de 1 609 432 à 916 970. Mais cette baisse ne signifie rien, parce qu'elle est due à une différence dans la manière de dénombrer. En effet, jusqu'en 1896, on comptait ensemble les domestiques attachés à une exploitation agricole et les domestiques attachés à la personne. En 1896, on rend les premiers à l'agriculture.

Par la suite, les recensements essaient d'affiner le cadre des catégories. Ainsi, en 1901, la section « service domestique », qui porte le numéro 8, est détaillée en 8 A : « Bains, gymnase, décrotteur, masseur, pédicure, coiffeur, perruquier fabricant de postiches, tondeur de chevaux, etc. » et 8 B : « Domestique particulier, nourrice, cocher particulier, dame de compagnie, femme de ménage, cuisinier (ière), concierge, frotteur, garde, etc. »

En 1911, nouvel affinage. Les domestiques sont recensés dans le groupe E qui comprend :

« 8.   Domestiques du service industriel et commercial.
« 8. 6.   Domestiques, service personnel.
« 8. 9.   Concierges.
« 8. 92.   Gardes, gardiens, veilleurs de nuit. »

En 1911, les cuisiniers et cuisinières forment un groupe indépendant, où sont mélangés ceux qui servent dans les maisons bourgeoises et ceux des hôtels, restaurants et collectivités. Dans le recensement précédent, les cuisiniers étaient classés, s'ils étaient employés chez des particuliers, avec les domestiques, sinon, avec le personnel des hôtels, restaurants, pensionnats[26].

Il est donc impossible, du fait de ces variations dans les cadres des dénombrements, de connaître avec précision le nombre des domestiques attachés à la personne. De plus, la situation de certains domestiques est ambiguë. Classera-t-on, par exemple, une bonne employée chez un marchand de vins, qui aide à la fois au ménage et à la vente, parmi les domestiques attachés à la personne ou parmi les domestiques attachés à une exploitation commerciale ?

On peut cependant, malgré tous ces problèmes de définition de la catégorie « domestiques-service personnel », constater une stabilité dans les recensements entre 1896 et 1911 : le nombre des domestiques, pour la France entière, varie entre 900 000 et 1 000 000.

Pour ma part, je m'intéresserai aux domestiques féminines, exclusivement attachées au service personnel, et, de manière plus précise, aux domestiques dites « couchantes ». C'est-à-dire celles qui ont affaire directement à la personne des maîtres et qui sont logées par ceux-ci. Ce qui exclut les concierges ou les femmes de ménage. C'est en effet le rapport de proximité entre les maîtres et les domestiques que je voudrais étudier.

2. Pour Paris, les chiffres indiqués par les recensements sont stables de 1896 à 1911 :

ANNÉES	HOMMES	FEMMES
1896	35 691	159 747
1901	35 981	171 220
1906	36 525	173 803
1911	18 798	124 184

Il faut ajouter à ces deux chiffres les cuisiniers et cuisinières.

3. Ce qui semble net, si l'on en juge par le pourcentage que donne Cusenier[27], c'est la féminisation de la profession dans la seconde partie du XIXe siècle. Pour 100 domestiques :

ANNÉES	HOMMES	FEMMES
1851	31	69
1872	29	71
1881	27	73
1891	24	76
1896	19	81
1901	17	83

Augmentation de la demande

Il faut donc penser, s'il y a crise malgré la stabilité du nombre des domestiques, que la demande est devenue beaucoup plus importante. C'est ce que disent les offices de placement et les syndicats : ils n'arrivent pas à répondre à la demande des maîtres. Le Genêt, par exemple, dans les années 1906-1907, a effectué seulement 2571 placements sur 13249 offres reçues[28].

Cette demande grandissante, et même excessive par rapport à l'offre, concerne uniquement la bonne à tout faire, et non les domestiques plus spécialisées, femmes de chambre, cuisinières... La clientèle des bonnes à tout faire, c'est la petite bourgeoisie. A la fin du XIXe siècle sont de plus en plus nombreux les petits-bourgeois qui, ayant des revenus à peine supérieurs à ceux des prolétaires, n'ont rien de plus pressé que de se démarquer de ceux-ci en adoptant l'image de marque des bourgeois : la bonne à tout faire. Se faire servir est un insigne de classe, et l'on va jusqu'à se priver de tout, y compris de manger à sa faim, dans certaines familles, pour avoir une bonne et sentir ainsi qu'on appartient à la bourgeoisie.

Une crise de civilisation

La question : pourquoi ne trouve-t-on plus de bonnes à tout faire autant qu'on en voudrait ? pourquoi cette désaffection des jeunes filles pour l'entrée en condition ? va être l'occasion d'une interrogation plus générale sur le fonctionnement de la société, d'une réflexion sur la famille bourgeoise et la répartition des rôles entre les maîtres et les domestiques. La crise de la bonne à tout faire, à travers le discours abondant qu'elle suscite dans les dernières années du siècle et jusqu'en 1914, est ressentie comme une véritable crise de civilisation. 1900 est une date symbolique dans ce discours, puisque c'est l'année où paraît le *Journal d'une femme de chambre* d'Octave Mirbeau.

Les domestiques sont muets. Tout ce que nous pourrons apprendre sur eux, c'est le discours bourgeois qui nous le dira. Il est donc essentiel de voir comment les domestiques s'inscrivent dans ce discours. L'objectivité n'existe pas. Chaque fois qu'un maître parle des domestiques entre en jeu l'image qu'il se fait d'eux. Surtout que le domestique représente la part maudite du maître, la part inconsciente et refoulée. Dans le discours qui se tient sur les domestiques, on en apprendra donc autant, et même plus, sur l'imagination bourgeoise que sur la condition domestique. Et même, en poussant les choses plus loin, on verra que la condition domestique c'est aussi l'imaginaire bourgeois.

Quelles sources ?

La remarque précédente justifie l'utilisation que nous ferons de la littérature, depuis la fiction jusqu'aux journaux intimes. Les servantes y apparaissent aussi bien comme héroïnes de romans – *Geneviève*[29], *Germinie Lacerteux*[30], etc. – que comme figures secondaires mais importantes – les femmes de chambre de Zola, dans *Nana*, *La Curée*, la bonne d'*Une page d'amour*[31], etc.

Quant au discours spécifique sur les domestiques, il est, au cours du XIXᵉ siècle, de plusieurs types. Discours de réflexion sur la domesticité, d'abord, qui va du livre de l'abbé Grégoire[32], en 1814, à celui d'Augusta Moll-Weiss[33] en 1927, en passant par les deux ouvrages de Bouniceau-Gesmon[34]. Littérature pratique, ensuite, destinée aux domestiques et surtout aux maîtresses de maison : manuels de conseils sur la tenue d'une maison, l'organisation des tâches, l'emploi du temps... Enfin, discours religieux *sur* les domestiques et *aux* domestiques.

A la fin du siècle, avec la crise de la bonne à tout faire, s'intéressent aux domestiques les juristes – neuf thèses de droit entre 1895 et 1912[35] –, les médecins et les hygiénistes, à propos de la prostitution, des conditions de travail et de logement déplorables des domestiques, les féministes qui insèrent dans chacun de leurs congrès un rapport sur le travail des bonnes. Ce qui change surtout, c'est la publicité donnée à la question des domestiques par la presse. Des enquêtes sont lancées, par *L'Union pour l'action morale*[36], en 1899, ou *L'Eclair*, en 1904. Ce quotidien reçoit vingt-sept mille lettres de maîtres et de domestiques sur le sujet, corpus dont la disparition navre le cœur de l'historien... *La Fronde*, en 1899, *La Réforme sociale*[37], en 1901, se font l'écho des débats sur la question des domestiques.

La lecture des bulletins de quelques syndicats de gens de maison représente un apport non négligeable pour la présente étude, surtout le *Journal des gens de maison*, dont la Bibliothèque nationale conserve la collection intégrale, de 1891 à 1914.

La question des domestiques était, dans la première moitié du XIXᵉ siècle, un sujet de concours pour académies et sociétés de sciences morales[38]; elle devient, au début du XXᵉ siècle, un thème à la mode pour conférences mondaines. En 1905, le marquis de Dampierre parle de « Serviteurs d'hier et Serviteurs d'aujourd'hui » devant la Ligue de l'action sociale de la femme; en 1906, Mme Péronneau-Dauphin s'intéresse aux rapports entre maîtres et serviteurs devant le Groupe français d'études féministes; en 1907, maître Faye, avocat à la cour d'appel de Paris, fait une conférence sur les gens de maison au Bazar de la Charité.

Un thème revient, obsédant, dans le discours qui se tient sur les domestiques tout au long du XIXe siècle : leur immoralité actuelle, qui s'oppose aux vertus des domestiques de l'âge d'or. L'âge d'or, c'est-à-dire avant la Révolution. La référence à *La Nouvelle Héloïse* est partout présente. L'harmonie familiale qui règne entre les maîtres et les domestiques dans le roman de Rousseau n'est jamais perçue comme mythique, on ne la cite pas comme une fiction, mais bel et bien comme une réalité. Ainsi le paradis a-t-il été défini en 1761. Il est à jamais perdu en 1789.

Ce qu'a brisé la Révolution, dans l'esprit de chacun, c'est le code féodal d'Ancien Régime, qui intégrait les domestiques à la maison des maîtres comme les vassaux à celle de leur suzerain. Une fois ce code brisé, le domestique émerge en tant que corps et corps étranger qui, si l'on n'y prête garde, peut pourrir l'ensemble du corps familial. L'imagination du XIXe siècle, fascinée par la découverte de l'organique, va fantasmer autour de ce corps étranger qui dérange l'ordre familial et peut le mener à la catastrophe.

PREMIÈRE PARTIE

L'ESPACE DE TRAVAIL

CHAPITRE PREMIER

LE PLACEMENT

L'arrivée à Paris

> « [...] les bouches béantes des chemins de fer, dont les cent bras attractifs s'étendent et se ramifient sur toutes les parties de la France. »
>
> Baron HAUSSMANN,
> discours de 1864, lors du renouvellement
> des pouvoirs du conseil municipal [1].

La jeune provinciale qui vient à Paris pour travailler comme domestique se trouve dans l'une des trois situations suivantes :
– elle est amenée par des maîtres;
– elle vient, sûre de trouver à Paris famille ou relations qui l'aideront à se placer; peut-être même a-t-elle déjà une place assurée;
– elle est absolument seule, et nous la retrouverons alors sur le quai d'une gare parisienne, confrontant ses illusions à la réalité de la grande ville.

Si elle vient à Paris avec ses maîtres, la jeune bonne n'aura pas, du moins au début, de problème de placement. Elle fait en quelque sorte partie des bagages du maître. Ainsi en est-il de Bécassine, qui accompagne la marquise de Grand Air, de Françoise, qui quitte Combray pour suivre les parents du jeune Marcel, d'Yvonne Chabot, qui suit les Daniel lors de leur déménagement de Brest à Paris. Souvent des bourgeois, au moment de partir en villégiature pour l'été, renvoyaient leurs domestiques, trouvaient à engager sur leur lieu de vacances une petite bonne qu'ils payaient fort peu, et l'entraînaient avec eux à Paris à leur retour. Les protestations réitérées des gens de maison contre ces pratiques font penser qu'elles étaient monnaie courante, l'augmentation du nombre des chômeurs avant l'été aussi[2].

Si elle n'est pas amenée à Paris par ses maîtres, la jeune provinciale y vient souvent déjà engagée dans une filière, soit que, par relations, on lui ait proposé du travail[3], soit qu'elle ait l'espoir de se placer aisément puisqu'elle a un « point de chute » à Paris. A son arrivée, elle est accueillie par un membre de sa famille ou par une connaissance, une « payse » installée à Paris. C'est le cas de Catherine Le Ker, appelée à Paris par sa tante[4], qui, trop vieille pour continuer à servir, veut prendre sa retraite au pays et charge sa nièce de la remplacer chez les Heurtaut. Catherine a seize ans, un an de plus que Germinie Lacerteux lorsque, devenue orpheline, celle-ci débarque dans la capitale. Les sœurs de Germinie, qui habitent Paris, l'accueillent plutôt mal, et la placent dans un petit café, comme femme de chambre de la patronne et aide des garçons.

Ces exemples, pris dans la fiction, rejoignent l'expérience vécue, comme en témoigne le récit de Juliette Sauget[5]. Elle arrive à Paris en 1904, elle a dix-sept ans et demi. Elle loge chez sa sœur. Cette dernière, qui a commencé à Paris comme bonne, conseille à Juliette de chercher une place de domestique et de s'adresser au bureau de placement. La famille joue donc souvent un rôle de transition entre la province et Paris. Un membre d'une famille installé à Paris, c'est, pour les autres, un pôle d'attraction vers la capitale, une personne autour de laquelle se concrétise le désir de quitter la province, l'accueil assuré à l'arrivée.

A côté de la famille, d'autres plaques tournantes permettent le passage de la province à Paris, ce sont les « pays » ou « payses », individus venant de la même région, voire du même village. Ces individus peuvent être regroupés en sociétés provinciales. C'est le cas des Bretons, des Savoyards, des Auvergnats. Sortes de grandes familles, vrais centres d'accueil organisés dans la capitale pour les gens d'une même région, les sociétés provinciales étaient un point de ralliement pour la jeune bonne qui arrivait à Paris. L'exemple d'une société provinciale très vivante nous est donné par la « Paroisse bretonne », qu'a fondée, en 1897, l'abbé François Cadic. Il était devenu nécessaire, dit-il, de créer un centre de regroupement des Bretons à Paris, tant l'émigration de ceux-ci vers la capitale était importante[6]. Jusque-là, la « seule œuvre sérieuse » pour l'accueil des Bretonnes était l'œuvre de placement confiée aux sœurs de la Croix, 233, rue de Vaugirard.

La Paroisse bretonne a pour centre l'église Notre-Dame-des-Champs et le quartier Montparnasse (les trains venant de Bretagne arrivent à la gare Montparnasse). Elle regroupe des catholiques bretons émigrés à Paris. Le 21 février 1897 est célébrée pour la première fois la messe des Bretons à Notre-Dame-des-Champs. En mai 1897 est annoncée, au cours de la messe, la première réunion spéciale qui se tiendra le premier dimanche de chaque mois à trois heures, dans une salle du Cercle catholique, 229, boulevard Raspail, pour les Bretons, dans la crypte de Notre-Dame-des-Champs pour les Bretonnes. Il y aura, plus tard, une réunion réservée aux domestiques femmes, chaque deuxième dimanche du mois. Ne se présentent alors que cinq hommes et cinq femmes. Trois ans après, la Paroisse bretonne compte 1 500 membres assidus, sur près de 3 000 inscrits.

Trois sections composent la Paroisse bretonne : « Ouvriers et Domestiques », « Messieurs et Dames associés », « Dames patronnesses et bienfaiteurs ». Pour être membre de la Paroisse bretonne, il faut justifier de son appartenance régionale : être Breton ou avoir épousé une Bretonne, ou encore être fils de Breton. Les ouvriers ou domestiques doivent justifier d'un emploi au moment de la présentation, avoir assisté à trois réunions, être agréés par le directeur. Il faut enfin participer financièrement à l'entreprise : payer un droit d'entrée de 1 franc; à chaque réunion mensuelle, verser 0,15 franc pour les hommes, 0,10 franc pour les femmes; s'abonner au journal. La Paroisse bretonne s'occupe de placer ses adhérents, mais elle a aussi créé bien d'autres services : société d'épargne, coopérative de consommation, vestiaire, etc. Ainsi la petite provinciale débarquant à Paris trouvera-t-elle aide matérielle et morale auprès d'une société régionale. Elle aura des chances de se placer, de se faire des relations, d'échapper aux dangers et à la solitude de la grande ville.

Si la jeune fille qui « monte » à Paris n'a aucun lien, aucune relation, aucune recommandation, elle va, dès sa descente du train, devoir se défendre.

A la gare

Autour des gares rôdent des racoleurs envoyés par les bureaux de placement. Ceux-ci cherchent à profiter de la naïveté des arrivantes. S'ils les emmènent dans un bureau de placement pour leur trouver une *vraie* place de domestique, elles peuvent se considérer heureuses. En général, c'est plutôt comme prostituées qu'on veut les engager. Afin de préserver les jeunes voyageuses que personne ne vient accueillir à la descente du train s'est créée l'Œuvre des gares, en 1905. L'Œuvre envoie, à l'arrivée des trains de province dans les grandes gares parisiennes, des dames de bonne volonté, qui réceptionnent les jeunes filles et les jeunes femmes seules, avant qu'elles ne se fassent accoster. Les agentes portent sur l'épaule un ruban jaune et rouge. Presque toutes les œuvres qui s'occupent d'accueillir les jeunes filles et les jeunes femmes ont un service des gares. Les agentes de l'ACI – Protection de la jeune fille – sont reconnaissables à leur ruban blanc et jaune, celles de l'Amie de la jeune fille à leur ruban blanc et rouge. Mais le service n'est assuré, en général, que sur demande.

Les arrivantes sont ensuite logées en lieu sûr. A la maison d'accueil de la Protection de la jeune fille, par exemple, qui, du 10 juillet 1905, date de sa mise en fonctionnement, jusqu'au mois de mai 1906, sur un total de 300 jeunes filles, en a hébergé 34 venues par l'Œuvre des gares. Au Congrès national des droits civils et du suffrage des femmes (Paris, 26, 27, 28 juin 1909), dans sa proposition sur le travail des bonnes, Mme Vincent fait figurer les articles suivants :

« [...] 2. Qu'il soit délivré gratuitement par les municipalités à chaque ouvrière ou domestique un carnet d'identité contenant le texte de la loi sur le travail et l'indication des bureaux de placement et maisons de refuge et de protection des jeunes filles et des femmes.

« 3. Qu'il soit indiqué sur le même carnet que les jeunes filles et femmes peuvent s'adresser dans toutes les gares des grandes villes. Des " femmes agentes " s'y tiennent en permanence, prêtes à donner tous les renseignements; elles sont reconnaissables à leur ruban jaune et noir sur l'épaule. »

Ainsi la philanthropie essaie-t-elle de quadriller l'espace de la gare, dangereux pour les jeunes provinciales qui se retrouvent seules à leur arrivée à Paris. Il y a lutte entre bureaux de placement et œuvres d'accueil dans les gares, comme le montre ce modèle de lettre publicitaire envoyée par un placeur, reproduit par Cusenier : après avoir garanti des places dans la journée, le placeur ajoute : « Nous ne saurions trop vous mettre en garde contre les messieurs et dames qui, sous prétexte de vous rendre service, essaieraient à la gare de vous emmener et de vous dissuader de venir à notre bureau. »

Se placer, comment?

En ce qui concerne les domestiques, les fournisseurs jouent un grand rôle. Le fruitier, le boucher, le marchand de beurre, le boulanger peuvent mettre en relations, dans leur quartier, les maîtres qui cherchent une domestique avec une domestique en quête de travail. Les fournisseurs qui s'entremettent ainsi le font en général à titre bénévole. Cela fait partie, en quelque sorte, de leur commerce. Pourtant, *le Journal des gens de maison* du 5 juillet 1907 dénonce des fournisseurs qui tiennent des « carnets d'affaires de placement » et cite le cas d'un boulanger qui demande 10 francs au domestique qu'il place.

A côté de ce mode de placement officieux s'occupent de placement plusieurs sortes d'institutions. Sociétés régionales, dont nous avons déjà parlé, sociétés philanthropiques, sociétés de secours mutuels, syndicats professionnels, et enfin bureaux de placement proprement dits, de deux sortes : bureaux privés, payants – on les appelle « autorisés », car ils doivent, pour s'ouvrir, obtenir l'autorisation de la préfecture de Police –, bureaux municipaux, gratuits.

Rappelons qu'autrefois l'embauche des domestiques à la campagne avait lieu une fois l'an, à l'occasion d'une grande fête, souvent à la Saint-Jean[7], et portait le nom de « louée » ou de « marché aux bras ». Jeunes gens et jeunes filles désirant se placer s'alignaient et les maîtres parcouraient les rangs, les palpaient, les interrogeaient. Ces « louées » existaient encore dans certaines provinces au début du XXe siècle. Cusenier en signale, en 1912, à Lormes, dans le Nivernais[8]. A Paris, les domestiques se rassemblaient chaque jour près de la porte du Petit-Palais, mais à la fin du XIXe siècle ces coutumes de placement ont tout à fait disparu.

Les sociétés philanthropiques[9]

Nombreux étaient les asiles pour servantes qui pratiquaient à la fois l'hébergement et le placement. La plupart sont confessionnels, catholiques ou protestants. Ils imposent parfois aux femmes qui voudraient trouver refuge chez eux des restrictions concernant le culte et la nationalité ou même l'âge. Le prix de pension est assez élevé, 1,50 franc par jour en moyenne. Si la servante y séjourne pendant un mois, elle paiera 45 francs environ, soit un mois de gages d'une domestique bien payée – cuisinière, par exemple – à Paris, en 1900. Ce qui, pour quelqu'un qui cherche un emploi, représente une somme importante. Il est vrai que l'asile est conçu comme lieu de passage et non pas de séjour : ce dernier est limité à quinze jours ou un mois. Comment font les pauvres ? La Maison de Notre-Dame-Auxiliatrice, 233, rue de Vaugirard, indique qu'elles paient avec leur travail.

Et c'est bien là qu'on peut se poser la question : dans quelle mesure l'assistance n'est-elle pas exploitation ? Lucien Dard, président du bureau de placement du XVᵉ arrondissement, la dénonce comme telle : « Les mots assistance et travail n'ont jamais été faits pour vivre ensemble; ils hurlent de se voir accouplés. » La mise en cause la plus virulente des sociétés philanthropiques – au nombre de quarante-deux dans le département de la Seine, d'après l'enquête faite par l'Office du travail en 1891[10] –, c'est Mirbeau qui l'a écrite. Célestine, en chômage, se retrouve à Neuilly, chez les sœurs de Notre-Dame-des-Trente-Six-Douleurs, maison de refuge en même temps que bureau de placement pour servantes : « On est logée dans des galetas de dortoirs, sous les combles; on est nourrie maigrement de viandes de rebut, de légumes gâtés, et l'on paie 25 sous par jour à l'institution. C'est-à-dire qu'elles retiennent, quand elles vous ont placée, ces 25 sous sur vos gages […] Elles appellent ça vous placer pour rien. En outre, il faut travailler, depuis six heures du matin jusqu'à neuf heures du soir, comme les détenues des maisons centrales[11]. »

Là séjournent une quarantaine de bonnes; certaines n'ont jamais servi, d'autres sont en chômage. Chacune est occupée selon ses aptitudes : cuisine et ménage, jardinage, couture. Ainsi Célestine, habile aux travaux d'aiguille, se voit-elle confier la confection de trousseaux de mariage et de layettes pour les riches. Elle se rend compte qu'elle est exploitée, elle accuse les sœurs de garder prisonnières les domestiques dont elles peuvent tirer profit, au lieu de leur procurer des places. Elles ont trouvé le moyen d'avoir des servantes qui, en plus de les servir, les paient. Célestine a de la peine à quitter la maison sans payer, c'est-à-dire sans accepter les places que lui offrent les sœurs, chez de vieilles bigotes.

Il faut, bien sûr, tenir compte de l'exagération romanesque, mais Mirbeau pose la vraie question : où finit la philanthropie ? où commence l'exploitation au nom de cette philanthropie ? Le *Réveil des gens de maison* du 1er décembre 1908 dénonce la « plaie du placement », même dans « les sociétés soi-disant philanthropiques qui [...] ne sont que des officines de vol ou des pourvoyeurs de prostitution tolérés et encouragés par les pouvoirs publics ».

Nous ne sommes pas en mesure de trancher dans un tel débat, bien sûr, mais il est intéressant de relever la contradiction entre les déclarations des sœurs de la Croix et le fonctionnement de leur maison. Le conseil d'administration du 6 janvier 1858 définit en ces termes le but poursuivi par les sœurs de la Croix dans la Maison de Notre-Dame-Auxiliatrice : « Recevant dans notre maison des filles qui veulent se placer en qualité de domestiques et des domestiques momentanément sans place, nous ne cessons d'exercer envers elles les œuvres de miséricorde spirituelle et corporelle, les soignant dans leur maladie et leur donnant *gratuitement* l'instruction élémentaire et l'éducation chrétienne dont elles ne sont que trop souvent dépourvues[12]. » Or il en coûte 1 franc ou 1,25 franc par jour pour être hébergée chez les sœurs de la Croix...

Les syndicats professionnels et les sociétés de secours mutuels

L'essentiel de leur activité consiste dans le placement. C'est en effet le premier élément indiqué dans leur « descriptif », si on lit l'*Annuaire des syndicats professionnels*, édité à partir de 1889[13]. Les responsables syndicaux reprochent même aux domestiques de ne s'intéresser aux syndicats que lorsqu'il s'agit de trouver une place. Ainsi le Genêt est-il obligé, en 1908, de changer son système de cotisation. Jusque-là, un domestique payait 4 francs d'inscription, puis 6 francs après son entrée en place. Mais, comme beaucoup « oubliaient » de payer les 6 francs complémentaires, à partir de 1908, on exige les 10 francs tout de suite. Les syndicats ont mené une lutte constante contre les bureaux de placement payants, comme nous le verrons.

Les bureaux de placement

Certains bureaux, comme le Saint-James, 320, rue Saint-Honoré, placent exclusivement des domestiques. D'autres, au contraire, comme la maison Breton, 94, rue Saint-Antoine, placent aussi bien des garçons de bureau ou des caissières que des femmes de chambre.

1. *Bureaux de placement « autorisés » ou bureaux municipaux*? Nous trouvons des indications sur la situation du placement à Paris dans les trois enquêtes faites par l'Office du travail en 1893, 1901, 1909[14]. La 3e *Enquête* donne le bilan du placement depuis la promulgation de la loi de 1904. 1904 est une date importante parce que, pour

la première fois, devant la loi, les rapports entre maîtres et domestiques sont modifiés. Jusque-là, c'était le domestique qui payait les droits de placement; à partir de 1904, c'est au maître qu'ils incombent. La loi ne considère plus que le domestique doit payer s'il veut travailler, mais que le maître doit payer s'il veut se faire servir. Les enquêtes sont faites à l'aide de questionnaires envoyés aux bureaux de placement, pour connaître leur mode de fonctionnement, le nombre d'offres d'emplois, de demandes, de placements effectués. Il faut se méfier, dit l'Office du travail, des chiffres volontairement « gonflés » par les bureaux autorisés, même si l'on admet que les mêmes demandes et les mêmes offres ont été déposées simultanément dans un grand nombre de bureaux payants, par les mêmes personnes.

L'article 1er du décret du 25 mars 1852 réglemente l'ouverture des bureaux de placement : « Nul ne pourra tenir un bureau de placement [...] sans une permission spéciale délivrée par l'autorité municipale et qui ne pourra être accordée qu'à des personnes d'une moralité reconnue. » L'article 3 ajoute : « L'autorité municipale surveille les bureaux de placement pour y assurer le maintien de l'ordre et la loyauté de la gestion. » En 1891, sur 294 bureaux de placement à Paris, 202 s'occupaient exclusivement du placement des gens de maison. Si on ajoute à ce chiffre 8 bureaux dans l'arrondissement de Saint-Denis et 7 dans celui de Sceaux, on obtient un total de 217 bureaux autorisés pour le département de la Seine. En 1901, la situation était sensiblement la même : la Seine comptait 200 bureaux autorisés pour le placement des gens de maison.

Le droit de placement, 3 p. 100 du salaire annuel, est exigible huit jours après l'entrée en service du domestique. Il est proportionnel aux gages de l'année entière, quelle que soit la durée du service. Le neuvième jour, donc, même si le domestique s'en va ou est renvoyé, le placeur a droit à ses 3 p. 100 sur la totalité des gages de l'année. S'ajoute à ce droit de placement un droit d'inscription. Prévu par l'ordonnance de police du 5 octobre 1852, supprimé par celle du 16 juin 1857, il continue cependant à être perçu et n'est pas remboursé au cas où le placeur ne procure aucun emploi au domestique. Ce droit varie selon les sources : 50 centimes selon Bouniceau-Gesmon, 2 francs selon Frapié et Lavieuville [15]. En principe, si le domestique quitte sa place ou est renvoyé dans un délai de huit jours, il doit récupérer cette somme. Dans la pratique, le placeur exige du domestique 0,25 franc par jour de travail effectif et transforme souvent cette retenue en une somme globale de 2 francs d'après l'*Enquête* de 1893.

On estime à environ 10 francs le bénéfice fait par le placeur pour chaque personne placée. Une telle exploitation financière se révèle ruineuse pour le domestique qui change de place à plusieurs reprises dans la même année. Ainsi Célestine, qui a « fait » sept places en quatre mois et demi, a dû payer au bureau 3 p. 100 sur sept années de gages, en plus du droit d'inscription : plus de 90 francs au total, soit de deux à trois mois de gages rien qu'en frais de placement. C'est du « vol organisé [16] », comme elle le dit elle-même. Le placeur a donc tout intérêt à ce que le domestique change souvent de place : c'est tout bénéfice pour lui. A cette scandaleuse exploitation déclarée du domestique s'ajoute une pratique dénoncée par certains domestiques, et que signale l'*Enquête* de 1893 : pour obtenir de bonnes places, il faut, en plus de la commission versée au bureau, « graisser la patte » du placeur. Granveau, en 1868, parlait déjà de ces méthodes illicites : le bureau de placement se fait offrir 10, 20, 30 francs pour procurer rapidement une place au domestique. Certains pots-de-vin monteraient jusqu'à 100 ou 150 francs [17].

Dans ces conditions, on comprend la violence de la campagne menée par les syndicats de gens de maison contre les bureaux de placement payants. Cette campagne forme l'essentiel des revendications exprimées par le *Journal des gens de maison*. Les bureaux y sont traités de « ver rongeur, phylloxéra des serviteurs » (8 décembre 1891), de « sangsue » (8 septembre 1892), de « meute » poursuivant le cerf-serviteur aux abois (« La Curée », 8 octobre 1895), d'« affreux bouges » (8 octobre 1898). La deuxième édition du journal, en avril 1900, déplore que les domestiques aient à passer sous les « fourches caudines » des placeurs. Le numéro du 8 juillet 1901 parle de la « traite des Blancs ».

Pour lutter contre l'exploitation des domestiques par les bureaux de placement autorisés se met en place un système parallèle de bureaux de placement municipaux. La première tentative d'institution d'un bureau gratuit de renseignements dans chaque mairie de Paris date de 1848. Par le décret du 8 mars 1848, le Gouvernement provisoire décide l'institution de bureaux destinés à établir « les tableaux statistiques de l'offre et de la demande de travail, et à faciliter et régulariser les rapports entre les personnes qui cherchent un emploi ou du travail, d'une part, et celles qui demandent des employés ou des travailleurs de l'autre ». La tentative échoue alors, car elle fonctionne trop peu de temps, et dans des circonstances économiques trop peu favorables pour la mise en place d'un tel système. Le 28 mars 1848, Caussidière, préfet de police, supprime à Paris les bureaux autorisés; mais ceux-ci en appellent aux tribunaux. Ces derniers, au nom de la liberté du commerce et de l'industrie, jugent la décision de Caussidière entachée d'abus de pouvoir et l'annulent[18]. Il faudra attendre une trentaine d'années pour voir à Paris se créer des bureaux municipaux.

A partir de 1875, des propositions sont faites au conseil municipal pour créer des « bourses du travail » dans chaque arrondissement (24 février 1875; 6 novembre 1877, 7 décembre 1877, 18 juillet 1878). Le 19 novembre 1883, la ligue pour la suppression des bureaux de placement dépose au conseil municipal la proposition de création d'une bourse du travail qui centraliserait les demandes et les offres d'emplois. Le 15 juillet 1887 enfin s'ouvre, dans le XVIIIe arrondissement, le premier bureau de placement gratuit. L'impulsion est donnée. Le préfet de la Seine envoie aux maires des arrondissements des circulaires les invitant à suivre l'exemple du XVIIIe. Celui-ci fait figure de précurseur et de modèle : en 1888, plusieurs municipalités lui demandent le programme de son organisation. En 1900, 16 arrondissements sur 20 possèdent leur bureau de placement. C'est en 1907 que les vingt mairies de Paris sont chacune pourvues de bureaux.

2. *Fonctionnement des bureaux municipaux.* Nos sources sont évidemment bien plus nombreuses sur les bureaux publics que sur les privés, tout ce qui est d'ordre administratif étant répertorié et ayant fait l'objet d'études. Les bureaux possèdent deux registres, un pour les demandes d'emplois, l'autre pour les offres. Si le bureau possède une salle d'attente pour les demandeurs d'emplois, on met tout de suite en présence le maître et le domestique. Dans le cas contraire, le domestique en quête de travail doit se rendre chez le maître inscrit auprès du bureau, avec une lettre de présentation, et rapporter ensuite celle-ci au bureau avec la mention « accepté » ou « refusé ». Le bureau du VIe arrondissement a inauguré un système qui fonctionne bien, celui du cadre-affiche. Sont affichés le nom et l'adresse des maîtres qui proposent un emploi[19].

Les bureaux municipaux sont ouverts soit toute la journée, soit le soir de quatre à sept, de sept à neuf ou de huit à dix. Ils sont dirigés par un agent aidé d'une autre personne. Le traitement du directeur est plus élevé si le bureau est ouvert toute la journée : 1 800 francs par an, contre 800 francs environ si le bureau est ouvert seulement le soir. Les bureaux municipaux ont aussi des frais d'impression, de correspondance, d'affichage. Où trouvent-ils les fonds nécessaires à leur fonctionnement ? Chaque bureau reçoit du conseil municipal une subvention qui varie de 1 000 à 3 000 francs. A cela s'ajoutent des dons divers, le produit des fêtes et ventes de charité. Les bureaux disposent en moyenne de 2 500 francs par an.

Puisque, pour un bureau privé, le bénéfice par personne placée est d'environ 10 francs, lorsque le bureau municipal gratuit a placé quelqu'un, il a réalisé un bénéfice moral de 10 francs; il a également fait économiser 10 francs à la personne ainsi placée. Il semble donc bien plus avantageux pour le domestique de passer par le bureau municipal que par le privé. Comment expliquer alors que tous ne se précipitent pas dans les bureaux municipaux? D'après la *2e Enquête sur le placement*, 8 976 domestiques ont été placés par les bureaux municipaux pendant l'année 1896, alors que la moyenne annuelle des domestiques placés par les bureaux autorisés dans la période 1893-1897 est de 140 613. Plus de 14 fois ce que placent les bureaux municipaux!

L'*Enquête* pose la question : « Pourquoi les ouvriers et domestiques préfèrent-ils le placement payant au placement gratuit? » (p. 144) et fournit la réponse suivante : surtout pour les domestiques, « il n'y a que chez les placeurs qu'on trouve de bonnes places, c'est-à-dire des places bien payées », car le placeur a intérêt à leur procurer un salaire plus élevé.

Le reproche le plus souvent adressé aux bureaux municipaux est leur manque de coordination. Aucune relation n'est établie d'un arrondissement à l'autre. Charbonnel, en 1896, propose la création d'un bureau central, auquel on transmettrait chaque jour les demandes et les offres d'emplois. En 1910, Numa Raflin reprend l'idée de centralisation, mais pour montrer que trois bureaux municipaux seraient suffisants : en regroupant les bureaux existant dans chaque arrondissement, on rendrait l'organisation plus efficace. Il serait possible, de cette manière, de recueillir rapidement des renseignements sur les domestiques et les maîtres[20].

3. *Au bureau de placement privé*. Nous n'avons, concernant les bureaux municipaux, que des descriptions de leur fonctionnement. C'est autour des bureaux privés que se développe un autre discours, littéraire celui-là, où l'ima-

gination a sa part. Cette différence s'explique : les bureaux privés fonctionnent sur le principe du profit à tirer du placement et, jusqu'à la loi de 1904, sont aisément fantasmés comme des vampires vivant de la force de travail du domestique. S'ajoute à cela le fait qu'ils ne sont guère contrôlables par l'administration. On les soupçonne donc de cacher des entreprises vicieuses ou illégales.

Mirbeau, au chapitre XV du *Journal d'une femme de chambre*, trace un tableau d'un de ces bureaux, situé rue du Colisée. Le cadre en est repoussant. Il est établi au fond d'une cour, au troisième étage d'une très vieille maison. L'escalier qui y mène est étroit et raide, les marches en sont malpropres, la rampe humide et poisseuse, l'odeur infecte. Le bureau est exploité par Mme Paulhat-Durand, femme de quarante-cinq ans, à l'allure de bourgeoise digne. Cette allure n'est en fait que parodie, puisque, comme beaucoup de placeuses, elle a été autrefois femme de chambre. Elle singe ses anciennes maîtresses. Il est intéressant de faire le parallèle entre placeuse et meneuse de nourrices. La placeuse est souvent une ancienne domestique, la meneuse une ancienne nourrice. Chacune a compris qu'il valait mieux se mettre en position d'exploiter les autres que d'être exploitée. D'où le côté maquerelle de ces deux personnages.

Mme Paulhat-Durand fournit en domestiques le quartier des Champs-Elysées. Ceux qui cherchent une place viennent, matin et après-midi, attendre dans l'antichambre. Célestine souligne la parenté entre l'attente des domestiques dans le bureau de placement et celle des prostituées dans la maison de tolérance. En attendant de trouver preneur, les domestiques se racontent leur vie, leurs souffrances, leurs rêves. Le bureau de placement est le lieu où se nouent les rapports entre le maître et le domestique, il est donc destiné à être le bastion de l'espoir toujours frustré. Symbolique de l'attitude discriminante du bureau de placement à l'égard du domestique : le bureau à deux entrées dans la rue Montmartre, dans *La Figurante*. Sur la première : « Entrée de MM. les patrons », sur la seconde : « Entrée de MM. les domestiques. »

4. *L'interrogatoire*. Le passage de l'interrogatoire du *Journal d'une femme de chambre* avait déjà paru dans le *Journal des gens de maison* du 8 août 1895, sous le titre : « Présentation ». Signe que Mirbeau tenait à cet épisode. Se présente chez Mme Paulhat-Durand une maîtresse de maison en quête d'une bonne. La placeuse appelle, parmi les filles qui attendent dans l'antichambre, celle qui semble correspondre au désir de la cliente. Cette dernière pose alors des questions à la candidate au service : comment s'appelle-t-elle? D'où vient-elle? Quel âge a-t-elle? Est-elle mariée? A-t-elle des enfants? Peut-elle présenter des certificats? L'interrogatoire a toujours un aspect d'enquête policière, humiliante pour l'interrogée.

Celui que décrit Célestine, de Jeanne Le Godec, une Bretonne de vingt-six ans, par une bourgeoise de cinquante ans, riche et sèche, est à la limite du supportable. La patronne procède à l'humiliation systématique de la bonne, la terrorise, l'insulte, de manière que celle-ci, accablée, accepte sans protester les gages qu'elle lui propose, même s'ils sont scandaleusement bas. L'humiliation consiste en une négation générale de la personne de la domestique. Négation de son nom : « Jeanne, ce n'est pas un nom de domestique... Vous n'avez pas la prétention de garder ce nom[21]? »; de son origine : « Je n'aime pas les Bretonnes »; de son âge : « Vous paraissez bien plus vieille » (que vingt-six ans); négation de son seul bien enfin, sa fille : « Des enfants! Je vous demande un peu! Des enfants quand on ne peut pas les élever, les avoir chez soi! Ces gens-là sont incorrigibles, ils ont le diable au corps! » La maîtresse de maison pratique, dans cette scène, une forme de marchandage bien connue : elle déprécie la « marchandise » pour la payer moins cher. Ainsi la vieille dame qui examine et interroge Louise Randon, une autre candidate du bureau de placement, lui dit-elle qu'elle est très laide, qu'elle sent mauvais, avant de lui proposer 15 francs de gages au lieu des 30 demandés, en ayant l'air, en plus, de lui faire l'aumône.

Fantasme de domestique que cette vision très noire du bureau de placement, dira-t-on. Il est vrai que ces scènes sont perçues par les yeux de Célestine. C'est pourquoi il me paraît intéressant de mettre en parallèle avec la description de Mirbeau celle que fait l'abbé Jeannin de la salle d'attente du Genêt, dans *Le Serviteur* du 25 mars 1910. Le bureau est installé dans une ancienne chapelle désaffectée, « vaste, haute, éclairée, aérée, chauffée ». Dans ce cadre confortable attendent, vers le milieu de l'après-midi, 100 à 150 chômeurs ou chômeuses. Que de monde, se dit le lecteur de l'article, et quelle agitation doit régner dans ce lieu! Mais l'abbé Jeannin nous ménage la surprise de l'ordre magiquement établi et respecté : « Cuisinières, femmes de chambre, bonnes à tout faire sont groupées par catégories. Elles lisent, elles cousent, elles brodent, elles causent. C'est une ruche laborieuse, parfois bourdonnante, mais toujours sans tintamarre et sans aucun éclat de mauvais ton. Quelques instants suffisent pour qu'on ait la conscience nette qu'on est en bonne compagnie. » Autodiscipline, dignité, bonne tenue : rien à voir avec les domestiques avachies dans la salle d'attente décrite par Mirbeau.

La répartition des rôles masculins et féminins se fait dans la salle du Genêt comme elle se fait dans la société : chacun a les occupations propres à son sexe. Tandis que les femmes se consacrent à des « ouvrages de dames », lisent ou causent, les hommes « emploient leur temps à jouer au billard, aux dames, aux dominos, et à d'autres jeux de société ». Un même souci de bonne tenue les anime : « Ils ne fument pas, et tout dans leur attitude indique qu'ils ont été et qu'ils ont l'ambition de redevenir des gens de " bonne maison ". » N'a-t-on pas l'impression de se trouver dans un club plutôt que dans un bureau de placement? Les responsables du Genêt ne se contentent pas de placer là une présidente de salle pour veiller à l'harmonie de ce petit monde, ils organisent pour les chômeurs des activités culturelles : lectures sur un sujet instructif ou conférences sur des questions professionnelles ou d'actualité.

L'abbé Jeannin conclut : « Vraiment une des meilleures réclames pour les offices de placement du Genêt est l'aspect rassurant et réconfortant de la salle d'attente du 22 *bis* de la rue de Naples », et il invite les maîtres et maîtresses de maison à venir voir. Son évocation d'un bureau de placement ne peut que contraster avec celle de Mirbeau, le noir est devenu rose. Besoin de publicité auprès des maîtres ? Désir pathétique de se décerner un label de qualité ? Quoi qu'il en soit, on voit combien est subjective la vision du bureau de placement.

5. *Griefs contre les bureaux autorisés*. Exploiteurs de domestiques, les bureaux privés sont souvent cités comme responsables de leur démoralisation. Granveau dénonce la collusion qui existe entre maquerelles et placeuses; celles-là racolent autour des bureaux. « Ces visites des femmes de mauvaise vie [...] sont payées au placier, qui reçoit le prix du venin destiné à empoisonner l'innocence et la vertu des jeunes vierges du peuple. » Sombre complot contre la vertu dont le bureau serait le centre... La présence de racoleuses aux abords des bureaux est également signalée dans le roman de Mirbeau. Les domestiques, fatiguées d'avoir attendu en vain pendant des jours entiers au bureau une place qui ne se présente pas, sont accostées par des femmes qui leur proposent un travail lucratif et moins fatigant que celui de domestique. Célestine dit que, même si, au début, on refuse, à mesure que passe le temps dans l'attente d'une place, on est davantage tentée.

Officiellement, la responsabilité des bureaux dans la déchéance des domestiques est évoquée par le rapport de Georges Berry, présenté au conseil municipal de Paris le 7 mars 1892, au nom de la commission de la Mendicité professionnelle, sur l'exploitation de l'enfance : « Les maisons clandestines se peuplent encore [il a déjà parlé des apprenties et des ouvrières] en attirant chez elles les bonnes venues à Paris pour y trouver une place et qui, grâce à la complicité de certains bureaux de placement, deviennent de véritables filles publiques. » Le rapport fait état du récit d'une adolescente rencontrée dans un asile de la Ville de Paris pour filles mères. Emma est la fille d'un ouvrier de Melun. Celui-ci, devenu veuf, se remarie avec une méchante femme qui bat l'adolescente. Emma s'enfuit, vient à Paris où une de ses tantes est vendeuse au carreau des Halles. Celle-ci a cinq enfants, ne peut se charger de sa nièce et l'envoie dans un bureau de placement de son quartier. Le soir, Emma est casée dans une maison où elle sert beaucoup de champagne et assiste à des scènes de débauche. Pendant la nuit, un homme s'introduit dans son lit. Elle n'a pas quinze ans. « Le bureau de placement l'avait livrée à des entrepreneurs de débauche », conclut le rapport. Au bout de cinq mois, sa grossesse se voit, elle est jetée dehors[22]. De telles histoires prouvent, selon Georges Berry, la nécessité de supprimer les intermédiaires que sont les placiers.

Il existe une autre forme, plus insidieuse, de proxénétisme, dont se rendent coupables les placeurs. Célestine l'évoque lorsqu'elle relate les propositions que lui fait Mme Paulhat-Durand. Celle-ci, après avoir recensé toutes les qualités de Célestine, sa beauté, son chic, lui laisse entendre qu'elle conviendrait très bien pour une place « délicate » de « gouvernante » – entendez servante-maîtresse – chez un monsieur seul, riche et respecté en province. Si l'idée du complot ourdi par les bureaux de placement contre la vertu du peuple paraît relever de l'exagération épique, il est probable, en revanche, que ce genre de tractation à usage interne entre maîtres et domestiques entrait dans les activités du bureau.

Aux griefs des domestiques contre les bureaux de placement – exprimés par leurs syndicats, dans les *Enquêtes* – s'ajoutent les griefs des maîtres. Ceux-ci accusent les bureaux de fournir sur les domestiques des renseignements faux ou insuffisants, voire inexistants. Ces différents griefs apparaissent-ils dans les poursuites judiciaires dont les bureaux sont l'objet? La *2e Enquête sur le placement* donne (p. 131) l'état des poursuites contre les placeurs autorisés de 1893 à 1897. Les dix-sept cas de poursuites indiqués concernent tous des manquements d'ordre matériel. Aucune atteinte à la moralité n'est reprochée à ces bureaux. On peut d'ailleurs souligner d'une part le petit nombre de poursuites, en quatre années et alors que le nombre des bureaux autorisés est supérieur à deux cents, d'autre part la modicité des amendes infligées, surtout si l'on compare avec le texte du décret du 25 mars 1852. Celui-ci promettait en effet une amende de 1 à 15 francs aux contrevenants, et même un emprisonnement de cinq jours en plus.

La loi de 1904

Les moralistes avaient fait bien des propositions pour améliorer le système du placement. Granveau suggérait que fût créé, pour remplacer les bureaux, un journal qui assurerait la liaison entre maîtres et domestiques, patrons et ouvriers. *L'Abeille* serait un quotidien où l'on insérerait les offres et les demandes d'emplois. Bouniceau-Gesmon conseille aux maîtres de se grouper en syndicats, afin de créer un fichier de renseignements sur les domestiques. Les deux *Enquêtes sur le placement* de 1893 et de 1901 traduisent le mécontentement des maîtres comme des domestiques à propos du placement. La loi du 14 mars 1904 vient essayer de réorganiser le système en mettant la filière privée sous la coupe de l'administration.

Article 1er. « Les bureaux de placement payants pourront être supprimés moyennant une juste indemnité. Tout bureau nouveau, créé en vertu d'une autorisation postérieure à la promulgation de la présente loi, n'aura droit, en cas de suppression, à aucune indemnité. »

Article 2. « Les bureaux de placement gratuits créés par les municipalités, par les syndicats professionnels ouvriers, etc., ne sont soumis à aucune autorisation. »

Article 4. « Dans chaque commune, un registre constatant les offres et demandes de travail et d'emplois devra être ouvert à la mairie et mis gratuitement à la disposition du public. [...] Les communes comptant plus de dix mille habitants seront tenues de créer un bureau municipal. »

La loi promeut le placement gratuit et essaie de réduire le placement payant. L'article 11 précise que des indemnités seront versées aux bureaux autorisés seulement s'ils sont supprimés dans un délai de cinq ans. On espère donc, avant 1909, voir disparaître bon nombre de bureaux autorisés.

Le deuxième élément qui va jouer, en principe, contre le placement payant est donné dans l'article 11 : « A partir de la promulgation de la présente loi, les frais de placement touchés dans les bureaux maintenus à titre payant seront entièrement supportés par les employeurs. » On espère, en obligeant les bureaux payants à demander aux maîtres le montant des frais supportés naguère par les domestiques, détourner ceux-là du placement payant pour les diriger vers le placement gratuit.

L'*Enquête* de 1909 de l'Office du travail donne des appréciations sur les effets de la loi. Trois séries de problèmes sont toujours évoquées au cours de l'*Enquête* et dans les réponses reçues :
– la baisse des salaires des domestiques;
– la suppression complète des bureaux de placement payants;
– la crise des bonnes à tout faire.

Le nombre des maîtres qui continuent à s'adresser aux bureaux privés a effectivement beaucoup diminué, et la plupart d'entre eux réduisent, semble-t-il, les gages du premier mois, afin de récupérer les sommes qu'ils ont versées aux placeurs. Les domestiques, en revanche, continuent à fréquenter les bureaux privés. Pourquoi? A cela, l'Union syndicale des gens de maison répond : maintenant que pour les serviteurs le placement est gratuit, ceux-ci s'imaginent « trouver du travail sans bourse délier ». En réalité, ils se trompent, parce que leurs gages sont réduits de 5 à 10 francs par mois. La loi a porté préjudice aux syndicats, car, auparavant, les domestiques cotisaient souvent moins par souci de défendre leurs intérêts corporatifs que pour se placer par l'entremise du syndicat. Maintenant que le placement est gratuit pour eux, ils ne voient plus l'intérêt de se syndiquer. Les maîtres, au contraire, s'adressent plus volontiers aux syndicats, car, toujours selon l'Union syndicale des gens de maison, il y aurait collusion entre placeurs et domestiques pour que ces derniers changent souvent de places. Ainsi les profits seraient partagés entre bureaux autorisés et domestiques au détriment des maîtres. Les syndicats reçoivent donc plus d'offres que de demandes d'emplois, et ne peuvent, en particulier, fournir aux maîtres des bonnes à tout faire.

Dans tous les arrondissements, le nombre de placements opérés par les bureaux autorisés a baissé tandis qu'augmentait le nombre des placements effectués par les bureaux municipaux[23]. Ces derniers sont victimes de leur succès : les bureaux privés et les associations fictives qui pratiquent le placement font du racolage auprès d'eux. En 1907, le Syndicat français des gens de maison dénonce ces illégalités : « Les bureaux de placement disparaîtront d'eux-mêmes si les gens de maison savent s'organiser et surtout si la loi actuelle est appliquée, c'est-à-dire si l'on supprime les bureaux de placement payants clandestins (concierges, commerçants), car les gens de maison n'ont jamais été autant exploités depuis que ce sont les maîtres qui paient le placement. »

A la fin de décembre 1907, il y a encore 203 bureaux autorisés, 183 à Paris et 20 en banlieue, dont 176 continuent à fonctionner, 156 à Paris et 20 en banlieue. 17 ont interrompu leur fonctionnement mais peuvent être rouverts. L'*Enquête* de 1909 pose la question : faut-il fermer les bureaux autorisés ? Faut-il les indemniser en cas de fermeture ? Oui, il faut les fermer, mais sans indemnité, répond *Le Réveil des gens de maison* du 1er décembre 1908 (le problème de la fermeture des bureaux privés était agité depuis la loi de 1904). Plutôt que de payer aux bureaux de placement leur expropriation, mieux vaut subventionner des offices de placement gratuit. Dans le *Journal des gens de maison* du 8 avril 1904, Gaston Picard exprimait un avis plus libéral : la fermeture des bureaux privés avec indemnité ruinerait la Ville de Paris. Il faut donc laisser ceux-ci ouverts ; ils n'auront plus de clients et s'éteindront d'eux-mêmes. La réalité donna un démenti à cet espoir.

Numa Raflin, en 1910, met la baisse générale du nombre des placements sur le compte de la pénurie des bonnes à tout faire. Si on ne trouve plus de simples bonnes, selon lui, c'est, d'une part, qu'elles ont tendance à se spécialiser en femmes de chambre, cuisinières, bonnes d'enfants, d'autre part qu'elles deviennent plus exigeantes sur le salaire et les conditions d'emploi. Enfin peut-être sont-elles incitées par la gratuité du placement à changer de places plus fréquemment.

Escroquerie au placement

Le Serviteur du 10 février 1909 cite le cas de domestiques envoyés à Londres et qui, après qu'ils ont versé de l'argent à Paris et à Londres, et payé leur passage, se font dire que la place est prise. Plus sordide encore, l'agence de placement qu'imagine Frapié, l'agence Bizon, rue Saint-Antoine, s'est spécialisée dans le placement, ou plutôt le non-placement des bonnes dont les autres bureaux ne veulent pas, les malades, les estropiées, les trop vieilles ou les trop enceintes (c'est le cas de Sulette). L'agence leur fait miroiter la possibilité de trouver un engagement malgré leurs handicaps, le temps de manger leurs économies, et ensuite les jette à la rue.

Bilan de la loi de 1904

Nous avons déjà vu que les syndicats se plaignent de recruter moins (cf. *Journal des gens de maison*, 8 janvier 1906). Mais la question importante est celle-ci : le placement est-il devenu réellement gratuit? Il ne semble pas, d'après l'article paru dans *Le Réveil des gens de maison* le 1er décembre 1908. Celui-ci utilise à nouveau les vieux clichés : vampirisme et traite des Blanches pratiqués par les bureaux de placement. Il cite le rapport à la commission du Travail devant le conseil municipal, du 20 novembre 1908. Ce rapport dénonce, d'une part, les efforts des bureaux de placement privés pour débaucher les employés et gagner davantage. Certains syndicats, certaines sociétés mutuelles sont également loin d'être innocents, puisqu'ils « font payer pour une place 12 francs aux serviteurs et 10 francs aux patrons ». Double bénéfice donc. Le rapport accuse, d'autre part, l'utilisation de petites annonces mensongères pour attirer vers Paris les serviteurs de province. Il faut donc fermer les bureaux sans indemnité, dit *Le Réveil des gens de maison*, reprenant les conclusions du rapport. Et l'article de citer ensuite la déclaration du président de la Chambre syndicale des bureaux de placement autorisés de Paris et de la Seine à une enquête faite par le bulletin de l'Office du travail : on devrait exproprier les bureaux privés, puisque les maîtres ne s'adressent plus à eux depuis qu'ils doivent payer les droits. But de cette mise en scène, selon *Le Réveil* : soutirer des millions à la Ville de Paris, avant que soit écoulé le délai de cinq ans que fixe la loi pour les indemnités à verser en cas de fermeture d'un bureau de placement autorisé. Plutôt que de payer aux bureaux privés leur expropriation, la Ville de Paris ferait mieux de garder une subvention de 200 000 francs[24] nécessaire à la création immédiate de vingt offices de placement gratuit, un par arrondissement. L'article ne parle pas des offices déjà existants.

Autre effet produit par la loi : les maîtres se sentent solidaires les uns des autres, se liguent pour défendre leurs intérêts, maintenant que leur incombent les frais de placement. Ainsi la « Ligue des maîtres et maîtresses de maison bourgeoise pour conjurer la crise de la domesticité en France » envoie-t-elle une pétition aux sénateurs et députés français[25]. Elle constate que le loi a eu pour effet de « détruire presque complètement, chez les salariés de cette catégorie de travailleurs hommes et femmes, cet esprit de stabilité dans l'emploi qui faisait le principal mérite de la corporation des domestiques de maison bourgeoise ». Elle propose :

– que la prime de 3 p. 100 soit ramenée à 2 p. 100 du salaire annuel;
– que le délai d'acquisition de cette prime au placeur soit reporté de 15 à 30 jours;
– que la prime soit payée au placeur moitié par l'employé, moitié par l'employeur. La somme versée par l'employé sera remboursée par l'employeur dans le délai de six mois, si l'employé est resté en place pendant ces six mois; dans le cas contraire, l'employeur n'est tenu à aucun remboursement.

Les renseignements

> « Ne prenez aucune que vous ne sachiez avant où elles ont demeuré... combien de temps... quel service elles faisaient... de quel pays et gens elles sont... [...] Par le service du temps passé, enquérez quelle créance ou espérance l'on peut avoir de leur service pour le temps à venir. »
>
> *Le Ménagier de Paris.*

Il y a deux manières d'obtenir des renseignements sur le domestique qu'on engage : écrite et orale. Les renseignements écrits sont portés soit sur un livret, soit sur des certificats.

Le livret. Au début du XVIIIe siècle, on exigeait que le domestique qui avait servi et voulait reprendre du service montrât un « congé par écrit » signé de son dernier maître. Ce « congé par écrit » est devenu le « livret ». Pendant un siècle, sous peine d'une amende de 100 francs, le livret était tenu d'indiquer la durée du service et le motif pour lequel il a cessé. Le décret de Napoléon Ier du 3 octobre 1810 maintient l'obligation du livret, appelé « bulletin d'identité », mais supprime la nécessité d'indiquer le motif de la sortie. Le livret doit être visé par la préfecture de Police à chaque changement de place et il est interdit d'engager un domestique qui ne possède pas de livret. Ces mesures s'inscrivent dans un plan général d'encadrement de la population parisienne et traduisent la volonté de mettre en fiches et donc de surveiller les membres fluctuants de celle-ci, au nombre desquels comptent les domestiques. Le livret est obligatoire à Paris et dans les villes de plus de cinquante mille habitants. Dans les villes moins importantes, en effet, on cerne mieux les individus, il est plus facile de se renseigner sur eux.

Le livret tombe en désuétude, mais les gens d'ordre demandent régulièrement son rétablissement (par exemple, le conseil général de la Seine-Inférieure en 1844). Le rétablissement du livret prend place parmi les remèdes à apporter à la crise de la domesticité : « Tout domestique étant tenu de produire son livret, et les maîtres étant obligés d'y consigner les causes du renvoi, la démoralisation rencontrerait certainement un frein puissant [26]. » Le livret continue d'exister mais a perdu toute valeur à la fois pratique et symbolique dans la deuxième partie du XIXe siècle. Le contrôle des domestiques ne passe plus par lui.

Délivré par la préfecture de Police, le livret se présente comme un calepin de seize feuillets. Sur la première page, le signalement et l'état civil du domestique, sur les pages suivantes figurent des formules imprimées à l'usage des maîtres : « Je, soussigné, certifie que le dénommé... entré chez moi le... en est sorti le... Paris, le... signature et demeure. »

Le certificat. Abréviation de l'expression « certificat de conduite », le certificat succède au livret. Le maître indique la durée du service accompli chez lui par le domestique. Il peut citer quelques qualités de celui-ci, comme le montrent les certificats envoyés à la princesse Murat par Marie Delille, lorsqu'elle veut se faire engager chez la princesse comme deuxième femme de chambre. La sœur supérieure de la maison de retraite qui l'a gardée deux ans, dans la Somme, certifie que Marie Delille est « de bonne conduite, très honnête et recommandable ». M. de Mentque, 6, rue de Longchamp à Paris, chez qui Marie a travaillé six mois, affirme qu'elle est « propre, honnête et travailleuse. »

Mais un maître peut évidemment mettre en doute la véracité des certificats, s'il n'a pas moyen de vérifier leurs dires en prenant contact avec les personnes qui les ont rédigés. D'autre part, ce qui est intéressant, pour le nouveau maître, c'est de savoir pourquoi le domestique a quitté sa place, et, dans le cas où il a été renvoyé, pour quelle raison. Or les maîtres osent de moins en moins indiquer cette raison, car les renseignements donnés peuvent se retourner contre eux et le domestique leur en faire grief. Ainsi le *Journal des gens de maison* du 8 octobre 1892 cite-t-il le cas du comte d'A. assigné, par une cuisinière sur laquelle il avait écrit de mauvais renseignements, devant le juge de paix du XVIIIe arrondissement et condamné à 50 francs de dommages-intérêts. *L'Eclair* du 26 mars 1900 évoque une affaire du même genre. Une femme de chambre qui n'a pas été engagée à cause de renseignements donnés par sa maîtresse précédente demande à celle-ci des dommages et intérêts. La maîtresse est condamnée par le juge de paix à 50 francs. Mais, en appel, la 7e chambre décide que la plainte de la femme de chambre n'est pas fondée[27]. La Chambre syndicale des gens de maison dit que le jugement en appel est correct. Car le coupable n'est pas l'ancienne maîtresse qui a donné les renseignements, mais celui qui les a dévoilés. S'agit-il du bureau de placement? Ce n'est pas précisé. Les maîtres ont le devoir de renseigner les autres maîtres, de se renseigner auprès d'eux, et le bureau de placement se doit d'être discret sur l'origine des renseignements qu'il possède.

Il n'est donc pas prudent de fournir des renseignements. C'est pourquoi Bouniceau-Gesmon, en 1896, affirme du certificat que son seul mérite est d'« être illisible ». Illisible ou pas, le certificat est nécessaire à un domestique pour retrouver une place, et le maître n'a pas le droit de le lui refuser. Le *Réveil des gens de maison* du 1er février 1909 donne aux domestiques « victimes du patronat », pour les inciter à se défendre, l'exemple suivant : le baron de Corbera, 68, boulevard de Courcelles, a été condamné à payer un salaire dû de 28,40 francs et à 20 francs de dommages-intérêts pour n'avoir pas accordé de certificat à sa cuisinière, L. X. Le maître est tenu de délivrer un certificat au domestique qui le quitte, et aussi de vérifier ceux que le nouveau domestique lui présente. La vérification la plus simple consiste à téléphoner aux anciens maîtres, si c'est possible. Ainsi la princesse Murat fait-elle téléphoner à la comtesse de Villeneuve, ancienne maîtresse de Marie Delille. La personne qui a téléphoné a noté sur la lettre de Marie Delille les renseignements donnés par la comtesse : « Bon caractère, *propre, honnête, sobre*, sérieuse, ne se faisant pas courtiser, nombreux hommes dans la maison. »

Présenter des certificats reste le meilleur moyen de se faire engager. Le certificat a une valeur symbolique, il donne confiance au maître qui, la plupart du temps, ne prend pas la peine de vérifier l'exactitude de ses dires.

Le faux certificat. Hantise des maîtres, puisqu'il permet à n'importe quel individu de s'introduire dans une maison honnête. On en parle beaucoup à propos d'une célèbre affaire criminelle que nous examinerons plus en détail dans un autre chapitre, l'affaire Marchandon. Charles Marchandon se faisait engager comme valet de chambre sous un faux nom, et à l'aide de fausses lettres de recommandation. Puis il volait ses maîtres. Jusqu'au jour où il a tué la maîtresse qui venait de le prendre à son service, parce que celle-ci s'est réveillée pendant qu'il volait dans sa chambre (16 avril 1885). Marchandon fut condamné à mort, et cette affaire hanta longtemps les esprits. Elle posait une fois de plus le problème du contrôle des certificats. Marchandon s'était placé par l'intermédiaire d'un bureau de placement, et l'incapacité des bureaux à vérifier les antécédents des candidats au service domestique effraya l'opinion publique. Les domestiques devenaient « des Marchandon », des égorgeurs en puissance, et personne ne se révélait capable de préserver les maîtres du danger.

Une nouvelle de Maupassant, *Rose*[28], a pour thème cette menace qui pèse sur un foyer tranquille. Une maîtresse de maison raconte à une de ses amies comment elle a été abusée par Rose, une femme de chambre munie des meilleures références, qu'elle traitait elle-même de « perle » et qui était en réalité un forçat évadé recherché par la police. La maîtresse de maison victime de cette escroquerie est à la fois effrayée et sensuellement troublée par le danger qu'elle a couru. Cette femme de chambre aux mains si douces, un individu dangereux? Situation d'autant plus paradoxale et pleine de piment que le forçat avait été condamné pour viol. Cette histoire pose la question du rapport intime qui lie une femme de chambre à sa maîtresse, dont nous reparlerons. Elle est fondée sur le thème que nous retrouverons fréquemment : le domestique, c'est l'inconnu dans la maison et l'existence du maître.

Les domestiques qui forgeaient de faux certificats n'étaient pas tous des criminels; il devait souvent s'agir d'escrocs naïfs et un peu minables. Deux cas apparaissent dans le répertoire de commissariat du quartier de la Madeleine pour 1900[29]. Le 3 janvier, Adèle Breton, cuisinière, 38, rue du Château-d'Eau, a présenté un certificat de travail signé de la vicomtesse de Turenne, chez qui elle serait restée en service du 1er avril au 28 octobre 1899, tandis que, de son propre aveu, elle n'est restée qu'un mois et demi chez la vicomtesse. Elle a tout d'abord avoué qu'elle avait fait elle-même le certificat dans le but de l'« allonger ». A l'interrogatoire, elle dit que le certificat a été fabriqué par une femme de chambre qu'elle ne connaît pas. Deux autres certificats, signés Mathé, 4, rue Copernic, et Saillard, 8, rue Clairvaux, ont été saisis sur elle et paraissent faux. Le 23 janvier, Marguerite Legros, domestique, 81, rue du Bac, est accusée d'avoir produit un faux signé Madrolle, 11, rue du Havre. Elle reconnaît l'avoir fabriqué.

L'usage de faux certificats pourrait être combattu si les bureaux de placement procédaient au contrôle des antécédents du domestique : c'est, en principe, leur rôle. Non seulement ils ne contrôlent pas certificats et affirmations des serviteurs, mais en plus, comme l'écrit Bouniceau-Gesmon dans ses deux ouvrages, certains bureaux recrutent des donneurs de faux renseignements, organisent une « location de faux maîtres » afin de mieux tromper les vrais. Les maîtres doivent donc, estime le magistrat, prendre en main le problème, se grouper en syndicats qui centraliseraient toutes les informations possibles sur les domestiques. Chaque maître serait tenu de donner des renseignements complets sur les serviteurs qui quittent son service.

Bouniceau-Gesmon va plus loin encore dans le rêve d'encadrement de la domesticité. Pour créer ces syndicats, il conseille de se servir des sociétés provinciales qui existent déjà. Chacun des membres de la société qui emploient des serviteurs ne choisirait ceux-ci que parmi les gens originaires du même département que lui. Il n'y aurait ainsi plus de personnel flottant et les avantages seraient doubles : les maîtres contrôleraient les domestiques qu'ils engagent; ces derniers, venant de province, trouveraient tout de suite à Paris une protection. Ces sociétés provinciales seraient à la fois des bureaux de renseignements et des bureaux de placement qui fonctionneraient de façon satisfaisante, car chaque membre de la société provinciale tiendrait à sa bonne réputation au sein de celle-ci.

Que les maîtres organisent eux-mêmes le recrutement et le contrôle de la domesticité présente un autre avantage : celui d'éviter « l'introduction dans les actes intérieurs des familles » de la police[30]. Un syndicat de maîtres surveillerait les livrets et les certificats, arbitrerait les contestations entre maîtres et domestiques, etc. Celles-ci ont toujours posé la question de la limite entre le privé et le public, de la répartition entre les deux domaines. Les domestiques, en tant qu'ils travaillent dans le cadre de la famille, relèvent du domaine privé, mais leur statut de travailleurs intéresse le domaine public. S'il y a contestation entre le maître et le domestique, et qu'on doive s'en rapporter à la justice, il se trouve toujours quelqu'un pour protester contre la violation du domaine privé.

Le chômage

Le chômage revient très cher à une domestique. Il faut en effet qu'elle se loge, se nourrisse et paie le droit d'inscription dans un bureau de placement. En 1827, Henri Lasalle[31] calculait que la bonne dépensait en une semaine de chômage quatre mois d'économies, donc qu'elle ne pouvait vivre un mois avec les économies accumulées en un an. (Il évalue les économies mensuelles d'une bonne à Paris à un peu plus de 4 francs et le prix de revient de la semaine de chômage à 14,25 francs.) Cusenier, en 1912, affirme que le coût d'un mois de chômage est supérieur à 200 francs, c'est-à-dire environ six mois de gages. Etre sans travail mène donc rapidement à la misère.

Quels secours s'offrent à la bonne, en cas de chômage? Si elle est syndiquée, elle peut trouver quelque secours auprès de son syndicat. Voici par exemple comment fonctionne la caisse de chômage du Genêt, d'après son règlement adopté le 15 octobre 1905, inséré dans *Le Serviteur*. Pour avoir droit aux secours, il faut :
– être syndiqué depuis un an révolu;
– être à jour de ses cotisations au moment du chômage et n'avoir jamais eu de retard supérieur à un mois dans le paiement des cotisations.

Comment est financée la caisse de chômage? Au moment de l'admission au syndicat, on paie un droit destiné à cette caisse, pas supérieur à 5 francs ni inférieur à 2 francs. La somme prélevée pour chaque secours doit rentrer immédiatement dans la caisse jusqu'à concurrence de 500 francs. Il est perçu sur chaque syndiqué une cotisation spéciale dont la multiplication est équivalente au secours donné. Tout membre qui n'aurait pas, dans le délai d'un mois, versé la cotisation spéciale perdrait ses droits à la caisse de chômage.

L'indemnité journalière est de 2 francs. Elle est due à partir du huitième jour à condition que le domestique ait averti l'office de placement huit jours avant de quitter son travail; sinon l'indemnité ne sera due qu'à partir du seizième jour. Pendant les quinze premiers jours de chômage, tout syndiqué aura la faculté de prendre ou de refuser les places qui lui seront offertes. Une fois ces quinze jours passés, toute place refusée entraîne la perte des droits à la caisse de chômage.

Plusieurs autres syndicats comportent, d'après l'*Annuaire des syndicats*, des caisses de chômage ou de secours : le Syndicat français des gens de maison, le

Ménage, le Syndicat indépendant des gens de maison, le Syndicat national des employés gens de maison, l'Union française du personnel des maisons bourgeoises, la Protectrice des gens de maison, l'Union syndicale ouvrière des gens de maison.

Les refuges

Les domestiques au chômage peuvent s'installer dans les asiles des sociétés philanthropiques, qui les logent, les nourrissent, leur cherchent une place. Mais, nous l'avons vu, le prix de pension dans ces asiles est assez élevé. Le syndicat le Genêt offre aux domestiques sans place une « hôtellerie », où seules les femmes peuvent loger; il en coûte 4 francs par semaine[32].

Le seul asile où l'accueil soit gratuit est le refuge-ouvroir municipal Pauline-Roland, 35, rue Fessart. Ouvert en 1890, il est destiné à hospitaliser gratuitement pendant quatre mois les femmes en bonne santé, capables de travailler, momentanément sans travail. Il comprend 157 lits, plus 21 lits d'enfants et 19 berceaux. Les femmes y sont admises après un stage de trois jours à l'asile George-Sand, où elles sont soumises aux soins sanitaires (bain et désinfection). Elles sont accueillies avec leurs enfants, sauf s'il s'agit de garçons de plus de huit ans. Les femmes, dans ce refuge, sont logées, nourries et reçoivent un salaire de 0,20 franc, à 0,60 franc par jour pour leur travail. Ce travail consiste à blanchir et raccommoder le linge de tous les établissements charitables de la Ville de Paris, des piscines municipales, des stations de voitures d'ambulances et des étuves de désinfection.

Pour un établissement comme celui-là, combien de domestiques en chômage abandonnées ou exploitées par des entreprises soi-disant philanthropiques? Un des soucis des humanistes est l'aide matérielle et morale à apporter aux domestiques sans place. Bouniceau-Gesmon, en 1896, dit que le gouvernement devrait se préoccuper de rapatrier dans leur pays natal les domestiques se trouvant tout à coup sans travail et n'ayant pas la possibilité de se replacer immédiatement. Il cite, comme exemple de cette situation, les conséquences du krach financier de l'Union générale en 1882. Beaucoup de familles fortunées se sont trouvées ruinées et ont dû congédier une grande quantité de domestiques. Résultat, selon le magistrat : les femmes se sont prostituées, les hommes se sont rendus coupables de délits. Il y a bien, à l'Assistance publique, des crédits pour les rapatriements, mais les mairies des localités d'origine protestent, car ce sont pour elles des charges budgétaires supplémentaires. Elles ont pris l'habitude de subordonner le rapatriement à la vérification préalable de la possibilité, pour celui qui sollicite cette faveur, de trouver au pays natal un travail ou un domicile de secours.

Mme Schmahl, en 1897[33], déplore qu'à Paris aucune institution n'ait pour but l'assistance et l'éducation des jeunes servantes, et elle compare la situation parisienne à celle de Londres. A Londres, en effet, existe l'Association métropolitaine pour l'assistance des jeunes servantes. Elle intervient dans les premiers temps d'isolement et d'ennui. Une « amie » est prête pour guider, secourir, conseiller la jeune domestique, la recueillir si elle quitte sa place. 1 017 femmes « amies » sont ainsi prêtes à assister 7 474 petites bonnes de Londres. 21 homes reçoivent les jeunes servantes en chômage. 31 comités de district dirigent et animent cette grande entreprise. De 1874 à 1896, 12 442 petites bonnes ont été secourues.

CHAPITRE II

LES PLACES, LES GAGES

LES GRANDES MAISONS ET LES AUTRES

Au bureau de placement, les maîtres viennent chercher des domestiques. Ces derniers peuvent être engagés pour des services bien différents, dans des maisons bien différentes, selon que c'est un maître d'hôtel de grande maison qui recrute valets ou femmes de chambre, ou des maîtres petits-bourgeois qui engagent une bonne à tout faire.

On peut, en suivant le classement proposé par Cusenier (chap. III), distinguer quatre sortes de maisons, selon le nombre de domestiques qui en font partie. Deux catégories de maisons importantes : trente domestiques pour des maîtres très riches, dix-huit pour ceux qui le sont un peu moins. Dans les maisons moins importantes, les fonctions se cumulent : les bourgeois aisés n'ont plus que trois domestiques. Enfin, la plupart des familles n'emploient qu'une bonne à tout faire. Nous allons illustrer par des exemples précis ces catégories : la maison du prince Murat pour la première, celle des d'Harcourt pour la seconde, et des Daniel pour la troisième. Quant à la quatrième, celle des familles qui n'ont qu'une bonne, nous essaierons de déterminer qui se trouve dans ce cas, quel revenu il faut avoir pour se faire servir.

Dans les maisons importantes, les services se répartissent en service de la maison et service personnel. Le service personnel comprend les domestiques attachés à la personne : valets de chambre, femmes de chambre, bonnes d'enfants, servant chacun un membre de la famille. Le service de la maison se divise, toujours selon Cusenier, en quatre : service de la bouche, service des appartements de réception et de la table, service des appartements privés et du linge de maison, service de l'écurie et de la remise.

Ni la liste du personnel de la maison Murat ni celle que donne Paul Chabot du personnel de la maison d'Harcourt n'opèrent de distinction entre le service de la maison et le service personnel. Il n'est pas possible, par exemple, de connaître les rôles respectifs des femmes de chambre et filles de chambre nommées parmi la domesticité de la maison Murat. Il semble néanmoins intéressant de dresser le tableau d'ensemble des domestiques de ces deux grandes maisons.

Liste du personnel de la maison Murat pour l'année 1906 [1]

1. Service de la bouche :
    - 1 chef de cuisine
    - 3 aides de cuisine
    - 1 cuisinière
    - 1 fille de cuisine
2. Service des appartements de réception et de la table :
    - 1 maître d'hôtel
    - 1 argentier
    - 2 garçons d'office
    - 1 fille d'office
    - 5 valets de pied
3. Service des appartements privés et du linge de maison :
    - 1 femme de charge

- 3 femmes de chambre
- 2 filles de chambre
- 1 valet de chambre
- 1 lingère

4. Service de l'écurie et de la remise :
- 2 mécaniciens
- 1 laveur des autos

Au personnel qui compose ces quatre services, il faut ajouter :
- 2 bonnes d'enfants
- le concierge et sa femme
- le jardinier et sa femme
- 1 gardien du château
- 1 gardien du S de Messine (?)

Soit, au total, 35 personnes – 21 hommes et 14 femmes.

Les Murat, en plus de leur résidence parisienne, 28, rue de Monceau, ont un château à Chambly (Oise) et un domaine à Rocquencourt. Chambly, en janvier 1914, occupe 34 personnes. A Rocquencourt, 42 personnes étaient employées, le 26 novembre 1906; en 1913, 45.

Liste du personnel de la maison d'Harcourt, en 1877 [2]

L'hôtel d'Harcourt était situé rue de Grenelle. (Le couple a, en 1877, trois enfants; en 1884, il en a sept, dont un mourra.)

1. Service de la bouche :
- le chef, M. Paul
- 2 marmitons
- 1 pâtissier
- 1 femme employée à la vaisselle

2. Service des appartements de réception et de la table :
- le maître d'hôtel, M. Félix
- 1 valet de chambre, Narcisse
- des valets de pied

3. Service des appartements privés et du linge de maison :
   – 1 femme de chambre, Léonie
4. Service de l'écurie et de la remise :
   – 1er cocher, Alfred
   – 2e cocher, Edmond
   – 3e cocher, Jean Chabot

A ces domestiques-là s'ajoutent celles « de l'esprit », des privilégiées :
   – la nurse (bonne d'enfants) Agnès Lynch, une Anglaise.
   – la gouvernante, Helen Gerbaumann, une Allemande, qui enseigne aux enfants les mathématiques, le français, l'allemand.

La nurse et la gouvernante mangent à la table des enfants, partagent l'étage des maîtres.

Les d'Harcourt emploient, de plus :
   – 1 lampiste de quinze ans, qui allume, vérifie, éteint les 82 lampes à huile ou à pétrole.
   – 1 remonteur de pendules, qui vient deux ou trois fois la semaine.

La domesticité comprenait, selon Paul Chabot, quinze personnes, mais, d'après cette liste, elle semble un peu plus nombreuse.

Les domestiques des Daniel[3]

(M. Daniel : officier de marine en retraite, 60 000 francs de rentes annuelles. Couple sans enfants. Adresse : 37, rue de Rome, VIIIe.)
3 domestiques :
   – 1 femme de chambre, Françoise le Bec
   – 1 cuisinière, Yvonne
   – 1 valet de chambre-maître d'hôtel, Frédéric.

Ce qui frappe, si l'on compare les trois tableaux qui précèdent, c'est l'importance de l'élément masculin dans la domesticité de grande maison. Le service de la bouche est dirigé par un chef cuisinier, celui des appartements de réception par un maître d'hôtel, chez les Murat comme chez les d'Harcourt. Dès que l'on descend dans la hiérarchie sociale, l'élément féminin parmi les domestiques s'accroît. Les Daniel ont une cuisinière au lieu d'un chef de cuisine. Mais ils gardent encore un maître d'hôtel, qui, il est vrai, cumule ses fonctions avec celle de valet de chambre. La bonne à tout faire employée seule chez de petits-bourgeois représente la prolétarisation extrême de la domesticité.

Nous avons, avec les Archives Murat, la chance de pouvoir suivre le personnel d'année en année à l'intérieur d'une grande maison. On obtient ainsi une sorte de profil de carrière de certains domestiques, et il est important de voir quels changements peuvent intervenir dans cette domesticité entre 1900 et 1914.

Relative stabilité du personnel de grande maison

Dans une maison importante, une domestique pouvait rester longtemps, en exerçant des fonctions différentes. Elle suivait une sorte de « cursus honorum [4] », gagnait ses galons, montait en grade et même quelquefois se mariait avec un domestique de la maison. On a un bon exemple, dans les Archives Murat, de ce cursus d'une domestique, en la personne de Claudine Jolly. On peut lire un résumé de sa carrière sur un certificat fait par le secrétaire du prince Murat.

A quatorze ans, Claudine débute comme repasseuse. Elle devient ensuite fille de chambre, puis deuxième femme de chambre. En mars 1900, on la nomme première fille de chambre. Elle se marie, en septembre 1900, avec le concierge du château de Chambly, M. Marochain [5] – celui-ci a été autrefois valet de pied du prince Murat. En novembre 1901, Mme Jolly-Marochain quitte les Murat. Mais on la retrouve, en 1910, première femme de chambre de la princesse, poste qu'elle occupe toujours en mai 1915, à la fin du registre.

Une autre domestique, Mlle Wally Schwegler, gratifiée de 50 francs par mois avec le titre de « bonne » en 1900, est devenue « bonne d'enfants » en 1906; comme telle, elle est payée 80 francs. En 1910 enfin, elle a le titre de « gouvernante » et des appointements de 90 francs.

La mobilité à l'intérieur de la domesticité d'une grande maison est d'autant plus aisée que ce qu'on appelle « grande maison » suppose plusieurs résidences – les Murat en ont trois –, en tout cas, au moins deux, une à Paris et une à la campagne – c'est ce que possèdent les d'Harcourt et les Daniel. La domesticité des Murat, répartie entre leurs trois résidences, compte plus de cent personnes. Parmi celles-ci, il en est qui passent d'un service à l'autre sans difficulté. Ainsi la première fille de chambre de la rue de Monceau en août 1900, Mlle Louise Nechtel, devient cuisinière de Rocquencourt en novembre de la même année. Ses appointements passent de 40 à 50 francs.

La relative stabilité du personnel de grande maison vient aussi de ce que les domestiques s'engagent souvent en couple. En 1900, Mme Basset, la fille d'office, est mariée au garçon d'office. (A noter la différence de leurs gages, alors qu'ils ont le même titre : il est payé 60 francs par mois, elle 40 seulement.) De la même manière, la fille d'office de 1906, Mme Alphonse Parain, est mariée au garçon d'office. Cette domestique est d'ailleurs toujours en place en 1914, où on la désigne comme « femme d'office ». Il est intéressant de remarquer que, dans les couples de domestiques, il y a équivalence entre le grade du mari et celui de la femme. Ainsi la femme de charge en fonction de 1900 à janvier 1907, Mme Dubois, est-elle l'épouse du maître d'hôtel; la première femme de chambre de la princesse, en 1910, Mme Odon, est mariée au valet de chambre du prince; la lingère de 1906, Mme Cornet, est la femme de l'argentier.

Compression de personnel

JANVIER 1900	1906	1910
1 femme de charge 3 femmes de chambre 2 filles de chambre 1 bonne 1 fille d'office 1 lingère	la « bonne » est devenue « bonne d'enfants » une 2ᵉ bonne d'enfants est engagée; elle sera supprimée en 1907 sont citées, 2 mois seulement, 1 cuisinière et 1 fille de cuisine	2 femmes de chambre au lieu de 3 la « bonne d'enfants » est devenue « gouvernante »

En 1914, la gouvernante a disparu, sans doute parce que les enfants sont élevés et qu'on n'en a plus besoin. Elle a disparu de la même manière que, précédemment, elle s'était transformée de bonne en bonne d'enfants puis en gouvernante, selon l'âge et les besoins des enfants.

En 1914 aussi, un autre changement intervient : de février à décembre, la deuxième fille de chambre, Mme Hénon, disparaît. Elle n'est remplacée par une autre fille de chambre à demeure, Mlle Germaine, qu'en décembre. Pendant ces quelques mois, une « femme de journées » fait le travail de la fille de chambre. Cette « femme de journées » – on dirait maintenant « femme de ménage » – revient aussi cher, sinon plus, qu'une fille de chambre à demeure. En août, elle ne travaille que 11 jours à 2 francs, elle reçoit donc 22 francs. Mais en septembre elle travaille 30 jours à 2 francs, soit un total de 60 francs. En octobre et novembre, elle touche 40 francs par mois (le détail des journées n'est pas indiqué). En décembre, la fille de chambre qu'on engage reçoit 40 francs.

LA HIÉRARCHIE DES SALAIRES

Nous utilisons ici les feuilles de gages de la maison du prince Murat. Aux Archives nationales sont conservées les feuilles de gages entre 1897 et 1926[6]. J'ai étudié plus précisément celles des années 1900, 1906, 1910, 1914. Elles contiennent la liste des domestiques payés par le maître d'hôtel. Une grande absente de cette liste, sauf pour deux mois de l'année 1906 : la cuisinière. Est-ce parce que la cuisinière n'est pas payée ordinairement par le maître d'hôtel? Nous avons la chance cependant de la voir apparaître en octobre 1906 où on lui verse 124 francs et en novembre, où lui sont donnés 120 francs. Nous apprenons d'autre part, par la liste du personnel de la maison pour l'année 1906, que cette cuisinière, Mme Gaby, est bien une domestique à part entière, et pas seulement une extra. La cuisinière est donc la mieux rémunérée des domestiques.

Parmi les domestiques femmes qui apparaissent constamment sur les feuilles de gages, les mieux payées sont la femme de charge et la première femme de chambre. Elles gagnent 100 francs par mois, en 1914 comme en 1900; ou 4 francs par jour, comme le montrent les feuilles de gages d'août 1906. Mlle Elise remplace Mlle Zoé Decun, première femme de chambre en titre. Elle gagne, pour douze jours à 4 francs, 48 francs. 100 francs mensuels représentent la moitié du salaire des domestiques masculins les mieux payés, maître d'hôtel et chef de cuisine, qui reçoivent 200 francs, et le montant exact du salaire mensuel des valets de chambre. Viennent ensuite, par ordre décroissant, la gouvernante d'enfants : 90 francs; la bonne d'enfants : 60 à 80 francs; la lingère : 70 francs; puis les deuxième et troisième femmes de chambre payées environ 50 francs; les filles de chambre et les filles d'office, enfin, gagnent 40 francs.

Les chiffres que nous venons de citer sont réajustés selon le principe suivant : une domestique qui débute dans la maison, quel que soit son grade, est moins payée que la personne qu'elle remplace. Mais elle est augmentée quelques mois plus tard. En janvier 1900, Mme Branger est première femme de chambre de la princesse, elle est rémunérée 85 francs. En mai 1900, ses gages sont portés à 100 francs. En octobre de la même année, Mme Branger quitte son emploi, Mme Louise Guillaume la remplace. Cette dernière débute à 85 francs. En janvier 1900 encore, la deuxième femme de chambre, Mlle Claudine Jolly, gagne 50 francs. Au mois de mars, elle est promue première fille de chambre avec le même salaire. Prend le poste de deuxième femme de chambre Mlle Jeanne Marie, payée 30 francs. Deux mois plus tard, en mai 1900, Jeanne Marie reçoit un salaire de 40 francs. Augmentation plus forte encore pour Mlle Marie Schmitt engagée comme fille de chambre, en septembre 1900, à 20 francs par mois, dont les gages sont doublés en octobre : 40 francs. Il est vrai que 20 francs est un salaire inférieur au salaire moyen d'une domestique à Paris en 1900.

C'est l'ancienneté dans la maison Murat qui explique sans doute la supériorité de certains salaires sur la moyenne. En 1906, par exemple, une femme de chambre nommée la troisième sur la liste reçoit 60 francs par mois au lieu des 40 habituels pour quelqu'un de ce grade. Il s'agit de Juliette Leroux qui, en 1900 déjà, était fille de chambre chez les Murat et était payée 40 francs. Au contraire, lorsqu'on engage au printemps une autre femme de chambre, Lucie Voisin, d'abord comme troisième, puis comme deuxième femme de chambre, on ne lui donne que 40 francs.

Remarquons, dans la hiérarchie, la place privilégiée de la première femme de chambre. En effet, que la cuisinière et la femme de charge soient mieux payées que les autres domestiques se justifie, car elles ont des responsabilités dans l'organisation de la maison et du service. En ce qui concerne la femme de chambre, rien de tel. On peut donc se demander ce qui fait son prix et avancer deux réponses. Sa spécialisation d'abord. Etre première femme de chambre suppose qu'on est passée par les autres grades de la hiérarchie, qu'on a été à tout le moins deuxième femme de chambre. On a appris son métier et on a les qualités requises pour l'exercer, en particulier l'art de coiffer et de coudre en finesse. L'autre élément qui fait de la première femme de chambre une domestique privilégiée est sa proximité avec la maîtresse de maison. C'est elle qui a part à l'intimité de la maîtresse, qui touche à son corps. Plus une domestique est proche du corps des maîtres, mieux elle est considérée et payée.

Cette dernière affirmation vaut aussi pour la nourrice. Etre nourrice dans une maison bourgeoise est particulièrement lucratif, car, en plus de gages élevés – 50 à 100 francs par mois –, elle reçoit de nombreux cadeaux en argent ou en nature. Cadeaux propitiatoires, puisque du lait, bon ou mauvais, de la nourrice dépend la vie ou la mort de l'enfant. Celle à qui l'on confie l'avenir de la race a droit à un meilleur salaire et à plus d'égards. C'est, là encore, le rapport de proximité qui est en jeu, de la domestique avec le corps de l'enfant[7].

Les gages

> « Il est impossible de faire connaître, même approximativement, les salaires, ou plutôt les gages, allouès aux domestiques des deux sexes. Cela varie à l'infini, selon la nature du service et surtout selon l'importance de la maison où le domestique est occupé. A cet égard il n'y a pas de base. »
> *Prix et Salaires à diverses époques*, Statistique de la France, Strasbourg, 1863[8].

Il semble absurde de chercher à donner une moyenne des gages des domestiques parisiens, comme l'a fait, par exemple, Gaston Picard, directeur de la Chambre syndicale ouvrière des gens de maison. Dans le *Journal des gens de maison* du 1er avril 1894, il cite une statistique qu'il avait établie en 1889, en tenant compte de l'ensemble des gages, depuis ceux de la petite bonne (15-20 francs par mois) jusqu'à ceux du majordome (150-200 francs). Pour Paris, Picard obtenait ainsi le chiffre moyen de 54 francs. Cette moyenne ne signifie pas grand-chose.

Plus intéressants sont les chiffres indiqués par la Statistique de la France, classés en « ordinaire », « maximum », « minimum ». On a ainsi l'ordre de grandeur des gages, de Paris par rapport aux autres villes, des domestiques femmes par rapport aux domestiques hommes. Voici le tableau pour 1880[9] :

Gages annuels du domestique nourri

Femmes	Ordinaire	Maximum	Minimum
PARIS			
Attachées à la personne	500	600	300
Cuisinières	500	600	300
Faisant les deux services à la fois	500	600	300
AUTRES VILLES			
Attachées à la personne	299	454	272
Cuisinières	330	437	261
Faisant les deux services à la fois	341	432	270
Hommes			
Attachés au service de la personne			
PARIS	600	1 000	400
AUTRES VILLES	411	546	322

On constate, d'après ce tableau :
- à Paris, un domestique gagne entre 45 et 65 p. 100 de plus que dans une ville de province [10];
- un domestique gagne entre 20 et 30 p. 100 de plus qu'une domestique.

Les gages « ordinaires » d'une domestique à Paris en 1880 sont donc, si on les exprime en chiffres mensuels, d'un peu plus de 40 francs. Plusieurs exemples le confirment : Yvonne Chabot, cuisinière chez les Daniel de 1882 à 1910 environ, est payée 50 francs par mois; Yvonne Cretté-Breton, bonne à Paris en 1913, gagne 40 francs [11].

Mais il est des bonnes qui sont moins rémunérées. Gaston Picard, en 1889, fixait les gages de la petite bonne de 15 à 20 francs. C'est encore le chiffre qu'avance Mme Vincent dans son rapport au Congrès féministe de 1900, *Le Travail des bonnes*. Elle dit vouloir aider les domestiques qui gagnent de 15 à 30 francs par mois. Car, lorsqu'une femme a des gages plus élevés, elle est apte à se défendre elle-même. Juliette Sauget, quand elle débute à Paris, en 1904, est payée 25 puis 30 francs. Le *Journal des débats* du 24 juillet 1907 estime les gages de la petite bonne à 30 francs. En 1912, Cusenier affirme que la bonne à tout faire « ne débute pas à moins de 30 francs, même si elle est tout à fait inexpérimentée ». Au bout d'un an de service, elle peut demander 35 ou 40 francs. Des bonnes vraiment habiles obtiennent, dit-il, jusqu'à 55 ou 60 francs.

Autres avantages

Les gages ne représentent pas le seul gain de la domestique, loin de là. Il faut, pour apprécier la situation de celle-ci relativement à d'autres travailleuses, tenir compte des avantages qui lui sont accordés. Elle est logée, nourrie (nous considérerons ailleurs la qualité du logement et de la nourriture), blanchie, éclairée parfois. Chauffée, il n'en est guère question dans les chambres du sixième étage. Il arrive qu'elle touche une prime à la signature du contrat, le « denier de Dieu », qui varie de 5 à 20 francs suivant l'importance des gages[12]. Elle reçoit de temps en temps des gratifications : Yvonne Chabot se voit attribuer 5 francs lorsque son maître est satisfait d'un repas de réception.

A cela s'ajoute le traditionnel cadeau du Nouvel An. Il peut être important, comme le prouve la lecture du *Journal* de Jules Renard, 1er janvier 1909 :

« Hé! que je vas bien travailler! dit Augustine. Ah! j'en ai, des jolies étrennes! une montre, une chaîne! Hé! là, Madame, que je vous aime. »

Les Archives Murat nous fournissent la liste des étrennes accordées aux domestiques :

	1910	1911	1912
Service des enfants			
Mme Lefèvre, lingère			30
Mme Richard, cuisinière			30
Suzanne, fille de cuisine			20
Wally Schwegler, gouvernante	60	60	
Princesse			
Mme Marochain, 1re femme de chambre	50	60	60
Mlle Dollier, 2e femme de chambre	20	20	
Mlle Zurbrugg, 2e femme de chambre			20
Maison			
Mlle Soulias, fille de chambre	20	20	20
Mlle Nicoud, fille de chambre	20	20	20
Mme Parain, femme d'office	20	20	20

Les étrennes sont proportionnelles au salaire, elles représentent environ un demi-mois de salaire. Même rapport au montant de leurs gages pour les domestiques hommes : le maître d'hôtel reçoit, en 1910, 80 francs d'étrennes, en 1911, 100 francs.

A côté des dons en espèces, on fait aux domestiques des dons en nature, de vêtements surtout. Il s'agit en général de vêtements usagés, neufs parfois. Mme Desforges se rend au Bonheur des dames pour y acheter du tissu : « comme elle était contente de sa cuisinière, elle désirait lui donner une robe [...] une robe pas chère, solide pourtant [13] ». Nana, pour se réconcilier avec sa femme de chambre, après des disputes, lui donne de très belles robes qu'elle n'a presque jamais portées. Mais c'est surtout la nourrice qui reçoit des vêtements luxueux, puisque ses vêtements sont là pour témoigner de la richesse de ses maîtres, elle les arbore lorsqu'elle promène l'enfant. Marguerite Perrot cite le cas d'une nourrice payée, en 1903, 55 francs par mois, qui a reçu « en neuf mois des cadeaux tels que robes, châles, bonnets et rubans pour une valeur totale de 229,95 francs [14] ».

Est à signaler à part un avantage expressément indiqué dans les offres d'emploi : une allocation pour l'achat du vin, fort importante par rapport aux gages. Ainsi lit-on, dans les petites annonces du *Serviteur* du 13 mai 1908 : « Sont à prendre : 22 places de cuisinières faisant salle à manger, 50, 60 francs, 10 francs de vin; 10 places de femmes de chambre, de 50 à 60 francs, plus vin. » Le 1er février 1895, le *Journal des gens de maison*, dans un article intitulé « Question du vin », dit qu'une bonne payée 40 francs par mois touche, en plus, 10 francs pour son vin [15].

Mme Oddo-Deflou, au XXe Congrès de la Société d'économie sociale, en mai 1901, estime le salaire de la bonne avec tous les « accessoires » à environ 2,50 francs par jour. Elle le compare à celui de la couturière, qui est de 0,60 franc par jour, et accuse Mme Vincent de pessimisme[16]. (Cette dernière reprenait dans son rapport le thème qu'elle avait développé l'année précédente dans *Le Travail des bonnes*, le soutien aux bonnes qui gagnent moins de 30 francs par mois.) Jules Simon, comparant la condition de l'ouvrière à celle de la servante, reconnaît que, si sur le plan de la « possession de soi-même » la domestique est défavorisée, elle reçoit, en revanche, « un salaire presque toujours très supérieur[17] ».

C'est à 100 francs par an que Cusenier évalue la différence de gains entre une domestique et une ouvrière. Une bonne peut, selon lui, économiser 300 francs par an à condition qu'elle reste dans la même place. C'est évidemment une somme que n'économisera jamais une ouvrière. Mais il faut se rappeler que cette dernière travaille 60 à 70 jours de moins qu'une domestique. Cusenier appelle ces 100 francs de différence en faveur de la domestique « le prix de la liberté d'une femme au XXe siècle[18] ».

Les pères et les gages

Les domestiques, si elles étaient mineures, pouvaient se voir dépossédées de leur salaire par leur père. Ainsi, Jules Renard dit de sa bonne Mariette : « Une fille d'ordre et d'argent. Elle a 600 francs à la Caisse d'épargne. Elle travaille chez les autres depuis l'âge de treize ans, mais, tant qu'elle n'a pas été à Paris, c'est-à-dire jusqu'à vingt et un ou vingt-deux ans, son père lui a pris toutes ses économies. Aussi, ce n'est pas elle qui leur enverra un sou » (*Journal*, 7 février 1905).

On a ici une idée de l'émancipation que peut représenter pour une jeune fille le fait de venir se placer à Paris. Il semble d'ailleurs que s'approprier les gages de ses enfants était quelque chose de relativement fréquent en province, comme le montre le *Journal* de Renard du 13 octobre 1903. Renard y parle de Ragotte, la vieille laveuse, héroïne du roman qui porte son nom : « Ragotte s'est mariée en octobre. Elle venait de faire trois mois de moisson à 20 francs par mois. Elle les avait économisés pour entrer en ménage.

– Vous pensez, dit-elle, si j'aurais eu barre, avec une somme pareille! Mais, ajouta-t-elle avec résignation, mon père me les a pris.

– Comment a-t-il fait?

– Oh! il est simplement allé trouver le fermier, et il lui a dit : « Je viens chercher les 60 francs de moisson que « vous devez à ma fille. »

– Et il ne vous en a pas donné un sou?

– Je me suis mariée avec mes deux bras. »

La mainmise paternelle sur la force de travail de l'enfant, reconnue par la loi, peut prendre des formes scandaleuses. Renard, dans son *Journal* du 12 septembre 1902, en donne un exemple : une laveuse, séparée de son mari, élève seule ses cinq enfants. Elle a demandé la séparation légale, mais on la lui refuse car le mari ne la désire pas. On arrive ainsi à cette situation paradoxale : « Quand elle aura élevé ses enfants, et qu'ils pourront se placer, de douze à vingt ans, il aura droit à la moitié de leurs gages. »

En cas de maladie

Si la domestique semble gagner relativement bien sa vie, cela ne vaut que si elle a une place stable et si elle est en bonne santé. Nous avons vu déjà combien le chômage revenait cher, c'est la même chose en cas de maladie. Non seulement la domestique n'est plus rétribuée, mais, en plus, elle risque de perdre sa place. Elle dépend, à ce moment-là, de la bonne volonté du maître. Celui-ci peut la renvoyer purement et simplement, ou au contraire attendre qu'elle soit guérie pour la reprendre, en considérant la période de maladie comme une période de congé sans gages pour la domestique. Dans ce dernier cas, le maître engage une auxiliaire temporaire, mais il arrive souvent que, si la domestique veut retrouver sa place, une fois rétablie, elle doive payer de sa poche une remplaçante. Double perte pour elle, donc : elle ne reçoit plus ses gages, et elle est obligée de payer quelqu'un d'autre si elle veut être sûre de retravailler ensuite.

La seule solution contre le risque d'une telle situation est de s'assurer en s'inscrivant à une société de secours mutuels. Mais peu de domestiques en font partie, soit qu'elles n'aient pas conscience du risque de tomber malades, soit que les cotisations représentent pour elles une dépense trop importante. Prenons l'exemple de la Société féminine de secours mutuels rattachée au Genêt. Pour être adhérente, il faut d'abord être membre du syndicat le Genêt, c'est-à-dire payer 10 francs annuels de cotisation. Il faut payer ensuite un droit d'entrée de 1 franc, puis une cotisation annuelle de 6 francs, en une fois au début de chaque année. 17 francs au total peuvent paraître une somme très élevée à une bonne qui gagne 30 à 40 francs par mois.

La caisse de secours mutuels assure les soins du médecin, les médicaments, et verse à la domestique une indemnité journalière de 1 franc. Si la maladie excède un mois, le conseil examine la situation de l'adhérente et voit ce qu'il peut faire. Cette Société féminine de secours mutuels a si peu d'adhérentes que, le 10 février 1907, elle est dissoute et transformée en Caisse de secours mutuels commune à tous les associés gens de maison du Genêt. Les statuts restent les mêmes, mais les secours journaliers sont portés à 2 francs, pendant les trente premiers jours de la maladie.

Stabilité des gages

Le journal *Le Temps* du 9 juin 1900, dans un article sur les gages des domestiques, affirme, en reprenant les conclusions de Gustave Bienaymé, que, « pour la domesticité féminine, dans la bourgeoisie aisée, il n'y a pas de hausse dans les gages depuis vingt-cinq ans ». Le *Journal des débats* du 29 juillet 1907 va dans le même sens : s'il y a eu augmentation des gages de la petite bonne, en revanche, les gages élevés de la cuisinière et de la femme de chambre non seulement n'ont pas augmenté, mais tendent même à diminuer, depuis la loi de 1904.

Nous confirment cette stabilité des gages le témoignage de Paul Chabot – Yvonne, de 1882 à 1910, a toujours reçu 50 francs par mois – et le carnet des gages des serviteurs du vicomte Maison, de 1861 à 1885[19]. La femme de chambre, en 1861, est payée 50 francs par mois. Elle s'appelle Marie Alinas. Elle est remplacée, en 1867, par Amandine Pilate, qui, jusqu'à la fin du carnet de comptes (3 mai 1885), reçoit, elle aussi, 50 francs. De son côté, Marguerite Perrot constate, dans les gages, une stabilité tellement remarquable qu'en 1919-1920, malgré la forte augmentation des prix et des salaires, due à l'inflation de la période de guerre, de nombreuses familles continuent à payer de vieux domestiques comme en 1913[20].

Y a-t-il eu, après 1920, une brusque augmentation des gages ? On est tenté de le croire, à lire Georges Montorgueil dans *Le Temps* du 20 janvier 1922 : une bonne revient de 120 à 150 francs par mois, avec la nourriture et le blanchissage en plus; c'est pourquoi, à la place de bonnes, on emploie de plus en plus des femmes de ménage. A lire aussi les lettres de Marie Delille à la princesse Murat : elle cherche, en 1922, à s'engager comme deuxième femme de chambre à 140 francs par mois; comme la princesse refuse, elle accepte de ne recevoir que 100 francs.

LES DOMESTIQUES
COMME CRITÈRES D'AISANCE DE LA POPULATION

A l'Exposition universelle de 1889 sont envoyés, fabriqués par le service de la statistique municipale, les

Cartogrammes et Diagrammes relatifs à la population parisienne et à la fréquence des principales maladies à Paris, 1865-1887[21]. Pour évaluer le degré d'aisance de la population de chaque quartier de Paris, on a utilisé plusieurs méthodes. On a recensé :

1. La proportion d'ouvriers.

2. La proportion des domestiques masculins – de façon a évaluer la proportion des familles qui vivent dans le luxe – et celle des domestiques féminines – pour évaluer combien de familles vivent dans l'aisance. (Pour dénombrer les domestiques, on s'est servi des *Résultats statistiques du dénombrement de 1886*.)

3. La proportion des contrats de mariage.

4. La proportion des enterrements gratuits.

5. Le taux moyen des contributions directes payées par les contribuables.

6. La proportion des indigents secourus par les bureaux de bienfaisance.

En considérant le nombre de domestiques, on a classé les quartiers en six catégories, depuis les très pauvres (moins de 50 domestiques féminines pour 1 000 ménages de deux personnes au moins) jusqu'aux très riches (plus de 400 domestiques féminines pour 1 000 ménages de deux personnes au moins). Il est précisé qu'on a considéré seulement les ménages composés de deux personnes, « parce qu'il est rare que les individus vivant seuls aient un domestique, même lorsqu'ils ont quelque aisance ». Le parti pris est contestable. Le résultat obtenu à partir du nombre de domestiques et évidemment, par la suite, croisé avec les autres critères d'aisance, et le classement des arrondissements réajusté. Voici le classement des arrondissements parisiens d'après le nombre de domestiques, par ordre décroissant :

Pour 1000 ménages composés de 2 personnes au moins, il y a

ARRONDIS-SEMENT	NOMBRE DE DOMESTIQUES	HOMMES	FEMMES
VIIIe	1 125	399	726
XVIe	517	122	395
VIIe	509	154	355
IXe	475	85	390
VIe	408	64	344
Xe	317	84	233
Ier	300	74	226
XVIIe	293	62	231
IIe	286	41	245
IVe	173	29	144
Ve	158	32	126
IIIe	132	15	117
XIVe	112	25	87
XVe	66	12	54
XIe	62	7	55
XIIe	62	5	57
XVIIIe	47	4	43
XIXe	44	3	41
XIIIe	29	4	25
XXe	28	2	26

Importance des gages dans un budget familial

Marguerite Perrot, dans son étude des budgets de familles bourgeoises, de 1873 à 1913, met en lumière l'importance des gages par rapport aux budgets familiaux. Elle montre que la présence de domestiques dans la famille est liée à la présence d'enfants :

1. « A la fin du XIXe siècle, une famille bourgeoise, qu'elle soit aisée ou non, engage presque toujours une nourrice pour s'occuper d'un très jeune enfant. »

2. « Les familles nombreuses occupent en permanence une ou plusieurs domestiques, même si leur niveau de vie est médiocre. »

Elle donne l'exemple d'une famille de six enfants dont les dépenses par unité de consommation sont restées comprises pendant vingt ans entre 10 000 et 15 000 francs-or. Les deux premières années du mariage, les gages représentent 4,5 p. 100 des dépenses totales. Il y a deux domestiques pour servir deux maîtres et un jeune enfant. Avec les naissances des autres enfants, les gages s'élèvent, et vont jusqu'à représenter 10 p. 100 du budget familial : pourcentage impressionnant. Lorsque le dernier enfant a atteint l'âge de trois ans, et qu'on n'a donc plus besoin d'une nourrice, le pourcentage des gages redevient de 5 p. 100.

Que la variation du poste « gages » dans le budget d'une famille bourgeoise soit liée aux enfants, selon leur nombre et leur âge, semble assez logique. Ce qui surprend davantage, c'est que l'importance des gages dans le budget ne correspond pas seulement à des nécessités pratiques mais à des nécessités de représentation, de prestige, tout aussi réelles que les besoins d'ordre matériel, qui expliquent la place du fait domestique dans la société jusqu'à la guerre.

Si l'on reprend le budget de la famille de six enfants citée plus haut, une fois que le pourcentage des gages est redescendu à 5 p. 100, il le reste pendant les dix années suivantes, alors que le budget de la famille durant ces dix ans est presque toujours déficitaire. Il ne viendrait donc pas à l'esprit d'une famille bourgeoise, pour rétablir son équilibre budgétaire, de réduire son train de vie en ce qui concerne le personnel domestique. Celui-ci appartient non pas au superflu mais au nécessaire. Le somptuaire est de l'ordre de la nécessité.

La bonne chez les petits-bourgeois

Nous avons vu qu'il faut compter entre 400 et 500 francs par an de gages pour une bonne à tout faire, à quoi s'ajoutent la nourriture et le logement. Si l'on compare le coût d'une domestique à la dépense d'un ménage ouvrier, on obtient un rapport impressionnant. En effet, d'après la Statistique générale de la France[22], la dépense d'un ménage ouvrier (logement, nourriture, chauffage, éclairage...) se monte, par an, à 1 385 francs en 1870, à 1 480 francs en 1880. Entretenir une domestique représente donc plus du tiers de la dépense d'un ménage ouvrier.

Quel est le budget des petits-bourgeois qui s'offrent les services d'une bonne à tout faire? En voici un, de fiction, mais qui donne une idée vraisemblable de ce que pouvait être la réalité. Les Coton, premiers maîtres de Sulette, ont comme ressources les 2 400 francs annuels que gagne, comme employé, M. Coton et les 600 francs que procurent à Mme Coton ses leçons de piano. Les gages de Sulette représentent environ le sixième du budget familial. Sur les 3 000 francs annuel, en plus de 500 francs donnés à la bonne, il faut retirer 800 francs de loyer pour un appartement de quatre-cinq pièces. Restent 1 800 francs pour subvenir aux soins du ménage, composé de six personnes : les parents, trois enfants et la bonne. A titre indicatif, voici ce que dépense, pour la vie courante, un ménage ouvrier de quatre personnes (nourriture, éclairage, chauffage, etc.) : 1 130 francs en 1870, 1 200 en 1880, 1 030 en 1900, 1 060 en 1910. Des petits-bourgeois, avec un enfant de plus que le ménage ouvrier et un appartement plus grand, donc plus coûteux à entretenir, dépenseront forcément davantage. Il leur restera bien peu d'argent pour s'habiller, sortir ou recevoir.

C'est le cas des Josserand, dans *Pot-Bouille*[23]. M. Josserand est un employé assez bien payé : 8 000 francs par an. Mais sa femme a des folies de mondanités – elle bat les salons avec ses filles pour leur trouver des maris – et tout l'argent du ménage est englouti ainsi. On économise sordidement sur la nourriture, lorsqu'on ne reçoit pas, et M. Josserand s'use la santé à faire, pendant la nuit, des écritures supplémentaires. Les bonnes ne restent pas plus de trois mois dans la maison, parce qu'elles y meurent de faim. La gêne dans laquelle vivent les petits-bourgeois, les privations qu'ils s'imposent pour avoir une domestique les rendent féroces à l'égard de celle-ci et expliquent la hargne qu'ils déploient pour obtenir d'elle le plus de travail possible. Il faut que la dépense soit rentable...

Il semble difficile d'engager une bonne avec un budget annuel plus faible que celui des Coton. D'ailleurs, une autre famille qui dispose pourtant du même revenu que les Coton, et qui a un enfant de moins, les Chrétiennot, trouve juste de quoi payer une femme de ménage... à laquelle Mme Chrétiennot doit emprunter 10 sous à la fin du mois[24]. En tout cas, une bonne est un luxe exclu pour les Minard[25]. Lui est expéditionnaire, elle ouvrière fleuriste; ils ont, pour vivre, 2 000 francs par an, et deux enfants à charge. C'est elle, Zélie, qui s'occupe entièrement des enfants et de la maison, en plus de son travail.

Qui n'a pas de bonne?

Avoir au moins une bonne est un symbole social : c'est le signe qu'on est du côté des bourgeois. N'être pas servi vous rejette du côté des prolétaires. La pauvreté commence, pourrait-on dire, là où on ne trouve pas de bonne. Ainsi Mme Josserand, qui tient aux apparences, dans sa « misère vaniteuse et bourgeoise », se contente-t-elle d'une petite Bretonne crasseuse, Adèle, la seule qui ait consenti à rester. Pour ne pas se trouver sans bonne, elle accepte l'ignorance et la saleté de la malheureuse dont elle profite pour la traiter comme une bête.

Se débrouiller sans domestique est un fait assez surprenant dans un milieu bourgeois pour être signalé, comme le fait George Sand de sa mère. Dans la première enfance de Sand, celle-ci « faisait elle-même son lit, balayait l'appartement, raccommodait ses nippes et faisait la cuisine. C'était une femme d'une activité et d'un courage extraordinaires[26] ». Surprenante aussi, la lecture des livres de comptes et de maison de la famille Guébin, aux Archives nationales[27]. M. Guébin est inspecteur de l'enseignement du dessin, sa situation sociale fait qu'on l'imagine avec une bonne. Pourtant, la famille n'est servie que par une femme de ménage, payée, en 1900, 40 francs par mois, autant que le serait une domestique couchante. Pourquoi les Guébin n'ont-ils pas de bonne? Puritanisme? Goût de la tranquillité? Il est vrai que Cusenier, citant le recensement de 1891, ne compte que 12,4 domestiques pour 100 professeurs et instituteurs publics.

Etonnante, mais à l'inverse, la situation de Flora Tristan. En 1842, elle a trente-neuf ans, très peu d'argent, elle habite des mansardes rue du Cherche-Midi, se nourrit de presque rien – ses comptes domestiques indiquent : 4 sous de pain, 5 sous de beurre, etc. –, et cependant elle garde une servante intermittente[28].

N'ont pas de bonne ceux qui n'en ont vraiment pas les moyens : les ouvriers, certains employés, des artistes sans le sou. Dans *L'Œuvre*, l'écrivain Pierre Sandoz n'emploie qu'une femme de ménage avant d'être connu. Dès que vient un peu d'aisance, il engage une bonne à demeure. Il semble d'ailleurs plus facile d'avoir une bonne à la campagne qu'à Paris. Pendant les années où Claude Lantier et Christine vivent à Bennecourt, près de Nantes, ils engagent une fille de village pour les servir, alors qu'à Paris ils n'ont pas de quoi employer une servante. De même, Mathieu et Marianne Froment, qui, avec leurs quatre enfants, ne joignent pas les deux bouts et habitent à Chantebled un pavillon de location en très mauvais état, ont pourtant une petite bonne, Zoé[29].

Aussitôt qu'un ménage dispose de davantage d'argent que le minimum pour vivre, il prend une bonne, c'est le premier signe de la promotion sociale. Ainsi Sulette est-elle engagée par un ouvrier qui vient d'être nommé contremaître. Au début, le couple entretient avec la domestique des rapports de familiarité. Mais, au bout d'un moment, apparaît l'esprit petit-bourgeois, fruit de

« l'usage de la bonne, dans un petit logement, avec de petites ressources, avec de petits raisonnements ». La maîtresse veut se démarquer de la servante en lui laissant tout l'ouvrage, elle s'ennuie et commence à échanger des signes avec un jeune homme de la maison voisine.

La bonne est donc le premier élément du « standing ». La fruitière, à qui Sulette a raconté ce qu'elle endurait chez les Coton, répond : « Sans bonne, on ne serait pas des bourgeois! Retenez bien ça, ma petite : la bourgeoisie commence au fait d'avoir une bonne, et vos gens préféreraient vivre de croûtes de pain que de se passer de commander. » Dans la seconde moitié du XIXe siècle, avec l'élévation générale du niveau de vie et l'accès d'un grand nombre à la classe petite-bourgeoise, on assiste à la généralisation de la bonne à tout faire dans ces foyers-là : « Chaque jour voit éclore un nouveau maître, qui, si petit qu'il soit, sacrifie au luxe de domesticité [30]. » La bonne est d'autant plus malheureuse et exploitée qu'elle est engagée comme preuve apparente d'une élévation sociale mal établie.

D'autre part, les maîtres ont à confirmer leur identité, ils ont à prouver qu'ils appartiennent à la classe de ceux qui ordonnent et non qui obéissent. La bonne va leur servir à la fois de terrain d'expérience et de repoussoir. Plus leur autorité est de fraîche date, plus ils cherchent à l'établir en accablant d'ordres la domestique. Plus ils sont près de l'origine populaire, plus ils veulent se démarquer des prolétaires en écrasant celle qu'ils emploient. La bonne, c'est l'ennemie de classe, sa personne est un rappel permanent, pour ces maîtres-là, de leurs origines. Humilier la bonne est une forme de légitimation du pouvoir petit-bourgeois.

CHAPITRE III

LES TÂCHES

> Levés dès l'aube la première,
> Nous astiquons et nous frottons;
> C'est nous les « gueux de la poussière »,
> Les protecteurs de nos Maisons.
> Depuis le lit jusqu'à la table,
> Notre existence est en éveil,
> Un maître, souvent intraitable,
> Nous force à vivre sans sommeil.
>
> (Sur l'air de *L'Internationale*),
> *Les Gueux de la poussière*, chœur syndicaliste inédit, 21 mars 1909, Syndicat national des employés gens de maison[1].

« Quel est l'homme qui voudrait fournir une pareille journée de travail ? » demande Mme Vincent, dans son rapport au XXe Congrès de la Société d'économie sociale, en mai 1901, sur le travail des bonnes. La durée de ce travail n'est « jamais inférieure à quinze ou dix-huit heures par jour », ce qui est accablant pour des jeunes filles qui ont, en général, de dix-huit à vingt-cinq ans.

Les horaires d'une bonne sont en effet illimités. Chez les Coton, par exemple, Sulette travaille de six heures à vingt-deux heures, « si l'ouvrage était terminé ». Parmi les lettres reçues à l'occasion de son enquête sur les domestiques, *L'Union pour l'action morale* en publie une, le 15 juin 1899, qui s'élève contre le scandale de ce métier sans horaires et sans tâches définis. L'auteur – la lettre est signée Brenn – déclare que la condition domestique n'a rien de « normale »; en effet, « on condamne, durant la vie entière, des hommes et des femmes à des œuvres dégradantes dès qu'elles sont exclusives; et elles sont exclusives, puisque les domestiques de cinq heures du matin à dix heures du soir, à l'heure où la brute tombe de fatigue, sont " bons à tout faire "! [...] ils nettoient la maison du haut en bas, des combles aux latrines [...] ils essuient les plats et les rebuffades [...] »

Une telle accusation ne vise pas seulement à l'effet de style, elle traduit une réalité des faits, comme le prouve un cas de surmenage mortel que cite Cusenier. Amélie C., seize ans, a été bonne d'enfants chez les époux L., de décembre 1904 à mars 1905. Elle est morte le 4 avril 1905, d'une méningite cérébro-spinale. Les époux L. sont condamnés, par la 5e chambre du tribunal de la Seine, le 26 novembre 1906, à verser 5 000 francs de dommages et intérêts aux parents de la jeune bonne.

Les horaires, à la fin du XIXe siècle, sont plus pénibles qu'autrefois, à cause du changement de l'heure du dîner. Au début du XIXe, on dînait à cinq heures de l'après-midi, comme nous l'apprend le *Journal* de Stendhal : « L'arrivée d'un homme qu'elle avait invité à dîner lui apprit qu'il était cinq heures » (20 février 1805), ou même plus tôt : « A quatre heures moins un quart, j'ai dîné avec du mouton grillé, des pommes de terre frites et de la salade » (3 mai 1808)[2]. Vers 1900, on dîne à sept ou huit heures. Le travail de la domestique se termine donc beaucoup plus tard. Et le réveil, auparavant, n'était pas plus matinal.

La bonne a droit au repos entre dix ou onze heures le soir jusqu'à six ou sept heures le matin. Là-dessus, elle doit prendre le temps de faire sa toilette, nettoyer sa chambre, raccommoder son linge. Elle a droit à une sortie le dimanche ou une sortie tous les quinze jours, de quelques heures. Et encore cette sortie n'a-t-elle souvent lieu qu'après un repas de famille particulièrement lourd le dimanche, et une vaisselle en conséquence[3].

EMPLOIS DU TEMPS

Je présenterai quatre emplois du temps qui, de manière variée, définissent les tâches de la domestique. Le premier, en vers, se présente comme un pastiche des Commandements de Dieu, mais il faut prendre cet humour au sérieux! C'est l'œuvre de Gaston Picard. Le second a été rédigé par Mme G. Davaine, épouse d'un petit patron d'une usine de clous, dans les années qui précèdent la Première Guerre mondiale[4]. Bien qu'il ne s'agisse pas d'une maîtresse de maison parisienne, mais d'une bourgeoise du nord de la France, il m'a semblé émouvant d'avoir ce document de première main. Les deux derniers veulent être des exemples à valeur générale : ils ont été publiés l'un en 1896, dans le *Manuel des bons domestiques*[5], l'autre en 1927 par Augusta Moll-Weiss.

I. *Les commandements de la bonne à tout faire* (Gaston PICARD, *Journal des gens de maison*, 8 avril 1899).

1. A 6 heures te lèveras
   Et t'habilleras lestement.
2. Ta cuisine laveras.
   Dans tous les coins proprement.
3. Au lycéen prépareras
   Le cacao et le vêtement.
4. De l'appartement, tu nettoieras
   Toutes les pièces minutieusement.
5. A dix heures, tu entendras
   Un coup de sonnette régulièrement.
6. C'est pour les ordres tu te diras
   Mon tablier, mon bonnet vivement.
7. Puis, à Madame tu iras
   Présenter ton livre poliment.

8. Au marché tu sauteras
   Faire tes achats sagement.
9. A midi tu serviras
   Le déjeuner, exactement.
10. Le tien ensuite absorberas
    En l'arrosant modérément.
11. Le dîner prépareras
    Pour le servir artistement.
12. Après, tes comptes tu feras,
    Sans anse du panier, honnêtement.

Ces commandements sont remarquables par les adverbes que comporte chacun, à l'exception du troisième. Ils servent à qualifier la « bonne » bonne. Elle doit être :
 – *rapide* : « lestement », « vivement », « tu sauteras »;
 – *propre* : « laveras proprement », « nettoieras minutieusement », « mon tablier, mon bonnet » (elle n'oserait pas se présenter en tenue de ménage à sa maîtresse);
 – *scrupuleuse* : à la fois exacte pour servir le déjeuner et honnête, lorsqu'il s'agit de faire le marché ou les comptes;
 – *mesurée* : elle est polie avec sa maîtresse, ne boit pas trop, a le sens des codes (présentation correcte).

Toutes ces vertus d'ordre, d'économie, de respect des codes et de l'autorité sont pimentées par son perfectionnisme. Cette perle fait, en plus, preuve d'imagination dans son service : si elle se contente de servir le déjeuner à l'heure, le dîner, en revanche, elle va faire un effort pour le présenter *avec art*.

La perfection dans la présentation est en quelque sorte le luxe de la bonne à tout faire. C'est aussi celui du maître, Veblen l'a fort justement souligné. Dans la mesure où « la première utilité des serviteurs est de témoigner que leur maître peut payer[6] », il est important que le service soit stylé. Le service domestique n'est pas une fonction mécanique. Mal fait, il va à l'encontre de ce que le maître attend de ses serviteurs.

II. *Emploi du temps rédigé par Mme Davaine, avant 1914*

– Se lever de façon à être en bas à six heures *juste*.
– Allumer son feu avec du bois et du charbon préparés la veille et donner un coup de chiffon à la cuisinière.
– Mettre de l'eau chauffer et, pendant qu'elle chauffe, chercher le lait.
– Ouvrir les volets et les fenêtres, brosser le tapis de la salle à manger et du salon puis balayer et passer la flanelle tout autour.
– Loqueter proprement le corridor, la cuisine et l'office.
– Monter le lait de poule à Madame (à sept heures et quart). Et pendant que Madame s'habille, préparer la baignoire et les vêtements des enfants.
– Mettre le lait sur le feu et préparer le café.
– Pendant que Madame habille les enfants, achever d'épousseter la salle à manger, le salon et le corridor sans oublier le porte-parapluies.
– Cirer les souliers de Monsieur.
– Mettre la table du déjeuner.
– Ranger les affaires du bain.
– Déjeuner vers huit heures et demie.

– Laver la vaisselle du matin.
– Éplucher les légumes cherchés la veille et mettre le déjeuner en route. Ne pas oublier, les jours où on ne fait pas de soupe, de mettre bouillir le petit linge aussitôt le déjeuner.
– Monter faire la chambre de Madame, ce qui ne doit *jamais*, en temps ordinaire, prendre plus d'une demi-heure, *même en époussetant comme il faut*.
– En descendant, passer l'époussetoir sur les croisées de l'escalier, sur les marches et sur la lampe. De cette façon, à dix heures et demie au plus tard, on peut se

mettre au linge. Je serai donc en droit *d'exiger* que le linge soit fini le matin.

- Achever le dîner.
- Mettre la table.
- Monter s'habiller pour être propre pour servir à table.
- Dîner.

- Laver la vaisselle.
- Remplir la chaudière.
- Remplir les lampes à essence.
- Mettre en ordre la cuisine.
- Repasser ou plier le linge lavé la veille ou brosser les habits ou raccommoder.
- Préparer le thé. Goûter.
- Après le thé, voir aux repas du lendemain, aux commissions pour Mustin et pour la boucherie et voir aux comptes.
- A six heures, chercher la salade et les légumes du lendemain. Eplucher la salade.
- Chercher le lait et chauffer le souper.
- Préparer les affaires des enfants, aider à les coucher.
- Mettre la table.

Souper

- Laver la vaisselle.
- Préparer le bois et le charbon pour le feu du lendemain.
- Préparer le plateau de Madame.

Coucher

Cet emploi du temps que j'ai expérimenté peut être exécuté à la lettre à condition qu'il n'y ait point de temps perdu ni en bavardages ni en stations à la fenêtre.

On remarquera :

– L'heure du coucher n'est pas indiquée précisément, alors que celle de la présence à la cuisine est soulignée : six heures juste.

– En deux heures et demie, le matin, la bonne doit accomplir une série de tâches qui ne lui laissent littéralement pas le temps de souffler. Elle a à s'occuper :
de la maison : allumer le feu, balayer, brosser, épousseter, ranger;
du petit déjeuner : aller chercher le lait, faire le café, monter le lait de poule à sa maîtresse, mettre la table du petit déjeuner;
des vêtements et chaussures : préparer les vêtements des enfants, cirer les chaussures du maître.

– Il faut que la servante s'organise de manière à faire les choses simultanément. Aucun geste, aucun déplacement ne doit être inutile. Par exemple, elle monte nettoyer la chambre de sa maîtresse pendant que le déjeuner cuit ou pendant que bout le « petit linge », et elle en profite, lorsqu'elle redescend, pour épousseter l'escalier.

– S'il est vrai qu'un de ses rôles importants est de chasser la poussière, la domestique a également un rôle de représentation. Il n'est pas question qu'elle serve à table avec la tenue qu'elle porte pour faire le ménage; elle va donc se changer avant le dîner.

– Cet emploi du temps donne l'impression d'une accablante permanence. Chaque jour, le devoir de la domestique est de songer au lendemain : repas, provisions, bois et charbon, plateau du petit déjeuner...

– Est à souligner enfin l'accent de certitude de la maîtresse : cet emploi du temps *doit* fonctionner. Si la servante ne l'applique pas à la lettre, c'est qu'elle perd du temps à bavarder ou à regarder par la fenêtre.

III. *Horaires types d'une bonne à tout faire*

MANUEL DES BONS DOMESTIQUES, 1896

6 h à 9 h. Elle allume le feu,
prépare le petit déjeuner,
brosse les habits,
nettoie les chaussures,
fait les chambres,
apporte de l'eau dans le cabinet de toilette,
monte du bois et du charbon,
descend les ordures.
9 h. Elle va au marché.
Au retour. Elle met le couvert,
prépare le déjeuner,
le sert (en tablier blanc),
fait la vaisselle.
Après-midi. Un ouvrage spécial chaque jour de la semaine :
Lundi : salon-salle à manger à fond.
Mardi : cuivres.
Mercredi : savonnage.
Jeudi : repassage.
Vendredi : raccommodage.
Samedi : nettoyage de la cuisine et des accessoires.
Ensuite. Elle prépare le dîner, puis le sert.
Enfin. Elle prépare les lits pour la nuit.

A. MOLL-WEISS, LES GENS DE MAISON, 1927

7 h. Elle balaie la salle à manger, le bureau, l'entrée.
8 h. Elle prépare le petit déjeuner,
époussette les pièces balayées,
fait les chambres à coucher,
nettoie à fond une des pièces communes ou une chambre à coucher.
10 h 30 à midi. Elle prépare le déjeuner.
12 h à 13 h 30. Elle déjeune puis se repose.

Après-midi. Vaisselle du déjeuner.

Un travail variant selon les jours :
Lundi-mardi : lavage.
Mercredi : raccommodage.
Jeudi : repassage.
Vendredi : nettoyage ou promenade.
Samedi : nettoyage de la cuisine à fond.
7 h. Dîner puis vaisselle.

Quadriller l'existence des domestiques

Dans la littérature pratique à l'usage des maîtres et des domestiques, les emplois du temps d'une part, les nomenclatures des travaux ménagers d'autre part tiennent une place très importante. Les emplois du temps sont extrêmement précis. Ainsi J.-Ch. Bailleul consacre-t-il la deuxième partie de son livre au « service aux différentes heures de la journée », et il ne lui faut pas moins de seize chapitres pour faire le tour du sujet. La description des travaux ménagers est tracée avec un luxe de détails. Les deux tiers du *Manuel complet des domestiques* de Mme Celnart[7] consistent en une longue liste des différents « services » : de la nourriture, des étrangers, du mobilier, de la personne et des vêtements, des enfants et des malades, de l'écurie et des remises. Même énumération exhaustive dans le *Manuel des bons domestiques* : aux services de l'office, de la table, de l'antichambre, des appartements, des personnes, de la lingerie, etc., s'ajoutent les services à la campagne et aux bains de mer, signe de l'évolution des temps. Le lecteur se perd dans les distinctions entre les diverses femmes de chambre : la « première », la « seconde », l'« intime », l'« unique » ou la femme de chambre « de famille ». Quelle fonction remplit ce luxe de descriptions des horaires, des tâches, des rôles ?

Il y a comme un écrasement de la personne du domestique à l'intérieur des grilles descriptives qu'on lui applique. On quadrille si bien son temps de travail qu'il est réduit à l'état de force de travail mécanisée. Cela est particulièrement vrai de la bonne à tout faire, la bien nommée. De six ou sept heures le matin à dix heures le soir, elle doit opérer sans trêve, à la fois comme cuisinière (fait le marché, prépare les repas), femme de chambre (prend soin des habits et des chaussures, apporte de l'eau dans le cabinet de toilette, sert à table, prépare les lits pour la nuit), femme de ménage (nettoie l'appartement, lave, repasse) et même bonne d'enfants (elle peut, dans certaines maisons, avoir à faire la toilette des enfants, à les conduire à l'école et à aller les chercher). La bonne donne ses soins aux maîtres, aux enfants, aux chiens, aux plantes vertes, aux bibelots... tout cela avec grâce et discrétion. Elle ne peut ignorer qu'on apporte les lettres à Madame sur un plateau, ou que les coups de balai matinaux doivent être légers pour ne point troubler le sommeil des maîtres. A lire les descriptions de ses tâches, on espère la bonne douée d'ubiquité, pourvue de dix bras, d'une santé de fer et... d'une grande sérénité.

On ne quadrille pas seulement les journées de la domestique, mais ses semaines, ses mois, ses années. Le nettoyage de l'argenterie, des cuivres, des vitres, des parquets, la lessive, le raccommodage, les grands brossages de tapis et de rideaux aux changements de saison viennent ponctuer les moments où elle risquerait d'être moins occupée. Au fil des semaines, cette ronde des tâches s'intègre au corps de la domestique qui, peu à peu, remplace ses instincts, ses désirs, ses besoins, par l'ordre tout mécanique imposé par sa fonction. On en voit le résultat chez les vieilles servantes de Flaubert. Dans *Un cœur simple*, Félicité, à cinquante ans, « toujours silencieuse, la taille droite et les gestes mesurés, semblait une femme en bois fonctionnant d'une manière automatique ». Mais c'est, dans *Madame Bovary*, la servante de ferme médaillée aux comices agricoles qui montre le mieux la perte du caractère humain. Catherine Leroux a « quelque chose d'une rigidité monacale » : mutisme et insensibilisation, tel est le résultat d'un « demi-siècle de servitude[8] ». Félicité et Catherine, abruties par le travail, illustrent la définition que donne Bailleul du bon domestique : « mieux réglé que l'horloge de la maison ».

Les ouvrages de conseils aux maîtresses de maison évoluent évidemment entre le début du XIXe et celui du XXe siècle. Mme Pariset, en 1821, recommandait d'occuper beaucoup les domestiques et de les utiliser dans les moments où leur travail principal leur laisse du loisir. Même préoccupation chez Aglaé Adanson : « A quelque heure de la journée que ce soit, par quelque temps qu'il fasse, personne ne doit être oisif dans votre maison. [...] Lorsque les femmes n'auront rien à faire pour votre service, qu'elles travaillent pour elles; point de rémission là-dessus. Les heures accordées à l'oisiveté sont employées à mal faire, soyez-en sûre. Et, si vous voulez que vos domestiques apprécient la valeur du temps, donnez-leur l'exemple de n'en jamais perdre vous-même[9]. »

Au début du XXe siècle, au contraire, on met l'accent sur la nécessité de décharger la bonne à tout faire des tâches que l'on peut accomplir soi-même, car « une seule personne ne saurait accomplir la besogne de trois[10] ». En 1927, A. Moll-Weiss met l'accent sur la responsabilité de la maîtresse de maison : elle prend en charge les achats et les enfants, et simplifie le service quotidien. Repas simples, service de table réduit au minimum. D'autre part, si chaque membre de la famille montre de la bonne volonté, fait sa toilette et prend soin de ses vêtements et de ses chaussures sans se faire aider, le travail de la bonne s'en trouvera allégé d'autant. En même temps, moins le service est personnel, moins il est humiliant.

Se dégage ainsi un temps de calme pour la bonne. Elle a droit, entre douze heures et treize heures trente, à une pause pour déjeuner et se reposer. Ce temps libre préconisé par Moll-Weiss contraste avec le déjeuner de la bonne tel que le décrivait Cusenier : celle-ci mange les restes refroidis sur un coin de table, dérangée par « les coups répétés d'une sonnette intransigeante ». Mais ce n'est pas parce qu'on tend vers la simplification du service domestique qu'on abandonne pour autant nomenclatures et emplois du temps. Augusta Moll-Weiss, en 1925, consacre un ouvrage entier à l'emploi du temps et à la description des travaux ménagers. Ce livre, intitulé *Madame et sa bonne*, porte un sous-titre : « Comment former une bonne à tout faire en s'éduquant soi-même », et montre que la discipline dans le domaine de l'organisation ménagère est essentielle et tonifiante pour la maîtresse de maison comme pour la domestique. Le tableau des nettoyages, outre qu'il nous renseigne sur l'obsession de l'hygiène – la bonne est chargée de mener le combat contre la saleté, la poussière, les microbes –, comporte la même régularité d'horloge que les emplois du temps du siècle précédent : « 3 fois par jour... 1 fois par jour... 2 fois par semaine... 1 fois par mois... 1 fois par an... ». Ces travaux, dit Moll-Weiss, sont allégés par la mécanisation des appareils ménagers (aspirateurs de poussières, machines à laver le linge à manivelle), mais, si la fatigue de la domestique est moindre, le déroulement de son temps est quadrillé de manière aussi stakhanoviste[11].

De la bonne à la maîtresse de maison, il y a propagation de la discipline : en imposant à son employée de maison des tâches régulières, la maîtresse quadrille sa propre vie. Double avantage de cette méthode préconisée par Moll-Weiss : en disciplinant, se discipliner. Mise en coupe réglée concomitante de la maîtresse et de la servante. Et, quand la servante aura disparu, lui succédera une maîtresse de maison – ménagère qui aura intériorisé discipline, ordre et régularité, saura « tenir son ménage » et remplir sa mission de gardienne de l'ordre social. La parfaite maîtresse de maison doit être animée de « passion pour l'exécution de l'emploi du temps, jour par jour, heure par heure[12] ».

L'inflation descriptive des différents services des grandes maisons, les nomenclatures des travaux ménagers à répartir entre des domestiques à fonctions et à titres variés correspondent davantage à la réalité de la fin du XVIIIe que de la fin du XIXe siècle. Comment s'explique cette attention portée à des réalités qui n'ont plus guère cours? On peut penser que celles-ci jouent comme références. Détailler à profusion les tâches dans les grandes maisons, c'est montrer comment les choses devraient se passer selon un ordre idéal, mettre en place un code auquel se référer. Qui lit ces nomenclatures, ces descriptions? Pas les grandes bourgeoises, bien entendu, qui ne vont pas chercher dans les livres comment on dirige une maison ou comment on traite ses domestiques. Ces savoirs sont des savoirs de classe. Une jeune fille de la grande bourgeoisie est « naturellement » maîtresse de maison, elle est programmée pour ce rôle. Ce sont les petites-bourgeoises qui achètent ces recueils de savoir-vivre, pour y chercher un savoir et une assurance que ne leur ont pas donnés leur milieu social ni leur éducation. Elles trouvent dans ces ouvrages le déploiement d'un code qui justifie leur attitude par rapport à leur bonne, la discipline qu'elles lui imposent, et par là même la nécessité d'une étiquette.

L'usage de la sonnette fait, lui aussi, partie du déploiement du code. Il ne se justifie plus souvent sur le plan pratique. En effet, la sonnette (ou sonnerie) était nécessaire dans les grandes maisons où le domestique ne pouvait, de la cuisine ou de la lingerie, entendre l'appel du maître, où il se trouvait hors de portée de voix. Mais à quoi peut servir une sonnette dans les appartements de quatre ou cinq pièces qu'habitaient les petits-bourgeois parisiens de la fin du XIXe siècle? Elle est là moins comme une nécessité pratique que comme le symbole de l'assujettissement de la domestique au maître et l'image d'une étiquette issue d'un passé révolu. En se servant d'une sonnette, le petit-bourgeois se donne l'impression d'excercer son pouvoir de maître dans les formes où l'exerçaient les maîtres du passé. En faisant référence au code ancien, la sonnette légitime le petit-bourgeois dans son rôle de maître.

TÂCHES

Dans la multitude des tâches quotidiennes, reprenons quelques points.

Le feu

Allumer le feu, monter les seaux de charbon, vider les cendres étaient le lot de la bonne. Celle-ci descend et monte une douzaine de fois par jour, au moins entre le troisième étage et le rez-de-chaussée – aux étages du dessous, plus « nobles », la domesticité est en général plus nombreuse et les tâches mieux réparties –, souvent entre le quatrième ou cinquième étage, où habitent les ménages modestes n'employant qu'une bonne à tout faire, et le rez-de-chaussée. Plus de mille marches par jour. Entre les seaux à charbon et les sacs à provisions, une bonne porte quotidiennement cinquante à soixante kilos [13].

La poussière

> « Je ne connais rien de bête comme d'épousseter! Cette opération consiste à envoyer sur le fauteuil de droite la poussière qui se reposait sur le fauteuil de gauche. [...] C'est un déplacement, voilà tout. »
>
> Pétunia, bonne des Marjavel, dans LABICHE, *Le Plus Heureux des trois*, acte I, scène 1 [14].

Ce qui rend pénible le travail d'époussetage, c'est l'organisation générale des appartements qui est fort peu pratique. Les pièces sont mal distribuées, souvent, et surtout envahies de meubles eux-mêmes surchargés de bibelots : « Le nettoyage par le vide, dit Cusenier, n'a pas encore pénétré dans la masse de la bourgeoisie. »

Sous Louis-Philippe, puis sous le Second Empire, les décorations cherchent à créer une atmosphère douillette, confortable, dans les appartements, ainsi que l'indique un article de *L'Illustration* du 15 février 1851 : « [...] on se réunit dans le petit salon, bien clos par de bonnes portières, des bourrelets de soie et les doubles draperies qui ferment hermétiquement les fenêtres. [...] un bon tapis est sous les pieds [...]. Une profusion d'étoffes garnit les fenêtres, couvre la cheminée, cache les boiseries. Le bois sec, le marbre froid sont dissimulés sous le velours ou la tapisserie. Ici, c'est une petite table pour poser un livre; là, c'est un petit bureau pour écrire une lettre; à côté, l'étagère où sont les ouvrages familiers; plus loin, la grande table pour les livres destinés à la causerie, les corbeilles de travail et les jardinières pleines de fleurs. Au plafond, les lampes suspendues; au côté des glaces, des faisceaux de bougies [...]. »

Que de nids à poussière dans tous ces éléments de décoration! Doubles rideaux des fenêtres, étoffes destinées à cacher le matériau de base, fût-il du marbre, tapis. Du côté des meubles, c'est le règne du « petit »; les pièces sont encombrées de « petits » meubles accumulés, ajoutés aux meubles de base, lourds, importants. Ne pas laisser les meubles nus, les recouvrir de tissu est une obsession. La vraie misère, c'est de se retrouver avec des meubles nus, sur un carrelage nu. Ainsi, dans les *Illusions perdues*, lorsque Coralie, maîtresse de Lucien, est obligée de tout vendre pour payer ses dettes, elle se réinstalle dans un petit appartement : « La chambre, encore décente, était tendue d'un papier vert d'eau [...]. Un tapis d'occasion acheté par Bérénice [la bonne] de ses deniers, malgré les ordres de Coralie, déguisait le carreau nu et froid du plancher [...]. Les meubles d'acajou étaient garnis en étoffe de coton bleu[15]. » Le tapis d'occasion et la garniture des meubles sont le seul rempart contre la pauvreté absolue.

La bonne qui fait le ménage se trouve donc en face de deux difficultés. D'une part, les appartements sont pleins de tissus et de recoins qui gardent la poussière; d'autre part, se mouvoir dans des pièces encombrées de meubles et de bibelots complique le nettoyage quotidien. *L'Art au foyer domestique* d'Emile Cardon[16] nous permet d'imaginer combien les appartements, au siècle dernier, étaient surchargés en mobilier de toute sorte. Cardon décrit le salon « tel qu'il devrait être » et donne la liste des meubles que devrait contenir cette pièce idéale (au chapitre précédent, le salon « tel qu'il est » en contenait tout autant) : un canapé, une causeuse, trois ou quatre fauteuils « meublants » trois ou quatre chaises « meublantes » à dossier garni, une table de style, un piano; entre les deux fenêtres, une console ou un petit meuble pour poser des vases de fleurs; dans les encoignures, des tables gigognes pour supporter bibelots ou livres; devant les fenêtres, de petites tables Henri II, « entièrement recouvertes de velours ou de peluche vert purée ou groseille, porteront des vases cache-pots, contenant quelques plantes exotiques ». Et, ajoute l'auteur, si l'on groupe les sièges devant la cheminée, en un coin-conversation, « on trouvera certainement place encore [sic] pour un ou deux de ces petits meubles de fantaisie, pour une ou deux petites tables en bois de rose ou d'amarante ». Terminons cette impressionnante liste par les bibelots : statuettes en bronze de chaque côté de la cheminée; sur la cheminée, statue également ou vase, et on aura une idée de ce que doit épousseter la malheureuse domestique, si elle parvient à se frayer un chemin.

Bien entendu, ce salon est entièrement capitonné d'étoffes. Tout est habillé, les murs, les fenêtres, les portes, et même la cheminée. Davantage d'étoffes encore dans la chambre de Madame, avec les rideaux du lit et les draperies du baldaquin. Du tissu, on en met partout. Tout doit être recouvert, « amorti », caché, même dans le cabinet de toilette. Qu'importe si ces débauches de draperies sont d'un entretien peu commode : à la bonne de se débrouiller!

La poussière s'accumulait vite, dans des appartements chauffés par des feux dans les cheminées, au bois ou au charbon. Le calorifère reste un appareil de luxe jusqu'à la fin du XIXᵉ siècle. De quels instruments disposait la bonne pour nettoyer? De balais, de chiffons, de cire à parquet. Pour faire briller, il n'y a guère que « l'huile de coude » qui soit efficace : plus on frotte, plus on se donne de la peine, plus brillant est le parquet.

Pots de chambres, cuvettes

« Jusqu'en 1914, le pot de chambre est roi. »

Robert BURNAND,
La Vie quotidienne en France, 1870-1900 [17].

C'est seulement en 1899 que s'achève l'installation du tout-à-l'égout parisien; elle durait depuis 1865. La loi du 10 juillet 1894, de Poubelle et Bechmann, oblige les propriétaires d'immeubles à se brancher sur le tout-à-l'égout. La Chambre syndicale des propriétaires fait campagne en vain pour « qu'aucune atteinte ne soit portée à la liberté des propriétaires en leur imposant un mode d'évacuation[18] ». Mais les chasses d'eau connaissent peu de succès, et cela explique la persistance de l'emploi du pot de chambre.

« Videurs de pots de chambre[19] » est souvent donné comme synonyme de « domestiques ». Le rapport intime aux déjections est sans aucun doute l'aspect le plus humiliant de la condition de domestique. On pense au dessin très connu de Forain : un domestique, à la fenêtre, regarde un ouvrier porter une lourde pierre, et le plaint; l'ouvrier répond que sa pierre est toujours moins lourde à porter qu'un pot de chambre. La mauvaise image de marque des domestiques auprès des ouvriers est grevée par ce poids tout symbolique mais réellement malodorant du pot de chambre[20].

Pots de chambre, cuvettes à vider et à nettoyer. Il faut imaginer ce que pouvait être la vie ménagère à une époque où l'on ne disposait ni du tout-à-l'égout ni de l'eau courante. « Eau et gaz à tous les étages » est, encore à la fin du XIXe siècle, l'apanage des immeubles de luxe, et, lorsque l'architecte Campardon fait visiter à Octave Mouret l'immeuble de *Pot-Bouille*, il prend soin de lui rappeler à deux reprises cette caractéristique. Tant que l'eau courante n'est pas installée dans tous les immeubles, tant qu'il n'y a pas de poste d'eau à chaque étage, ce sont des porteurs d'eau qui vendent l'eau au seau ou au tonneau. On peut juger de la parcimonie avec laquelle on employait cette eau d'après ce qu'écrivait, en 1835, Mme Trollope : « Presque tous les ménages de Paris ne reçoivent la quantité dont ils ont besoin pour les usages les plus indispensables que par deux seaux à la fois, périlleusement montés jusque chez eux par des porteurs d'eau en sabots. Aussi les Français ne se lavent-ils pas[21]. » Jusqu'à la fin du XIXe siècle, les porteurs d'eau à Paris conservent une certaine activité.

Dans ces conditions, les bourgeois ne prennent guère que des bains de pieds épisodiques – on frémit à imaginer la cuvette crasseuse que devait ensuite nettoyer la servante – et se lavent de temps en temps le bout du nez. La toilette à l'eau était suffisamment rare pour que Michelet, voyeur de sa femme, signale, dans son *Journal*, comme une chose extraordinaire le nombre de cuvettes d'eau qu'utilise chaque jour la chère Athénaïs : « Elle avait fait sa toilette de grand matin, de cinq à sept. Nulle femme n'use tant d'eau. Je l'admirai. Elle est telle, même aux jours pressés. Lavage infini [...] » (29 mai 1867[22].)

Utilisaient l'eau pour leur toilette, davantage que les bourgeoises, les demi-mondaines, les danseuses, femmes qui se maquillent et s'apprêtent. Zola, dans *Nana*, évoque les cuvettes sales qui traînent dans les coulisses de l'Opéra. Zoé, femme de chambre de Nana, qui sert exclusivement les demi-mondaines, déclare qu'elle quitte sa maîtresse pour ouvrir une maison close de luxe : « Elle serait enfin " Madame ", elle tiendrait à ses pieds, pour quelques louis, ces femmes dont elle rinçait les cuvettes depuis quinze ans. » Rincer les cuvettes, symbole de la servitude.

On peut se demander à quoi servaient les pièces appelées cabinets de toilette. Bien sûr, il existe de luxueux hôtels, comme celui de Saccard dans *La Curée*, avec des salles de bain somptueuses, des baignoires ressemblant à des piscines, des lavabos munis de robinetterie d'or ou d'argent. Mais bien plus nombreux étaient les appartements où le « cabinet de toilette » était dépourvu de l'élément essentiel : l'eau. Ainsi dans l'appartement des Jerphanion, boulevard Saint-Germain, près de la place Maubert, en 1914 : « Le cabinet de toilette [...] n'était pas très spacieux et n'avait pas l'eau courante. Les jeunes époux y avaient disposé, avec le plus d'ingéniosité possible, une table de toilette, un tub, un petit appareil à douches, avec collier, deux seaux. Ils avaient dû réserver le fond de ce cabinet à une penderie que masquait un rideau rose[23]. »

La lessive[24]

Le gros du linge sale, à Paris, était confié à des laveuses abonnées à des bateaux-lavoirs, ou à des lavoirs publics. Sur les « quais » des bateaux-lavoirs, il y avait des cordes tendues entre des piquets, qui permettaient de faire sécher le linge. La question de séchage était en effet, à Paris et dans les grandes villes, essentielle : question de locaux. Fonctionnaient aussi des entreprises de blanchisserie qui venaient chercher le linge sale à domicile.

Le petit linge, c'est la domestique qui se charge de le blanchir chaque semaine. Dans la cuisine, souvent minuscule, elle fait bouillir, sur la cuisinière, la lessiveuse pendant des heures. (Les « savonneuses à circulation » apparaissent dès la fin du Premier Empire.) Le linge a été préalablement savonné par les laveuses; puis on le donne à nouveau aux laveuses pour qu'elles le rincent. Ensuite, toujours dans la cuisine, la domestique étend le linge sur des cordes pour le faire sécher. L'humidité dégagée par le linge qui bout et qui sèche n'est pas évacuée au-dehors, elle stagne dans la cuisine, rend l'atmosphère malsaine et provoque ce qu'on appelle les « rhumatismes de domestiques ». Faire bouillir et sécher le linge dans la cuisine rend plus pénible encore le travail de la bonne, car ces opérations ont lieu en même temps qu'elle fait cuire le repas ou lave la vaisselle.

Atmosphère malsaine, cuisine très encombrée. Le repassage se déroule de la même manière, « sur une planche de fortune, à côté du dîner qui cuit ». C'est pourquoi les hygiénistes s'attachent à réclamer une buanderie dans le sous-sol des immeubles, pour laver et faire sécher le linge, et, dans l'appartement, une lingerie, pièce réservée au repassage, au raccommodage et à l'entretien des vêtements.

La cuisine

> « Je retourne à ma cuisine. J'y retrouve mes gants et l'odeur de mes dents. Le rot silencieux de l'évier. Vous avez vos fleurs, j'ai mon évier. Je suis la bonne. »
>
> Jean GENET, *Les Bonnes* (Solange)[25].

Dans la journée, le séjour de la bonne est la cuisine. Ce réduit est, en général, sordide.

Exiguïté de la cuisine. Dans la deuxième moitié du XIXe siècle, le prix des terrains au centre de Paris a tellement monté que les appartements deviennent plus petits. Sont touchées d'abord, dans ce rétrécissement, les pièces qui ne sont pas affectées aux maîtres, le domaine des domestiques : les cuisines, comme les chambres du sixième étage – nous le verrons.

Emile Cardon, lorsqu'il s'occupe d'agencer un appartement bourgeois type, consacre le livre entier aux cinq pièces des maîtres : antichambre, salle à manger, salon, chambre de Madame, chambre de Monsieur. Aucune mention, bien sûr, de la cuisine, puisqu'il s'agit d'« art ». Les cuisines sont des sortes d'appendices qu'on cache, qu'on veut ignorer. (Dans certaines provinces, on appelle « souillardes » les réduits où les bonnes lavent la vaisselle, nom affreusement évocateur, qui donne une idée de l'estime où l'on tient le lieu de la bonne [26].)

Manque d'aération. Minuscules aussi les courettes cachées aux yeux des maîtres, sur lesquelles s'ouvrent les cuisines et les chambres du sixième étage. Certaines mesurent quatre mètres carrés. Les fenêtres des cuisines d'un même étage, face à face, sont distantes de deux mètres.

Cusenier assure que, dans le quartier de Grenelle et de Javel, beaucoup de cuisines n'ont même pas de fenêtre. Dans de beaux immeubles, sur les grands boulevards ou rue Montmartre, où le loyer des appartements est de 2 000 francs par an, certaines cuisines sont si obscures qu'on est obligé de les éclairer au gaz toute la journée.

Il y aurait pourtant de quoi aérer les cuisines. D'abord, lorsqu'il n'y a pas de hotte sur le fourneau, la domestique s'intoxique lentement. Ensuite, l'odeur peut être affreuse. Il passe quelquefois dans les cuisines des trémies d'aération pour les W.-C. voisins qui n'ont pas de fenêtres. Comme l'étanchéité de ces trémies n'est jamais absolue, la cuisine s'emplit d'émanations. De plus, les boîtes à ordures se trouvent en général sous l'évier, non couvertes. Enfin, comme nous l'avons vu, il faudrait évacuer l'humidité produite par la lessive et la cuisson des aliments.

Cuisines dangereuses

> « C'est le service de la cuisinière qui est le plus pénible pour une femme : toujours debout devant un fourneau à se cuire la peau, en respirant à pleins poumons l'acide carbonique, dont les effets funestes se font sentir lentement, mais sûrement, ils se manifestent presque toujours par l'anémie, une faiblesse générale, troubles digestifs et douleurs cérébrales, etc. »
>
> Gaston POIROT,
> « Conseils aux jeunes camarades »,
> *Journal des gens de maison*,
> 8 mars 1906.

S'il en est ainsi de la cuisinière, que dire de la bonne à tout faire, qui passe environ quinze heures par jour dans la cuisine ? Cusenier rappelle que certaines y couchent... Il est évident que séjourner pendant une grande partie de son existence dans des cuisines aussi exiguës et malsaines présente des dangers.

D'une part, les appareils employés sont dangereux. Fourneaux et lessiveuses peuvent provoquer des brûlures graves. Il faut préciser que, jusqu'au milieu du XIXe siècle, les fourneaux de cuisine étaient de simples caisses en brique réfractaire, ouvertes par le dessus. Les remplacent les « fourneaux économiques », appareils moins dangereux et de meilleur rendement, couverts de plaques de fonte, qui forment surface chauffante. A passer leur vie auprès d'une source de chaleur, les cuisinières attrapaient des varices et devenaient alcooliques, à force d'étancher une soif permanente.

L'humidité et le manque d'aération, d'autre part, rendaient malades les servantes : rhumatismes, anémies, et surtout tuberculose. Le peu d'air contenu dans les cuisines est vicié par tout ce dont nous avons déjà parlé, à quoi il faut ajouter d'autres sources de microbes : le garde-manger, sous la fenêtre, est ouvert à la saleté de la cour, où l'on secoue tapis et plumeaux; de plus, c'est souvent dans la cuisine que l'on nettoie les chaussures et brosse les vêtements.

Avec les progrès de l'hygiène, l'attention va se porter sur la propreté de la cuisine, la chasse à la poussière et aux microbes. Les docteurs Thierry et Graux, en 1909[27], proposent un aménagement pour rendre les cuisines plus saines. Qu'il y ait une pièce spéciale pour le nettoyage des chaussures et, à côté de la cuisine, un office avec armoire de rangement pour la vaisselle et le linge. Qu'on ferme le garde-manger, ou qu'on utilise plutôt une glacière. Que la cuisine soit d'entretien facile : peintures lavables, carrelage, et qu'elle comporte de larges fenêtres donnant sur des cours vastes. Nous retrouverons les mêmes revendications d'hygiène, en bien plus important encore, à propos des chambres des domestiques.

CHAPITRE IV

LE LOGEMENT

> « Evitez de me frôler. Reculez-vous. Vous sentez le fauve. De quelle infecte soupente où la nuit les valets vous visitent rapportez-vous ces odeurs ? La soupente ! La chambre des bonnes ! La mansarde ! »
>
> Jean GENET, *les Bonnes*
> (Claire jouant le rôle de Madame).

Loger les domestiques au dernier étage des maisons est une pratique qui existe dès la première moitié du XIXᵉ siècle mais s'est surtout développée dans la seconde. Aux siècles précédents, on logeait dans une pièce plusieurs serviteurs du même sexe, et deux ou trois dans un même lit. L'abbé Fleury, au XVIIᵉ siècle, proteste contre ces pratiques, mais, au XVIIIᵉ siècle, Mirabeau s'étonne que certaines maîtresses donnent une chambre entière à une seule suivante.

Au XIXᵉ siècle, à Paris, il y a deux manières de loger les domestiques :

1. *Dans l'appartement des maîtres.* La bonne ne dispose alors, en général, que d'un réduit [1] avec un étroit lit de fer, très mal aéré et souvent même encombré. Ainsi, chez les Coton rue Saint-Denis, Sulette, débarquant de sa

campagne, loge-t-elle dans un cabinet noir qui reçoit de l'air par un châssis dans la cuisine. A côté du lit de fer, une table en bois blanc et « un fouillis de vieilleries répugnantes sur les étagères ». C'est davantage un débarras qu'une chambre. On utilise, pour les domestiques, la place perdue; il s'agit de rentabiliser l'espace. Selon Cusenier, certains maîtres allaient jusqu'à faire dormir leur bonne sur une paillasse placée chaque soir au fond de leur baignoire[2].

Si elles dorment dans l'appartement, les domestiques n'ont pas de coin un peu intime. Elles font leur toilette dans la cuisine, ne peuvent évidemment recevoir personne, n'ont même pas le droit de lire, d'écrire, d'allumer ou d'éteindre une lampe lorsqu'elles le désirent. Leur liberté est totalement aliénée. Les maîtres les réveillent la nuit pour leur demander de menus services – par exemple, apporter un verre d'eau. Elles sont, au sens propre, sous la main des maîtres, qui empiètent sans scrupules sur leur sommeil. Le manque de sommeil joint au travail souvent écrasant, on l'a vu, imposé à la petite bonne la mène à cette « hébétude » que constatent certains médecins, un état de fatigue chronique qui abrutit[3].

La seule domestique dont on respecte le sommeil – on la laisse dormir le matin – est la nourrice, car la vie de l'enfant dépend de sa bonne santé. Elle est logée dans une chambre claire, aérée, confortable, puisqu'il s'agit de la chambre de l'enfant. Mais elle ne jouit, comme la bonne logée dans l'appartement des maîtres, d'aucune liberté.

Cette dépendance à l'égard des maîtres que crée le fait d'habiter dans le même appartement qu'eux explique, malgré ce qu'on va voir des conditions de vie au sixième étage, que les domestiques tiennent à la liberté que celui-ci leur procure[4].

2. *Au dernier étage des immeubles* – cinquième, sixième, septième, selon les cas –, dans ce qu'on appelle encore les

« chambres de bonnes ». Les textes parlent en général du « sixième » pour désigner le logement des domestiques.

Quelles sont les raisons de cette habitude qui se généralise à Paris et dans les grandes villes? La première est d'ordre économique. La spéculation immobilière devient intense sous le Second Empire, les terrains coûtent de plus en plus cher, au centre des villes surtout. Pour rentabiliser ces terrains, on construit des maisons de plus en plus élevées. Le décret du 23 juillet 1884, sur la hauteur des maisons de Paris, les combles et les lucarnes, vient renforcer cette tendance[5]. Comme il n'y a pas d'ascenseurs à cette époque, on réserve aux domestiques l'étage du sommet, le plus difficile à atteindre. En effet, ce n'est qu'en 1900 qu'apparaît l'ascenseur à moteur électrique – avant, il fonctionnait à la pression hydraulique. Le moteur électrique va simplifier l'installation et permettre l'équipement d'immeubles particuliers. De toute manière, quand les immeubles ont été pourvus d'ascenseur, celui-ci s'arrêtait au dernier étage des maîtres, il ne desservait pas l'étage des domestiques.

La deuxième raison est avancée par Jules Simon : si on donne les chambres du sixième aux domestiques, c'est qu'on ne peut vraiment rien en faire d'autre. « Ces cellules sont évidemment et nécessairement inhabitables; car, si l'on pouvait s'y tenir debout, y respirer, y vivre, on les mettrait en location, et on trouverait un peu plus haut ou, s'il n'y avait pas de grenier, dans les caves, dans quelque recoin de la cage des escaliers, la place d'un matelas pour les domestiques. » Jules Simon, emporté par l'indignation, n'est pas tout à fait dans le vrai, puisque certaines de ces chambres du dernier étage sont louées à des ouvriers ou à de petits employés, comme le montrent la lecture de *Pot-Bouille*, et les coupes des immeubles parisiens[6]. Nous le prouve aussi la lettre d'une « fidèle lectrice » publiée dans *L'Eclair* du 3 octobre 1904 : « Sur la question du coucher, il y a beaucoup à faire. [...] Cependant, nombre de personnes aussi intéressantes que nos domestiques logent dans des mansardes : des mères de famille avec leurs enfants, des vieillards [...], le petit employé [...]. Nos domestiques ne font qu'y coucher quand les autres y passent une partie de leur temps. »

Plus intéressant en revanche est de constater que la relégation des domestiques sous les toits s'est calquée sur le modèle haussmannien : le relégation des pauvres loin de Paris. Comme l'urbanisme d'Haussmann établit dans Paris une zone riche et refoule les pauvres dans les banlieues, les immeubles ont leur centre riche – les « étages nobles » étaient le premier et le second – et leur banlieue : l'étage réservé aux domestiques[7]. Il y a un paradoxe dans la situation des domestiques : ils ne sont pas, comme la plupart des prolétaires, parqués dans certains quartiers de la capitale. Ils sont à la fois très proches des maîtres, ils habitent le même immeuble qu'eux, et très lointains, car le sixième étage est un autre univers.

L'accès à l'étage des bonnes

Le dernier étage est en communication avec le rez-de-chaussée de l'immeuble par l'escalier de service seulement, qui dessert en même temps les cuisines. Escalier étroit, sale, aux murs couverts de graffiti obscènes.

Dans *Pot-Bouille*, Zola oppose les deux faces d'un immeuble bourgeois : l'endroit, domaine des maîtres, le grand escalier solennel, silencieux, chauffé, qui sent le luxe et la moralité; l'envers, domaine des bonnes, l'escalier de service et la cour sur laquelle s'ouvrent les cuisines, répugnants et remplis de mots orduriers. C'est comme si, à la répartition géographique de l'immeuble, correspondait une répartition morale[8]. D'ailleurs un maître qui doit emprunter l'escalier de service se met en marge de l'ordre qui règne dans le grand escalier. Ainsi, Berthe Josserand-Vabre, lorsqu'elle descend de chez son amant Mouret, est-elle contrainte de passer par l'escalier de service pour entrer chez elle en cachette, par la cuisine.

Les courettes intérieures

La cour, sur laquelle s'ouvrent les fenêtres des cuisines et des chambres du sixième – quand elles sont pourvues de fenêtres –, est un déversoir, lieu de l'ordure, au propre comme au figuré, d'après le roman de Zola. Les bonnes y jettent leurs fonds de casseroles, pour forcer M. Gourd, le concierge qu'elles détestent, à les balayer. D'autre part, elles règlent les comptes des maîtres aux fenêtres des cuisines : « Il ne montait plus, du boyau noir de l'étroite cour, que la puanteur d'évier mal tenu, comme l'exhalaison même des ordures cachées des familles, remuées là par la rancune de la domesticité. C'était l'égout de la maison, qui en charriait les hontes. »

L'ordure et l'infection des cours ne sont pas le fruit de l'imagination de Zola. Le docteur Oscar du Mesnil, dans un article intitulé « La Question des courettes de Paris[9] », dénonce avec violence l'insalubrité que crée dans la capitale l'existence des courettes : « De véritables puits de quinze à dix-sept mètres de profondeur ne communiquant avec l'extérieur que par leur orifice supérieur et dont les parois emprisonnent une colonne d'air infectée par les émanations fétides qui s'échappent nuit et jour des cabinets d'aisances et des cuisines. [...] Quand, et ce fait est presque la règle, la courette est vitrée à la hauteur du premier étage, la toiture devient, en outre, un dépôt de détritus projetés des étages supérieurs qui, se décomposant sur place, accroissent la viciation de cette atmosphère. »

Le 17 mars 1890, le conseil municipal de Paris émet un vœu demandant le nettoyage des cours intérieures, escaliers de service, latrines, en même temps que des façades extérieures. Mais le ministre de l'Intérieur repousse le vœu selon lequel escaliers, cabinets d'aisances et dépendances des bâtiments à usage commun seraient grattés, repeints ou badigeonnés périodiquement. Du Mesnil est indigné, car, depuis près d'un demi-siècle, les hygiénistes dénoncent les courettes comme cause grave d'insalubrité, sans obtenir de résultats. Travail d'hygiéniste, travail de Sisyphe! affirme-t-il.

A l'étage des bonnes

> « Le sixième, c'est, appliqué au logement, le collectivisme dans toute son horreur. »
>
> Gaston JOLLIVET, *L'Eclair*, 23 juillet 1908.

Les chambres s'ouvrent le long d'un couloir carrelé, avec des portes numérotées. Il peut y avoir jusqu'à quatre-vingts chambres de domestiques pour un grand immeuble. Quand elle travaille rue de Turbigo, Sulette habite un immeuble de trois corps de bâtiments à cinq étages de maîtres et deux appartements par étage. Le couloir du sixième est large de trois mètres et très long : sur lui s'ouvrent en enfilade trente portes successives. Frapié dit par ailleurs que, pour trente appartements, il y a quarante domestiques. Où logent donc les dix domestiques qui ne trouvent pas place dans les chambres du sixième ?

Ce couloir large, c'est déjà du luxe, si l'on compare avec le couloir décrit par Anatole France : « un étroit corridor gluant, visqueux, aimé des araignées, où traînaient des odeurs lentes d'évier [10] ». Dans ce couloir sont installés un ou deux postes d'eau – pour trente, quarante ou quatre-vingts chambres! – et des cabinets d'aisances sordides, jamais nettoyés : « Il y a de quoi répandre la fièvre typhoïde dans la maison [11]. »

Entrer dans les chambres est d'une extrême facilité : soit les clefs sont toutes les mêmes, s'adaptent à toutes les serrures, soit les serrures et, à plus forte raison, les verrous particuliers ont été dévissés, arrachés. C'est là l'affirmation d'une personne chargée de réparer les immeubles, en 1905[12]. La question des clefs a-t-elle changé à la fin du XIXe siècle? Dans *Pot-Bouille*, en effet, les bonnes possédaient encore des clefs distinctes pour chaque chambre, et « toutes fermaient leurs portes à double tour, même pour aller simplement au bout du corridor, tellement elles craignaient entre elles d'être volées ».

Clefs ou pas, on entrait facilement chez les bonnes pour les voler, comme le prouve la lecture du répertoire de commissariat du quartier de la Madeleine pour l'année 1900. Sur 1 412 affaires répertoriées, les domestiques sont citées 60 fois. Et, presque dans la moitié des cas (28), elles le sont pour des vols dont elles ont été victimes. 16 fois, ces vols ont eu lieu dans leurs chambres du dernier étage, 1 fois dans une chambre au premier.

Les étages des domestiques sont mixtes dans tous les immeubles. Même dans l'hôtel particulier des d'Harcourt, rue de Constantine, construit de 1888 à 1890, l'étage du personnel, sous les toits, comprenait une dizaine de pièces « où coexistaient femmes de chambre, marmitons, valets de pied, le chef, le valet de chambre ». La cohabitation allait de soi, chez des maîtres pourtant très catholiques. La question de la séparation des sexes à l'étage des domestiques ne se posait pas dans la réalité, mais seulement dans les projets des moralistes. Nous verrons par la suite comment cette mixité du sixième était à l'origine de fantasmes des maîtres : ils prêtaient aux bonnes une vie sexuelle effrénée et imaginaient des orgies au-dessus de leurs têtes.

Les chambres

Surface. Ce sont souvent des cellules mansardées, on ne peut s'y tenir debout que sur un espace très restreint.

Donner de l'espace aux domestiques n'est pas rentable, maintenant que des sixièmes étages se louent jusqu'à 6 000 francs [13] ».

Aération. Les fenêtres, la plupart du temps, sont des « tabatières », c'est-à-dire des lucarnes pratiquées dans le toit, qui ne permettent pas une véritable aération de la pièce. L'exemple limite est donné par les docteurs Thierry et Graux : ils affirment avoir visité, au cours de leur enquête personnelle, une chambre de bonne habitée, 9, rue T. dans le Ier arrondissement, où il n'y avait ni fenêtre ni tabatière, mais seulement une cheminée d'aération [14].

Température.

> « Ce septième étage est inhumain, on pourrait dire meurtrier; il fait penser aux fameux plombs de Venise qui probablement valent mieux que nos mansardes. »
>
> Jules SIMON, *L'Ouvrière.*

Les parois des chambres du dernier étage sont très minces et n'isolent pas de l'extérieur. On y brûle en été, on y gèle en hiver. *La Fronde* du 26 juillet 1899 parle de la canicule à Paris (il fait 33°) et évoque les véritables « fours crématoires » que sont les chambres de bonnes. Mais le froid est plus pénible encore, comme l'écrit un domestique, en réponse à l'enquête de *L'Eclair*, en septembre 1904 : « Au point de vue de l'hygiène, ce qui manque principalement pour les femmes, c'est le chauffage, l'hiver. Peu de domestiques savent ce que c'est que d'avoir du feu dans leur chambre. Quand il gèle, on casse la glace du broc le matin, si l'on veut se nettoyer. » Il n'y a pas de cheminées dans les chambres du sixième. Pour se garantir du froid, les domestiques accumulent leurs jupons devant les fenêtres[15] ou collent du papier sur les fissures. Aucune ventilation ne se fait plus alors et l'insalubrité est totale.

Meubles. Un petit lit de fer, une table en bois blanc, une cuvette, un pot à eau, une chaise : tels sont les éléments de base d'une chambre de bonne. Mais la chambre peut servir de débarras aux maîtres, qui y déposent malles ou vieux objets. La chambre de la bonne est, en principe, indépendante; en réalité, cette dernière n'a pas toujours un espace à organiser comme elle l'entend.

La literie est souvent en très mauvais état. Elle n'est pas changée lorsque arrive une nouvelle domestique. Il peut se faire que les paillasses soient pleines de bêtes. Yvonne Cretté-Breton raconte comment, en 1911, elle était dévorée par des punaises et humiliée de cette situation.

Le sixième en question

> « Vous prenez, aux étages inférieurs, toutes vos précautions contre la peste; mais elle est là-haut; vous la portez inconsciemment sur vos épaules. »
> Jules SIMON,
> *Nouveau Texte sur le logement des domestiques.*

> « [...] ces colonies de punaises que les domestiques font [...] émigrer jusque dans les chambres des maîtres. »
> Jean BERTOT, architecte,
> lettre à *L'Eclair*, 21 septembre 1904.

Le sixième est dangereux! Alerte au sixième! Ce cri va trouver un écho dans l'opinion publique, surtout à la fin du XIXe siècle, obsédée par les questions d'hygiène. On traque les microbes, la tuberculose et la syphilis, et le dernier étage des immeubles est un des terrains où va se mener la bataille pour la propreté, la santé, la vertu – ces éléments sont d'ailleurs liés, comme le rappelle *L'Eclair* du 21 septembre 1904, à propos du sixième : est cité, à cette occasion, le précepte musulman : « La propreté est le commencement de la vertu. »

Le sixième est insalubre, c'est donc un repaire de choix pour la tuberculose, « maladie par excellence des domestiques[16] ». Le rapport du Syndicat national des employés gens de maison du 28 août 1908 parle d'« asphyxie lente » de la bonne. Au sixième étage, l'absence d'hygiène, de désinfection, de chauffage, provoque des maladies de poitrine et des anémies. Le rapport affirme qu'à Paris 80 p. 100 des bonnes sont atteintes de chlorose[17].

Pour dénoncer l'insalubrité des chambres de bonnes, les organisateurs de l'Exposition de la tuberculose (Genève, 1906) ont eu l'idée de montrer côte à côte deux chambres. L'une, chambre de domestique au sixième étage, dans le quartier des Champs-Elysées, aux murs recouverts de papier, contenait une carpette usée, un lit sale, des meubles boiteux et crasseux, des cuvettes ébréchées. L'autre était une cellule de la prison de Fresnes, récemment bâtie. Les murs étaient peints au ripolin; le lit et le sommier étaient aseptiques; la pièce s'aérait par une vaste fenêtre, et possédait l'électricité et le tout-à-l'égout : toutes choses inimaginables pour des chambres de domestiques.

Le sixième, un monde à découvrir

Le sixième est un monde à part, complètement coupé de celui des maîtres. Ceux-ci n'y vont jamais[18], à en juger par les instantes recommandations qu'adressent aux maîtresses de maison les manuels de conseils. On les supplie de visiter les chambres de leurs domestiques, et d'abord pour leur propre sécurité : « L'habitude de surveiller de temps en temps et par vous-même la tenue et la propreté de ces chambres est une des meilleures et des plus nécessaires que vous puissiez prendre. Non seulement elle fera partie de l'ordre que vous maintiendrez dans votre maison, mais par cette inspection inattendue vous pourrez peut-être découvrir quelques petites infidélités qui, sans elle, ne viendraient jamais à votre connaissance[19]. » La maîtresse de maison doit jouer les espionnes, ou presque, selon ce texte de 1821.

Un siècle plus tard, le rôle prescrit à la maîtresse de maison a changé : elle est chargée du contrôle de l'hygiène. Elle doit donner à ses domestiques une chambre « saine et claire [...] meublée d'un bon lit, d'une table [...] le tout très simple mais très propre et en parfait état. La maîtresse de maison doit souvent visiter la chambre de ses domestiques et exiger qu'elle soit bien tenue[20] ».

Jules Simon, dans son *Nouveau Texte sur le logement des domestiques*, condamne avec sévérité l'indifférence des maîtresses pour le logement de leurs servantes : « Parmi ces belles dames qui ont toutes leurs aises, il y en a qui sont dames de charité, et qui, chaque semaine, montent dans de tristes mansardes pour y porter des consolations et des aumônes. Elles vont chercher au loin des souffrances qu'elles ont sous la main et dont elles sont responsables. » Ainsi les maîtresses de maison calment-elles à bon marché leurs scrupules de conscience, en allant faire la charité chez des pauvres qui se situent hors de leur univers quotidien, des pauvres exotiques, en quelque sorte. Si elles reconnaissaient que les domestiques qui les servent chaque jour sont aussi mal loties, en ce qui concerne leurs chambres, que ces pauvres-là, l'ordre de leur monde basculerait. La proximité de la misère est toujours gênante.

La responsabilité des maîtres quant au logement de leurs domestiques, et donc quant à leur préservation physique et morale, est un thème de sermon pour un curé de paroisse bourgeoise. Le curé de Saint-Sulpice, l'abbé Létourneau, déclare : « Ce qui est inadmissible, c'est qu'un maître de maison nous réponde par l'odieuse parole de Caïn : " Est-ce que je suis le gardien de mon frère ? " » Et l'abbé Létourneau de faire appel au cœur des femmes de France [21].

Si les maîtres ne montent pas au sixième étage, celui-ci est, en revanche, fréquenté par tout un peuple spécifique, pittoresque, inquiétant aussi. Léon Frapié le décrit dans *La Figurante*[22]. Viennent au sixième étage des gens qui ont quelque chose à vendre ou à proposer aux domestiques, et d'abord les diseuses de bonne aventure et tireuses de cartes qui, aux prédictions d'avenir, associent d'autres activités plus louches. Mme Coquého, qui tire les cartes après dix heures aux étages des domestiques, est surnommée « la Providence des bonnes ». Elle vend des pilules de préservation contre la grossesse et joue le rôle d'entremetteuse : elle offre à Sulette de la placer chez un vieux monsieur, elle connaît les hôtels louches du Quartier latin...

Montent également au sixième des consultants pour maladies, procès, héritages; des marchands de parfumerie et de rubans, cols, cravates, et « articles spéciaux pour gens de maison » (des colporteurs livrent des modèles introuvables de souliers plats et de bonnets ronds) : puisque les domestiques n'ont pas le temps d'aller dans des boutiques, les marchands viennent à eux.

Fréquentent encore le sixième des marchands de culture, lecture, écriture et spectacles. Ils proposent aux domestiques des livres, des brochures – Frapié parle du succès des romans populaires et des « clefs des songes » – et du papier à lettres orné de fleurs et d'oiseaux coloriés. Des écrivains publics rédigent des compliments pour fêtes et Nouvel An. Des artistes débitent la « romance sentimentale » – paroles et musique, 10 sous. Ce ne sont pas des acteurs ambulants qui chantent aux terrasses des cafés, mais « le genre des artistes connus qui font des cachets dans les salons des millionnaires ». Parmi ces « comédiens ordinaires de la domesticité » se glissent des indicateurs de police.

Viennent enfin au sixième d'anciennes bonnes devenues filles galantes. Si elles sont tombées dans la misère, elles quémandent de la nourriture auprès de leurs camarades d'autrefois.

Mais, dans l'imagination des maîtres, les principaux visiteurs des bonnes sont des hommes.

La dépravation sexuelle et morale

> « L'odieux sixième, l'école d'immoralité où se dépravent la plupart des bonnes. »
> *Moniteur des gens de maison*,
> 15 août 1907, citant un article
> de Lucien Descaves dans *Le Journal*.

> « Le sixième, c'est le lieu où les consciences s'émoussent... »
> Henri JOLY, *La Crise de la domesticité*.

On vit au sixième dans la promiscuité. Chacun a beau disposer d'une chambre personnelle, il n'est pas, pour autant, isolé du monde extérieur. On entend, en effet, tout ce qui se passe dans les autres chambres, les ronflements, les rêves, les sanglots[23]... Les parois trop minces n'isolent ni de la chaleur, ni du froid, ni du bruit. Elles n'isolent pas non plus, à en croire certains, des regards. Les trous des serrures comme les trous pratiqués dans les cloisons servent de postes d'observation. Cusenier prétend même que, rue du Texel, les pierres du mur mitoyen entre deux immeubles ont été descellées au niveau du dernier étage.

Lieu de voyeurisme, le sixième est aussi un lieu de séduction. N'importe quel amateur de bonnes peut entrer dans une chambre et posséder celle qui y habite. On connaît Trublot, le jeune homme de *Pot-Bouille* qui n'aime que les servantes et va les attendre dans leur chambre. Mais, à la limite, le monsieur peut garder l'anonymat. Rosalie, qui occupe la pièce voisine de celle de Sulette, s'étonne que celle-ci soit encore vierge : « On monte dans sa chambre, on est tuée de fatigue, et triste! On se sent toute seule dans ce grand Paris. [...] On est couchée, si éreintée, si découragée. On pleure sur son oreiller. [...] Et tout d'un coup, qui est là? Quelqu'un vous écrase la figure de baisers [...]. »

Le docteur Commenge explique comment une servante se déprave au sixième étage. Les domestiques, hommes et femmes, se réunissent dans les chambres des uns ou des autres, afin de critiquer les maîtres. Une fois l'intimité créée, ils en viennent aux coucheries. La liaison dure peu. Un amant chasse l'autre. Les bonnes pensent enfin à gagner de l'argent par ce moyen. Elles arrondissent leurs gages en pratiquant la prostitution clandestine. Elles deviennent dangereuses, car elles risquent de transmettre la syphilis. Il leur est facile, affirme Commenge, de faire monter des hommes au sixième : il leur suffit de graisser la patte du concierge.

Il semble « impossible à une jeune fille, matériellement et moralement impossible, de rester honnête dans un pareil milieu [24] ». L'initiation au mal de la jeune bonne est non seulement d'ordre sexuel, mais aussi moral. C'est la leçon que veut donner Mme de Grandpré lorsqu'elle rapporte les confidences d'une jeune bonne incarcérée à Saint-Lazare. Catherine, dix-huit ans, pleurait un jour dans sa chambre du sixième. Une vieille cuisinière l'entend, vient la consoler et lui raconte quels « petits profits » elle peut réaliser aux dépens de ses maîtres. Le sixième est la première marche qui mène à la prison, puisque Catherine se retrouve un peu plus tard condamnée pour vol domestique [25].

Ce discours sur l'« école du vice » que représenterait le sixième étage est à remettre en cause. Car, comme les maîtres ne contrôlent pas ce qui se passe à l'étage des domestiques, celui-ci devient matière à fantasmes. Ils ne veulent pas voir la misère et fantasment la débauche. Ainsi Bouniceau-Gesmon dénonce-t-il en termes dramatiques la menace que fait peser le sixième sur la tête des maîtres : « Quel triste couronnement de ces somptueuses constructions de Paris que cette concentration de tous les vices d'une classe qui surplombent sur les égoïsmes des étages inférieurs de tout le poids des sourdes hostilités engendrées par l'envie et la haine sociale! »

Le thème des orgies du sixième est né de la terreur des maîtres devant ce domaine inconnu. Les domestiques déroberaient à leurs maîtres de quoi organiser des fêtes, ils se réuniraient chez les uns ou les autres pour manger, boire, singer les maîtres et potiner. Alphonse Daudet imagine une de ces soirées luxueuses, organisée par le valet de chambre du Nabab, M. Noël, dans les combles de la place Vendôme. M. Noël a envoyé à chaque participant une invitation officielle : « M. Noël pri M... de se rendre à sa soiré du 25 couran. On soupra[26]. » Le valet de chambre a bien fait les choses, il a pris modèle en tout sur les soirées de son maître. Un nègre en livrée attend les invités à l'entrée! Le repas est somptueux, la conversation roule sur les maîtres, on colporte sur eux des ragots. Les orgies du sixième se cimenteraient donc autour de la haine des maîtres, et la lutte des classes mènerait à la fornication... On va jusqu'à imaginer au sixième des scènes délirantes : « C'est écœurant, ce qui se passe là-haut à onze heures du soir! disait naguère le concierge d'un grand hôtel des Champs-Elysées. Parfois, je suis obligé de monter au corridor des mansardes, une cravache à la main, afin d'y faire la police comme dans un chenil. » Et le R. P. Dauphin, directeur de l'Œuvre de Saint-Raphaël, qui rapporte ce témoignage, ne doute pas un instant qu'il reflète la réalité, puisqu'il conclut : « Jetons un voile sur ces turpitudes[27]! »

Voici la réponse d'une domestique à ce mythe des orgies du sixième. Il s'agit d'une lettre signée L. Tiss, publiée par *L'Eclair* le 28 septembre 1904 : « Il faudrait en finir avec la légende des orgies du sixième. J'ai quarante-cinq ans : depuis l'âge de seize ans, je suis domestique sans avoir changé de place tous les six mois.

J'ai la prétention de connaître ce fameux sixième beaucoup mieux que M. Bertot (un architecte dont *L'Eclair* avait publié une lettre dans le cadre de l'enquête sur les domestiques). Je lui dirai qu'après quinze ou seize heures de présence dans l'appartement, alors que nous remontons dans nos petits trous du sixième, nous pensons davantage à nous reposer qu'à nous livrer à de folles orgies. » Une telle déclaration semble correspondre à ce qu'on peut savoir, par ailleurs, de l'existence des bonnes, mieux que les fantasmes de « folles orgies » que colportent certains maîtres.

Ce qui est sûr, c'est que la tragédie, au sixième, est moins celle de la dépravation que de la solitude. A l'appui de cette affirmation, nous citerons toutes les histoires d'accouchements suivis d'infanticides, vécus dans la solitude et la terreur par les jeunes bonnes. Celle d'Adèle, dans *Pot-Bouille*, les résume toutes – petite Bretonne ignorante de ce qui lui arrive, qui accouche seule dans une chambre où l'on gèle, avec l'angoisse constante de salir son lit ou d'être entendue –, mais on en trouvera d'autres au chapitre de la vie sexuelle des bonnes. Un autre exemple symbolique de cette solitude : Armandine est venue des environs d'Orléans vers l'âge de vingt ans, pour servir à Paris, avec la recommandation de ne pas fréquenter les autres domestiques, voleuses et coureuses. Au bout de quinze ans dans la capitale, elle ne connaît personne sauf ses maîtres. Elle s'est assimilée à eux au point de perdre sa personnalité. Annihilée et égarée, elle ne veut même pas sortir pendant son après-midi de congé. Quand elle quitte le sixième étage, au bout d'un quart d'heure, elle y rentre vite. Chaque dimanche après-midi, elle fait et défait sa malle, depuis quatorze ans. Les autres bonnes la regardent par le trou de la serrure[28].

Le logement de la bonne est, la plupart du temps, synonyme d'exclusion et de solitude misérable. Il est symbolique de la situation de la domestique par rapport à la famille qu'elle sert et à la société. Autre logement, autre sentiment. Ainsi Célestine est-elle émerveillée lorsqu'on lui donne une belle chambre à elle, au rez-de-chaussée de la maison que sa maîtresse a louée à Houlgate : « une chambre de maître tendue de claire cretonne », qui donne sur un petit jardin. Elle est émue et fière, se sent admise dans la famille et, du coup, mieux disposée envers les maîtres[29].

La « question du sixième » devant l'opinion publique

L'expression « question du sixième » est empruntée au journal *La Fronde*, qui, en juillet 1899, publie deux articles sous ce titre. A la fin du XIXe siècle et jusqu'à la guerre, la question du logement des domestiques est posée de manière constante devant l'opinion. Elle se place dans le cadre de la crise de la domesticité, de la bataille pour l'hygiène et de la moralisation des rôles sociaux. Le sixième est de moins en moins le lieu de la débauche des domestiques, de plus en plus celui où doit s'exercer, conjointement, la vigilance des maîtres, des propriétaires et des pouvoirs publics. L'accent est mis sur la responsabilité de ces détenteurs de l'autorité, alors qu'au cours du XIXe siècle il portait davantage sur les vices et l'immoralité des domestiques. Seules quelques personnes comme Jules Simon tenaient un autre langage.

La notion de responsabilité des maîtres et des propriétaires est mise en lumière dans des textes juridiques, tels ces attendus pris en 1905 par le juge de paix du VIe arrondissement : « Attendu qu'il est notoriété qu'à Paris c'est au dernier étage, où les jeunes filles de la campagne se couchent, qu'elles contractent parfois la tuberculose et parfois de pires maladies;

« Attendu que ces malheureuses, amenées à se placer comme domestiques, sont excusables; que leurs compagnes, qui les poussent à l'inconduite, le sont également jusqu'à un certain point;

« Attendu que sont responsables moralement les maîtres qui abandonnent hors du domicile familial des jeunes filles sans défense, les propriétaires qui distribuent leurs immeubles sans souci de la morale, uniquement par esprit de lucre;

« Attendu que, si parfois les maladies contagieuses descendent de la mansarde de ces taudis où sont entassées les malheureuses par les propriétaires rapaces qui tirent un plus grand revenu des bouges que des immeubles bien tenus, et pénètrent dans l'appartement des maîtres, les propriétaires peuvent et doivent se dire que c'est souvent par suite de leur insouciance coupable et de leur égoïsme, etc.[30] »

Si *La Fronde* évoque la question du logement des domestiques, c'est pour rendre compte de la Conférence féministe de Versailles en 1899. Mme Chalamel, au cours de cette conférence, a en effet dénoncé les conditions du « casernement domestique » comme défavorables à la santé et à la moralité des jeunes servantes. Il est du devoir des maîtresses de maison de se préoccuper de la santé physique et mentale de leurs domestiques : « Comparez la vigilance dont nous accablons nos filles et l'insouciance avec laquelle nous exposons aux pires tentations les jeunes filles du peuple, et convenez que, si nous sommes " mères " avec un peu trop d'insistance et d'inquiétude, nous ne sommes pas assez " matrones sociales ", emplois utiles qui restent à créer. » Et Mme Chalamel, comme autrefois Mmes Pariset et Celnart, de mettre en garde les maîtresses de maison : c'est de l'inconscience que de ne pas veiller sur ses servantes. Car le mal, physique ou moral, envahira un jour ou l'autre l'appartement des maîtres, apporté par celles-ci.

Le texte de Mme Chalamel sur la nécessité de la vigilance à l'égard des jeunes bonnes reprend un thème devenu lieu commun depuis longtemps. Le bourgeois du *Ménagier de Paris* recommandait à sa jeune femme une telle vigilance : « Les chambrières de quinze à vingt ans, pour ce que en tel âge elles sont sottes et n'ont guère vu du siècle, que vous les fassiez coucher près de vous en garde-robe ou chambre où il n'y ait lucarne ou fenestre basse, ne sur rue, et se couchent et se lièvent à votre heure[31]. »

Ce qui semble nouveau, dans la déclaration de Mme Chalamel, n'est donc pas son contenu, mais le terme de « matrones sociales » appliqué aux maîtresses de maison. En effet, au tournant du XIXe siècle est en train de se mettre en place un nouveau statut de la femme bourgeoise. Celle-ci devient un rouage essentiel de la société, puisque c'est la mère qui est chargée de faire fonctionner la cellule familiale, de la contrôler, de veiller à sa santé physique et morale. Fini le temps où la mère bourgeoise passait sa vie en mondanités frivoles, où elle déléguait le soin d'allaiter aux nourrices et d'éduquer aux domestiques, et où elle laissait celles-ci vivre comme elles l'entendaient, par indifférence. Est venu le temps de la mère responsable envers ses domestiques comme envers ses enfants, une mère sérieuse qui a un véritable travail à accomplir, pour le bien-être social et moral de la nation. Etre « matrone sociale », c'est avoir conscience de la dignité de sa mission et de l'intérêt pour la société tout entière de l'action qu'on mène.

En évoquant cette « question du sixième », *La Fronde* ouvre une polémique avec propositions et réponses :

1. Le 29 juin 1899, Louise Debor propose la suppression du sixième et la création de « homes » de servantes, sur le modèle des « homes » d'ouvrières. Les servantes y rentreraient le soir à heure fixe.

2. Le 15 juillet 1899, Claude Sénéchal répond à Louise Debor sur les « homes ». Ils seraient trop peu nombreux et disséminés, donc éloignés du lieu de travail des servantes. Celles-ci ne pourraient pas y rentrer pour se changer, au cours de la journée, par exemple. De plus, elles traîneraient dans la rue, ce qui n'est pas souhaitable.

Claude Sénéchal propose une amélioration du sixième étage sur le plan sanitaire, et la création de cercles pour l'amélioration morale des servantes. Ces cercles leur offriraient des journaux, des jeux, des séances de chant, et des salles de bains-douches. Ce dernier élément mis à part, ces cercles ressemblent comme des frères à des salles de patronage.

3. L'autre suggestion de *La Fronde* consiste à loger les servantes dans l'appartement des maîtres. On a vu plus haut la réponse de Mme Caro-Delvaille : il faut d'abord apprendre aux servantes à se laver. De son côté, Marguerite Durand prend parti contre cette solution : la cohabitation est trop difficile[32].

L'argumentation autour de la question du sixième, on va la retrouver jusqu'à la guerre, nous y reviendrons. Voyons d'abord ce qui a été fait sur le plan législatif, au début du XXe siècle, pour essayer d'améliorer les conditions de logement au sixième.

La question du sixième et la législation

Trois textes législatifs obligent les propriétaires à assurer à toutes les personnes qui logent chez eux un minimum de salubrité : la loi du 15 février 1902, relative à la protection de la santé publique, précisée par la loi du 7 avril 1903, relative à l'application à la ville de Paris et au département de la Seine de la loi du 15 février 1902; pour Paris, plus précisément, l'arrêté du 22 juin 1904.

Voici ce que dit l'arrêté du 22 juin 1904, « Règlement sanitaire de la ville de Paris. Pièces destinées à l'habitation », sur le sixième étage :

Article 34 : « A l'étage le plus élevé de la construction, le sol de toute pièce pouvant servir à l'habitation de jour et de nuit aura une surface minimum de huit mètres. Cette surface sera mesurée à un mètre trente de hauteur du sol, sans que le cubage de la pièce puisse être inférieur à vingt mètres cubes.

« Chaque pièce sera munie d'un tuyau de fumée et sera aérée directement par une ou plusieurs baies dont l'ensemble devra présenter une section totale au moins égale au huitième du sol de ladite pièce.

« Toute partie lambrissée sera disposée de façon à

défendre l'habitation contre les variations de la température extérieure. »

Voilà qui devrait donner des chambre de bonnes d'une dimension décente, bien aérées et mieux isolées. Mais les textes législatifs sont lents à prendre effet dans la réalité. Ainsi, le 27 mars 1906, M. Emile Massard dépose devant le conseil municipal de Paris une « Proposition relative à l'hygiène et au travail des gens de maison ». Cette proposition fait suite à une pétition adressée au conseil de Paris par le syndicat « La Protectrice des gens de maison ». M. Massard résume ce que contenait la pétition sur la question du logement : « Rien n'a été fait pour améliorer la bonne tenue, la salubrité et l'hygiène des locaux de travail et des logements particuliers des serviteurs. Ils demandent la formation d'une commission de contrôle, composée de propriétaires, de médecins, d'architectes, qui serait chargée de surveiller l'application des lois en vigueur concernant la santé publique, et cela aussi bien dans l'intérêt des maîtres que dans celui des ouvriers et des employés. » Puis M. Massard soumet au conseil les projets suivants : que le bureau d'Hygiène et d'Assainissement soit chargé d'inspecter les locaux réservés aux grandes maisons : offices, cuisines, logements; que l'administration appelle l'attention du ministre du Commerce sur les conditions du logement des gens de maison.

En mars 1912, autre rapport sur les logements des domestiques, par M. Charles Guillard, au nom de la sixième commission du conseil de Paris. Il demande l'application des lois de 1902 et 1903 : « L'administration est invitée à interdire l'habitation, en vertu de la loi de 1902 sur la santé publique, de toutes pièces non éclairées et aérées par une fenêtre, à proscrire les lucarnes dans les chambres à coucher situées sous les combles ou ailleurs, et à faire appliquer rigoureusement tous les règlements d'hygiène aux logements occupés par les concierges, domestiques et employés couchés. »

Au cours des dix années qui séparent le vote des lois de la guerre, on parle partout de la « question du sixième ». Dans la presse d'abord. *L'Eclair*, dans son enquête sur les domestiques, en 1904, pose une question sur le logement. La réponse des gens de maison est unanime : « Nos chambres sont inhabitables. » Les bulletins syndicaux, *Le Moniteur des gens de maison*, en 1907, *Le Réveil des gens de maison*, en 1908, *Le Serviteur*, en 1910, reviennent sur la question. Il est intéressant de noter avec quel retard le *Journal des gens de maison*, qui paraît pourtant depuis 1891 et prétend défendre les intérêts corporatifs, aborde le problème du logement. Ce n'est que le 8 janvier 1907 que Gaston Picard lui consacre un éditorial. Il ne peut plus guère se taire, maintenant que le sixième est quasiment tombé dans le domaine public. Il fait appel aux moralistes et aux hygiénistes, à défaut des politiciens, qu'il accuse de ne s'occuper des gens de maison qu'en période électorale. A son tour de reprendre le flambeau de l'indignation qu'il n'avait pas brandi avant, sans doute de peur de mécontenter ses lecteurs maîtres de maison : « Ah! s'ils connaissaient bien les combles de ces somptueux immeubles parisiens où les architectes et les propriétaires semblent s'ingénier à vouloir faire périr les nôtres; s'ils connaissaient la honteuse promiscuité de ces mansardes abhorrées, ils y trouveraient l'explication des ravages révélés par les statistiques sur la tuberculose, dans les quartiers riches, et la raison de la démoralisation que l'on reproche à tant de pauvres filles! »

Une revue aussi conservatrice que *Le Correspondant* publie, en 1908, un roman sur le scandale que représente l'indifférence des maîtres à l'égard du logement des domestiques, *La Maison neuve*[33]. Cette « maison neuve » est un immeuble de rapport que se sont fait construire des bourgeois parisiens, les Poulain. Ils y habiteront un bel appartement, et leur fille unique y aura une grande chambre luxueuse. Le neveu des Poulain joue les trouble-fête, en comparant les logements réservés aux maîtres et ceux du sixième. L'histoire se termine tragiquement : la bonne des Poulain, au sixième, a attrapé la tuberculose et a contaminé la fille de la maison, qui en meurt. Roger, le neveu, tire la morale de l'affaire : les Poulain, toujours inconscients de leurs responsabilités, n'ont rien changé à l'état du sixième dans leur immeuble alors que lui-même voit comme seule solution la démolition de cette construction insalubre.

À côté de ce genre de récit symbolique et moralisant, on trouve, dans la presse, des réalisations plus concrètes. C'est ainsi que la Ligue sociale d'acheteurs lance une enquête, en 1908, sur le sixième. La Direction du travail lui a donné l'idée de dresser une liste des immeubles où les chambres de domestiques sont acceptables. Elle envoie à ses adhérents de petits tracts pour les mettre en garde : « Ne louez pas un appartement qui ne réunisse pas la triple condition : aération, lumière, chauffage. »

La question du sixième est évoquée ensuite lors de congrès ou conférences. Au Congrès des bonnes à tout faire, à Copenhague, en 1907 ; puis au Congrès national des droits civils et du suffrage des femmes, à Paris, en juin 1908. Mme Vincent présente, une fois de plus, un rapport intitulé *Le Travail des bonnes*. Le quatrième vœu de ce rapport est : « Que tout employeur soit tenu d'affecter une chambre ou un cabinet suffisamment aéré pour le coucher de chaque domestique. » Enfin, dans le cadre de la lutte contre la tuberculose, en 1911, Mmes Juillerat et Georges-Renard, au cours de conférences, dénoncent le sixième comme foyer d'infection.

Des travaux de médecins et d'hygiénistes, comme ceux de Paul Juillerat[34] et des docteurs Thierry et Graux, se préoccupent de façon précise de ce qu'est et ce que devrait être le logement des domestiques. Il faudrait d'abord changer l'image de marque du dernier étage des immeubles, faire de celui-ci le plus recherché, avec une large vue et des terrasses. Est donnée en exemple une initiative de jeunes architectes qui, rue Franklin, ont construit un immeuble de dix étages avec terrasses. Il faudrait ensuite équiper le sixième d'installations communes; on va même jusqu'à envisager l'installation d'une salle de bain pour l'étage, avec eau chaude et eau froide. Les chambres devraient être éclairées par des fenêtres, chauffées, faciles à nettoyer (peinture lavable, carrelage, sommier métallique). Ces évocations, en France, dans les premières années du siècle, semblent relever de l'utopie. Mais, chez nos voisins suisses, il paraît qu'on trouvait en 1912 des installations de ce genre : Augusta Moll-Weiss affirme en avoir fait la découverte au cours d'un voyage. Est-ce dû seulement à la légendaire propreté suisse ?

En 1927, Moll-Weiss signale les progrès réalisés dans l'agencement du sixième étage. Elle fait part des tentatives de certains architectes sociaux pour modifier la conception des immeubles. MM. Charlet et Agache, par exemple, comprennent dans les plans d'immeubles qu'ils construisent, à l'étage des maîtres et de l'autre côté de l'escalier des domestiques, une ou deux chambres qui sont destinées à ceux-ci, chauffées, avec eau chaude et eau froide. Des bains-douches au sous-sol de l'immeuble sont installés pour les employés de maison. Mais la réalisation de ces projets n'est pas allée bien loin, comme nous le prouve encore la fréquentation des immeubles parisiens.

DEUXIÈME PARTIE

L'ESPACE IMAGINAIRE ET LES CODES

CHAPITRE PREMIER

MARTHE/MARIE-MADELEINE

La domestique qui entre en place n'a pas seulement à s'insérer dans une réalité concrète. Gages, tâches, conditions de travail et de logement ne sont qu'un aspect de la situation qui lui est faite. Aussi importante est celle qu'elle occupe dans l'imaginaire des maîtres. L'existence de la domestique est toute chargée des images d'elle-même que lui impose le monde bourgeois. Il me semble essentiel de tenter de cerner ces images, tant il est vrai que l'aliénation de la bonne ne se trouve pas seulement dans ses quinze heures de travail quotidien. Cette aliénation est redoublée par tous les fantasmes contradictoires qui s'accrochent à son corps.

Le vécu de la bonne, c'est aussi l'imaginaire bourgeois. On peut le saisir en analysant les discours dont elle est l'objet. Ils mettent en scène des servantes qui ne sont pas spécifiquement parisiennes, mais il est évident que la situation de la bonne dans l'imaginaire bourgeois excède les limites géographiques de notre sujet. On voit, à travers ces textes, se déployer un espace structuré par un rapport chrétien au sacrifice et à la chair.

LA VOCATION AU DÉVOUEMENT

La servante chrétienne

Tous les manuels d'inspiration religieuse qui parlent de la condition de la servante se réfèrent au texte de la *Première Epître de saint Pierre* qui propose aux domestiques l'idéal de la sainteté. Ce texte définit les obligations des chrétiens, parmi les païens, à l'égard des autorités, envers les maîtres exigeants enfin : « Vous, les domestiques, soyez soumis à vos maîtres avec une profonde crainte, non seulement aux bons et aux bienveillants mais aussi aux difficiles. Car c'est une grâce que de supporter, par égard pour Dieu, des peines que l'on souffre injustement. Quelle gloire, en effet, à supporter les coups si vous avez commis une faute ? Mais, si, faisant le bien, vous supportez la souffrance, c'est une grâce auprès de Dieu. Or c'est à cela que vous avez été appelés, car le Christ aussi a souffert pour vous, vous laissant un modèle afin que vous suiviez ses traces[1][...] »

A partir de ces lignes va se développer le thème de la rédemption du domestique par la souffrance, de sa vocation christique, qui connaît tant de succès dans le discours du XIXe siècle. Remarquons tout de suite que, si l'*Epître de saint Pierre* parle des serviteurs en général, sans distinction de sexe, c'est à la seule servante que le XIXe siècle réserve la vocation christique. Sans doute celle-ci, comme les travaux ménagers, semble-t-elle plus appropriée à la « nature » féminine qu'à la masculine ? La citation biblique, un peu austère, est illustrée, dans les manuels religieux à l'usage des domestiques, par des récits de vies exemplaires : vies de servantes parfaites comme sainte Blandine, sainte Rose de Lima, sainte Chrétienne, Marie Dias, Armelle Nicolas « la bonne Armelle », etc.[2].

La plus célèbre de ces servantes parfaites est la

patronne des servantes et ouvrières, « de toutes personnes en service et des filles de maison », sainte Zite. Zite vivait au XIIIe siècle, en Lombardie. Fille de paysans pauvres, elle entre à douze ans en service chez un bourgeois de Lucques. Elle passe sa vie à travailler et prier, avec un zèle égal, car les deux choses sont aussi agréables à Dieu. Une dévotion fainéante, dit Zite, est une fausse dévotion. Les autres domestiques se moquent d'elle, qui fait toujours son travail avant même qu'on le lui ait demandé, mais elle supporte les moqueries mieux que les louanges car elle aime les humiliations. Sa vertu oblige Dieu au miracle. Un matin, elle s'oublie dans ses prières et trouve le pain déjà pétri de la main de Dieu...

Dans cette *Vie de sainte Zite*[3] est intéressante la liaison intime établie entre le dévouement absolu aux maîtres et le dévouement absolu à Dieu, entre le travail domestique et la rédemption[4]. La relation entre ces notions est mise en évidence dans les résolutions qu'en guise de conclusion l'auteur du récit conseille aux servantes de prendre : être en état de grâce est suivi par « considérer souvent Dieu lui-même dans la personne de vos maîtres ». Faire des maîtres les représentants de Dieu sur terre c'est légitimer leur autorité pour asseoir le système de valeurs qu'on imposera aux domestiques – obéissance, respect, dévouement –, c'est donc renforcer l'ordre social.

La littérature à l'usage des domestiques justifie le bien-fondé de l'ordre social à l'aide du raisonnement classique : Dieu a voulu les inégalités[5], mais il les a voulues pour le bien des plus déshérités, car les derniers sur la terre seront les premiers au paradis. Plutôt que d'inégalités, on parlera pudiquement de répartition des rôles. Il importe que chacun reste au poste où l'a placé le créateur : « Ne murmurez pas contre vos maîtres, car c'est Dieu qui les a placés pour vous commander[6][...] »

Notions religieuses, morales et sociales sont habilement mêlées pour prouver le bien-fondé de l'inégalité.

Ainsi les trois premiers chapitres du *Livre d'or des domestiques*[7] sont-ils un modèle du genre. Le premier s'intitule « Grandeur et Importance d'une domestique chrétienne » et rappelle que les premiers des serviteurs ont été le Christ et la Vierge Marie, exemples glorieux s'il en est. Le second chapitre, dont le titre est « Objections », fait parler les servantes en termes concrets de leur situation dans la société. Elles se plaignent d'être méprisées, de travailler beaucoup pour un maigre salaire. Loin de nier ces réalités matérielles, non seulement on reconnaît que les servantes ont raison de se plaindre de leur pénible condition, mais en plus on attribue à leur peine même un pouvoir fécond. En effet, Dieu passant par là va retourner la situation comme un gant, faire de la pauvre servante la plus glorieuse[8] et alléger ses fatigues quotidiennes. Il n'est pas dit qu'il augmentera par surcroît ses gages, puisque, ses véritables gages, elle les touchera au ciel, temple de la justice et récompense des déshérités. Voilà donc mise en place la référence religieuse et écartées les objections matérielles.

Le troisième chapitre définit le rôle social de la domestique, et pour cela cite la célèbre fable du corps et des membres, apologue dont Agrippa avait déjà fait bon usage pour ramener dans la cité la plèbe romaine qui avait fait sécession. Le corps humain n'est fort qu'à condition que tous les membres s'accordent entre eux, sinon il est livré à l'anarchie. De même, la famille est un « corps moral », où les maîtres représentent la tête, la bouche, les yeux, les enfants, les oreilles et les pieds, les domestiques, les mains. Si chaque membre du « corps moral » remplit la fonction à laquelle il est destiné, l'harmonie règne dans la famille; dans le cas contraire, celle-ci est plongée dans le désordre pour le malheur de tous.

En acceptant donc de jouer le rôle des mains, la servante garantit l'ordre familial et social et assure, par la même occasion, son propre salut. D'après le *Livre d'or des domestiques*, la servante serait l'agent exécutant de la maison. Cette démonstration physiologique de l'existence nécessaire du domestique, on la retrouve, sous la plume d'un médecin, dans l'enquête de *L'Union pour l'action morale* (1ᵉʳ novembre 1899). Le docteur Nicati écrit : « Maîtres et serviteurs, unis dans l'organisme d'une même maison, ont chacun leurs fonctions dans cet organisme. » Il rappelle que l'organisme a besoin de trois cellules : nerveuse, épidermique et rénale, sans toutefois préciser quels membres de la maison représente chacune des trois cellules. Mais l'équivalence que ce médecin affecte à la domesticité est, de manière évidente, la cellule rénale. Le domestique a une fonction d'évacuation dans le corps familial, et l'on voit, à partir d'images de ce genre, apparaître la connotation de souillure que portera si souvent le corps de la bonne, et dont nous reparlerons.

Sûre d'être à la place qui lui convient et dans la main du Seigneur, la servante mène une vie réglée. Elle prend le train de sa journée et s'arrête aux stations repas, travail, piété, etc. Le chemin de croix, auquel nous fait penser l'image du train et des stations développées dans le *Livre d'or des domestiques*, est en réalité fort loin. Sur le chemin de la servante, pas de couronne d'épines, mais la douceur de la méditation et de la confession. Arriver à méditer après – ou pendant – ses quinze heures quotidiennes de travail, quel tour de force est plus impressionnant ? Il est intéressant, dans les livres d'inspiration religieuse à l'usage des domestiques, d'observer la façon dont s'entrecroisent conseils moraux et recommandations d'ordre concret. Le souci moral ou religieux s'accommode obligatoirement des nécessités de l'emploi du temps.

Ainsi l'abbé Ozanam, dans le *Manuel des pieuses domestiques*[9], note-t-il que, si la domestique doit chercher à communier souvent, il n'est pas nécessaire, en revanche, qu'elle reste longtemps à l'église après cette communion :

« Après avoir passé un petit quart d'heure, si elle le peut, dans un profond recueillement, elle retournera promptement et avec joie à son ouvrage, pour témoigner à Dieu sa reconnaissance. » C'est faire d'une pierre deux coups : Dieu est satisfait, et le maître également, puisque la servante a plus de cœur à l'ouvrage. Quant à la domestique, elle ne peut qu'être reconnaissante à l'un et à l'autre et se conduire de manière à « mieux faire la volonté de Dieu en faisant celle des maîtres ». Le sacrement apparaît donc ici comme au service de l'autorité du maître.

Autre démarche casuistique par excellence de l'abbé Ozanam : il veut effacer les idées d'inégalité et d'injustice que pourraient nourrir les domestiques, et, pour cela, s'attache à leur prouver que les situations ne sont pas aussi simples qu'elles le croient. S'imaginent-elles que leur travail est plus dur que celui de leur maître? Quelle erreur! Car « les travaux de l'intelligence usent l'homme et le vieillissent bien plus vite que ceux qui n'exercent que les forces du corps ». Le maître, « cloué à son bureau », s'épuise ainsi à lire et écrire, la maîtresse à éduquer les enfants et... à surveiller les serviteurs. Chacun a sa croix à porter, et les domestiques n'avaient pas pensé à cela[10]!

D'un côté, on affecte d'un coefficient négatif l'existence des maîtres : ils connaissent des peines, malgré leurs richesses; c'est une occasion, pour la domestique, d'acquérir le sens de la relativité et de se faire une philosophie sur « la vanité des choses d'ici-bas[11] ». De l'autre côté, on donne à la vie de la domestique une dimension positive. Elle n'est pas libre? accablée de travail? Qu'elle en remercie le Ciel, car l'oisiveté est le pire des vices, la porte ouverte à tous les péchés[12]. Elle se sent humiliée? Elle devrait, au contraire, être heureuse de voir son amour-propre écrasé, tant il est vrai que l'orgueil peut perdre une âme. Ainsi, son existence qu'elle juge misérable est en fait, pour la bonne, un terrain idéal de sainteté. Comme elle a déjà renoncé à tout – liberté, richesse, gloire –, elle peut consacrer son énergie à déployer des trésors de vertu et gagner son paradis[13].

L'exaltation du dévouement absolu de la servante repose sur la mythologie chrétienne. On l'appelle couramment « une petite Marthe », en référence à saint Luc. A partir de là, s'est développé tout un discours sur la servante, que ce soit dans la littérature pratique, comme on vient de le voir, ou dans la littérature de fiction. On assiste à la formation d'un type exemplaire de servante, incarnation du dévouement et d'une véritable vocation à la servitude. Dans la mesure où le mythe de la vertu et de la sainteté représente le meilleur quadrillage possible de la conscience des domestiques, il est important de regarder de près les exemples de perfection qu'on leur propose. Les types littéraires vont très rapidement jouer comme références et prendre valeur de modèles. La Geneviève de Lamartine, héroïne du roman qui porte son nom[14], occupe, parmi ceux-ci, une place très importante.

Geneviève

Tout au long de son existence, elle accumule malheurs et frustrations. Toute jeune, elle perd sa mère, après une longue maladie, pendant laquelle elle a dû tenir le rôle de servante responsable de la conduite de la maison. Geneviève est donc, au départ, définie comme au service des autres. Très tôt, elle s'habitue à leur sacrifier son bonheur. Elle sacrifie ensuite son mariage au désir égoïste qu'a sa petite sœur Josette de la garder auprès d'elle. Cette sœur chérie épouse en secret un jeune maréchal; lorsqu'elle apprend la mort de celui-ci, elle accouche prématurément d'un enfant dont elle avait caché l'existence à sa sœur. Geneviève est effondrée à la découverte de cette trahison. Elle confie le nouveau-né à une sage-femme discrète, pour qu'elle le dépose à l'hospice. La sage-femme est arrêtée, Josette meurt, et Geneviève, pleine de remords à l'égard de la sage-femme, s'accuse de l'abandon de l'enfant, comme si elle en était la mère; elle prend sa place en prison. Rentrée dans son village, elle est mise en quarantaine, mais elle se laisse injurier : elle tient pour rien son honneur, pourvu que celui de sa sœur morte reste intact. Elle quitte le pays et se place comme servante. Et, comme si son destin était de perdre tout ce à quoi elle a pu s'attacher, ses parents, son fiancé, sa sœur, son bonheur et son honneur, elle voit un soir un homme égorger l'agneau qu'elle aimait, seule créature qui lui ait manifesté un peu de tendresse. Les maîtres ont ordonné ce meurtre car l'agneau avait dérobé un peu de lait dans l'étable. L'agneau, c'est évidemment la métaphore de Geneviève elle-même, sans défense et sacrifiée, figure christique par exellence.

Geneviève poursuit son chemin de croix. A l'hôpital de Lyon où on la soigne, on lui vole toutes ses économies, et elle se retrouve seule sur les grands chemins, sans travail, vivant de charité. La neige l'oblige à se réfugier dans une étable : c'est celle de son ancien fiancé et de sa femme. Elle devient servante chez eux, dans une maison « où elle aurait dû être la maîtresse ». Mais, au bout de trois ans, toute la famille meurt emportée par une épidémie. C'est alors que Geneviève entre, sans gages, au service du nouveau curé, Jocelyn. Après la mort de Jocelyn, les gens du village retiennent Geneviève et lui construisent une maison à elle, où elle accueille les malades de la paroisse qui n'ont personne pour les soigner. Elle dit son bonheur au narrateur, ami de Jocelyn, venu lui rendre visite : « Je ne suis plus la servante de personne mais je suis la servante de tous ceux qui n'en ont point. » Elle n'est donc plus une servante particulière, elle incarne l'essence même du servir.

Comme point final à cette histoire exemplaire, Lamartine fait retrouver à Geneviève l'enfant de sa sœur, mais, au lieu de remplacer sa mère, comme elle l'aurait désiré,

Geneviève se sacrifie une ultime fois. Elle demande seulement aux parents adoptifs de l'enfant de la prendre comme servante chez eux jusqu'à sa mort. Destin d'une cohérence absolue, image parfaite de la servante dépouillée de tout, entièrement dédiée aux autres et, à travers les autres, à Dieu. Destin résumé dans la « Prière de la servante », que Geneviève montre au narrateur : « Nous sommes de toutes les familles, et toutes les familles peuvent nous rejeter, nous élevons les enfants comme s'ils étaient à nous, et, quand nous les avons élevés, ils ne nous reconnaissent plus pour leurs mères; nous épargnons le bien des maîtres, et le bien que nous leur avons épargné s'en va à d'autres qu'à nous! [...] Parentes sans parenté, familières sans famille, filles sans mère, mères sans enfants, cœurs qui se donnent sans être reçus : voilà le sort des servantes devant vous! »

Geneviève, archétype de l'oblation de soi-même, Lamartine explique, dans l'introduction du livre, qu'il l'a créée sur la demande d'une domestique devenue couturière, Reine Garde. Celle-ci est venue le voir; elle aime la poésie mais se plaint de ne pas trouver de livres faits pour elle : « Ah! quand viendra donc une bibliothèque des pauvres gens? Qui est-ce qui nous fera la charité d'un livre? » Lamartine, obsédé par la question de l'instruction du peuple, décide d'écrire un livre à lui destiné.

Quand on connaît le but pédagogique de cette fiction, on apprécie doublement le personnage de Geneviève. Geneviève est une servante racontée aux servantes, pour leur donner une certaine image d'elles-mêmes. Culture et édification marchent ici de pair, et l'on sait le poids des archétypes à la Geneviève sur l'inconscient des générations. Car, s'il est vrai que l'archétype est né des préoccupations d'un homme et d'une époque, il contribue à prolonger dans les générations suivantes une certaine vision des choses, alors même que la situation de laquelle il est issu a évolué. En effet, l'idéal de dévouement qu'incarne le personnage de Geneviève va être exalté pendant plus d'un demi-siècle, et pourtant la notion de dévouement pendant ce temps-là s'est déplacée et ne correspond plus à ce qu'elle représentait pour Lamartine.

Si Lamartine magnifie l'action de servir, le dévouement, la fidélité, c'est qu'il croit ces valeurs utiles au peuple, formatrices, et qu'elles ont, pour lui, leur fondement dans une transcendance. Il ne cautionne pas pour autant l'ordre social. D'ailleurs la passion de dévouement qui anime Geneviève ne s'arrête nulle part, au service d'aucun maître précisément. Lamartine ne privilégie pas la relation maître-servante, et ne justifie pas le bien-fondé de la servitude à l'aide d'exemples évangéliques. Il illustre véritablement les valeurs évangéliques : bonté, charité, humilité, oubli de soi, don de soi aux autres. Le personnage de Geneviève peut reprendre à son compte la déclaration de la Vierge à l'ange : « Je suis la servante du Seigneur », il ne tire son sens que de cette référence constante à Dieu.

Félicité

La notion de dévouement peut devenir tout à fait caricaturale si disparaissent les références aux valeurs évangéliques, ou si elles sont tournées en dérision. C'est ce qui arrive avec le personnage de Félicité d'*Un cœur simple*[15]. Comme Geneviève, Félicité manifeste une bonté universelle. Comme elle encore, elle est condamnée à perdre ceux qu'elle aime, jusqu'aux animaux : Théodore, le jeune homme qui l'a trahie, Virginie Aubain, la fille de sa maîtresse, son neveu Victor, le père Colmiche, vieillard qu'elle a soigné, Loulou, le perroquet devenu son compagnon, enfin sa maîtresse elle-même. Mais les dépouillements successifs qu'elle subit, ses souffrances ne magnifient pas Félicité. Pas de rédemption pour elle. Son existence est évoquée en termes de dérision. Sa rage de dévouement est pitoyable, puisqu'elle ne trouve pas assez d'objets sur lesquels se déverser : elle donne à boire aux soldats qui passent, soigne des cholériques, protège les Polonais, s'occupe du père Colmiche, avant de se fixer sur le perroquet, ridicule exutoire à sa passion. Elle se laisse exploiter par les gens pour qui elle se prend d'affection : une femme de pêcheur à Trouville à qui elle offre des cadeaux, Victor, chargé par ses parents de tirer d'elle quelque chose. Le destin lui joue des tours : quand son neveu s'embarque comme mousse au long cours, elle veut aller lui dire au revoir mais ne le trouve qu'au moment où le paquebot s'en va.

Tou est rétréci dans cette vie de servante fidèle. La banalité en est désespérante, les événements, alignés, aplatis, se fondent dans une uniformité scandée par des indications de durée : « des années passent ». Dans ce contexte, révoltes et désespoirs ne peuvent prendre d'ampleur, s'éteignent d'eux-mêmes. Mme Aubain fait un jour cruellement sentir à Félicité leur différence de classe. Elle attend des nouvelles de sa fille, et quand la domestique ose rappeler qu'elle aussi est sans nouvelles de son neveu la maîtresse hausse les épaules, « ce qui voulait dire : " Je n'y pensais pas !... Au surplus, je m'en moque ! un mousse, un gueux, belle affaire !... tandis que ma fille " ». Flaubert ajoute en commentaire : Félicité « fut indignée contre Madame puis oublia ». La révolte ne sied pas à Félicité, mais bien plutôt la fidélité d'un animal domestique. Après la mort de Virginie Aubain, maîtresse et servante se retrouvent un jour devant le placard de la jeune fille, pleurent ensemble et s'étreignent. Félicité est reconnaissante à Mme Aubain pour ce « baiser qui les égalisait » et « désormais la chérit avec un dévouement bestial et une vénération religieuse ».

Le désespoir de Félicité, comme sa révolte, est toujours retenu par la régularité quasi automatique que sa fonction a imprimée en elle. Lorsqu'elle apprend la mort de son neveu, elle contient sa douleur jusqu'au soir et va rincer sa lessive tout de même. Après la mort de Virginie, alors que Mme Aubain perd la tête, c'est Félicité qui va chaque jour au cimetière et s'occupe des fleurs. Félicité est une femme d'ordre et de résignation, et la mort de sa maîtresse, survenue avant la sienne, la bouleverse : « Cela troublait ses idées, lui semblait contraire à l'ordre des choses. » Elle reste, tel un chien fidèle, dans la maison des Aubain, et n'ose jamais demander au fils et à la bru, même quand il pleut dans son lit, de faire réparer la toiture. Elle préfère attraper une pneumonie et mourir, quasiment soulagée d'entendre le verdict du médecin : « Ah! comme Madame. » L'ordre des choses est rétabli.

Le « dévouement bestial » et la « vénération religieuse » dont Félicité gratifie sa maîtresse se retrouvent dans son attachement grotesque et pathétique pour son perroquet. Son besoin d'aimer et de se consacrer à quelqu'un se cristallise autour de cet oiseau, d'abord vivant puis empaillé. La transcendance, qui justifiait chez Lamartine l'amour et le dévouement, n'est plus ici qu'un code fossilisé. Le Saint-Esprit est à l'image du perroquet empaillé, il n'est plus qu'une caricature. Puisque l'esprit n'est plus vivant, seule subsiste la lettre, dévouement de principe que le manque de référence transcendante rend dérisoire. Le code répète, comme le perroquet, mais il est vide de toute signification. L'idéal de dévouement proposé aux servantes trouvait son fondement dans l'existence de Dieu, le maître étant le représentant de Dieu sur terre. Cet idéal perd son sens du jour où Dieu n'est plus qu'un oiseau empaillé, mais il ne s'éteint pas pour autant.

Bécassine

Le stéréotype de la domestique parfaitement dévouée connaît son dernier avatar dans le personnage de Bécassine. Les aventures de Bécassine commencent à paraître en 1906 dans *La Semaine de Suzette*. Le premier album, *L'Enfance de Bécassine*[16], est édité en 1913, suivi par de nombreux autres. La collection, qui a connu un énorme succès, se poursuit encore de nos jours. C'est dire l'importance du personnage de Bécassine.

Celle-ci s'appelle en réalité Anaïk Labornez, est originaire de Clocher-les-Bécasses. La sottise native de Bécassine ne s'inscrit pas seulement dans ces noms mais aussi dans son apparence physique. Elle n'a pas de nez, ce qui signifie qu'elle est la plus sotte et la plus naïve. Mais, très jeune, elle fait preuve de deux qualités essentielles à sa fonction future : grande bonté et amour de l'ordre[17]. Si la sottise de Bécassine est légendaire, son dévouement pour sa maîtresse, la marquise de Grand-Air, ne l'est pas moins. On peut même parler, à propos de Bécassine, d'une physiologie du dévouement bête. M. Proey-Minans, ami de Mme de Grand-Air, passionné de phrénologie, demande à Bécassine de lui laisser palper sa tête, et il commente, en tâtant les différentes bosses : « Parfait! : voici la bonté, le dévouement, la simplicité d'esprit... quel document pour l'ouvrage que je prépare[18]! » Quelle stupeur lorsqu'il découvre sur la tête de la servante la « bosse de la férocité »! Heureusement, ce n'était qu'un bigoudi...

La sottise de Bécassine[19] consiste avant tout à prendre au pied de la lettre ce qu'elle entend dire. Le neveu de la marquise part se battre et parle à Bécassine de « tomber sur le front »; cette dernière lui fait cadeau du bourrelet qu'on lui mettait quand elle était petite, pour qu'elle ne se fasse pas mal si elle tombait. Comme elle a lu dans un journal des histoires de « sous-marins boches », elle en voit partout et prend pour des périscopes les flotteurs des filets de pêche, pour un sous-marin un paquet d'algues entortillées autour de sa jambe, ou un scaphandrier. Elle se ridiculise mais rachète tout par sa bonté. Sa maîtresse dit d'elle : « Pas de cervelle mais tant de cœur[20]! »

Son dévouement absolu, c'est le code pris à la lettre, donc sa sottise. Faut-il être bête, pense le lecteur, pour se montrer aussi bonne! Ainsi, lorsque la marquise de Grand-Air, obligée de restreindre son train de vie, annonce à Bécassine qu'elle ne peut plus la garder à son service, celle-ci conclut un arrangement avec sa maîtresse : elle continuera à habiter chez elle et travaillera au-dehors pour payer à la marquise son logement et sa nourriture[21]. Elle devient donc receveuse dans un tramway et à la fin de la première semaine se dépêche de porter à sa maîtresse le prix de sa pension, afin, lui dit-elle, de l'aider « dans la gêne où elle était pour le moment et dont j'étais bien au regret ». La marquise la remercie et ajoute : « Ne vous désolez pas pour mes petites misères financières. Comme dit le proverbe : plaie d'argent n'est pas mortelle. »

Cette situation grotesque de la servante sans le sou qui s'inquiète des difficultés éprouvées par sa maîtresse, Caumery et Pinchon l'ont exploitée à plusieurs reprises. Par exemple, Bécassine refuse de suivre Mme de Grand-Air qui se replie sur Marseille au moment de la guerre, pour ne pas lui être à charge[22]. Ou encore elle n'a qu'une idée, le jour où sa maîtresse est contrainte de se séparer de sa voiture : lui en procurer une autre[23]. Les courses en métro sont si épuisantes! Bécassine attrape aux Tuileries un ballon qui lui fait gagner une automobile. On lui propose l'objet en nature ou sa valeur en argent liquide, 25 000 francs. Elle hésite : l'automobile serait pour sa maîtresse; l'argent, elle le placerait pour constituer une dote à Loulotte, fille adoptive de la marquise que Bécassine a élevée et appelle « ma fille ». Dans ses projets, jamais il n'est question d'elle-même. Elle s'annihile dans le souci qu'elle prend de Mme de Grand-Air et des siens.

Bécassine est une sainte, mais une sainte idiote, elle n'est sainte que parce qu'elle est idiote. Et, à la différence de Geneviève, elle n'a d'autre bénéfice à sa sainteté que la moquerie des petits lecteurs. Quelqu'un d'intelligent en serait-il au point de s'oublier soi-même au profit d'une marquise? Le « dévouement bestial », la « vénération religieuse » que voue Bécassine à sa maîtresse ne sont-ils pas contre nature? Elle va jusqu'à en perdre la tête. Lorsqu'il s'agit de Mme de Grand-Air, Bécassine oublie toute prudence, toute considération pour elle-même ou le reste de l'humanité. Quand elle est dans son tramway, elle invite la marquise à la venir voir. Au moment où celle-ci se trouve dans le tramway éclate un orage violent. Pour lui éviter de se mouiller, Bécassine n'hésite pas à détourner le tramway de son parcours habituel et la ramène à sa porte. Elle est renvoyée mais le directeur, avant de lui signifier son congé, la gratifie d'un grand compliment : « Brave fille... Nature des serviteurs d'autrefois... Cœur d'or! »

On peut se demander à qui est destiné le personnage de Bécassine. Qui étaient les lecteurs de *La Semaine de Suzette*? Des enfants sans doute petits-bourgeois. A travers Bécassine est véhiculé tout un monde exotique pour eux, celui de la grande maison noble d'autrefois, avec sa nombreuse domesticité, où maîtresse et serviteurs ont un rôle et des sentiments stéréotypés. La marquise est une grande dame, discrète et bonne. Bécassine, quintessence de la servante, dévouée et stupide, défend les intérêts de sa maîtresse et trouve son bonheur dans le bonheur de celle-ci. Les histoires de Bécassine jouent sans doute un double rôle. D'un côté, elles colportent un code ancien, un code d'un autre âge, un code de noblesse qu'il est toujours plaisant pour des petits-bourgeois de voir fonctionner, comme se déroule une légende. En cela, les histoires de Bécassine sont à rapprocher des manuels pour maîtresses de maison qui fleurissent dans la deuxième moitié du XIXe siècle. Ces ouvrages décrivent le fonctionnement d'une maison noble ou grande bourgeoise avec une nombreuse domesticité. Ils déploient un code plein de faste pour des lectrices petites-bourgeoises qui n'ont souvent à leur service qu'une bonne à tout faire. Le déploiement du code n'a pas de but pédagogique, il est destiné à faire rêver.

D'un autre côté, le fait que Bécassine, si respectueuse du code, si attachée aux valeurs traditionnelles, soit un personnage ridicule, permet au lecteur, en se moquant d'elle, de se démarquer du code, de prétendre qu'il n'est pas dupe. Le dévouement, c'est bon pour les sots... Mais, en même temps que Bécassine fait rire, elle émeut car elle a un « cœur d'or », et son dévouement est récupéré du côté du sentiment avec toutes les valeurs nationalistes et patriotiques. Bécassine est attachée à sa maîtresse comme elle l'est à Dieu, à son pays, à l'ordre. Elle entend un jour un discours électoral prononcé par M. Gozoa (un châtelain, comme sa maîtresse). Ne lui parviennent que des bribes : « ... Liberté... Ordre... Economie... Travail... Respect des croyances »; notre servante commente : « C'est vrai qu'il parle bien et qu'il a de bonnes idées[24]. » Elle est stupide, c'est certain, mais on peut lui faire confiance. Le cœur, chez elle, compense le défaut d'esprit, elle a l'instinct de ce qui est bon. Bécassine incarne le peuple dans ce qu'il a de meilleur, comme gardien des valeurs traditionnelles. Il est d'ailleurs intéressant de comparer Bécassine à l'image que donnent Caumery et Pinchon des autres prolétaires.

Les ouvriers ne font pas grand-chose, ils passent leur temps à fainéanter. Bécassine est mécontente de ceux qui ravalent la façade de la demeure de sa maîtresse[25]. Ils mettent, à son gré, trop longtemps pour se changer, manger, fumer, au lieu d'avancer leur travail. Ils ne trouvent grâce à ses yeux que lorsqu'ils se montrent désolés des dégâts qu'ils ont commis et s'excusent du désordre semé dans la maison. Elle les traite alors de « braves gens » et leur serre la main. Paresseux, les ouvriers ont d'autant moins d'excuse de l'être que leurs conditions de vie sont grandement facilitées par la mécanisation. Bécassine visite l'usine de mécanique à Billancourt, elle y voit « des ateliers tout tranquilles, tout silencieux, propres, astiqués, vernis comme un salon. Des ouvrières étaient assises devant des établis et elles n'avaient qu'à pousser un bouton pour que les mécaniques servant à leur travail se mettent à marcher toutes seules[26] ». Le sens du travail bien fait se perd, Bécassine déplore le laxisme qu'elle constate. Elle observe les ramasseurs d'ordures : « Négligemment, ils vidaient à demi les boîtes dites poubelles, puis rejetaient celles-ci à terre, et cela faisait beaucoup de fracas pour peu de besogne[27]. »

Les paysans sont-ils mieux traités que les ouvriers, dans les albums de Bécassine? Pas du tout! Notre héroïne retourne avec son oncle Corentin à Clocher-les-Bécasses[28]. Les paysans évoqués à cette occasion apparaissent uniquement intéressés par l'argent, sordides. Par exemple, on veut marier Marie Quillouch, cousine de Bécassine, par procuration (son fiancé est mobilisé) pour qu'elle touche 25 sous par jour en tant que femme de mobilisé. La seule chose qu'on craint, c'est que le déjeuner de noces « coûte gros ». Le père Lanec, père du fiancé, rassure les Quillouch : « En temps de guerre, on pouvait faire un déjeuner simple, avec des choses bourratives et bon marché, des pommes de terre, du boudin », et il propose de fournir le boudin : « J'en ai chez moi qui est un peu sec, mais encore bien mangeable. »

Si Bécassine fait allusion à son pays natal, c'est pour en rappeler le côté primitif. Elle évoque le souvenir des ménagères qui vidaient seaux et cuvettes par la fenêtre : « Toute petite, j'y ai été habituée, souvent même c'était un amusement pour les mioches dont j'étais de se faire administrer ce genre de douche, les seules qu'on pouvait avoir dans mon village natal[29]. » Bécassine apparaît donc comme une paysanne qui s'est civilisée au contact de la capitale et surtout des gens qu'elle sert. Elle est d'ailleurs très fière de l'estime qu'on lui témoigne dans le milieu de sa maîtresse. Mme de Grand-Air invite des amies à prendre le thé, « rien que des duchesses, des comtesses, des baronnes, enfin ce qu'il y a de plus huppé dans notre faubourg Saint-Germain[30] ». Quand la domestique entre avec le plateau du thé, elle est très entourée : « Toutes ces dames me connaissent et, même duchesses ou comtesses, elles sont bien aimables et pas fières. Alors, de tous côtés : " Bonjour, Bécassine... votre santé est bonne ? Loulotte ne vous fait pas trop de misères ? " » Même scène et même remarque de Bécassine lors d'une distribution des prix au collège de Loulotte : « Peu à peu le monde arrive, du beau monde vraiment [...] quelques-uns de ces messieurs-dames, étant en relations avec ma maîtresse, me reconnaissaient, m'adressaient un petit signe, un sourire, un " Bonjour, Bécassine ! " Dame, j'en avais ma petite fierté et, tout en saluant bien respectueusement, je me disais que ce sont les gens de bon monde et bien élevés qui sont les plus aimables avec leurs inférieurs[31]. »

Les domestiques comme Bécassine sont des prolétaires à part. De souche paysanne, ils ne sont plus des rustres, ils ont acquis un vernis social, ils ont assimilé le code des gens qu'ils servent. En même temps, ils ont gardé de leurs origines terriennes des vertus fort utiles aux yeux des maîtres : le sens de l'épargne, du travail bien fait, de l'humilité. Ils savent qu'ils sont des « inférieurs » et sont reconnaissants à leurs « supérieurs » et maîtres de les bien traiter, de leur faire partager leur existence dans la sphère des puissants. Ils ne sont plus rustres comme les paysans et pas encore dévoyés comme les ouvriers. C'est le peuple tel que l'ont formé les classes dirigeantes et tel qu'elles désirent le voir rester, le peuple à qui elles peuvent faire confiance.

Mais voilà : cette race de domestiques soumis et fidèles est menacée par l'infiltration d'éléments incontrôlés qui risquent de la pervertir. On s'en rend compte, à écouter le récit des malheurs de Charlemagne, directeur de l'hôtel-villa Charlemagne à Sable fin[32]. Lui dont le personnel avait « bon esprit » a commis une grande imprudence : il a engagé Sidi, « un affreux petit homme au teint de café au lait », marchand de tapis et agitateur-né. Celui-ci « empoisonne » immédiatement l'atmosphère de l'hôtel, pousse les autres domestiques à revendiquer et à récriminer, enfin à s'en aller. Le malheureux Charlemagne, pour conserver ses pensionnaires, doit se faire tour à tour valet de chambre, maître d'hôtel, cuisinier, et perd ainsi la dignité de sa fonction. Il envisage même de fermer son hôtel. Mais Bécassine va racheter en un clin d'œil les fautes des mauvais serviteurs : elle propose à Charlemagne de l'aider, si sa maîtresse le permet. Une bonne domestique ne peut supporter de voir un bon maître dans l'embarras... Charlemagne accepte et, en signe de gratitude, baise la main de Bécassine, « comme à une dame du monde », commente-t-elle. Hommage rendu au parfait dévouement de notre héroïne, à la représentante de la seule domesticité digne de ce nom.

Appartient à la même lignée des parfaits domestiques celui de M. Proey-Minans, qui apparaît dans *Bécassine pendant la Grande Guerre*. Son maître l'appelle « vieux serviteur », car, depuis plus de vingt ans qu'il l'a à son service, il n'arrive pas à se rappeler son nom. Mais ce « vieux serviteur » est en réalité un petit garçon de onze ans, qui remplace son père mobilisé. Il en porte la livrée, deux fois trop grande pour lui. M. Proey-Minans, très myope, ne s'est pas aperçu du changement. Le jeune garçon met un point d'honneur à assurer la continuité : « Du reste, son service n'en a pas souffert : dans notre famille, on est bon domestique de père en fils », confie-t-il à Bécassine. Il prouve le lendemain la vérité de ses propos. Il emmène tout le monde en voiture à Paris. On pique-nique au bord de la route. Pour servir le repas froid, le jeune garçon enfile sa livrée par-dessus son habit de chauffeur, « trop correct pour servir le déjeuner en tenue de chauffeur ».

De la servante chrétienne à Bécassine, le dévouement reste le trait déterminant de la domestique. Mais ce dévouement n'est pas le même; la notion s'est déplacée. Le dévouement que devait manifester la servante chrétienne à son maître s'exprime dans les codes d'Ancien Régime : dans le maître comme dans le suzerain, c'est Dieu qu'il convient d'adorer. Le XIXe siècle transpose la hiérarchisation d'Ancien Régime dans l'image organique qu'il se fait de la société. La servante constitue, de concert avec les maîtres, une cellule sociale. Et cette représentation cellulaire de la société gomme les différences et les inégalités.

Le dévouement n'a de sens que s'il se rapporte à Dieu. C'est celui de Geneviève. Flaubert, avec le personnage de Félicité, parodie Lamartine. Le dévouement de Félicité est littéral, il paraît donc dérisoire. Littéral aussi celui de Bécassine, puisqu'il ne repose pas sur une référence religieuse, mais pas dérisoire. Il se justifie par la sottise du personnage : Bécassine est idiote et sanctifiée par ce fait même. Heureux les simples d'esprit!

ELLE MAINTIENDRA – MISSION DE LA BONNE

> Vous avez donc quitté ce monde, âme fidèle! [...]
> N'aviez-vous pas connu ceux que je sais à peine ?
> Les grands-parents, partis depuis longtemps, c'est vous
> qui les avez choyés de vos soins. Votre peine, pour soulager les leurs, trouvait ces soins bien doux [...]
> Votre voix, chaque jour à Dieu les nommait tous.
> Vous disiez : « Nos chers morts! » Et puis leurs fils, ensuite.
> Les filles de leurs fils étaient « vos chers vivants ». [...]

> Sur eux j'interrogeais toujours votre mémoire, où
> nul détail, jamais, ne s'était effacé.
> Car votre vie, à vous, n'était que leur histoire,
> et votre âme m'ouvrait le livre du passé.
>
> *Le Serviteur*, janvier 1906, « Le Devoir des femmes françaises. A la mort d'une vieille domestique ». (La domestique qui a servi cinquante ans dans la même maison est morte. La fille de la maison, alors mariée, lui dédie ces vers.)
>
> « Le domestique, qu'il le veuille ou non, fait partie de ces institutions conservatrices auxquelles la démagogie a déclaré une guerre impitoyable. Il n'est pas seulement le concierge de la porte cochère, il est le gardien de la tradition et la sentinelle du foyer. »
>
> *Le Serviteur*, 10 mars 1909, compte rendu de la conférence de Guy de Cassagnac à la salle du Genêt, « Maîtres et Domestiques ».

Lamartine soulignait, dans la « prière de la servante », le manque d'enracinement, d'appartenance de celle-ci, la précarité de sa situation, son absence de destin. Certes, la servante est, au départ, l'étrangère dans la maison. Mais elle peut, avec le temps, être investie d'une véritable mission. Cette mission revêt plusieurs aspects : veiller sur les maîtres jusqu'à leur mort, élever les enfants de la famille, conserver le patrimoine; bien souvent, les trois éléments vont ensemble. C'est donc là une mission de maintien. La servante devient gardienne du foyer, garante de la continuité, dépositaire de l'âme de la famille.

Ce rôle quasiment sacré requiert tout son temps, toute son énergie, tout son cœur et son corps. C'est une des raisons du célibat si fréquent des servantes. Celles qui ont servi plusieurs générations d'une même famille, qui ont été témoins des naissances, des mariages, des décès, n'auraient pu mener parallèlement deux existences, la leur en plus de celle des maîtres. Elles ont, au contraire, agrégé leur vie à celle de la famille qu'elles servent, partagé son destin et assuré la continuité de la maison. Il est impossible de savoir comment la domestique a pu vivre une telle mission, faute de témoignages, mais il est intéressant de constater la richesse de ce thème en littérature. Que soit mis en valeur le don de soi à la famille des maîtres ou l'amertume de la servante qui se sent dévorée, sa *mission* est évoquée dans de nombreux textes.

La première condition qui fait de la servante une gardienne est sa présence, témoin attentif, d'un bout à l'autre de la vie du maître. C'est ainsi que Jules de Goncourt décrit Rose, le jour de sa mort (*Journal*, 16 août 1862) : « Une fille qui savait toute notre vie... » Elle a entouré l'enfance des deux frères : « J'avais joué au cerceau avec elle. » C'est elle qui a été le lien entre la génération des parents et celle des enfants : « Elle était la garde-malade admirable dont ma mère avait mis en mourant les mains dans les nôtres. » Comme elle avait déjà fermé les yeux de la mère, les fils s'attendaient à ce qu'elle leur rende le même service : « Elle était un de ces dévouements dont on espère qu'on aura les yeux fermés. » Rose leur fausse compagnie en mourant avant eux; c'est une sorte de trahison de la part de celle qui se devait de vivre pour eux : « Elle était un morceau de notre vie, un meuble de notre appartement, une épave de notre jeunesse, je ne sais quoi de tendre et de dévoué, de grognon et de *veilleur* à la façon d'un chien de garde, qui était à côté de nous, autour de nous, comme ne devant finir qu'avec nous. » Rose incarnait pour eux la continuité de leur propre vie. Témoin du passé des frères, gardienne de leurs souvenirs, son rôle était celui d'un animal fidèle qui ne quitte pas son maître d'une semelle et se trouve toujours là quand on a besoin de lui. Rose est morte, Rose les a abandonnés. Leur réaction marque la surprise autant que la tristesse.

Surpris, ils le seront bien plus encore lorsque leur sera révélée, quelques jours plus tard, la double existence qu'avait menée Rose. Elle qui savait tout de leur vie s'était permis de leur cacher un pan de la sienne. Elle s'était surtout permis d'avoir d'autres raisons de vivre qu'eux-mêmes. Leur gardienne les a trahis deux fois : par sa mort d'abord, puis par la part de sa vie qu'elle leur a dérobée. Surprise, déception, indignation se lisent sous la plume de Jules dans le *Journal* du 21 août 1862, alors qu'il tente de reconstituer la part cachée de l'existence de leur servante : « Une grande amertume, à cette révélation accablante, nous a envahis. Notre pensée est remontée à notre mère, si pure et pour laquelle nous étions tout; puis de là, redescendant à ce cœur de Rose, que nous croyions tout à nous, nous avons eu comme une grande déception à voir qu'il y avait tout un grand côté que nous n'emplissions pas. » Revendication des maîtres, possessifs comme des enfants, comme des amants jaloux. Ils croyaient être le seul amour, la seule préoccupation de Rose. Mais elle a vécu, aimé en dehors d'eux, elle a eu des amants, des enfants, elle a brisé l'exclusivité qu'ils attendaient d'elle. Elle a, du même coup, perdu le titre unique et sacré de témoin de leur existence qu'ils lui octroyaient depuis vingt-cinq ans.

Trompés, ils se réfèrent à la seule personne qui reste intouchable dans leur mémoire, leur mère, pour reporter sur elle les qualités qu'ils avaient à tort attribuées à Rose, la pureté et l'exclusivité de l'amour qu'elle leur portait. Comme s'il s'agissait de purifier le passé de la présence de Rose et d'y mettre à la place quelqu'un qui fût au-dessus de tout soupçon. La dignité de la mère rachète l'indignité de la servante. Certes, les frères ont affirmé leur pitié pour la malheureuse Rose : « Nous lui pardonnons! », mais on sent bien qu'ils lui en veulent énormément d'avoir brisé l'image qu'ils se faisaient d'elle et mis en péril leur tranquillité.

La gardienne de leur maison, de leur passé, de leurs

secrets, le témoin de leur vie : une débauchée ! Ils la fantasmaient comme non-femme, trop laide pour avoir une existence amoureuse (sa laideur était même un sujet de plaisanterie entre Rose et eux), vierge, substitut de leur mère. Et voilà qu'ils la découvrent amante et mère, accessible aux désirs, aux plaisirs, à la chair. De quoi s'est rendue coupable Rose, si ce n'est d'avoir joui de son corps de femme et d'avoir ainsi trahi son rôle de vestale au foyer des Goncourt ? Ils l'accusent d'avoir jeté pour eux le discrédit sur le sexe féminin tout entier, mais ils oublient qu'ils n'ont jamais eu que mépris pour la femme, « animal mauvais et bête, à moins d'être élevée et extrêmement civilisée[33] ». Parlent-ils des femmes du peuple ? C'est pour les définir comme des « femelles crapuleuses[34] » et déclarer haïr en elles les « vices tout crus » du peuple, et sa « prostitution toute nue ». Les défendent contre la vulgarité des chairs et des goûts populaires leurs « aristocraties de goût et d'idées en érection ». Or il se révèle que Rose n'était rien d'autre qu'une de ces « femelles crapuleuses ». L'ennemie, la sexualité féminine et populaire, était dans la place alors même qu'ils se croyaient à l'abri de tout contact, de toute souillure.

Les deux malheureux frères, torturés par l'irruption, si inattendue au cœur de leur existence, dans leur intimité, de ce qu'ils pensaient être le plus éloigné d'eux, veulent à tout prix s'expliquer la conduite de Rose. D'où venaient ses « fureurs des sens », ses appétits, insensés aux yeux des maîtres, pour tant d'hommes ? Fascinés par l'étrange révélation de cette double vie, ils reconstruisent l'existence de Rose en y projetant la sensualité bestiale qui est, selon eux, l'apanage des femmes du peuple. Dans le *Journal*, au moment de sa mort, ils expliquent sa frénésie par des maladies du corps et de l'esprit, « l'affection pulmonaire, qui rend furieuse de jouissance, l'hystérie, la folie ». Plus tard, ils feront de l'histoire de Rose le sujet d'un roman, *Germinie Lacerteux*. Ils s'approprieront ainsi, en la réinventant, la part cachée de Rose qui les a tant fait souffrir. La littérature vient compenser la frustration du vécu. Ils auront encore tiré bénéfice de Rose en entrant littérairement en possession de sa part maudite.

Bien des années plus tard, Edmond, resté seul, est hanté par l'idée que Pélagie, la servante qui a remplacé Rose, puisse mourir avant lui et n'être plus là pour lui fermer les yeux[35]. Chacune des crises de rhumatisme articulaire de Pélagie provoque, chez lui, outre la pitié pour elle qui souffre, l'angoisse qu'elle ne remplisse pas jusqu'au bout sa mission de gardienne. Elle n'a pas le droit de mourir avant lui, mais le devoir d'être fidèle à son poste : « Je comptais sur elle[36]... » Gardienne, Pélagie l'avait été pendant les événements de la Commune. Elle avait voulu rester dans la maison que Goncourt occupait à Auteuil, « s'exposant à être tuée à toute minute, pour chercher à me sauver de l'incendie et du pillage », écrit le maître.

Sous les obus, Pélagie songeait encore à préserver le patrimoine de celui-ci, les bibelots précieux auxquels il tenait. Goncourt rend hommage à l'héroïsme de sa domestique : « Un moment d'interruption dans le bombardement. J'en profite pour quitter Burty et gagner la rue de l'Arcade. J'y trouve Pélagie, qui a eu la témérité de traverser toute la bataille, à la main un gros bouquet de roses de mon grand rosier *Gloire de Dijon*, aidée et protégée par les soldats, admirant cette femme s'avançant sans peur, avec des fleurs, au milieu de la fusillade [...] » (*Journal*, 24 mai 1871). Fierté du maître devant le courage tranquille de Pélagie, courage qui lui est dicté par le seul souci qu'elle prend de lui[37]. En se dévouant tout entière à son maître, la servante transcende sa condition et devient un symbole.

Cette dimension symbolique, Pélagie va la garder après la mort de Goncourt. *L'Evénement* du 21 juillet 1899, dans un article intitulé « Domestiques d'aujourd'hui », exalte la conduite de la vieille domestique qui, à chaque anniversaire de la mort de son maître, se rend sur sa tombe pour y déposer des fleurs. Elle est, écrit le journaliste, « de la race robuste et fidèle des serviteurs d'autrefois », et, à l'aide de cette domestique exemplaire, il flétrit les serviteurs d'aujourd'hui, parmi lesquels « les Pélagie sont rares ».

Il faut s'interroger sur le rapport entre la mission de gardienne, dont est investie la servante, et son corps. S'acquitter de sa mission, pour la domestique, requiert le don de son corps. Celui-ci est le tribut à payer pour être reconnue gardienne au foyer des maîtres. Etre gardienne implique de ne pas avoir une vie indépendante, extérieure, mais d'être tournée vers l'intérieur exclusivement. Une bonne gardienne ne partage pas, ne se partage pas (c'est ce pacte de non-partage que n'avait pas respecté la Rose des Goncourt). C'est ce qu'exprime, en termes amers, la vieille Nanette de *Modeste Autome*. A Modeste, qui la félicite sur la bonté des maîtres qu'elle sert depuis soixante ans, Nanette répond : « Vous dites : " Des maîtres comme cela, il n'y en a plus " », mais vous ne réfléchissez pas une minute à ce qu'il en a coûté à la vieille Nanette pour gagner l'amitié de ces maîtres-là. Est-ce que vous les avez passées les nuits blanches, petite péronnelle, auprès des lits des vieux, des vieux qui s'accrochent aux draps avant de s'en aller, et qui vous soufflent dans une haleine de mort : " Nanette, soigne les petits... " Est-ce que votre vie s'est écoulée à les dorloter " les petits "? [...] J'ai usé ma chair et ma peau pour eux[38]. »

Le fantasme vampirique du rapport entre les maîtres et la domestique est évoqué par Frapié dans une vision symbolique au début de *La Figurante*. Sulette arrive de province pour se placer à Paris. En se rendant chez ses maîtres, elle rencontre, rue Auber, une bonne – qu'elle identifie à son tablier blanc – en compagnie de sa maîtresse. Celle-là est très maigre, celle-ci énorme, et Frapié commente ainsi le contraste : « Le bras de la colossale maîtresse, vissé en travers contre la maigre bonne, paraissait être le tuyau par lequel le corps profitant avait pompé si bien et vidé le corps végétant[39]. » Les expériences diverses que Sulette connaît à Paris illustrent cette première image du rapport entre maîtres et domestiques. Les Coton, dès son arrivée, la traînent de pièce en pièce. Les trois enfants ne sont pas les moins acharnés : « Ils se collaient à elle et, pour être bien sûr d'extraire tout le service possible de la bonne, chacun cherchait, à droite et à gauche, une besogne à ajouter à l'énumération première. » Sulette, vite renvoyée par ces gens-là, change cinq fois de maîtres en six mois et trouve, chez tous les petits-bourgeois, la même rage à « consommer la substance[40] » de la bonne. Frapié exprime sous forme d'images dramatiques l'exploitation de la bonne victime par les maîtres vampires, mais de cette mise en scène se dégage une intuition fort juste des rapports inconscients qui lient maîtres et domestiques. C'est autour du corps de la bonne qu'ils s'orchestrent, et c'est bien d'un enjeu radical qu'il s'agit : les maîtres cherchent à « avoir la peau » de la bonne, tandis que cette dernière tente de « sauver sa peau ». Les métaphores populaires prennent ici tout leur sens.

La mission que les maîtres imposent à la servante est un véritable sacerdoce, passe par la dépossession de son corps, de sa vie propre. Qui dit sacerdoce dit sacrifice[41]. La servante doit payer de sa personne pour appartenir au clan familial et être digne d'assurer la continuité. Est exemplaire, sur ce point, l'héroïne du roman de Zulma Carraud[42], Fanchette. Elle a treize ans lorsqu'elle entre au service des Sionnet, et s'occupe spécialement de la petite Elisabeth, âgée de deux ans et demi, à laquelle elle va consacrer son existence. Au service de la petite fille, son corps se marque d'un sceau ineffaçable. Elisabeth a la petite vérole et, pour qu'elle n'en porte pas les cicatrices, Fanchette aspire le contenu de ses boutons, prend à son compte cette grave maladie. La servante reste marquée, mais préserve ainsi la beauté de sa petite maîtresse.

A l'âge de vingt ans, Elisabeth est demandée en mariage par un riche colporteur de cinquante ans, ami de la famille Sionnet. Elle accepte d'épouser Gothard-Clot à la condition que Fanchette la suive. Elle a deux enfants, Marthe et Ambroise, puis meurt en les recommandant à Fanchette. La servante va se vouer corps et âme à la préservation des enfants et du patrimoine. Elle sauve par deux fois la vie des petits. Elle se jette sur Marthe, qu'un écart du cheval avait fait tomber de voiture, pour la protéger, ce qui lui vaut deux côtes enfoncées et un bras cassé. Elle empêche Ambroise d'être mordu par un chien en mettant dans la gueule de l'animal sa propre main. Comme dans le cas de la petite vérole, elle porte les stigmates de sa mission.

Les enfants grandissent, vont en pension. Franchette pourrait songer à vivre enfin pour elle-même. Un épicier en retraite lui propose de l'épouser, mais elle refuse. En effet, Gothard-Clot s'est remarié et Fanchette se méfie de la seconde femme de son maître; elle est capable de nuire aux intérêts des enfants d'Elisabeth. Fanchette se sent investie de mission à l'égard du patrimoine familial. Marthe et Ambroise se marient. Fanchette arrange les affaires d'amour de la première, les affaires d'argent du second. Elle leur fait des cadeaux sur ses économies.

Marthe aurait voulu emmener Fanchette avec elle dans son nouveau ménage, mais celle-ci se consacre à Gothard-Clot, pour le sauver des griffes de la méchante intruse. Ainsi, quand son maître est renversé par une voiture, le soigne-t-elle et s'arrange-t-elle de manière que sa femme ne se trouve jamais seule auprès de lui. Un soir, la misérable vole les clefs et s'empare de l'argent que Gothard-Clot voulait offrir à ses enfants. Fanchette essaie d'arrêter la voleuse, elle est jetée à terre, paralysée, « malheureuse victime de sa fidélité ». Le maître et la servante, côte à côte dans leurs lits, s'éteignent. On les enterre ensemble et on dépose Fanchette aux pieds de sa chère Elisabeth.

Fanchette fait évidemment penser à la grande Nanon, qui usait avec autant de parcimonie des deniers de son maître que des siens, et veillait aux intérêts du père Grandet comme un chien fidèle. Mais la grande Nanon s'est mariée, est devenue intendante des biens d'Eugénie Grandet et bourgeoise de Saumur. En Fanchette, l'accent est mis davantage sur le don total de son corps et de sa vie à la famille qu'elle sert. La domestique prend sur elle la maladie, les accidents, la mort.

Ce qui est du corps revient à la domestique, en tant qu'il est sale, malade, mortel. La vie même, si elle paraît insupportable au maître, celui-ci déléguera à la servante le soin de la vivre. La jeune bonne du roman d'Edgy, Catherine, tombe amoureuse du fils de ses maîtres la première fois qu'elle le voit. Elle refuse la proposition de mariage d'un garçon vacher pour ne pas quitter les Heurtaut ni René. Ce dernier a une liaison avec une jeune femme qui l'abandonne après lui avoir donné un fils. A cause de cette malheureuse aventure, il va mourir à vingt-cinq ans, désespéré de la vie. Mais il aura eu, pendant sa maladie, le temps de comprendre la passion qu'éprouve pour lui Catherine, et de lui confier son fils : « Il me serait doux, bien doux de le savoir entre vos bras. [...] Si je venais à lui manquer, il aurait besoin d'une mère[43]. » Lorsqu'elle apprend la mort de René, Catherine se dirige vers la Seine pour s'y noyer. Deux sergents de ville l'en empêchent. Le premier désespoir passé, elle se sent obligée de vivre pour soigner sa maîtresse et surtout pour élever le fils de René, vivant portrait de son père.

L'enfant est ici le substitut de l'être aimé, la part de sa vie dont ce dernier a fait don à Catherine. Celle-ci assume avec joie cette maternité de remplacement : « Catherine s'était saisie de l'enfant dans un transport farouche [...] un enfant! un enfant de lui! » Le roman se clôt sur une perspective heureuse : « Elle tenait sa part de bonheur ici-bas et se savait au cœur une allégresse qui ne finirait jamais. » La domestique prend la relève de la vie et est chargée d'assurer la continuité de la famille. Destin tout tracé qu'évoque Mme Heurtaut quand son mari rentre chez eux avec leur petit-fils : « C'est vous qui l'élèverez [...] car vous ne nous quitterez jamais, n'est-ce pas ? Vous nous fermerez les yeux. »

Prix de vertu

Le discours sur la servante gardienne d'une famille de père en fils trouve son point d'orgue dans les rapports sur les prix de vertu. Il est des domestiques récompensées par le prix Montyon, décerné à « un Français pauvre qui aura fait l'action la plus vertueuse », par le prix Honoré-de-Sussy, destiné à récompenser de bonnes actions, par le prix Lelevain, « un prix de vertu, sagesse et probité à une personne de Paris ». Deux prix de vertu concernent spécifiquement les domestiques : le prix Savourat-Thénard (5 500 francs), qui va chaque année à une servante non mariée « ayant servi avec dévouement, pendant et après leur adversité, une famille, une dame, de préférence une demoiselle »; le prix Férou (1 000 francs), octroyé chaque année à deux domestiques signalés par leur dévouement à leurs maîtres. Le prix Montyon s'élève à 18 000 francs par an, ce qui permet de le répartir entre bon nombre de personnes. En 1893, par exemple, il est divisé entre vingt-sept personnes parmi lesquelles douze domestiques femmes, dont deux à Paris.

Toutes les servantes citées ont en commun de s'être dépouillées de tout pour leurs maîtres, non seulement de leur abandonner gages et économies, mais même de prendre un travail à l'extérieur pour les entretenir. Corps et âme, elles se sont usées au service des maîtres, entraînées par une sorte d'emballement vers le dévouement absolu, le dépassement de l'imaginable.

Il y a des cas limites où la servante apparaît comme la victime d'une machination du destin, qui prend souvent la forme d'une multiplicité d'enfants dont elle est contrainte de se charger. C'est le cas, dans le rapport de 1893, De Jeanne-Marie Ollivrin, de Rostrenen (Côtes-du-Nord). Elle entre à quinze ans comme domestique chez une de ses sœurs dont le mari tient un petit commerce. En vingt-cinq ans de service, elle élève les dix-sept enfants. Puis elle sert chez une nièce mariée, qui devient folle et doit être enfermée. Jeanne se charge alors de ses cinq enfants. Quand la nièce meurt, le mari se remarie, et Jeanne soigne les douze enfants issus de ce nouveau mariage. Ses maigres gages, 100 francs par an, elle les donne à ses frères, sœurs, neveux et nièces[44].

Dès les premières années d'existence du prix Montyon (1828), on trouve, parmi les lauréates, une servante qui prenait en charge la descendance de la famille qu'elle servait. Marie Malfret, lyonnaise, est depuis trente-sept ans au service des Audouard, de Saint-Etienne. Elle est entrée à dix-huit ans chez eux. Ils étaient riches alors, mais la Révolution les a ruinés. Marie ne touche plus ses gages. Le père meurt, laissant une veuve enceinte et dix enfants. La veuve accouche de jumeaux et meurt à son tour. Marie élève les douze orphelins[45].

Le destin de ces servantes est exemplaire de l'image que le discours dominant, bourgeois, catholique, moralisateur, cherche à donner de la bonne domestique : celle qui s'anéantit au profit de la famille qu'elle sert, qui fait du dévouement son pain quotidien, au point de n'être plus payée que de cela, qui trouve naturel de se sacrifier pour assurer la continuité de la famille des maîtres, de n'être que le maillon qui permet la pérennité de la race bourgeoise[46].

D'après les rapports sur les prix de vertu comme d'après les récits de fiction, on voit que le rôle de gardienne du foyer assigné à la servante inclut nécessairement la fonction maternelle. La domestique doit être capable de prendre le relais de la mère, d'agir comme elle le ferait pour défendre le patrimoine, les traditions, l'enfant. Elle est dépositaire des valeurs de maintien que porte la mère bourgeoise. En cas de besoin, elle doit pouvoir se substituer à elle et devenir le pilier de la famille.

La servante pélican

La mission tutélaire de la servante requiert de celle-ci le sacrifice d'elle-même. C'est Bérénice, la bonne de Coralie, dans les *Illusions perdues*, qui en donne le meilleur exemple. Cette grosse Normande était la compagne d'enfance de Coralie à laquelle elle s'est attachée : « Si j'avais une fille, je la servirais comme ma petite Coralie, de qui je me suis fait un enfant. » Elle a remplacé auprès de Coralie sa mère indigne « qui la battait, qui l'a vendue », elle est sa confidente, sa sœur, sa bouée de secours, celle qui est encore là quand on a tout perdu. Bérénice est reconnaissante à Lucien de Rubempré, amant aimé de Coralie, de rendre heureuse sa jeune maîtresse : « Elle méritait bien que Dieu lui envoyât un de ses anges. » Mais, réaliste, elle voudrait empêcher Coralie de rompre avec Camusot, l'homme riche qui l'entretient. La rupture a lieu malgré tout, puis le Panorama-Dramatique où joue Coralie fait faillite. L'actrice doit vendre ses meubles. Bérénice s'occupe du déménagement et de la réinstallation dans un petit appartement. Elle a même acheté, on l'a dit, malgré la défense de Coralie, un tapis d'occasion de ses propres deniers. Bérénice, à travers la débâcle, reste le véritable foyer de sa maîtresse et de son amant, elle assure la continuité de leur existence, elle incarne le seul lieu où ils peuvent encore respirer. Sa fonction est tutélaire.

Cette fonction, elle continue à la remplir même après la mort de Coralie. Bérénice et Lucien n'ont alors plus rien pour vivre. Lucien pense à rentrer à Angoulême, dans sa famille, mais il lui faut de quoi subsister en route. Il vend son linge, va jouer, perd tout, et veut se pendre. Horrifiée par son geste désespéré, Bérénice lui dit : « Revenez à minuit, j'aurai gagné votre argent. » En se promenant ce soir-là, Lucien aperçoit Bérénice qui cause avec un homme, à un angle de rue où elle stationne. A la question de Lucien qui, en un éclair, comprend, elle répond simplement : « Voilà 20 francs qui peuvent coûter cher, mais vous partirez », lui glisse les pièces dans la main et prend la fuite. Sans doute pour couper court à tout commentaire, émotion ou remerciement. Par amour pour sa maîtresse défunte, pour sauver celui que Coralie a le plus aimé, la servante accomplit l'acte le plus généreux qui soit : elle se prostitue. Et cela avec la plus grande simplicité. Après s'être dépouillée de tout ce qu'elle possédait pour faire vivre Coralie, la voilà qui vend, pour Lucien, la seule chose qui lui reste, son corps. Tel le pélican, la servante donne sa chair pour remplir jusqu'au bout le rôle tutélaire dont elle est investie. Il est à remarquer que la mission dévolue à la bonne n'a rien à voir avec son âge. Bérénice a le même âge que Coralie et Lucien, elle représente pourtant pour eux la gardienne et la mère.

La domestique, qui, si la mère est absente, doit en être le substitut, quelle fonction lui est assignée dans le cas où la mère est présente ? Elle doit alors se rendre la plus transparente possible, pour que passe à travers elle la figure de la mère, se faire l'écho des valeurs et des principes maternels. Elle redouble la mère auprès de l'enfant, collabore avec celle-là pour la garde morale de celui-ci. Elle contribue ainsi à rapprocher l'enfant de sa famille, à le maintenir dans le droit chemin.

L'opposition entre la bonne servante et la mauvaise est bien mise en scène par la comtesse de Ségur. Lucie des *Malheurs de Sophie*[47] personnifie la mauvaise bonne : elle permet à Sophie de faire ce que sa mère lui a défendu, elle défait l'ouvrage de la mère. Quand Sophie, qui a mangé le pain des chevaux malgré l'interdiction, est condamnée au pain sec, la bonne lui apporte du fromage et des confitures. Trop indulgente, Lucie flatte la gourmandise de Sophie au lieu de la corriger. Elle donne à la fillette du pain chaud et de la crème, Sophie les engloutit, a une indigestion, et Lucie est renvoyée : elle avait ordre de ne pas faire manger Sophie entre les repas. Cette bonne ne respectait pas les consignes de la mère, se permettait même d'avoir un autre avis sur l'éducation de la petite fille. Par exemple, elle trouvait Sophie, à quatre ans, trop jeune pour coudre, alors que Mme de Réan avait recommandé qu'on mît sa fille à l'ouvrage. Si la mère n'était intervenue, la petite fille aurait été « gâtée » par sa bonne trop laxiste.

Au contraire, Elisa, la bonne des *Petites Filles modèles*[48], est la perfection même, comme Valérie dans *Diloy le chemineau*[49]. Valérie et Mme d'Orvillet, mère de Félicie (douze ans), œuvrent dans la même direction : le progrès moral de l'enfant. La mère confie à la bonne son inquiétude à propos de la vanité de sa fille. Valérie réprimande Félicie lorsqu'elle manifeste du mépris pour les pauvres du village que visite sa mère, lui cite la fable *Le Lion et le Rat*, lui déclare qu'« un paysan est un homme comme un autre », se moque du stupide Clodoald de Castelsot que Félicie admire. Elle s'applique ainsi, de concert avec la mère, à corriger l'enfant. Valérie a un tel sens de sa mission que, dans l'épilogue du livre, on apprend qu'elle hésite à se marier, car elle devrait laisser Laurent et Anne, frère et sœur de Félicie, dont elle se sent encore responsable. Valérie se résoudra sans doute à se marier car Mme d'Orvillet l'y pousse. Mais, si la mère n'était pas là, elle continuerait à assumer son rôle de gardienne auprès des enfants. La bonne servante est donc une figure de la mère, elle collabore avec elle à l'éducation des enfants; si la mère disparaît, elle la remplace, assure la continuité dans la famille, veille sur les enfants[50].

Dans le discours sur la servante et sa mission de maintien, seule la mort peut mettre fin à cette dernière. Encore la mort n'est-elle pas évoquée en termes dramatiques mais comme un point final accepté, logique, une fois la mission accomplie. Symbolique du déroulement du destin d'une servante, le feuilleton signé Fidélis, intitulé « Le Bonnet de Rose », dans *Le Serviteur*, 24 novembre 1909. Rose entre à quinze ans au service de Mme D. et de sa fille Léonie, les châtelaines du village. Elle sert ensuite les enfants de Léonie, puis ses petits-enfants. Elle ne s'est jamais mariée, participe à toutes les fêtes de famille au château; à chacune, elle porte un bonnet brodé différent. Lorsqu'elle devient impotente, les dames du château viennent la voir, elle leur donne ses bonnets. La jeune fiancée, celle qui va assurer la continuité de la famille, écrit à Rose que sa robe de fiançailles a été faite avec les bonnets de fête : « Le plus beau, celui que tu portais pour le mariage de grand-mère, fait le devant de mon corsage. » Rose lit cette lettre et, sentant sa tâche terminée, meurt. Elle a légué à la jeune génération, en même temps que ses bonnets brodés, la mémoire de la famille, elle peut disparaître en paix. La mort de Rose, comme celle de Fanchette, est empreinte de sérénité.

Il me semble intéressant de comparer ces morts à celle du « gardien », dans le roman qui porte ce titre, de Dominique Rolin[51]. Ces récits de fiction sont loin d'être contemporains, mais ce qu'évoque Dominique Rolin, c'est justement la mission de « gardiennage » que nous avons tenté d'analyser. Les destins de nos servantes étaient présentés comme coulant de source, avec un déroulement naturel, harmonieux; celui de Constant, le « gardien » du domaine de la Réclusière, au contraire, apparaît comme une lutte dérisoire contre le temps qui passe. Son existence ne s'inscrit pas dans l'histoire de la famille qu'il sert, paisible, elle est une tentative pour canaliser, élaguer, ordonner, maintenir tout ce qui lui échappe et qu'on pourrait appeler l'ordre naturel des choses. Cet effort pour préserver de l'envahissement de forces incontrôlées le territoire dont il se sent responsable le mène au suicide. A la fin du roman, Constant va se pendre, vaincu par le mouvement de la vie qu'il tentait de discipliner, par le cycle amour-naissance-mort, dérélicition après le foisonnement. Constant exprimait ainsi la conscience de sa mission : « Mon présent à moi était de toute première importance; j'étais le gardien non tant d'un domaine appelé la Réclusière que d'un espace qui n'avait ni frontières ni forme, qui se mouvait selon la lenteur implacable du temps, et dont Hilda et Guillaume (ses maîtres du moment) constituaient le symbole humain. »

LA SERVANTE-MAÎTRESSE

Les amours à l'étouffée

> Petite bonne, agaçante et jolie,
> D'un vieux garçon doit être le soutien.
> Jadis ton maître a fait mainte folie
> Pour des minois moins friands que le tien.
> Je veux demain, bravant la médisance,
> Au Cadran Bleu te régaler sans bruit.
> Allons Babet, un peu de complaisance,
> Un lait de poule et mon bonnet de nuit.
>
> *Le Vieux Célibataire*, chanson de Béranger, cité par le *Larousse du XIXe siècle*, article « Domestique ».

Les « amours à l'étouffée », c'est le concubinage entre maître et servante. Situation classique de la servante d'un homme seul qui partage le lit du maître et dirige sa maison. Léon Gozlan illustre ce thème à l'aide d'un proverbe en un acte et une scène, « Augustine et son maître[52] ». Le maître, bel homme de quarante ans, qui habite rue Saint-Honoré, se réveille. Il sonne jusqu'à casser le cordon pour appeler Augustine qui arrive enfin :

« Mes journaux!
– Je les lisais...
– Mon café.
– Il n'est pas fait...
– Mes bottes...
– Je vous ai dit que je ne voulais plus les vernir. Cette besogne-là n'est pas d'une femme. »

Le maître rappelle à Augustine qu'elle refuse d'accomplir toutes les besognes habituellement réservées aux domestiques. Vexée, elle lui demande son congé, lui rend ses clefs, etc. Le maître alors cède, promet de prendre un homme de peine pour vernir ses bottes, augmente les gages d'Augustine et accepte de l'emmener au théâtre comme elle le lui demande. Il n'ose plus exprimer directement ses revendications mais prie Augustine d'engager une domestique pour faire son lit. Gozlan souligne le « bouleversement social » que peut entraîner le rapport intime entre maître et domestique. L'ordre social est bafoué puisque c'est la domestique qui dicte au maître ses conditions. La servante se conduit en maîtresse, fait du chantage, obtient ce qu'elle veut.

La servante d'un homme seul tient ainsi souvent plusieurs rôles, à la fois domestique et amante, mère aussi. Le maître est réduit en esclavage par sa présence attentive, étouffante. Ce rapport est traité sur le mode comique par Flaubert dans *Le Sexe faible*, pièce commencée par son ami Louis Bouilhet[53]. (Le sexe faible n'est évidemment pas celui auquel on pense.) Le général Varin des Ilots, âgé de soixante-quatre ans, est littéralement couvé par sa bonne, Gertrude. Elle a, auprès de lui, droit à des prérogatives, puisqu'il va jusqu'à se promener en cabriolet en sa compagnie. Quand il dîne chez Mme de Mérilhac, Gertrude lui fait dire par un domestique de mettre sa redingote, pour ne pas prendre froid, et il obéit. Elle exerce sur lui, même à distance, une véritable tutelle. Le général a tellement besoin de cette sujétion que, après la mort de Gertrude, il se laisse séduire par Victoire, jeune et jolie femme de chambre devenue la maîtresse de son neveu. Celle-ci lui suggère qu'elle pourrait remplacer Gertrude auprès de lui : « Ce n'était pas une servante, c'était une véritable amie... une compagne. » Le général accepte, lui dit deux fois : « Oh! la jolie petite Gertrude! », et, à la fin de la comédie, annonce qu'il épouse Victoire.

Le maître réduit en esclavage par sa domestique se trouve dans une situation ambiguë. Il aime être couvé, il aime à posséder, en une seule femme, une servante, une maîtresse, une mère. Mais le rapport de forces inégal lui devient bientôt insupportable, la tyrannie de la domestique, qui tend forcément à s'accentuer, lui pèse. Gozlan exprimait cela dans le registre humoristique, Mirbeau le dit crûment à propos du « couple » que formaient le capitaine Mauger et sa servante Rose. Après la mort de Rose, Célestine va voir le capitaine, qui lui affirme : « Tout se remplace », et énumère tous ses griefs contre Rose : elle ne travaillait plus, lui faisait des scènes, se montrait avare et jalouse. Surtout, elle régnait en maîtresse dans la maison, lui imposait ses désirs et ses humeurs : « Enfin, je n'étais plus chez moi. [...] Mon fauteuil Voltaire... je ne l'avais plus [...] c'est elle qui le prenait tout le temps [...] quand je pense que je ne pouvais plus manger d'asperges à l'huile... parce qu'elle ne les aimait pas[54]! » Pour se venger de Rose, le capitaine avait fait un second testament par lequel il annulait le premier où il lui léguait tout. Mais Mauger, comme Varin des Ilots, est si habitué à la vie à deux avec une domestique-maîtresse qu'il propose aussitôt à Célestine la place de Rose : « 35 francs par mois, la table du maître, la chambre du maître, un testament. » Avec le thème des amours à l'étouffée, on voit se dévoyer celui du « gardiennage » : la servante ferme les yeux du maître, et recueille l'héritage pour elle.

Les hommes dont on vient de parler sont des célibataires. Il y a déjà sujet de scandale dans leur assujettissement à leurs servantes. Mais, lorsqu'il s'agit d'un homme marié, père de famille, le scandale est bien plus grand encore, car on touche à l'institution familiale. La servante devient une menace pour elle. En effet, comme la domestique n'a pas de lieu propre, elle représente, au sein d'une famille, un danger : elle est disponible et joue le rôle de pôle d'attraction pour un mari peu scrupuleux ou blasé. Exemplaire de l'itinéraire inexorable vers la déchéance est la carrière du baron Hulot[55]. Après une vie de débauche qui a beaucoup fait souffrir sa famille, il a vieilli et semble s'être rangé. Mais il trouve encore le moyen de faire mourir sa femme de désespoir. Celle-ci le découvre dans la chambre d'une fille de cuisine, grosse Normande rougeaude et vulgaire, à qui le baron, pour qu'elle lui cède, promet : « Ma femme n'a pas longtemps à vivre, et, si tu veux, tu pourras être baronne. » Onze mois après la mort de sa femme, le baron Hulot épouse la fille de cuisine. Rançon de la déchéance morale, la déchéance sociale. Le baron Hulot, obsédé par le sexe, ne peut finir que dans l'ordure. Il a oublié son honneur, sa famille et son titre, a perdu toute dignité, au point de donner son nom à une fille de cuisine.

Indignité du maître, époux et père, qui trahit son rôle de mainteneur de la famille, du rang, du nom. C'est aussi cette trahison qu'évoque la maîtresse de Germinie Lacerteux, Mlle de Varandeuil. Son père, devenu veuf, a pris pour maîtresse sa domestique, a eu d'elle un enfant que « dans le cynisme de son insouciance [il] avait l'impudeur de faire élever sous les yeux de sa fille ». Le pouvoir de la servante dans la maison grandit. Mlle de Varandeuil supporte toutes les humiliations jusqu'au jour où le père prétend faire asseoir à sa table sa concubine et la faire servir par sa fille. Face à la bassesse de son père, la jeune fille se révolte, en jeune noble qu'elle est : « Si cette femme ne sortait pas de la maison le soir même, ce serait elle qui en sortirait. » La jeune fille prend la relève du père qui a oublié son devoir et son nom. L'orgueil du sang, de la race, anéanti chez le père par le commerce qu'il entretient avec une domestique, s'exprime avec force chez la fille.

Le XIXe siècle est hanté par le spectre de la domestique qui devient maîtresse[56]. La confusion des deux sens du mot « maîtresse » est particulièrement dangereuse dans ce cas. De l'emprise sur le corps et le cœur du maître à la mainmise sur la maison, il n'y a qu'un pas, que franchit aisément l'imaginaire bourgeois. La servante, c'est *l'autre femme* dans la maison, l'usurpatrice en puissance du titre de maîtresse de maison, du nom et de la fortune. Pour expliquer l'horreur de la mésalliance, on invoque souvent le code de l'honneur, mais c'est un euphémisme pour parler préservation de la fortune.

Toute servante est suspecte d'avoir, à travers une liaison avec le maître, des visées sur l'héritage, de chercher à obtenir un testament en sa faveur, bafouant ainsi les droits de la famille légitime. C'est le cas de Flore Brazier, la « rabouilleuse ». Elevée dans la maison du vieux docteur Rouget à Issoudun, elle est dans une situation bâtarde, mi-servante, mi-fille de la maison. Le docteur meurt sans lui laisser d'héritage. Jean-Jacques Rouget, le fils, est amoureux d'elle et lui propose de rester : « Vous pouvez être... la maîtresse. » La « rabouilleuse » accepte et apprend à diriger la maison : elle devient une cuisinière, une ménagère, une organisatrice parfaite. Au bout de neuf ans, elle prend un amant, engage une cuisinière et joue à la bourgeoise. Elle obtient de Jean-Jacques Rouget un testament en sa faveur. Mais elle a commis une erreur : elle a estimé sa situation assurée et n'a pas jugé bon de se faire épouser. Elle le regrette quand arrive à Issoudun la sœur de son maître décidée à récupérer l'héritage familial. Sont dénoncées ici aussi bien les manœuvres usurpatrices de la servante que la passivité du maître abêti par l'amour, tout entier au pouvoir de sa domestique.

Le pouvoir de la servante sur le maître est d'ordre sexuel et, si elle a de l'ambition, elle peut en jouer pour acquérir un statut social supérieur. La Jacqueline de *La Terre*[57], domestique d'Alexandre Hourdequin, suit une carrière parallèle à celle de Flore Brazier. Employée d'abord à de basses besognes, vaisselle, nettoyage des animaux, elle devient ensuite servante en titre, passe de la cour à la cuisine, pour avoir su se servir du désir que le maître avait d'elle. Alors qu'elle couchait avec tous les valets de ferme, elle s'est refusée à Hourdequin pendant six mois, puis s'est donnée « par petits coins de peau nue ». Elle a ainsi fait du maître son esclave et obtenu progressivement dans la maison un statut de « dame » : elle a engagé une gamine pour l'aider, puis une bonne pour se faire servir. L'étape suivante est la conquête du lit conjugal. Jacqueline fait des scènes pour occuper le lit où est morte Mme Hourdequin. Le maître refuse, mais le chantage sexuel de la servante réussit et celle-ci investit le lit conjugal, symbole de sa puissance : « Elle s'y étala, y écarta les bras et les cuisses, pour le tenir tout entier. » A partir de là, Jacqueline se conduit comme la maîtresse de maison. Mais elle n'arrive pas à obtenir de Hourdequin qu'il l'épouse. Elle rêve d'un testament en sa faveur, et de devenir propriétaire de la ferme. Un amant jaloux met fin à ses ambitions en tuant Hourdequin et brûlant la ferme.

L'attitude des paysans à l'égard de Jacqueline est significative : ils ne l'aiment pas, choqués qu'une « fameuse catin » entrée en service avec « une chemise sur le cul » ait si bien su affirmer sa puissance. Ils réprouvent aussi maître Hourdequin de s'être entiché d'elle et de bouleverser en sa faveur l'ordre social. Ils ne voyaient pas, dit Zola, « que cette catin était leur vengeance, la revanche du village contre la ferme, du misérable ouvrier de la glèbe contre le bourgeois enrichi, devenu gros propriétaire ». Mettre la servante dans son lit, c'est, pour un maître, attenter au statut de la femme-épouse. Faire de la servante sa maîtresse, c'est lui donner une chance d'acquérir le statut de maîtresse de maison, c'est briser la différence qui doit exister entre une maîtresse et une servante. La confusion sémantique menace l'ordre social.

Déjà installée dans le titre de maîtresse, la servante ambitieuse passe à l'acte, s'arrange pour faire disparaître sa maîtresse et prendre sa place. Comme la servante partage l'intimité de la maîtresse de maison, il est simple pour celle-là de hâter la fin de celle-ci, en lui administrant du poison. Ainsi Céleste, dans *Fécondité*, bonne à tout faire chez un officier de la marine en retraite, devient sa maîtresse, puis, après avoir fait disparaître l'épouse légitime, sa femme. Digne fin de carrière pour une domestique dépourvue de tout scrupule, de toute moralité. Elle finit son existence, « forte et grasse », avec de « respectables cheveux blancs »; la femme de chambre parisienne et rouée du début du roman s'est muée en « bonne bourgeoise de province, cossue ».

Comme si la respectabilité sociale absolvait tous les crimes, la servante qui a su se faire épouser après avoir tué sa maîtresse n'est poursuivie d'aucun remords. Elle jouit du « bonheur dans le crime » que décrit la nouvelle de Barbey d'Aurevilly[58]. Le comte de Savigny introduit comme femme de chambre auprès de sa femme sa maîtresse, Hauteclaire Stassin. Les deux amants aiment le risque et jouissent de ce « concubinage dans la maison conjugale ». Hauteclaire empoisonne la comtesse, qui confie au médecin de famille accouru à son chevet qu'elle sait tout et veut mourir. Elle lui demande de cacher la vérité pour préserver le nom des Savigny : « Il s'agit de nous tous, les gens comme il faut du pays. » Son mari a failli à l'honneur de son nom en s'abaissant à des relations avec une domestique; la comtesse, en s'effaçant en silence, le relève. Deux ans après, le comte épouse Hauteclaire qui affiche un bonheur scandaleux. Elle devient pour les femmes du pays un symbole d'audace. Elle « leur montre hardiment le visage de servante qui a su se faire épouser et elles rentrent indignées mais rêveuses »... Hauteclaire a dérangé l'ordre social à son profit, elle acquiert une véritable légende, il y a un relent de Cendrillon et de Prince Charmant dans son histoire. On respecte la servante ambitieuse qui a réussi, même si elle choque. Celle qui échoue et retourne à son néant, comme Jacqueline tout à l'heure, on n'en a pas pitié, on pense que c'est justice. Pas de solidarité de classe entre prolétaires. La servante ambitieuse est seule face à l'ordre bourgeois.

L'homme seul tyrannisé par sa servante

> « [...] nous auprès desquels la femme ne joue qu'un rôle animal, nous qui ne sommes ni mariés ni amoureux, nous subissons presque le joug du mariage par notre bonne et sommes les esclaves de sa maladie de nerfs. »
>
> *Journal* des GONCOURT, 25 mai 1860.

Servir un homme seul est, nous l'avons vu, une situation privilégiée pour une domestique ambitieuse qui, partageant son lit, peut espérer partager un jour sa table, ses biens, son nom. Mais il est agréable pour une servante de travailler chez un homme seul, même si elle n'est pas sa maîtresse et n'a pas sur lui de visées conjugales. Sans doute les tâches sont-elles moins lourdes, mais surtout, avec un homme seul, la domestique est la seule femme dans la maison, elle peut donc établir son autorité en toute tranquillité. Aucun problème de rapport de forces, de répartition des lieux comme entre Madame et sa bonne. Entre Monsieur et sa bonne, c'est toujours la bonne qui a le dessus, parce que Monsieur lui délègue tout ce qui a trait à la marche de la maison et n'exerce pas de contrôle. Par tradition, en effet, ce domaine est féminin. Aussi les bonnes qui servent chez des hommes seuls tiennent-elles farouchement à leur place.

Le héros de *En ménage*[59], André Denis, lorsqu'il se sépare de sa femme et s'installe seul dans un deux-pièces, cherche tout de suite son ancienne bonne, Mélanie, pour tenir son ménage. Elle s'est, depuis, mariée avec un sergent de ville, mais André a l'impression que rien n'est changé. Retrouver Mélanie avec les mêmes défauts et les mêmes qualités, c'est rassurant. Comme si le personnage de la bonne incarnait la continuité de l'existence du maître. Mélanie, elle, y trouve son compte, car elle est maîtresse du logis et des dépenses. Elle peut amener son mari, quand il est libre, « pour cirer les parquets, nettoyer les carreaux et fumer le tabac d'André ». Elle « carotte » comme elle le veut la bourse de son maître. C'est pourquoi elle craint le retour de la femme d'André, et se sent concernée par ses liaisons féminines. Elle dénonce à André les vices de ces « créatures » et se montre soulagée au moment de la rupture.

Inquiète lorsque André invite chez lui Jeanne, une de ses anciennes maîtresses, Mélanie se rassure en constatant que celle-ci est « trop modeste pour la commander ». L'issue du roman est intéressante sur l'analyse des rapports entre le maître, la servante et la maîtresse. Mélanie, petit à petit, met la maison au pillage : son mari vole des vêtements, du vin, des eaux-de-vie, elle-même réclame 20 francs chaque matin. André a beau protester, Mélanie n'en tient pas compte et il n'a que le choix entre accepter la conduite inacceptable de sa bonne ou la renvoyer. Jeanne propose à André de renvoyer Mélanie et de se mettre en ménage avec lui, pour vivre plus économiquement. Mais André refuse, il préfère à une maîtresse économe une servante dispendieuse.

Mélanie représente en effet l'axe autour duquel il a

reconstruit sa vie. Elle est la seule présence féminine stable dans son existence, qu'il craint de livrer à « la débâcle » s'il se sépare de sa bonne. Mélanie le gruge, il le sait, mais elle lui apparaît comme le seul rempart contre le désordre. Elle qui dévaste la maison de l'intérieur est, pour le maître, le pilier nécessaire à l'existence même de cette maison. C'est donc, dans ce cas, la maîtresse qui, par rapport à la bonne, joue le rôle de l'étrangère, de l'autre femme; les rôles habituels sont inversés.

La servante d'un homme seul est prête à bien des ruses pour éloigner une autre femme du foyer de son maître, comme le montre Jean Drault dans « La Gouvernante du veuf[60] ». Mme Juliette, bonne du docteur Savat, est devenue toute-puissante après la mort de Mme Savat. Une dame vient voir le docteur en privé et Mme Juliette, qui craint un remariage, dit pis que pendre de la visiteuse à son maître, sur les conseils de la concierge. Aussi est-elle toute déconfite quand elle voit le docteur ravi de ses paroles. La visiteuse venait en effet lui apporter de mauvais renseignements sur la famille de sa future femme et il n'avait guère envie de les prendre au sérieux. Voilà le mariage décidé et la gouvernante prise à son propre piège.

Parmi les servantes des hommes seuls sont réputées particulièrement tyranniques les bonnes de curés. Est-ce parce que leur autorité ne peut être menacée par la présence d'aucune femme qu'elles n'y mettent aucun frein et la font peser sans vergogne sur leur maître? Elles n'ont pas à le ménager, leur statut ne peut être remis en question. George Sand, à propos du curé de Nohant et de sa bonne Nanette[61], raconte la difficulté de telles relations. La vieille Nanette a sauvé la vie de son maître pendant la Révolution, et c'est comme si elle l'avait fait sien, comme si seule elle avait désormais le droit de s'occuper de lui : « Elle gouvernait despotiquement son maître, et le faisait marcher comme un petit garçon. »

Quand il est malade, elle le soigne, tombe malade à son tour. Il engage une autre servante, elle en est furieuse. A peine guérie, elle fait renvoyer l'intruse, mais, à nouveau, ne suffit plus à la tâche. La vieille femme s'escrime en vain à vouloir préserver son territoire de toute intrusion, elle n'y arrive pas et rend la vie impossible au curé, qui se plaint à Sand : « Elle me rend très malheureux, mais que voulez-vous! il y a cinquante-sept ans que nous sommes ensemble, elle m'a sauvé la vie, elle m'aime comme son fils. Il faut bien que celui qui survivra ferme les yeux de celui qui partira le premier. » Le maître et la servante sont liés par un destin commun[62]. La tyrannie de la servante fait partie de l'inéluctable solidarité qui unit ce couple.

CELLE PAR QUI LE MAL ARRIVE

> Bonne à tout faire : « expression employée souvent dans un sens malicieux, qui fait allusion à des fonctions inavouées ».
> Bonne à tout laisser faire : « plaisant, soit pour accuser les servantes de paresse, soit pour exprimer leur penchant à ne rien refuser ».
>
> *Larousse du XIXᵉ siècle*, article « Bonne ».

> « La séductrice. C'est le trou dans la cellule sociale, ça passe par ça, ça passe par son corps. [...] Or, la bonne est le refoulé de la patronne. »
>
> Hélène CIXOUS, *La Jeune née*, à propos du cas Dora, « la bonne dans la famille[63] ».

Le discours sublime sur la servante se pervertit très vite. L'image de la domestique dévouée, assurant la continuité, gardienne de la famille et de l'ordre, glisse vers celle de l'étrangère possessive et tyrannique qui, au lieu de conserver, prend la place. Ce glissement vient du rôle ambigu que joue la bonne dans la famille. Son rôle se situe à la charnière de l'espace et du temps. Dans le temps, elle est chargée d'assurer la continuité. Dans l'espace, elle doit clore la famille sur l'extérieur. Mais elle est, *en même temps*, l'extérieur, elle est l'altérité qui fait irruption au sein de la cellule familiale, qui la met en danger. La bonne paraît dangereuse lorsqu'au lieu de la saisir comme faisant corps avec la famille on s'aperçoit qu'elle est corps, qu'elle a un corps.

Nous avons vu quelle place tient, dans l'imaginaire bourgeois, le thème de l'oblation de soi en ce qui concerne la servante. Mais, dans le fantasme, le thème peut se retourner comme un gant et prendre une signification exactement inverse. De « petite Marthe », la bonne devient Marie-Madeleine la pécheresse. Elle menace alors la famille, la société, la race tout entière, vrai cheval de Troie prêt à miner la forteresse bourgeoise.

Elle est chair, elle a un corps. On lui croit la chair appétissante et la sensualité débordante : c'est là ce qui inquiète. Que vaut le corps bourgeois face au corps ancillaire ? Peu de chose, si l'on en juge d'après le récit d'un médecin que rapporte Edmond de Goncourt. Ce médecin, nommé Camus, lors d'une épidémie de petite vérole, avait été appelé pour vacciner des femmes du monde. Par la même occasion, il avait vacciné leurs femmes de chambre. Le docteur Camus affirme à Goncourt que l'aiguille entrait dans la chair des femmes du monde comme dans « du parchemin », alors que la chair des femmes de chambre était « une pomme pleine de suc » (*Journal*, 21 décembre 1876).

Les domestiques ont donc plus de vigueur que la femme bourgeoise. Le rôle de cette race juteuse est d'ailleurs d'allumer les désirs : « Une servante nous servit à dîner à Lamarche, une vraie merveille de la nature, dont les deux tétons, dardant drus sous la camisole, allumaient le regard et le désir. C'était la séduction robuste et brutale de la campagne. Poussant au viol, elle allait, elle marchait, elle tournait, élastique et rebondissante [...] une des plus vives impressions purement charnelles de notre vie » (*Journal* des Goncourt, 22 juillet 1857)[64]. S'opère donc une sorte de répartition des rôles : distinction à la femme du monde; bon ton, dignité et vertu à la mère de famille bourgeoise, sensualité à la domestique. Aux femmes bourgeoises, l'esprit et le cœur, aux servantes le corps. La grande dame qu'était, selon les Goncourt, la princesse Mathilde, était choquée, en lisant *Germinie Lacerteux*, par la bestialité de l'héroïne, et scandalisée de se sentir néanmoins faite comme elle, tant elle aurait voulu que des mécanismes physiques différents marquent qu'elles appartenaient à deux races différentes : « Elle veut savoir, elle veut connaître, elle est infiniment intriguée que des gens comme nous fassent des livres comme cela. Elle jure ses grands dieux que cette bonne ne lui inspire aucun intérêt et que ce qui la révolte dedans, c'est qu'elle soit condamnée à faire l'amour de la même manière que ces malheureuses » (7 août 1865)[65].

Humiliation de la grande dame d'être contrainte, par son corps, à ressembler à la servante, répugnance à admettre que leur sexualité puisse emprunter les mêmes voies. Les besoins sensuels des domestiques ne peuvent d'ailleurs que créer des problèmes aux maîtresses de maison, ainsi que le note Michelet, dans son *Journal* du 6 septembre 1861. Il séjourne alors en Suisse : « Elle [sa femme] me conta les embarras de Mme Quinet avec sa bonne, la Genevoise amoureuse ayant des besoins impérieux. Comme la Savoyarde d'Evian dont ils nous parlaient hier, chanteuse, hardie, sensuelle, humble au jour de confession... La Genevoise est de même et pour le frère, et pour Chassin, et pour son fruitier (laitier de montagne) dont elle lave le linge, disant qu'ici c'est l'usage de laver le linge de son amant (celui qu'on salit ensemble)[66]. »

On ne parlerait pas de la sensualité d'une bourgeoise avec autant de liberté. C'est pourquoi il faut, dans ce discours du maître sur la domestique, faire la part du fantasme, et lire, dans la sensualité excessive qu'il prête à la domestique, le retour du refoulé. Ainsi Zola relie-t-il à la terre la sensualité des servantes. Plus elles sont restées proches de la terre, plus elles sont bestiales. Jacqueline, dont nous avons parlé plus haut, est douée d'une vitalité à toute épreuve, et de désirs effrénés. Pendant la moisson, elle se lève à trois heures du matin, prépare les repas de tous les ouvriers, se couche à dix heures et trouve le moyen, en plus, d'avoir des appétits charnels : « Elle tuait d'amour Tron, cette grande brute de vacher, dont la chair tendre de colosse lui donnait des fringales [67]. »

Rosalie, la bonne d'*Une page d'amour*, baigne avec son fiancé Zéphyrin dans une atmosphère de sensualité épaisse, primitive, faite de gifles, de pinçons, de gros rires. Batailles ritualisées dont la violence et la répétition trahissent la jouissance qu'y prennent les deux partenaires. Témoin cette scène, dans le jardin, où Zéphyrin ratisse : « Il se trouvait derrière un grand fusain, lançant à Rosalie des œillades obliques, pendant qu'il semblait l'amener contre lui, à petits coups, avec son râteau. Quand elle fut tout près, il la pinça rudement à la hanche.

– Crie pas, c'est comme je t'aime! murmura-t-il en grasseyant. Et mets ça par-dessus! »

Il la baisait au petit bonheur, sur l'oreille. Puis, comme Rosalie, à son tour, le pinçait au sang, il lui colla un autre baiser [68]. »

Même si elles n'ont pas d'origines paysannes, les domestiques sont, dans l'imaginaire bourgeois, dotées d'une sensualité inquiétante. Sensualité qui ne va pas forcément avec la beauté. Germinie, par exemple, est laide mais séduisante : « Un charme aphrodisiaque sortait d'elle, qui s'attaquait et s'attachait à l'autre sexe. » Séduction agressive qui la conduit aux pires orgies et à la totale dégradation. A quarante ans, elle « roule à la rue », guidée par un instinct bestial : « Elle s'en allait par les rues, battant la nuit avec la démarche suspecte et furtive des bêtes qui fouillent l'ombre et dont l'appétit quête. » (Dans cette évocation, on retrouve le fantasme que nourrissent les Goncourt sur les femmes du peuple : « femelles crapuleuses adonnées à la luxure ».) Plus belle, plus racée que Germinie, mais non moins crapuleuse, telle est Célestine. Elle oublie tout quand un homme la caresse. Elle tue Georges, jeune poitrinaire qu'elle devait aider à vivre, en faisant l'amour avec lui. Tel un vampire, elle anéantit les dernières forces du jeune homme dans des débordements sensuels. Après la mort de Georges, Célestine, qui, un moment, a désiré mourir avec son amant, s'empresse, le soir même, de « se décrasser » de l'amour qu'elle a vécu en compagnie d'un valet grossier[69]. Les plus nobles sentiments sont bafoués par l'appel de la chair.

Il y a donc ambivalence de la chair ancillaire dans l'imaginaire bourgeois : d'un côté, cette chair est puissante, épanouie, elle devrait régénérer la race[70]; de l'autre, elle recèle des appétits excessifs, une sensualité débridée, qui mènent à la mort. La chair de la servante attire parce qu'elle est autre, elle est donc dangereuse.

La dépravation fait tellement partie de l'image que les bourgeois se font de la bonne que la bourgeoise dépravée va se déguiser en domestique pour se livrer à ses vices. Ainsi, dans une nouvelle de Maupassant, *La Chambre 11*[71], la femme du premier président se transforme-t-elle en bonne pour se rendre à ses rendez-vous galants. Changeant de costume, elle change d'allure et s'encanaille, comme si en chaque maîtresse se cachait une aguichante servante : « Elle s'en allait trottinant, hardie, les hanches découvertes, petite bobonne qui fait une commission. [...] Qui donc aurait reconnu dans cette servante mince et vive la première présidente Amandon ? » Le patron de l'auberge où elle loue la chambre 11 se dit en la voyant passer : « V'là mamzelle Clarisse qui va t'à ses amours » (ses amours : les militaires qu'elle reçoit dans la chambre 11).

Ce qui, chez Maupassant, est exprimé de manière caricaturale devient dramatique chez Zola. Séraphine est, à tente-cinq ans, une beauté ravageuse : « On chuchotait que, certains soirs de folie érotique, elle prenait, comme les impératrices inassouvies de la Rome ancienne, le déguisement d'une servante pour battre les trottoirs des quartiers louches, en quête des mâles brutaux dont elle souhaitait les violences[72]. » Avoir besoin d'emprunter l'apparence d'une domestique trahit chez ces bourgeoises des instincts débridés, une nature pervertie. Leur appétit de jouissance est si puissant qu'il abolit les sentiments qui devraient être les leurs : attachement à leur dignité, conscience de leur appartenance sociale, refus de toute souillure.

La femme du monde, la femme bourgeoise n'ont pas de corps, ou plutôt leur corps n'est là que pour porter les signes de leur appartenance de classe, vêtements, manières, conversation. La domestique, au contraire, vit son corps. Toujours selon l'imaginaire bourgeois, tant il est évident que ce qu'on peut apercevoir du corps vécu par la domestique ne ressemble en rien à ce qu'il est dans le scénario du fantasme bourgeois. Que la servante habite sa chair, vive ses désirs, peut faire se lever un rêve opposé à celui de la chair dangereuse, celui de la chair heureuse et offerte au maître. Maupassant met en scène, dans *Notre cœur*[73], un homme entre deux femmes. Amoureux de la première, une mondaine au cœur sec et qui ne sait pas se donner, il trouve auprès de la seconde, Elisabeth, sa bonne, la joie de se sentir aimé. La servante n'a rien, elle peut donc tout donner, se donner corps et âme, sans être retenue par aucun code mondain. Elisabeth est, pour le héros de Maupassant, la maîtresse rêvée, celle qu'il a façonnée, qu'il a investie, dont il emplit la vie et qui en est comblée. La servante est son territoire, il se sent, avec elle, aimé et puissant. Le corps de la servante apparaît ici comme une source infinie de consolation et de bonheur.

Le sexe révélé aux enfants

La sensualité excessive dont est chargé le corps de la domestique va jouer un rôle subversif au sein de la société bourgeoise. Là où il y a dérèglement sensuel, il y a dérèglement des mœurs. La domestique risque de subvertir la société dans ses bases mêmes, là où elle est le plus fragile, au niveau des enfants. Bien entendu, le cliché qui vient à l'esprit est celui de la bonne dépucelant le fils de la maison. Mais, n'était le spectre de la syphilis à l'horizon, cette partie de l'activité de la servante apparaîtrait comme tout à fait positive pour le jeune bourgeois. Celui-ci, en effet, acquiert de l'expérience à bon compte, puisque la bonne est déjà payée pour s'occuper du ménage. Il fait ainsi l'économie d'une visite au bordel. De plus, la question des conséquences ne se pose pas dans la mesure où l'on peut renvoyer une domestique enceinte et avoir la loi pour soi.

Culbuter la bonne fait partie, pour les pères et les fils des familles bourgeoises, des lieux communs et nourrit un fonds éculé d'histoires égrillardes. Cette première expérience sensuelle peut être vécue comme vulgaire, banale; mais elle peut aussi être élevée à la dimension d'un souvenir érotique ineffaçable, comme le raconte Tourgueniev (son récit est rapporté par Goncourt, dans son *Journal* du 28 janvier 1878). Tourgueniev avait quinze ans, une femme de chambre de sa mère vient un soir droit à lui, le prend par les cheveux de la nuque et lui dit : « Viens! » Geste à jamais gravé dans son être : « Ce doux empoignement de mes cheveux, avec ce seul mot, quelquefois cela me revient, et d'y penser ça me rend tout heureux. » Et Tourgueniev de citer cet épisode comme « la sensation d'amour la plus vive qu'il ait éprouvée dans sa vie ». Sans doute l'inversion du rapport de maître à esclave – car cette femme de chambre en était une – mettait-elle beaucoup de piquant dans l'aventure. Mais ce geste de la jeune domestique représentait surtout, pour l'adolescent, la brusque révélation du désir, l'ouverture à un monde inconnu. La servante participe à l'éveil et à l'éducation du jeune bourgeois.

Le danger de la dépravation des enfants par une domestique concerne bien davantage la fille de la maison que le garçon. La domestique peut débaucher la fille de ses maîtres de manière directe, en l'initiant à ses vices. Ainsi Goncourt rapporte-t-il, pour illustrer le « gougnottage » à la mode dans le monde, l'épisode suivant : une jeune fille avait un amant, la femme de chambre surprend des lettres et exerce un chantage; elle menace de donner les lettres au père de la jeune fille si celle-ci ne s'abandonne pas à elle. La jeune fille cède, prend goût à l'homosexualité, rompt avec son amant, engage à son service des parents de sa femme de chambre et se promène au bois avec elle (*Journal* des Goncourt, 28 mai 1877).

La rupture qu'introduit la domestique entre la fille de la maison et l'ordre sexuel « normal » est aussi dénoncée par Marcel Prévost[74]. Fanny Smith est l'institutrice anglaise de Berthe Haumont-Segré. Une intimité se crée entre Fanny et son élève. Berthe essaie de ressembler à Fanny, qui prend un grand ascendant sur elle. Fanny lui conseille, entre autres, de se faire émanciper, afin d'avoir la libre disposition de sa fortune personnelle, qui lui vient d'un oncle. On comprend l'attirance sensuelle qu'éprouve Berthe pour Fanny lorsque, embrassée par le frère d'une de ses amies, elle le repousse et court se réfugier auprès de son institutrice. Berthe finit par quitter sa famille et s'enfuit avec Fanny. Elles s'installent sur la Côte d'Azur. L'amour exclusif qu'elles se portent annihile le reste du monde. Fanny empêche Berthe d'aller au chevet de sa mère mourante. Cette alliance contre nature de la domestique et de la maîtresse se termine dans le sang. M. Haumont-Segré se venge en étranglant Fanny et met ainsi un terme au maléfice qui retenait sa fille prisonnière. L'institutrice avait comme envoûté son élève[75].

Il faut se garder de conclure que toutes les filles aient été initiées aux amours saphiques par la femme de chambre de leur mère. Prévost cherche à titiller l'imagination de ses lecteurs en jouant sur le mystère de l'intimité des femmes entre elles, et sur la crainte masculine qu'une jeune fille puisse avoir la révélation de son propre sexe (thématisée ici par l'homosexualité). Le plus souvent, ce n'est pas par des rapports sexuels directs que la domestique pervertit la fille de la maison. C'est bien plutôt par des révélations imprudentes et une atmosphère moralement malsaine qu'elle entretient autour d'elle. Balzac déplore le « mauvais exemple » que peut donner une bonne. Un instant d'inattention, d'inconscience, et c'est toute une éducation qui est gâchée : « Une mère élève sévèrement sa fille, la couve de ses ailes pendant dix-sept ans, et, dans une heure, une servante détruit ce long et pénible ouvrage, quelquefois par un mot, souvent par un seul geste[76]! »

Si la jeune fille bourgeoise paraît éminemment menacée, c'est que son éducation consiste à élever un mur entre elle et la réalité. Mur d'ignorance destiné à préserver sa virginité de corps et d'esprit. La domestique représente la brèche dans le mur, l'irruption de la réalité, le contact avec l'extérieur. Elle est femme, elle a une vie sexuelle souvent sans être mariée. Pour une jeune bourgeoise, elle est celle qui connaît ce qui est dehors, interdit, caché. Elle est la brèche par où passe le sexe.

Elle va lever la loi du silence qui entoure l'adolescente et la renseigner sur des questions que n'ont jamais soulevées la mère ni la famille. George Sand raconte comment, dans son enfance, elle a appris, en écoutant chuchoter Rose et Julie, les domestiques de sa grand-mère, des révélations d'ordre familial « que – dit-elle – j'aurais bien aimé ne pas savoir si tôt[77] ». Dans *La Terre*, Victorine, une bonne renvoyée « à cause des hommes », se venge en dévoilant à la petite-fille de ses maîtres la vérité sur le commerce qui a enrichi la famille. Elodie, élevée chez les dames de la Visitation, croyait que ses grands-parents avaient fait fortune dans la confiserie et que sa mère avait repris l'affaire. Elle apprend de Victorine que la confiserie est en réalité une maison close. Les Charles sont stupéfaits lorsque Elodie leur dit qu'elle sait tout et qu'elle est prête à tenir à son tour la maison close. Ils avaient mis tant de soin à lui cacher l'existence même de la sexualité, en renvoyant leurs bonnes régulièrement engrossées! (« Elles deviennent impossibles dans une famille honnête, avec leurs ventres [78]... ») La révélation prend dans cette scène une allure caricaturale, il y a contraste entre le secret qu'on croyait si bien enfoui et le fait qu'il était éventé depuis longtemps. Mais elle revêt parfois une teinte plus sombre.

C'est en termes de défloration de l'âme que Prévost parle des confidences que fait Mag, l'institutrice, à son élève Josette. Mag raconte à Josette ses relations avec son amant Bolski : « Une femme, bien plus vite qu'un homme, abolit l'ingénuité d'une autre femme. Quand, accompagnée de son chaperon, Josette entra dans la grande salle du Ritz, elle était toujours une jeune fille intacte – elle n'avait plus d'innocence. » Les confidences de Mag s'accompagnent de malhonnêteté à l'égard des parents de Josette : elle trahit leur confiance en facilitant les rencontres de leur fille avec un jeune homme [79] dont le père ne veut pas entendre parler (car il est autrichien). Mag cause indirectement la mort de son élève, puisque, persuadée que celui qu'elle aime est un espion, faute d'avoir été détrompée à temps, Josette se suicide. Certes, Mag est une étrangère et une espionne, et le préfet de police affirme que tout irait mieux si l'on engageait des institutrices françaises, mais elle est surtout dépravée, dépourvue de sens moral, et n'a aucun respect pour la pureté de la jeune fille qu'on lui a confiée. Mag se conduit en entremetteuse plus qu'en chaperon. Elle n'a pas conscience de la nécessité d'être réellement un « ange gardien » pour son élève.

L'importance du « gardiennage » est extrême en ce qui concerne la fille de la maison. Chaperonner une jeune fille est une mission de confiance, et les parents qui délèguent ce soin à une domestique ont bien tort. Ce thème est développé dans la comédie de Grangé et Deslandes. Mme Durosel, qui doit sortir pour régler une dette de jeu, demande à Julie, sa cuisinière, de chaperonner sa fille Cécile et son jeune professeur de piano. Julie acquiesce puis laisse les jeunes gens seuls. Lorsque la mère s'en rend compte, elle gronde Julie qui rétorque : « Je suis cuisinière, moi... je ne suis pas gouvernante. Chacun son métier, comme on dit, et les moutons sont bien gardés[80]. » La même Julie rapporte, en cachette des parents, des romans pour Cécile. Elle prend les 15 francs du cabinet de lecture sur le budget du ménage et trompe donc doublement ses maîtres.

C'est chez Zola que se trouve le mieux mise en lumière la corruption qu'une domestique peut répandre dans la vie d'une adolescente. Lisa, la femme de chambre des Campardon, prend plaisir à renseigner Angèle, la fille de ses maîtres : « Il y avait, chez Lisa, une jouissance basse, dans cette corruption d'Angèle, dont elle satisfaisait les curiosités de fille maladive, troublée par la crise de ses quinze ans[81]. » Chaque soir, en cachette de ses parents, elle vient faire avec Angèle déjà au lit des parties de cartes, et dire du mal de la cousine Gasparine. Celle-ci, maîtresse de Campardon, règne sur la maison. Lisa doit, comme Angèle, faire preuve de soumission envers la cousine et se venge d'elle le soir, « une sale bête que la bonne déshabillait crûment devant l'enfant ». Lisa et Angèle sont furieuses car Gasparine met sous clef le sucre; avant son arrivée, Lisa en volait pour le donner à Angèle le soir.

Mais le règlement de compte avec la cousine n'est qu'un prétexte à attouchements entre Lisa et l'adolescente. Angèle, tourmentée par la puberté et des désirs sensuels mal définis, se défoule en compagnie de la domestique. Lisa entretient cette complicité, par son silence en public d'abord : « Angèle, chaque fois que Lisa se penchait près de sa chaise pour changer une assiette, lui pinçait les cuisses, dans une rage d'intimité, sans que ni l'une ni l'autre, très sérieuses, eussent seulement un battement de paupières. » En privé, ensuite, Lisa fait mimer à Angèle les scènes d'amour dont elle lui a révélé l'existence : « Votre papa lui en fourre pourtant assez, du sucre! dit Lisa, avec un rire sensuel.

— Oh! oui, murmura Angèle, qui riait également.
— Qu'est-ce qu'il lui fait, votre papa?... Faites un peu, pour voir. »

« Alors, l'enfant se jeta au cou de la bonne, la serra dans ses bras nus, l'embrassa violemment sur la bouche, en répétant " Tiens! comme ça... Tiens! comme ça ". »

La même scène se répète, qu'il s'agisse de mimer les relations sexuelles à l'intérieur de la famille ou à l'extérieur, par exemple celles de Berthe Josserand-Vabre, prise en flagrant délit d'adultère par son mari. Lisa plonge Angèle dans une atmosphère de sensualité ambiguë et malsaine, introduit l'adolescente dans son monde à elle. Les bonnes, qui tiennent sur les maîtres des propos orduriers, ont l'habitude de s'interrompre dès qu'un maître est en vue. Lorsque c'est Angèle qui entre dans la cuisine, elles ne mettent plus fin à leurs conversations. Signe qu'Angèle, par Lisa, est passée du côté des bonnes, du côté de l'ordure et de la boue.

Le détournement de l'adolescente se passe au nez et à la barbe d'une famille aveugle. Les Campardon – Monsieur, Madame et la cousine –, persuadés que Lisa est « une perle », et que sa conduite est irréprochable, lui confient leur fille en toute tranquillité, alors qu'ils prennent grand soin de protéger Angèle des réalités crues : « Notre petite Angèle suit des cours à l'hôtel de ville, et c'est Lisa qui l'accompagne... Oh! elles pourraient bien rester ensemble des journées dehors, nous ne sommes pas inquiets[82]. »

Qu'elles soient causées par l'imprudence, la volonté de se venger ou le plaisir de détruire une innocence, les révélations d'une domestique peuvent traumatiser une fille pour la vie. C'est ainsi que Nora, l'institutrice des enfants Séguin, gâche l'existence de Lucie, qui a douze ans. Un matin, la petite fille refuse de quitter son lit. Quand l'ami de la famille, qui est aussi l'amant de Mme Séguin, veut l'embrasser, elle se met à crier; elle l'a vu, dit-elle, avec sa mère, la veille au soir : « C'est Nono [Nora] qui est venue me chercher, comme j'allais m'endormir, pour me montrer quelque chose de drôle... Elle a percé un gros trou dans la porte, Nono, et elle s'amuse à regarder le soir... Et ce que j'ai vu... oh! je suis trop malheureuse, qu'on m'emmène au couvent... » La mère a beau faire de violents reproches à l'institutrice : « C'est immonde, ce que vous avez fait là [...], souiller si bêtement, si bassement l'enfance, détruire tout respect, toute tendresse entre une mère et sa fille[83] », l'acte n'en est pas moins commis, irréparable. Lucie, quelques années plus tard, entre effectivement au couvent.

Même si la domestique est la coupable directe, la vraie responsable de ce drame est la mère. Mondaine, préoccupée de ses sorties davantage que de l'éducation de ses enfants, elle les a toujours laissés aux domestiques. Ils avaient, dit Zola, « cet air muet, un peu inquiet, des enfants abandonnés aux soins des servantes ». Responsable aussi, le père, qui refuse, parce qu'elle est sa maîtresse, de renvoyer l'institutrice coupable d'avoir sali l'innocence de sa fille. Pour Séguin, ses enfants n'existent que comme entraves à ses plaisirs. C'est pourquoi il s'oppose au renvoi de Nora, et traite sa fille de détraquée. Cet épisode peut sembler d'un romanesque de mauvais goût, mais il tient une place symbolique importante dans un roman où Zola dénonce avec vigueur l'égoïsme des couples de bourgeois parisiens, les ravages que causent à la race et à la nation le malthusianisme et l'abandon des enfants aux nourrices et aux domestiques.

Il voit dans le refus des enfants et la course au plaisir

une menace. Si les bourgeois laissent leurs enfants aux domestiques, la race s'abâtardira. C'est dans cette perspective que la dépravation de la fille de la maison au contact des bonnes est particulièrement grave. Si l'on ne veille pas davantage à l'éducation de la jeune fille, si elle est corrompue dès son adolescence, quelle épouse et quelle mère fera-t-elle ? Que peut être une société où la femme n'est pas respectable ? Les mères devraient avoir le souci de veiller elles-mêmes sur leurs filles, leur éducation, leur honneur, leur vertu. Gardiennes du lignage, elles sont en effet gardiennes de la société et ne devraient déléguer à personne le soin de cette mission[84].

Il est intéressant de constater qu'à la fin du XIXe siècle on se soucie en Angleterre comme en France de la préservation des enfants et on se défie des domestiques, corrupteurs en puissance de l'enfance. Ainsi, à la date du 12 janvier 1895, on lit, dans les *Carnets* d'Henry James, un récit rapporté par l'archevêque de Canterbury, qui deviendra le sujet du *Tour d'écrou* : « L'histoire de jeunes enfants confiés à des serviteurs. [...] Les serviteurs, méchants et dépravés, corrompent et dépravent les enfants. [...] Les serviteurs meurent et leurs fantômes [...] reviennent hanter la maison et les enfants [...] pour les inciter à se détruire, se perdre en leur obéissant, en se mettant sous leur domination[85]. » L'archevêque insiste sur la nécessité de ne pas abandonner de jeunes aristocrates aux manières des classes inférieures : il faut préserver les enfants du contact des domestiques.

La révélation du sexe : donner à voir ce qui n'est pas à voir; question de regard, comme *Le Tour d'écrou*[86] précisément le met en scène. Les bourgeois accusent les domestiques de montrer aux innocents, de manifester qu'il y a du sexe. Le non-dit, l'autre pensé comme vil, se dévoile par leur intermédiaire, parce qu'ils sont eux-mêmes les plus intimes autres, et de basse condition. De plus, on dit qu'ils montrent parce que l'on sait bien qu'ils voient. En même temps, on préserve l'idée commode que les enfants sont incapables de rien deviner du sexe par eux-mêmes.

La souillure, la souillon

> « Nous avons un sentiment tout rituel de l'impureté de certaines professions, surtout de celles que notre pensée associe aux emplois serviles. Quand on a le goût délicat, on sent bien qu'une contamination spirituelle est inséparable de certaines fonctions ordinairement exigées des domestiques. [...] Les sages ont toujours reconnu que deux choses sont absolument nécessaires à l'homme pour que sa vie soit digne, belle, voire même irréprochable : disposer d'un certain loisir, et n'avoir aucun contact avec ces opérations industrielles qui servent aux usages immédiats de la vie quotidienne. »
>
> Thorstein VEBLEN,
> *Théorie de la classe de loisir.*

> « Je hais les domestiques. J'en hais l'espèce odieuse et vile. Les domestiques n'appartiennent pas à l'humanité. Ils coulent. Ils sont une exhalaison qui traîne dans nos chambres, dans nos corridors, qui nous pénètre, nous entre par la bouche, qui nous corrompt. Moi je vous vomis. [...]
>
> « Je sais qu'il en faut comme il faut des fossoyeurs, des vidangeurs, des policiers. N'empêche que tout ce beau monde est fétide. [...] Vos gueules d'épouvante et de remords, vos coudes plissés, vos corsages démodés, vos corps

> pour porter nos défroques. Vous êtes nos miroirs déformants, notre soupape, notre honte, notre lie. »

Jean GENET, *Les Bonnes*,
Claire jouant le rôle de Madame.

Réservés à la domestique, les travaux du ménage sont jugés indignes d'une jeune fille ou d'une dame bourgeoise, et par conséquent leur sont interdits. Avoir le goût du ménage, cela paraît suspect. Christine Hallegrain, qui fait avec plaisir le ménage chez Claude Lantier, « avouait ainsi qu'une dépravation, son goût pour les soins du ménage, ce goût qui désespérait sa mère, dont l'idéal d'éducation était l'art d'agrément ». Christine est lectrice chez Mme Vanzade où elle s'ennuie. Elle aurait préféré « se battre contre la poussière », mais à ce moment-là elle « n'aurait plus été une dame [87] ».

Une « dame » se définit donc par l'absence de contact direct avec la saleté, avec l'ordure, domaine exclusif de la bonne. La ségrégation sociale se fait au niveau du balai, entre celle qui est servie et celle qui sert. Même des esprits éclairés s'en tiennent à cette distinction. Augusta Moll-Weiss, dans ses projets d'écoles ménagères, réserve les cours d'économie domestique aux futures jeunes dames, ceux de ménage aux futures jeunes bonnes. Marcel Prévost cite en exemple une famille d'universitaires dont la mère élève parfaitement ses trois filles. Elle « les avait dressées de bonne heure, non pas aux basses besognes du ménage qui dégradent la jeune fille [...] mais à cette science plus précieuse de l'organisation, de la surveillance d'un intérieur [88] ».

Partout les tâches se répartissent de la même manière. Au couvent même, comme le montre George Sand, les sœurs converses travaillent « comme des prolétaires » pour servir les autres, les dames. La plus jeune des sœurs converses, Hélène, est chargée des « fonctions les plus pénibles et les plus repoussantes du couvent » (entendez : le ménage). « A cause de cela, elle était un objet de dégoût pour les pensionnaires recherchées. On eût frémi de s'asseoir auprès d'elle, on évitait même de frôler son vêtement[89]. » Consacrée à l'ordure, la malheureuse est en quarantaine au milieu de ses « sœurs ». Condition du paria indien.

Ce rapport à la souillure est absolument déterminant pour la condition de la domestique. Car c'est autour de lui que s'opère la répartition des rôles dans la famille. Sur le modèle des deux faces de l'immeuble bourgeois (aux maîtres, l'endroit, le luxe et la discrétion; aux domestiques, l'envers, la saleté et la promiscuité) se fait la répartition des rôles au sein de la famille : aux maîtres, le propre, l'avouable, la représentation, aux domestiques, le sale, l'inavouable, le secret. A la bonne, le rebutant, le dégradant : balai, vaisselle sale, pots de chambre et sexe. Tant il est vrai que, dans l'imaginaire bourgeois, souillure et sexe sont intimement mêlés.

Sur la domestique se fixe la saleté. C'est pourquoi elle peut apparaître comme pur objet sexuel, commode déversoir pour l'épanchement du maître. Ainsi Marianne, la grosse cuisinière des Lanlaire, raconte-t-elle à Célestine comment leur maître est devenu son amant : « Il y a deux mois, Monsieur est entré dans la laverie où j'étais en train de laver la vaisselle. [...] Monsieur venait de causer avec vous, sur l'escalier... Quand il est entré [...] Monsieur [...] soufflait très fort, avait les yeux rouges et hors la tête... Sans rien me dire, il s'est jeté sur moi, et j'ai bien vu de quoi il s'agissait [...] il est revenu, souvent... C'est un homme bien mignon[90]... » Marianne joue évidemment ici le rôle de substitut de Célestine. C'est à cette dernière que M. Lanlaire faisait la cour. Mais on sait par ailleurs que, doté d'un puissant appétit sexuel et ne trouvant aucune satisfaction auprès de sa femme, M. Lanlaire a toujours couché avec toutes les servantes qui sont passées dans la maison. Qu'elles soient belles comme Célestine ou laides comme Marianne est un élément secondaire.

Si un homme dégoûte sa femme, celle-ci sera heureuse de lui savoir une maîtresse qui la débarrasse de lui. Si la maîtresse, à son tour, est dégoûtée, elle rêve de léguer cet amant indésirable à sa servante. Le répugnant, en dernier ressort, revient à la bonne. Duveyrier, à cause des plaques rouges qu'il porte en permanence sur le visage, est un objet de répulsion, d'abord pour sa femme, puis pour sa maîtresse. Cette dernière, Clarisse, a cherché à se débarrasser de lui, mais en vain : « Même l'idée lui était venue de le passer à une de ses cuisinières, grosse fille accoutumée aux basses besognes; mais la cuisinière n'avait pas voulu de Monsieur[91]. » De bouc émissaire, sur qui se fixe la saleté, la domestique peut devenir corruptrice : la saleté évacuée à travers le corps de la bonne fait retour. D'où la suspicion dans laquelle on tient le maître qui a du goût pour les bonnes. Réprobation des Goncourt, qui se piquent de raffinement, à l'égard de leur cousin Léonidas : « De tout temps [...] il a eu l'appétit de la servante, de la laveuse aux mains rouges, aux gros pieds, à la gorge dure, au teint " rouvrant ", du " graillon ", comme l'appelle sa femme » (*Journal*, 7 juin 1860). Mépris d'Edmond pour Théophile Gautier, qui était « de sa nature très maladroit avec les femmes un peu distinguées » et ne se trouvait à l'aise « qu'avec les femmes-servantes, les maîtresses-domestiques » (31 décembre 1872).

La sensualité d'un bourgeois peut être pervertie au point que son désir pour les domestiques devienne exclusif. C'est le cas, on l'a vu, de Trublot, jeune homme dépravé qui hante les chambres du sixième et trouve toujours les domestiques bien plus attirantes que les maîtresses : « Quand il dînait en ville, il s'échappait du salon pour aller pincer les cuisinières devant leurs fourneaux et, lorsqu'une d'elles voulait bien lui donner sa clef, il filait avant minuit, il montait l'attendre patiemment dans sa chambre, assis sur une malle, en habit noir et en cravate blanche. [...] Le dimanche, il lui arrivait de rester la journée entière dans un lit de bonne, heureux, perdu, le nez au fond de l'oreiller[92]. » Le goût pour les servantes est particulièrement scandaleux chez un jeune bourgeois à qui est promis un bel héritage familial. A Octave Mouret, qui souligne cette choquante contradiction, Trublot se sent contraint de donner une justification de sa conduite : « C'est très chic. » Il tente ainsi de mettre au compte de la mode son désir dépravé. Manière de se rattacher au code bourgeois au lieu de paraître le trahir.

La fréquentation des domestiques entraîne toujours, pour les maîtres, un avilissement. Qu'un maître sorte de son lieu et de son rôle, et il subit une flétrissure, Berthe Josserand-Vabre, lorsqu'elle va rejoindre son amant Octave Mouret au sixième étage, se met hors la loi des bourgeois. Elle est aussitôt punie, car, coincée dans la chambre de Mouret, elle est obligée d'écouter le « déballage » des affaires intimes des maîtres auquel procèdent chaque matin les bonnes, accoudées aux fenêtres des cuisines. Berthe et Octave sont pétrifiés par ce qu'ils sont condamnés à entendre, ils se sentent salis par les propos des domestiques : « Une blague ordurière salissait leurs baisers, leurs rendez-vous, tout ce qu'il y avait encore de bon et de délicat dans leurs tendresses[93]. » Leurs relations sont réduites, par le discours des domestiques, à de l'« ordure », à une « fornication ». Mis à nu, les deux amants ne sentent plus que le « dégoût d'eux-mêmes ».

Si, pour un maître, le contact avec les domestiques est forcément dégradant, il est vrai aussi qu'un maître qui a commis une faute se rapproche instinctivement des domestiques. Correspondance subtile entre les souillures. Hélène, l'héroïne d'*Une page d'amour*, de retour chez elle après avoir cédé à Henri, va se réfugier à la cuisine, auprès de sa bonne, Rosalie, et de Zéphyrin, son fiancé, comme si le reste de la maison la rejetait et la poussait là, où elle n'est plus une étrangère. Par sa « faute », Hélène a dissous une limite entre le monde des maîtres et le monde ancillaire, elle a effacé la frontière entre le salon et l'office : « Elle se sentait comme enveloppée dans leur tendresse [...], toutes les distances se trouvaient rapprochées [...], une mollesse la retenait, le visage noyé, sans qu'elle fût blessée du désordre de la cuisine. Cet abaissement d'elle-même lui donnait la profonde jouissance d'un besoin contenté[94]. » Le bien-être qu'Hélène goûte auprès de Rosalie et de Zéphyrin est coupable. Il témoigne du glissement de cette femme d'ordre dans le désordre, du mélange de deux mondes qui doivent rester étanchément séparés. La maîtresse n'a pas le droit de se laisser aller au trouble plaisir ancillaire. Tendresse, mollesse, jouissance appartiennent aux domestiques. Une femme qui se respecte n'y a pas sa part.

La dégradation, l'infection commencent dès la parole, dès que les domestiques sont nommés et deviennent sujets de conversation. Le sujet est malsain, l'intérêt qu'y portent les dames suspect. Au cours d'une soirée chez les Duveyrier, les dames parlent de leurs domestiques : « Et toutes, languissantes sous l'éclat des bougies et le parfum des fleurs, s'enfonçaient dans ces histoires d'antichambre, remuaient les livres de comptes graisseux, se passionnaient pour l'insolence d'un cocher ou d'une laveuse de vaisselle[95]. » Deux ans plus tard, à une autre soirée chez les Duveyrier, le sujet de la conversation est toujours le même : « Ces dames causaient de leurs domestiques, et elles se passionnaient[96]. » Enfoncement des bourgeoises dans la fange ancillaire, au risque de se perdre. Parler des domestiques, c'est toucher à l'ordure, au désir, au sexe. Pour ces bourgeoises, parler des réalités qui leur sont interdites est une manière de les vivre par procuration. Sous prétexte de moraliser les domestiques, elles touchent au corps interdit.

CHAPITRE II

SUPPÔTS DES CODES

La domestique a donc à s'insérer dans le cadre que lui trace l'imaginaire bourgeois. Cadre précaire, dangereux, car l'image chrétienne de la servante dévouée risque à tout instant de se retourner. En effet, la bonne occupe une place ambiguë. Elle est la personne qui vit avec les maîtres dans la plus grande proximité et elle a le tort d'être présente en chair et en os : elle encombre. On a besoin d'elle cependant. Les maîtres la ligotent dans l'image rassurante de la servante gardienne. Mais que revienne le refoulé, le corps, et c'est la catastrophe. De symbole désincarné du dévouement, la domestique peut se retrouver symbole incarné de la perversion.

De quels moyens dispose la bonne pour exister en face de cet imaginaire bourgeois qui la menace d'indignité et d'exclusion? D'abord de son allégeance aux codes bourgeois. Elle va s'y attacher d'autant plus qu'est en jeu son image de marque, non seulement par rapport aux maîtres, mais tout autant à ses propres yeux. Le respect des codes lui rend une dignité que met en cause l'imaginaire bourgeois. (Ce trait, il faut le souligner, est commun à tous les domestiques, sans distinction de sexe.)

L'assimilation aux maîtres

La domestique est une déracinée, elle adopte le code bourgeois avec d'autant plus de force qu'elle fuit la terre et ses origines. Elle devient du code des maîtres le suppôt le plus convaincu. C'est le cas de Bécassine, qui pousse l'assimilation jusqu'à la caricature. Bécassine reste constamment admirative et respectueuse de la classe des puissants, sa maîtresse et les dames du faubourg Saint-Germain. Elle est tout à fait consciente qu'elle n'est, dans ce milieu, qu'une intruse, avec sa maladresse et son manque de tact, mais cette conscience la rend encore plus reconnaissante envers les privilégiés qui la tolèrent. Pour Bécassine, le respect de la hiérarchie est absolu, les prolétaires ont toujours tort s'ils ne s'y plient pas entièrement. Elle épouse toutes les valeurs et les préoccupations des maîtres, elle les fait siennes et n'existe que dans cette assimilation. Toute distance est impossible : elle équivaudrait à l'inexistence.

C'est pourquoi il est si pénible à Bécassine de s'éloigner de sa maîtresse : la maison de Mme de Grand-Air est le paradis terrestre. Au moment où la marquise va réduire son train de maison, la servante évoque ce qu'a été le bonheur de servir chez elle : le contact avec une maîtresse véritablement aristocrate, grande dame à la fois élégante, raffinée et généreuse, et le sentiment de faire partie d'une famille. Les domestiques, au nombre d'une dizaine, étaient « tous braves gens, bien dévoués à notre maîtresse. On s'entendait comme frères et sœurs[1] ». Les autres domestiques partagent le sentiment de Bécassine puisque, au moment de la séparation, le maître d'hôtel peut dire au nom de tous : « Les places ne manquent pas, avec ce qu'il y a d'étrangers à Paris, mais même des maisons de milliardaires ne vaudraient pas celle-ci. »

Le bonheur des domestiques chez la marquise n'a donc rien à voir avec l'intérêt matériel qu'ils pourraient y trouver, mais avec une harmonie générale que dispense la qualité de la maîtresse de maison. Il y a un côté *Nouvelle Héloïse* dans la maison de Mme de Grand-Air : les domestiques forment une communauté qui pourvoit à ses propres besoins, même dans les domaines les plus éloignés de leurs occupations. Par exemple, ils agrémentent leurs soirées eux-mêmes : l'un récite des monologues comiques, l'autre des poésies, le troisième chante et joue de la musique. Ils n'éprouvent pas le besoin d'aller chercher à l'extérieur des distractions.

Ce sentiment qu'a Bécassine de faire partie d'une caste privilégiée est une survivance de l'époque où l'aristocratie entretenait de véritables maisonnées de serviteurs. Ces derniers pouvaient effectivement se sentir membres de la maison des maîtres, participant à leur luxe, à leur train de vie. C'est ainsi que la vieille servante du grand-père des Goncourt, retirée au fond de la mercerie de son fils, évoque avec nostalgie « son bon temps », celui où elle servait au château de Sommérécourt, celui où elle était « associée à l'orgueil de la famille ». Elle fait revivre, par ses récits, « le grand train bourgeois et richement provincial du château de Sommérécourt et la grande hospitalité donnée par mon grand-père au prince Borghèse, lequel, elle se le rappelle, se montra ladre en partant » (le grand-père des Goncourt était député à la Constituante – *Journal*, 11 au 22 juillet 1857).

La mise en scène qui régit le quotidien des grandes maisons donne du lustre à l'existence des domestiques. Pris dans une représentation sociale, ils se sentent une autre dimension. Ils ne sont pas seulement des exploités mais des acteurs nécessaires pour créer l'apparat qui entoure les maîtres. De cette manière, ils sortent de l'anonymat. Le laquais, dans sa livrée marquée au chiffre du maître, n'est rien d'autre qu'un porte-livrée, une chose. Mais il est en représentation, et c'est, quoi qu'il en soit, plus exaltant que de trimer dans l'obscurité. C'est pourquoi il est impossible de se sentir vraiment prolétaire dans une domesticité de grande maison.

S'il en est ainsi du laquais, qui vit pourtant loin de la

personne des maîtres, le domestique qui a un service plus personnel, femme de chambre ou valet de chambre, ou celui qui se trouve au sommet de la hiérarchie, maître d'hôtel ou femme de charge, éprouve encore bien plus vivement le sentiment d'appartenir à la maison des maîtres. Ainsi s'explique la réaction de Félix, maître d'hôtel des d'Harcourt, à la naissance du seul fils de la famille, en 1884. Sans avoir reçu aucun ordre, sans avoir rien demandé, Félix est parti annoncer l'heureux événement à toutes les relations de la famille d'Harcourt : « Nous avons un garçon, nous avons un garçon [2] ! » Cette étonnante première personne du pluriel, Félix l'emploie encore, un soir où il voit Mme d'Harcourt parée de tous ses atours pour une soirée à l'ambassade d'Angleterre : « Ah ! Madame la marquise, que Notre diadème vous va bien ! »

La situation sociale des maîtres est source de satisfaction pour les domestiques. Proust montre comment Françoise a besoin, pour vivre, de sentir rejaillir sur elle l'estime dont jouit la famille du narrateur. Lors du déménagement à l'hôtel de Guermantes, Françoise est, au début, très malheureuse car elle n'a pas « reçu du concierge qui ne nous connaissait pas encore les marques de considération nécessaires à sa bonne nutrition morale [3] ». Jupien, le giletier qui loge dans la cour de l'hôtel, s'est fait tout de suite apprécier de Françoise car il a d'emblée reconnu la vraie position sociale de ses maîtres, sans se fier aux seules apparences. A propos des chevaux des Guermantes, Jupien dit à Françoise : « Vous aussi vous pourriez en avoir si vous vouliez, et même peut-être plus qu'eux, mais vous n'aimez pas tout cela. » Par ce « vous », Jupien assimile Françoise à ses maîtres. Il a raison, affirme le narrateur, car « Françoise vivait avec nous en symbiose; c'est nous qui, avec nos vertus, notre fortune, notre train de vie, notre situation, devions nous charger d'élaborer les petites satisfactions d'amour-propre dont elle était formée [...] la part de contentement indispensable à sa vie ».

Françoise jouit par procuration de la fortune et de la réputation de ses maîtres. A Combray déjà, quand elle servait la tante Léonie, « elle jouissait de ce que ma tante possédait, sachant que les richesses de la maîtresse du même coup élèvent et embellissent aux yeux de tous sa servante, et qu'elle, Françoise, était insigne et glorifiée dans Combray, Jouy-le-Comte et autres lieux[4] ».

Le domestique qui a servi dans une maison aristocrate ou grande bourgeoise ne peut guère, par la suite, trouver une autre place sans comparer et être amer. Ainsi Jean Chabot, après avoir quitté les d'Harcourt, chez lesquels il était cocher, est-il d'abord engagé par des petits-bourgeois dont il supporte mal la mesquinerie, puis il devient employé d'une entreprise de louage pour laquelle il conduit des remises. Un jour, il rencontre un « jeunot », cocher chez les d'Harcourt. Celui-ci, tout fier, se met à raconter à Jean le mariage d'Hélène d'Harcourt et du prince de Montholon : « Il décrivait avec éloquence et un rien de perfidie, sachant mon père sombré dans l'anonymat des remises, les cadeaux dont on l'avait gratifié et tout le cérémonial qui répondait à cette manifestation[5] [...] » Pour couper court au récit, Jean quitte le jeune cocher. Comment ne pas regretter l'ambiance de luxe et d'apparat de la maison aristocratique ? Comment ne pas se sentir exclu, rejeté à la solitude, après s'être senti, de près ou de loin, inséré dans le devenir d'une grande famille ? En quittant les d'Harcourt, Jean a perdu du prestige à ses propres yeux, ce supplément d'existence que donne le sentiment d'approcher la caste des puissants.

Le snobisme des domestiques

Il est la conséquence directe de l'assimilation aux maîtres. Au contact du grand monde, les domestiques se forgent des critères très élitistes sur ce que doivent être ceux qui les emploient. Jules Renard, dans son *Journal* du

23 novembre 1896, rapporte l'expérience de Mme Edmond Rostand. Elle cherchait un valet de chambre, avait mis une petite annonce dans *Le Figaro*. Une quinzaine de candidats se sont présentés. « L'un d'eux lui dit : " Madame, je ne suis venu que parce que Madame a une écriture chic.. " Il tire une poignée de lettres de sa poche et dit : " Vous voyez! Il y a des lettres que je n'ouvre même pas. Regardez, Madame. Ça, ce n'est pas des écritures. " [...]

« Un autre a quitté des gens chic parce qu'on y mettait mal le couvert. " Oui, Madame. Et, si Madame le désire, un soir qu'elle sera seule et n'aura rien à faire, je lui montrerai, rien que pour l'amuser et la faire rire, comment on mettait le couvert dans cette maison que j'ai été obligé de quitter. " » Cette scène semble paradoxale, dans la mesure où ce n'est plus le maître qui accepte ou élimine le valet, mais l'inverse. Elle répond cependant à une logique : les domestiques, qui ont « appris leur monde » au contact des maîtres, se sont approprié les critères de ceux-ci pour, à leur tour, les juger et se montrer exigeants à leur égard.

Etre snob, pour un domestique, consiste à faire la fine bouche sur la qualité des maîtres, du service, des codes de la maison où il sert. Mais, s'il y tient tant, c'est que, les valeurs de raffinement, de chic, il les a faites siennes. Attaché à elles, il a le sentiment de faire partie d'une élite. Et, se montrant intransigeant sur le code, il s'en fait le gardien, et fait dépendre l'élite de lui-même.

L'élitisme le sauve du commun, du vulgaire. Célestine, au Mesnil-Roy, est dégoûtée par la vulgarité des bonnes qui, le dimanche, se réunissent chez l'épicière pour potiner : « Ces femmes me sont odieuses, je les déteste, et je me dis tout bas que je n'ai rien de commun avec elles... L'éducation, le frottement avec les gens chic, l'habitude des belles choses, la lecture des romans de Paul Bourget m'ont sauvée de ces turpitudes... Ah! les jolies et amusantes rosseries des offices parisiens, elles sont loin[6]! » De la même manière, Célestine manifeste le plus grand mépris pour sa dernière maîtresse parisienne. C'est la fille d'un ancien cocher et d'une ancienne femme de chambre devenus usuriers, qui ont fait fortune en prêtant aux gens de maison et aux cocottes. Elle a épousé un noble ruiné et évolue maintenant dans le grand monde parisien. Mais sa vulgarité originelle se lit dans ses goûts : « Elle aimait le bœuf bouilli et le lard aux choux[7] », et dans ses relations avec son mari : au cours de leurs scènes de ménage, elle lui dit « merde » et le traite de « maquereau », de « fripouille », ce qui choque beaucoup Célestine.

L'élitisme, pour le domestique, est la seule manière d'acquérir du lustre à ses propres yeux. C'est ainsi que s'explique l'élitisme des syndicats de gens de maison, comme le Genêt ou la Chambre syndicale des employés gens de maison. Ce dernier s'est décerné le titre de « tribu des biens choisis ». Le bal annuel qu'il organise salle Wagram est destiné, par sa tenue, à rehausser le prestige des domestiques : « le mieux tenu et le plus réussi de tous les bals corporatifs de Paris » (*Journal des gens de maison*, 1er février 1897). Le journal cite des extraits de la presse parisienne à propos du bal de 1896, pour montrer l'unanimité de l'admiration : « Comme aux alentours de l'Hôtel de Ville, les soirs de gala, il y avait foule sur les trottoirs pour voir arriver les " cavaliers " et leurs danseuses. Avec cela, un encombrement de voitures ainsi qu'aux fêtes mondaines les plus " select ". En un mot, toutes les apparences d'une véritable et très imposante solennité » (*La République française*, 5 février 1896). *Le Figaro* du 3 février 1896 commentait de son côté : « Même dans le feu des derniers quadrilles la tenue reste d'une correction que l'on ne trouve pas toujours aux bals de l'Hôtel de Ville. » Paul Chabot signale ces bals de gens de maison, que son père trouvait « un peu trop guindés[8] », celui des maîtres d'hôtel, en particulier, auquel il fallait assister en smoking.

Le même souci éperdu de respectabilité se lit dans *Le Serviteur*, lorsqu'il rend compte des réunions des membres du Cercle des gens de maison du Genêt. Le registre n'est pas le même, il n'est plus question de faire chic ni mondain, mais « familial » : : « Nos excellents associés n'ont pas trompé notre attente, leur fête a été simple, de bon ton, charmante. Ils ont dansé, comme on danse au pays, sous l'œil bienveillant des parents entre gens qui se connaissent, s'estiment et se respectent » (4 mars 1908). Le journal du 4 novembre 1908 parle ainsi de la réunion du troisième dimanche d'octobre : « Sans se faire prier, tout simplement et avec une grâce charmante, Mlle Aline Méchard, femme de chambre, monte sur l'estrade et, d'une voix pleine et sonore, chante le *Credo du paysan*, dont le refrain est repris par toute l'assistance, avec un remarquable entrain... » Et de conclure : « Rien de plus familial, de plus gai et de plus charmant. »

Le siècle a tourné, nous sommes ici en plein dans le mythe du retour à la terre. Le discours sur les origines appliqué aux domestiques peut-il les concerner ? Le retour à la terre peut-il être une valeur pour des gens qui l'ont fuie ? On a là, appliqué aux domestiques, le discours bourgeois. Comment l'ont-ils reçu ? En même temps, quand Jean et Yvonne prennent des vacances, les seules de leur vie, c'est pour retourner au pays, où, pourtant, ils n'ont ni attaches ni bons souvenirs.

Respect de la richesse

Bécassine est fière de sa maîtresse parce qu'elle véhicule les qualités de l'ancienne noblesse : distinction, délicatesse, générosité, et que ces vertus rejaillissent sur elle et toute la domesticité. Bécassine est une survivance. Françoise a remplacé l'attachement aux qualités morales par le respect de la richesse, ou plutôt elle ne met jamais en doute la moralité des riches : ils ne peuvent avoir que des vertus. Leur richesse garantit leur respectabilité[9].

Aux yeux de Françoise, le « standing » est important. Chez la tante Léonie, à Combray, ce qui l'impressionnait beaucoup, c'était, bien sûr, les fermes que possédait sa maîtresse, les visites du curé (caution morale à la richesse), mais aussi « le nombre singulier des bouteilles d'eau de Vichy consommées ». Il faut que le maître signale sa richesse, montre qu'il « a de quoi ». Il est donc important de consommer beaucoup de bouteilles d'eau de Vichy ou de remèdes. Françoise est convaincue que les médicaments abîment l'estomac, mais elle estime convenable et glorieux qu'une famille se ruine à la pharmacie. C'est pourquoi elle est choquée qu'on administre si peu de remèdes à la grand-mère du narrateur[10].

Fait partie du « standing » la mise en scène du deuil. Françoise prévoit que la cérémonie pour les funérailles de la grand-mère sera grandiose, et au chagrin réel qu'elle éprouve se mêle l'ennui que sa fille ne puisse revenir de Combray pour y assister. Pendant la dernière maladie de la grand-mère, Françoise disparaissait souvent : elle allait essayer le costume de deuil qu'elle s'était commandé, élément indispensable à une mise en scène correcte. Au moment de la mort de tante Léonie, elle est choquée par le manque de mise en scène : on ne donne pas de repas funèbre, on ne prend pas un son de voix spécial pour parler de la tante, le jeune Marcel porte un plaid écossais et chantonne parfois[11] !

Françoise est solidaire des maîtres à la condition qu'ils respectent les codes. L'un de ces codes est la réciprocité. Elle déteste que ses maîtres aient des attentions pour des inférieurs, fassent des cadeaux à des pauvres. Elle en veut beaucoup à la tante Léonie de glisser quelques pièces à Eulalie, une ancienne bonne qui vient, chaque dimanche, faire visite à la tante[12]. Elle en veut aussi au narrateur de faire des cadeaux à Albertine et de l'inviter à dîner[13]. Les maîtres n'ont pas à dépenser leur fortune avec des inférieurs : « Elle aurait compris les cadeaux à des gens riches, comme faisant partie des usages. » Frayer avec des pairs est question de convenances et de dignité. Un riche perd son prestige à se laisser attraper par des tire-sous ». La fortune appelle la fortune, on se déclasse si on ne respecte pas ce principe.

Françoise a donc une idée toute féodale de la situation des maîtres, suzerains qui doivent être en représentation, montrer qu'ils ont de la richesse et le sens de leur rang. L'honneur en rejaillira sur leur maison. Ce respect absolu de la hiérarchie conduit Françoise à être, pour les autres domestiques, une éducatrice impitoyable : « Elle n'eût pas toléré qu'un de nos gens nous manquât[14]. » Avec elle, les domestiques corrompus modifient leur conception de la vie. Françoise est aussi susceptible pour la gloire de ses maîtres que pour leur fortune, elle y veille avec un scrupule jaloux, trouve à tout moment qu'on leur a « manqué ».

Proust rattache sans cesse les codes de Françoise à la vieille tradition paysanne. Mais il faut bien voir que cette vision est celle d'un maître grand bourgeois. Il a besoin de placer à Combray, paradis perdu du narrateur, lieu de l'enfance lumineuse, la source de l'aristocratie. Ont encadré cette enfance Françoise, aristocrate de la domesticité, et les Guermantes, quintessence de l'aristocratie. Combray est le lieu mythique des racines : la terre, la tradition, les valeurs de maintien. Ce retour à la terre, cette quête des racines par la bourgeoisie, a empli tout le début du XXe siècle (pensons à Barrès). Dans la réalité, la domestique est déracinée, elle adopte le code des maîtres, l'intériorise, fait de l'ordre bourgeois son nouveau territoire.

Mort aux faibles!

L'assimilation des domestiques à la classe des maîtres s'accompagne chez eux de mépris et de dureté pour les petites gens, dont il faut se démarquer. On a vu déjà la méfiance de Bécassine pour les ouvriers et son mépris pour la paysannerie dont elle est issue. A l'intérieur même de la famille de ses maîtres, le domestique marque son mépris à l'égard de celui qui n'a pas réussi et se trouve dans une position de faiblesse. Pons, le cousin pauvre des Camusot de Marville, est victime d'un véritable complot destiné à lui faire quitter la maison[15]. La domesticité y participe activement, sous la conduite de la femme de chambre, Madeleine Vivet, qui avait espéré épouser Pons et essuyé son refus. Elle cherche, par vengeance, à l'humilier de toutes les façons. Elle s'écrie, en le voyant arriver : « Voilà le pique-assiette! », pour qu'il l'entende, oublie à dessein de le servir à table, renverse de la sauce sur ses habits, mène « la guerre de l'inférieur qui se sait impuni contre un supérieur malheureux ». La femme de chambre dit de Pons, quand il quitte la maison sous les rires de la cuisinière et du valet de chambre : « C'est un rat fini. » Lâcheté de la coalition des domestiques qui s'assimilent aux maîtres (ici Mme Camusot) et épousent l'ordre bourgeois pour écraser celui qui est déjà vaincu, qui n'est pas conforme aux normes de réussite de l'univers bourgeois.

Un raté n'a droit à aucun égard : la loi des domestiques en la matière est la même que celle des maîtres. Dubuche, architecte minable, a épousé la fille d'un riche maçon entrepreneur. Après un échec professionnel complet, il a été exilé à la campagne par son beau-père, en compagnie de ses deux enfants. Il tremble devant le valet de chambre : « L'office et l'antichambre, épousant les mépris du beau-père qui payait, traitaient le mari de Madame en mendiant toléré par charité. A chaque chemise qu'on lui préparait, à chaque morceau de pain qu'il osait redemander, il sentait l'aumône dans le geste impoli des domestiques[16]. » La haine du raté est autre chose que l'imitation servile du maître, c'est le défoulement de l'inférieur qui, pour une fois, peut se sentir supérieur à un exclu du clan des maîtres. Pas de pitié pour les faibles.

A l'égard des vrais prolétaires, les domestiques se montrent souvent aussi durs qu'envers les parias de la bourgeoisie. Ils souhaitent que soit nettement tracée la distinction entre les bourgeois et les autres. La vieille Katel, servante de Fritz Kobus, après l'avoir été de son père, regrette le temps où les maîtres portaient perruque et déplore l'uniformité vestimentaire qui a remplacé l'affirmation des différences : « Aujourd'hui, les gens comme il faut et les paysans sont tous pareils. Il faudra pourtant que les vieilles modes reviennent tôt ou tard, pour faire la différence; on ne s'y reconnaît plus[17]! »

Les domestiques, dont l'origine est, par définition, humble, ne sont pas tendres pour les humbles. Telle servante, très dévouée à ses maîtres, a le cœur sec pour les gens de sa condition. La Mélanie du *Petit Pierre*, « bonne créature, mais qui, humble et petite, se montrait sévère aux humbles et aux petits[18] », est sœur de Françoise qui méprise ceux qu'elle appelle « des gens comme moi, des gens qui ne sont pas plus que moi ». Ces derniers ne trouvent grâce à ses yeux que s'ils la nomment « Mme Françoise » et se considèrent « moins qu'elle[19] ». Françoise est sensible au titre qu'on lui donne. Elle apprécie le valet de pied qui l'appelle « la gouvernante », elle n'aime pas être traitée de « cuisinière ». Elle a détesté Eulalie, parce qu'elle était pauvre, « crevait la faim », et subsistait grâce à la générosité des riches. Elle est jalouse des quelques pièces que sa maîtresse donne à Eulalie. Très possessive à l'égard de la tante Léonie, elle supporte mal que quelqu'un ait accès auprès d'elle, surtout une « pas-grand-chose ».

La tyrannie de Françoise, l'exclusivité qu'elle veut garder auprès de sa maîtresse, la mènent à rendre la maison intenable à tout domestique. C'est pourquoi la fille de cuisine change chaque année. Celle de cet été-là est enceinte jusqu'aux yeux (le narrateur l'a baptisée « la charité de Giotto[20] ») et Françoise se montre particulièrement cruelle avec elle, quand, après son accouchement, la malheureuse est prise de coliques. Elle déclare que ses cris sont de la comédie, l'accuse de vouloir « faire la maîtresse ». Le médecin a laissé une marque dans un livre de médecine en prévision des coliques. Françoise, que l'on charge d'aller chercher le livre, sanglote en lisant la description des douleurs. Mais ses larmes cessent dès qu'elle se trouve en présence de la fille de cuisine. Loin d'avoir pitié d'elle, elle l'accable : « Faut-il tout de même qu'un garçon ait été abandonné du Bon Dieu pour aller avec ça. » Elle pousse la persécution jusqu'au sadisme. La famille du narrateur apprend, après coup, que, s'il y a eu chaque jour des asperges au menu, c'est que leur odeur donnait des crises d'asthme à la fille de cuisine, qui a dû, pour cette raison, s'en aller.

Formalisme

Impitoyable pour les domestiques qui dépendent de sa « juridiction », Françoise se révèle très différente avec les autres. C'est qu'avec eux ne se posent pas des questions de pouvoir, de rivalité, de jalousie. Ses relations avec les domestiques étrangers à la maison de ses maîtres sont régies par un véritable code de la mondanité. Elle qui, chez la tante Léonie, bannissait tout autre domestique, elle pour qui sa maîtresse était au centre de tout, se met à oublier sa maîtresse (c'est alors la grand-mère du narrateur) pour se consacrer exclusivement aux relations qu'elle s'est faites parmi la domesticité du Grand Hôtel de Balbec. Ses rapports avec ces gens-là sont régis par « le protocole le plus subtil et le plus absolu [21] ». Ainsi Françoise ne remonte-t-elle s'occuper de la grand-mère qu'une heure après le déjeuner car elle se croit des obligations envers le cafetier et une femme de chambre : celui-là offre à Françoise du café ou de la tisane; celui-là lui demande de venir la regarder coudre. Impossible à Françoise de refuser, même au nom de son service auprès de sa maîtresse [22].

Refuser aurait fait partie de « ces choses qui ne se font pas ». Françoise se montre pleine de délicatesse et de scrupules vis-à-vis de ses connaissances de l'hôtel. Comme elle s'est liée aussi avec un sommelier, un homme de la cuisine et une gouvernante d'étage, elle n'ose plus sonner pour demander quoi que ce soit, de peur de les déranger.

Si les domestiques se montrent si formalistes[23], c'est qu'ils sont attachés à la « règle du jeu » social. Les rôles sont distribués, il convient de les respecter. Et d'abord ceux des maîtres et des domestiques. Que les premiers ne s'avisent pas de faire ce qui est dévolu aux seconds : la transgression choquerait. Ainsi, lors de la fête donnée par les d'Harcourt pour leurs vingt-cinq ans de mariage, les domestiques sont-ils plus gênés que flattés par l'invitation du marquis à participer au bal : « les usages voulaient que chacun restât à sa place[24] ». Si Mme d'Harcourt fait un geste à la place d'un serviteur, comme de prendre un plateau ou de remettre une bûche dans le feu, non seulement le serviteur ne lui en sait aucun gré, mais encore il est choqué : il a en effet « un sens très précis de la position dévolue à chacun ». Les territoires du maître et du domestique doivent rester séparés.

On pense, bien sûr, à la réponse d'Elisa, la bonne parfaite des *Petites Filles modèles*, lorsque les fillettes l'invitent à un pique-nique : « J'ai autre chose à faire que de m'amuser [...] j'aime mieux rester à la maison et faire mon ouvrage... » Aux petites filles qui lui proposent de l'aider, Elisa rétorque : « Du tout, du tout, à chacun son affaire. Amusez-vous, courez, sautez, mangez sur l'herbe; mon devoir à moi est de travailler [...] une bonne est une bonne et n'est pas une dame qui vit de ses rentes; j'ai mon ouvrage et je dois le faire[25]. » Mme de Fleurville, à qui les enfants rapportent ces propos, approuve tout à fait l'attitude de la bonne, pleine de tact, qui sait où est sa place.

Le rôle dévolu au maître, aux yeux du domestique, est donc de savoir ne rien faire, de déléguer les tâches quotidiennes et matérielles à ses serviteurs, et de se consacrer à la représentation. La marquise d'Harcourt n'a pas à s'occuper du feu : « Madame la marquise veut déchoir! » s'écrie son maître d'hôtel. En revanche, il est essentiel qu'un maître de maison sache découper la viande. M. Bergeret choque beaucoup sa vieille bonne Angélique en ne sachant pas découper le poulet : « Elle savait à quoi l'honneur oblige un bourgeois qui dîne dans sa maison et elle s'efforçait, à chaque occasion, d'y ramener M. Bergeret[26]. »

Si c'est un domestique qui transgresse la règle du jeu, les autres le condamnent. Les bonnes de *Pot-Bouille* sont choquées par Rachel, qui sert Berthe Josserand-Vabre[27]. Elle règle en face son compte à sa maîtresse, lui dit en termes crus ce qu'elle pense d'elle. Or le respect du code veut qu'on n'insulte pas ses maîtres de front. Pour que l'ordre règne, il faut manifester un respect apparent. Les indiscrétions sur les maîtres, on les réserve pour les moments où l'on est entre soi, où n'écoutent que des oreilles de domestiques. Ces bonnes, qui, par ailleurs, sont capables des pires ragots, désapprouvent Rachel, se désolidarisent d'elle.

Les trônes et les puissances

La situation des domestiques par rapport aux maîtres peut s'exprimer en termes théologiques : ils sont le plus près possible du centre, du pouvoir de Dieu. Ils tirent leur raison d'être de cette proximité et ne peuvent que reproduire les schémas du monde des maîtres en les renforçant; c'est ainsi qu'ils affirment, à leurs propres yeux, leur identité.

Etre domestique, c'est apprendre son monde, s'assimiler les codes bourgeois. Le père Fourchon indique à Mouche, son petit apprenti, comment se débrouiller dans la vie. Il faut toujours, dit-il, se trouver du côté de la loi et des riches, car « il y a des miettes sous la table[28] ». Ces miettes du pouvoir, de la richesse, de la réussite, Mouche va apprendre à les ramasser en devenant domestique, « parce qu'en voyant les maîtres " ed " près, il s'achèvera

" ben ", allez. Le bon exemple lui fera faire fortune, la loi en main, comme vous " aut "!... »

Les domestiques sont le ciment le plus solide des valeurs bourgeoises, du haut en bas de l'échelle sociale. Qu'ils servent chez des aristocrates ou des petits-bourgeois, ils reproduisent fidèlement les codes des maîtres. Dans leur attachement aux codes se joue leur légitimité[29]. Ce serait une erreur d'imaginer que la bonne à tout faire, la plus exploitée des domestiques, à cause de cette exploitation, se révolte et rejette les codes des petits-bourgeois qu'elle sert. Se passe tout le contraire : plus la bonne est réduite à l'état d'outil de travail, plus elle cherche à légitimer son existence à ses propres yeux, à lui donner du lustre en s'accrochant à quelque chose qui, à nous, paraît dérisoire : le sentiment d'être à proximité du pouvoir et de s'être, par là, élevée dans l'échelle sociale.

Si la femme de chambre de grande maison peut marquer son mépris pour la bonne à tout faire pour qui elle est un modèle prestigieux, la petite bonne parisienne qui rentre dans son village éprouve à son tour un sentiment de supériorité sur les paysannes dont elle s'est démarquée. Pour les domestiques, exister, c'est marquer la distance d'avec leurs origines en se rapprochant des puissances. On comprend alors pourquoi une conscience de classe est quasiment impossible à acquérir dans leur cas. Ce n'est d'ailleurs pas un hasard s'ils ne prennent pas la parole : ils n'en ont pas à eux.

Respect de l'ordre

Les domestiques sont trop attachés à l'ordre social pour manifester de l'opposition à leurs maîtres en se servant des filières organisées : militantisme syndical, grèves, manifestations. Pas de révolte collective des gens de maison. Deux anecdotes font exception. L'une rapportée par Gaston Jollivet, « La Grève à l'office » (*L'Eclair*,

10 août 1904), concerne Mme Musard, une reine du monde galant dans les années 1860. Elle avait organisé un dîner de vingt personnes, et, trois heures avant de servir, ses domestiques tentent de la faire chanter : « Madame double nos gages ou nous partons. » Mme Musard, loin d'être impressionnée – est-ce parce qu'elle est américaine ? –, les renvoie tous et loue à prix d'or des « extras ».

L'autre épisode, qui semble être une rébellion de groupe, est signalé par Goncourt dans son *Journal* du 12 décembre 1886. Il ne s'agit pas de l'événement « à chaud », mais d'une conversation postérieure : « Un moment on cause de l'échauffourée de valetaille qui a eu lieu, l'année dernière, à un bal chez la princesse de Sagan, cette émeute de larbins au bas du grand escalier, crachant des injures à leurs maîtres et à leurs maîtresses, sur ce téléphone, déshonorant les gens demandant leurs voitures, au milieu des m... et de salauderies ignobles. Une insurrection salissante de la haute domesticité qu'il avait fallu réduire par un bataillon de sergents de ville. » Goncourt commente ainsi cette apocalypse : « C'est là un caractéristique symptôme d'une fin de société, et ça ferait bien comme terminaison d'un roman sur le grand monde. »

Ces deux affaires, sur lesquelles on aimerait posséder plus de détails, sont l'exception. S'il arrive que l'on aperçoive des domestiques politiquement engagés, c'est toujours du côté de l'ordre. Victorine Brocher, dans ses souvenirs de la Commune, s'en indigne : « Toute la valetaille du faubourg Saint-Germain donnait la main aux soldats. Ils étaient enrôlés par leurs maîtres et armés pour sauver leurs propriétés; eux, les esclaves, étaient prêts à massacrer leurs frères [le peuple][30]. » Pendant la Commune, le *Journal* des Goncourt nous donne une indication précieuse sur les sentiments de Pélagie : « Pélagie a reçu aujourd'hui la visite d'un neveu, d'un mobile de Paris, campé dans ce moment au plateau d'Avron. Il lui racontait, le plus naïvement du monde, ses pillages dans les maisons et les châteaux, lui faisant part de la connivence des officiers, à la condition qu'on leur attribuât le meilleur.

« Elle était restée presque effrayée de l'air chenapan qu'il avait pris là, et me donnait ce curieux détail, qu'ils avaient des sondes pour sonder les faux murs et les cachettes faites à l'encontre des Prussiens. Nos soldats ont des sondes pour mieux voler les maisons qu'ils sont chargés de défendre, de protéger! Cela avait soulevé l'indignation de cette fille des Vosges, qui avait comme une horreur de cette visite et qui ne pouvait comprendre cette insouciance de la patrie, de ses montagnes envahies, chez cet homme déclarant le métier très bon, sauf une grandissime peur d'être tué » (12 décembre 1870). Pélagie est choquée par l'atteinte à la propriété privée comme au territoire national.

Le même patriotisme s'exprime par la bouche de Célestine, qui en fait une caractéristique générale de la domesticité : « Je suis pour l'armée, pour la patrie, pour la religion et contre les Juifs [...] on peut dire tout ce qu'on voudra des domestiques... ils ont bien des défauts, c'est possible... mais ce qu'on ne peut pas leur refuser, c'est d'être patriotes... Ainsi, moi, la politique, ce n'est pas mon genre et elle m'assomme... Eh bien, huit jours avant de partir pour ici, j'ai carrément refusé de servir, comme femme de chambre, chez Labori... Et toutes les camarades qui, ce jour-là, étaient au bureau ont refusé aussi; " chez ce salaud-là? Ah! non alors! ça jamais[31]!... " » Célestine ne s'explique pas, dit-elle, les raisons de son antisémitisme. Elle suit le mouvement.

Les domestiques sont foncièrement réactionnaires. L'atteinte à l'ordre moral les indigne, surtout de la part des maîtres. Ainsi Pélagie, lors de la reprise de *Germinie Lacerteux* à l'Odéon, en janvier 1889, ressent-elle comme une honte personnelle ce qu'on dit sur l'immoralité de la pièce de son maître : « Pélagie rougit à la dérobée de me servir, et n'a pu s'empêcher toutefois de me dire aujourd'hui : « Vraiment, tout le monde à Auteuil trouve

« votre pièce pas une chose propre!» et cette phrase dans sa bouche est comme un reproche de sa propre humiliation » (14 janvier 1889).

Le domestique fait, en dernier ressort, triompher l'ordre établi, même s'il doit, en cela, s'opposer à l'attitude du maître. A l'agonie du marquis de Fumerol, Mélanie, sa bonne, écrit au beau-frère de son maître : il s'agit de faire partir les deux maîtresses qui sont au chevet du marquis et d'introduire de force, à leur place, un prêtre [32]. De la même manière, Martine, la servante si dévouée au docteur Pascal, se laisse-t-elle convaincre, après la mort de son maître, de brûler ses papiers pour sauver son âme. Elle sait à quel point Pascal tenait à son œuvre, mais la peur de l'enfer l'emporte [33].

Le domestique apparaît donc comme le champion des choses en place, richesse, pouvoir, morale, religion. Il est le meilleur défenseur du code bourgeois et de l'ordre social.

Les domestiques juges de leurs maîtres

Allégeance au code des maîtres ne veut pas dire allégeance à leur personne. Mais bien plutôt regard porté sur la personne en fonction du code. Le maître se trouve en quelque sorte, à son tour, quadrillé par les domestiques, leur regard et leur référence au code bourgeois. Les domestiques sont des présences gênantes, ligotantes, que le maître ne peut pas ignorer. Présence constante, jusque dans l'intimité, qui jauge et qui juge. Il est évident que la liberté du maître s'en trouve restreinte [34].

Le maître peut difficilement avoir chez lui des relations amoureuses, et, plus largement, des moments d'intimité, sans que les domestiques soient au courant. Ainsi Mme de Bargeton ne réussit-elle jamais à se trouver seule chez elle avec Lucien de Rubempré [35]. Jusque-là, elle n'avait pas exigé que les portes fussent fermées, elle n'en sentait pas la nécessité. Les domestiques vont et viennent comme ils le veulent. Ainsi Mme de Rênal et Julien sont-ils épiés par les domestiques[36]. Jules Renard raconte dans son *Journal* (28 février 1902) la scène suivante : il est dans une pièce de son appartement en compagnie d'une femme. La nuit tombe, ils n'osent pas réclamer la lumière. Renard y voit une situation ambiguë, motif possible d'une scène de ménage : « " Hein! quel drame ça ferait, dis-je, si Marinette entrait! On ne voit plus rien. Pourquoi restez-vous là ? – Ce n'est pas à cause d'elle, mais des domestiques ", dit-elle. En effet, je sonne. François entre tout de suite. Il attendait à la porte, avec la lampe allumée. » Ce que suggère Renard, c'est que, sous prétexte de prévenir les ordres du maître, le valet de chambre se transformait en espion de sa vie sentimentale.

Se posent, avec les domestiques, des questions de stratégie. Lorsque André veut amener chez lui sa maîtresse, il se demande comment l'annoncer à sa bonne, Mélanie. Cette situation le met mal à l'aise. Mal à l'aise aussi, Jeanne, la maîtresse, terrorisée par la présence de la domestique[37].

De manière plus générale, le domestique est l'œil étranger qui connaît des maîtres les coins les plus secrets, sans avoir beaucoup à chercher. Tout est sous ses yeux, celui qui est observé l'oublie vite et cesse de se contrôler. Célestine parle longuement de la connaissance intime qu'une domestique acquiert de ses maîtres. A table : « Prudents, d'abord, et se surveillant l'un l'autre, ils en arrivent, peu à peu, à se révéler, à s'étaler tels qu'ils sont, sans fard et sans voiles, oubliant qu'il y a autour d'eux quelqu'un qui rôde et qui écoute et qui note leurs tares, leurs bosses morales, les plaies secrètes de leur existence[38]... » Au lit : « Le cabinet de toilette, la chambre à coucher, le linge, et tant d'autres choses lui [entendez : à la femme de chambre] en racontent assez. Il est même inconcevable, quand on veut donner des leçons de morale aux autres et qu'on exige la continence de ses domestiques, qu'on ne dissimule pas mieux les traces de ses manies amoureuses[39]... »

Un domestique, comme le montre Célestine, ne s'en laisse pas conter et sait que les mots recouvrent parfois une tout autre réalité : « La propreté? Ah! je la connais, cette rengaine. Elles disent toutes ça... et, souvent, quand on va au fond des choses, quand on retourne leurs jupes et qu'on fouille dans leur linge... ce qu'elles sont sales[40]! » Le domestique juge donc la « saleté » physique et morale des maîtres, comme il juge leur distinction ou leur vulgarité. Sous son regard se dévoile tout ce qu'on prenait soin de cacher.

Plus le domestique est proche du maître, plus il partage son intimité, plus devient aiguë la mise en cause du maître par son regard. C'est pourquoi il faut s'attarder ici sur le couple que forment la maîtresse et sa femme de chambre.

La femme de chambre et sa maîtresse

La femme de chambre est la domestique la plus intime. On peut d'ailleurs se demander pourquoi le valet de chambre n'a pas, par rapport au maître qu'il sert, une situation exactement symétrique à celle de la femme de chambre par rapport à sa maîtresse. C'est que, entre hommes, le corps n'existe pas. S'il se met à exister, on tombe dans la « perversité » homosexuelle, et, de ce genre de relations, on ne parle pas.

Entre la femme de chambre et sa maîtresse, au contraire, la question du rapport au corps est essentielle. Certes, la femme de chambre doit être experte en couture fine, avoir de l'allure pour introduire les visiteurs, de l'adresse pour servir à table. Cependant, lorsqu'on évoque son rôle, ce ne sont pas ces tâches-là qui sont mises en valeur, mais son rapport exclusif à la maîtresse de maison. Elle l'aide à faire sa toilette, s'habiller, se coiffer, se mettre en représentation. Elle partage avec elle des espaces clos, la chambre à coucher, le cabinet de toilette, vrai gynécée. Elle a regard sur ce que personne ne voit, mari et amants exceptés, le corps de sa maîtresse. Et encore, il est probable que non seulement la maîtresse passe beaucoup plus de temps avec sa femme de chambre qu'avec les hommes de sa vie, mais en outre, le véritable abandon, c'est avec celle-là davantage qu'avec ceux-ci qu'elle le connaît.

Célestine exprime clairement le rapport sensuel qui la lie à ses maîtresses : « Habiller, déshabiller, coiffer, il n'y a que cela qui me plaise dans le métier... j'aime à jouer avec les chemises de nuit, les chiffons et les rubans, tripoter les lingeries, les chapeaux, les dentelles, les fourrures, frotter mes maîtresses après le bain, les poudrer, poncer leurs pieds, parfumer leurs poitrines, oxygéner leurs chevelures, les connaître enfin, du bout de leurs mules à la pointe de leur chignon, les voir toutes nues... De cette façon, elles deviennent pour vous autre chose qu'une maîtresse, presque une amie ou une complice, souvent une esclave... On est forcément la confidente d'un tas de choses, de leurs peines, de leurs vices, de leurs déceptions d'amour, des secrets les plus intimes du ménage, de leurs maladies... [...] Ah! dans les cabinets de toilette, comme les masques tombent! Comme s'effritent et se lézardent les façades les plus orgueilleuses[41]!... »

La maîtresse est livrée à sa femme de chambre, elle est en son pouvoir. C'est ce que dit de manière caricaturale la nouvelle de Maupassant, *Rose*, où la femme de chambre est ce forçat travesti, autrefois condamné pour viol[42]... Chaque femme de chambre véhicule, dans le fantasme bourgeois, le trouble, le désir, le viol de l'intimité. Elle a donc un statut tout à fait particulier, elle « appartient exclusivement à la maîtresse de maison; c'est sa propriété particulière, on ne peut y toucher sans sa permission; son bien-être, sa vie intérieure, son bonheur (et plus que cela peut-être) en dépendent. Cette fille, en effet, sait les secrets de son cœur comme ceux de sa toilette; elle a surpris les uns et elle confectionne les autres. Sa maîtresse, à son tour, lui appartient corps et âme[43] ». Elle est une « doublure » de la maîtresse. C'est ainsi, en tout cas, que Célestine explique le succès que remportent les femmes de chambre auprès des hommes : « Le charme, si particulier, que nous exerçons [...] tient beaucoup [...] au luxe, au vice ambiant, à nos maîtresses elles-mêmes et au désir qu'elles excitent... En nous aimant, c'est un peu d'elles et beaucoup de leur mystère que les hommes aiment en nous[44]. »

La femme de chambre est une partie de la personne même de sa maîtresse. Sur celle-là rejaillit le charme de celle-ci; en celle-là, celle-ci peut investir une part de son existence. Si bien que la femme de chambre a pour destin de perdre son autonomie pour n'être plus qu'une réincarnation, un reflet de la maîtresse. Son rôle est d'observer, d'écouter, de connaître sa maîtresse mieux que celle-ci ne se connaît, afin de prévenir ses désirs, de la consoler, de la rendre heureuse : « [...] elle sait son passé, son présent, presque son avenir; elle sait ce qu'elle a aimé, ce qu'elle aime, et (peut-être même) ce qu'elle aimera. Elle la sait par cœur, elle l'étudie depuis si longtemps[45]! » C'est comme si, dans la personne de la femme de chambre, résidait la continuité de l'existence de la maîtresse, comme si la domestique, témoin privilégié de la vie de la maîtresse, était devenue pour elle un appui, un miroir fidèle, sans lequel l'original est mutilé.

C'est dans cette relation d'étroite intimité entre maîtresse et femme de chambre que se marque le mieux la faille, le jour où elle apparaît, entre allégeance à la personne et allégeance aux codes. Une femme de chambre, si fidèle soit-elle à sa maîtresse, se désolidarise d'elle le jour où celle-ci se met à vivre d'une manière qui choque dans la domestique son sens de l'ordre. Ainsi, Zoé, femme de chambre de Nana, a longtemps fondé de grands espoirs sur sa jeune maîtresse, elle la croyait capable de faire fortune. Nana a des dons pour attirer les hommes et les ruiner, mais elle manque d'organisation. Zoé organise pour elle. Au début, elle pardonne à Nana ses sautes d'humeur, son manque de réflexion, elle l'entoure de ses conseils : « Elle voyait avec peine que Madame ne se décrassait pas vite de ses commencements[46]. » Zoé reste honnête le plus longtemps possible, mais à la longue, lassée du manque de sérieux de Nana, se relâche.

Elle se met, comme les autres domestiques, à faire son profit du « coulage » effréné qui dévaste la maison. Elle a été acculée à cette attitude de quant-à-soi par la déception que lui a causée Nana, incapable d'autre chose que de débauche et de gaspillage. Elle se console en tirant son épingle du jeu et en s'occupant de ses intérêts personnels, mais il est certain qu'elle aurait trouvé une bien plus grande jouissance à servir une maîtresse ambitieuse et calculatrice comme elle. Et, tandis que Nana court à sa perte, c'est Zoé qui se révèle la maîtresse de demain. Elle prend la relève, elle va organiser le commerce de la séduction sur une plus grande échelle : elle devient directrice d'un bordel de luxe.

Le thème de la femme de chambre qui se désolidarise de sa maîtresse au nom de ses propres valeurs d'ordre, d'économie, d'ambition, revient à plusieurs reprises chez Zola. Fantasme du monde bourgeois ravagé par ses passions et roulant à l'abîme, sous les yeux des domestiques en qui va se perpétuer le code bourgeois. Déchéance de la famille Séguin, tandis que Céleste, leur femme de chambre, devient une bourgeoise[47]. Même si la femme de chambre ne dit rien, comme Céleste à Renée Saccard, elle n'en réprouve pas moins sa conduite. Elle résume ainsi son opinion, en la quittant : « Moi, Madame, je n'aurais pas compris la vie comme vous[48]. »

La distance que la femme de chambre établit entre une maîtresse qu'elle sert honnêtement, et pour laquelle elle ressent même parfois de l'affection, et sa propre ligne de conduite est toujours pour la maîtresse une sorte de reproche. Ce désaveu est une des formes que revêt la résistance au maître, coupable de ne pas respecter les codes qui devraient être les siens. La trahison prend quelquefois des allures de règlement de compte entre femmes. Ainsi Clarisse, femme de chambre de la baronne Sandorff, dénonce-t-elle à l'amant officiel de sa maîtresse, Delcambre, les agissements de la baronne, qui a pris un second amant, Saccard, le banquier. Elle se charge même d'introduire Delcambre dans la chambre de sa maîtresse, au moment où elle est nue, en compagnie de Saccard : « Cette fille ayant allongé la tête, avec un ricanement d'aise, à entendre des messieurs se dire des choses si dégoûtantes, les deux femmes s'aperçurent, la maîtresse accroupie et nue, la servante droite et correcte, avec son petit col plat; et elles échangèrent un flamboyant regard, la haine séculaire des rivales, dans cette égalité des duchesses et des vachères, quand elles n'ont plus de chemise[49]. » Vengeance de la servante qui humilie sa maîtresse au moment où elle est nue, c'est-à-dire le plus vulnérable. La vertu au col plat confondant le vice, d'un seul regard renvoyant la maîtresse à l'accroupissement, à l'humilité du corps, en s'appropriant du même coup la droiture du code. Renversement de la situation « normale »...

CHAPITRE III

RÉSISTANCES

Situation paradoxale que celle des domestiques. Pour se défendre des périls que leur fait courir l'imaginaire bourgeois, ils s'arriment au code bourgeois et le font leur. Mais ce mouvement d'assimilation, s'il leur donne une dignité, risque de leur ôter toute existence individuelle, déjà mise en péril par le fait qu'ils vivent dans l'intimité des maîtres. Aussi, après avoir étudié les rapports de proximité avec les maîtres, faut-il s'interroger sur le mouvement inverse. Comment vont-ils résister à l'assimilation et marquer la distance entre les maîtres et eux?

La résistance a deux faces, privée et publique. La première n'a rien d'officiel, elle se manifeste dans le quotidien par des actes individuels et la pratique quasi générale du vol domestique. Il s'agit là de protestation plutôt que de révolte; les domestiques se montrent rarement violents, comme le prouve le petit nombre de crimes sur la personne des maîtres. La seconde forme de résistance, officielle, consiste dans l'organisation de la profession : y a-t-il eu un militantisme politique et syndical parmi les gens de maison? Dans quelle mesure ont-ils lutté pour obtenir un statut légal?

AUTODÉFENSE QUOTIDIENNE

La résistance à la personne du maître n'est pas aisée à saisir. Elle commence au regard posé par le domestique sur le maître. La présence même du domestique, en tant qu'il est porteur du code bourgeois, est un rappel à l'ordre. La résistance s'inscrit dans des attitudes quotidiennes qu'il est difficile de cerner à distance, parce que, justement, rien n'est consigné du quotidien.

A propos de Françoise et des autres domestiques, Proust a noté un certain nombre de ces gestes infimes qui marquent de leur part une résistance. Il ne faut pas sous-estimer la portée de tels détails, puisque c'est autour d'eux que se jouent les rapports de force dans le quotidien.

Au début du *Côté de Guermantes*, Françoise préside la cérémonie que représente le déjeuner des domestiques, « sorte de pâque solennelle que nul ne doit interrompre ». Le repas dure deux heures, et, pendant ce temps-là, les maîtres n'osent pas sonner. Aucun domestique ne se serait dérangé, et Françoise les aurait poursuivis de sa vindicte en prenant une « tête de circonstance ». Au bout de deux heures, la mère du narrateur s'impatiente, sonne. Mais ni Françoise, ni le maître d'hôtel, ni le valet de pied ne répondent; chacun vaque à ses occupations personnelles. Françoise se borne à dire que les maîtres « ont sûrement la bougeotte ».

Le narrateur attribue à l'urbanisation l'évolution de Françoise. Quand elle est arrivée à Paris pour servir chez ses parents, elle a été contaminée par les domestiques des autres étages. De servante à la campagne qu'elle était, elle est devenue citadine et s'est donc prolétarisée. Elle s'est agrégée au clan des serviteurs, a été marquée par leurs revendications et leur haine des maîtres. Elle, si dévouée par ailleurs à ses maîtres, est déchirée par la double allégeance à ceux-ci et à la classe des domestiques. Elle n'ose entrer en conflit ouvert avec ses maîtres mais « se rattrape du respect qu'elle était obligée de (leur) témoigner » par un jeu de substitutions. Puisqu'elle ne peut prendre la parole pour exprimer son agressivité à leur égard, elle leur répète « ce que la cuisinière du quatrième disait de grossier à sa maîtresse, et avec une telle satisfaction de domestique, que, pour la première fois de notre vie, nous sentant une sorte de solidarité avec la détestable locataire du quatrième, nous nous disions que peut-être, en effet, nous étions des maîtres ».

Ce qui crée l'opposition irréductible des deux clans, ce qui permet leur formation même, ce sont les conditions de vie dans une grande ville, le rapprochement des domestiques dans les grandes maisons, ou dans leur logement au sixième étage, le sens qu'ils acquièrent de leur condition commune. L'explication de l'évolution de Françoise s'insère fort bien dans la perspective proustienne dont nous avons déjà parlé : Combray et l'enfance sont des paradis perdus. Les quitter, c'est subir une altération. Françoise qui, à Combray, vivait en symbiose avec la famille des maîtres, à Paris découvre la différence, la séparation.

Le narrateur donne une seconde explication du changement qui s'est produit en Françoise : c'est la réaction à la personnalité du maître. En effet, dit-il, chaque domestique entré à son service s'est transformé de la même manière : « Ce fut par leurs défauts invariablement acquis que j'appris mes défauts naturels et invariables; leur caractère me présenta une sorte d'épreuve négative du mien. » A en juger par l'uniformité des réactions des domestiques, le maître imprime sa marque, sa griffe, sur la personne de celui qui le sert. Proust compare à ce propos l'état de domestique à celui de courtisan.

Quelle que soit la cause de la fronde de Françoise, se marque, dans le refus délibéré de répondre à la sonnerie, la volonté de se mettre à distance des maîtres. C'est l'organisation de la grande maison parisienne qui lui permet de le faire. En effet, le tableau des sonneries symbolise l'intervalle entre le salon et l'office, et Françoise profite de cet intervalle pour prendre du champ. A Combray, rien de tel : la tante Léonie appelait Françoise pour un rien, la servante était sans cesse sollicitée, envahie par la présence de sa maîtresse. Résister au maître est évidemment plus facile là où il y a plus d'espace : c'est comme si les ordres, avant d'arriver du salon à l'office, se dissolvaient[1].

Mais le tableau des sonneries, s'il marque, entre les maîtres et les domestiques, une distance dont ces derniers peuvent profiter, marque en même temps, bien sûr, la contrainte mécanique. Or Françoise a toujours manifesté la même résistance à tous les appareils de contrainte. Elle n'a jamais pu regarder ni dire l'heure exactement[2]. Refus instinctif de ce qui pourrait aliéner sa liberté d'organisation, son autonomie. Elle n'a jamais voulu, non plus, répondre au téléphone[3], comme si, pour elle, la médiation d'objets mécaniques était impossible à accepter. La résistance se traduit à la fois dans le refus du quadrillage mécanique et dans l'utilisation de cette mécanique pour tenir à distance les maîtres, loin de son espace.

Autre forme de résistance au maître : le refus de corriger des fautes de style ou de prononciation : « [...] des principes égalitaires de 1789 elle [Françoise] ne réclamait qu'un droit du citoyen, celui de ne pas prononcer comme nous et de maintenir qu'hôtel, été et air étaient du genre féminin[4]. » Le maître d'hôtel, de son côté, persiste dans l'erreur de prononciation que lui avait fait remarquer le narrateur, « enverjure » pour « envergure » : « Il tenait de la déclaration des droits de l'homme le droit de prononcer " enverjure " en toute indépendance et de ne pas se laisser commander sur un point qui ne faisait pas partie de son service et où, par conséquent, depuis la Révolution, personne n'avait rien à lui dire puisqu'il était mon égal[5]. »

La pratique courante où se manifeste le plus la résistance du domestique est le « vol domestique ». Cette expression désigne moins les affaires de vol suivies de condamnations – de celles-là nous parlerons plus loin – que les profits réalisés quotidiennement par les domestiques aux dépens des maîtres. Le système en place consiste en un accord tacite entre maître et domestique : le maître ferme les yeux sur certains profits; le domestique, quant à lui, connaît les limites à ne pas franchir. Comme toutes les règles non écrites, ces pratiques traditionnelles sont plus ou moins bien acceptées et sont, en tout cas, l'objet d'un discours abondant.

Le coulage

Les pages que Balzac a écrites à ce sujet sont célèbres : « Dans tous les ménages, la plaie des domestiques est aujourd'hui la plus vive de toutes les plaies financières. A de très rares exceptions près, et qui mériteraient le prix Montyon, un cuisinier et une cuisinière sont des voleurs domestiques, des voleurs gagés, effrontés, de qui le gouvernement s'est complaisamment fait le receleur, en développant ainsi la pente au vol, presque autorisée chez les cuisinières par l'antique plaisanterie sur " l'anse du panier ". Là où ces femmes cherchaient autrefois 40 sous pour leur mise à la loterie, elles prennent aujourd'hui 50 francs pour la Caisse d'épargne. [...] Entre la table des maîtres et le marché, les gens ont établi leur octroi secret, et la Ville de Paris n'est pas si habile à percevoir ses droits d'entrée qu'ils le sont à prélever les leurs sur toute chose. [...] La statistique est muette sur le nombre effrayant d'ouvriers de vingt ans qui épousent des cuisinières de quarante et de cinquante ans enrichies par le vol[6]. [...] »

Balzac met violemment en cause la moralité des cuisinières qu'il rend responsables non seulement de la vie chère mais aussi de « l'abâtardissement de la race ».

L'anse du panier

Les cuisinières, de manière générale, ont mauvaise réputation : on les accuse de « gratter » en faisant les comptes et de gonfler tous les prix du marché. Julie, cuisinière des Durosel, fait ses comptes : « Une botte d'asperges de 50 sous... 3 francs[7]. » Cette majoration des sommes payées aux fournisseurs est appelée « l'anse du panier », « la gratte », ou encore « les profits de la Halle ». Voler ses maîtres en leur présentant des notes plus élevées que ce que l'on a payé se dit « faire danser l'anse du panier », ou, plus rarement « ferrer la mule ». Cette dernière expression vient des cochers qui escroquaient leurs maîtres en affirmant qu'ils avaient fait ferrer les chevaux alors qu'il n'en était rien.

On peut imaginer l'anse du panier comme une pratique anarchique, variant avec les individus. Mais certains affirment qu'elle est contrôlée par des cuisinières réunies en conseil quotidien. Elles se rassemblent de bonne heure à la « Bourse des cuisinières », une boutique de marchand de vin, et, en buvant le « mêlé-cassis », se renseignent auprès des courtiers sur les arrivages de denrées et les prix. « Après quoi, à la majorité des voix on règle le " maximum de l'anse du panier ". Celles qui dépassent la mesure fixée sont réputées porter atteinte à l'honneur des " gens de maison ". L'anse du panier votée à la majorité des voix, et s'imposant à elle-même une mesure, voilà bien un vrai droit constitutionnel[8]. »

Mais la cuisinière avait droit à d'autres profits encore, comme le racontent les Goncourt dans leur *Journal* du 19 juillet 1855, à propos d'une cuisinière, G... : « G... ayant quatre bourses : 1) L'anse du panier, 2) du bas de soie : la graisse des viandes, 3) le sou pour livre et 4) ses gages. Mettait ça dans quatre bourses. »

Le sou du franc

> ... exiger une remise.
> Des fournisseurs de notre choix.
> Voilà nos droits!
>
> GRANGÉ et DESLANDES,
> *Les Domestiques,*
> « Les Droits et les Devoirs des domestiques »,
> mis en musique[9].

Le « sou pour livre » que citent les Goncourt est appelé plus communément « sou du franc ». Il s'agit d'une ristourne que consentent les fournisseurs aux domestiques qui leur accordent leur clientèle : sur un franc de marchandises achetées, le fournisseur fait à la cuisinière cadeau d'un sou. Une telle pratique a pour conséquence l'existence de deux prix au marché : un prix pour les maîtres et les personnes qui s'approvisionnent elles-mêmes, un autre pour les cuisinières et les bonnes à tout faire qui font le marché.

Le sou du franc est un sujet de contestation permanente entre maîtres et domestiques. Tous les manuels de conseils aux maîtresses de maison insistent pour que les dames aillent faire en personne le marché, ou, au moins, y accompagnent leurs cuisinières. De leur côté, les domestiques détestent les maisons où elles ne sont pas libres pour les achats, puisqu'elles considèrent que leurs petits profits sont des droits acquis et font, en quelque sorte, partie de leurs gages.

Est souvent dénoncée la collusion entre domestiques et fournisseurs. Ainsi, dans le tableau des « dames au marché », de Paul de Kock : « Quelques-unes y vont seules... D'autres emmènent leur bonne, qui naturellement porte le panier. Mais alors elles s'exposent dans le marché à recevoir les sottises des marchandes auxquelles elles n'achètent point, et qui ne manquent pas de crier à la bonne qui trotte à côté de sa maîtresse :

– Ah! voyez donc c'te grande serine qu'on mène à l'école!...

– Tu ne peux donc pas venir au marché toute seule, grosse bête?

– Ah! on a peur qu'elle ne fasse danser l'anse du panier...

« [...] La bonne jette à la marchande un regard en dessous qui signifie : " Allez!... tapez ferme!... dites toujours! ça fait qu'on me laissera venir seule une autre fois[10]. " »

L'enquête du quotidien *L'Eclair*, en 1904, rend compte de ce désaccord entre les deux clans, maîtres et domestiques, à propos du sou du franc. Le principal grief des maîtres, dit le journal du 14 octobre, est la pratique du sou du franc, alors que pour les domestiques il s'agit d'un droit acquis. Le 3 octobre, *L'Eclair* reproduit une lettre d'une lectrice : « Domestique avec mon mari depuis plus de vingt ans, dans la même maison, je n'ai pas à me plaindre de nos maîtres. Mais, je puis bien le dire, le sou du franc, cause de toutes les calamités, les maîtres le prennent eux-mêmes. Aujourd'hui, sur les factures des fournisseurs, payés par eux directement, ils défalquent le sou du franc et le gardent... Si l'exemple vient d'en haut! » Le sou du franc serait donc devenu une pratique généralisée, du côté des maîtres comme des domestiques[11].

C'est aussi ce que dit le Cercle d'étude des maîtres et maîtresses de maison du Genêt, qui, le 7 mai 1908, choisit de réfléchir sur le sou du franc. *Le Serviteur* du 13 mai rend compte de la discussion : « On s'accorde à reconnaître cet usage comme tellement entré dans les mœurs que, malgré certains abus qui en découlent, on ne peut que l'accepter. Il ne saurait s'ensuivre cependant pour les domestiques le droit d'exiger que les maîtres ne fassent aucun achat eux-mêmes. »

Mme de Grandpré trace, par la bouche de Catherine, la domestique emprisonnée à Saint-Lazare, un portrait de cuisinière qui mériterait de se retrouver en prison; cette Suzon, c'est le profit incarné : « Elle s'emparait des vêtements défraîchis sans même les demander; quand ils n'étaient pas assez vite usés, elle les déchirait en les brossant; elle avait un petit couteau pour fendre le vernis des bottines. [...] Aussi Suzon s'est amassé des rentes; elle va quitter le service, elle se tient bien. Elle se mariera peut-être, elle est bien conservée; elle a le teint frais, car elle s'est servie toute sa vie des pommades hygiéniques de ses maîtresses. De plus, la vieille cuisinière s'est gardé une amie dans toutes les maisons où elle a passé : c'est la concierge. Suzon n'était pas chiche du bois et du vin de ses maîtres : elle a pour principe qu'il faut que tout le monde vive [...] elle a une excellente réputation, elle est fort considérée par ses maîtres, et saluée comme une perle par tous les fournisseurs[12]. » Indignation de Mme de Grandpré : le vol organisé sait se voiler sous des apparences honnêtes, c'est pourquoi cette cuisinière est dangereuse. Dangereuse aussi parce qu'elle pratique le prosélytisme : c'est elle qui, la première, a parlé à Catherine du sou du franc et de la vente des dessertes, des objets et des vêtements qui ne sont plus nécessaires aux maîtres.

La débâcle

De Balzac à Zola en passant par Huysmans[13], un fantasme court tout au long du XIXe siècle : celui de la décomposition de la maison bourgeoise, décomposition dont les domestiques seraient les agents. Ennemis de l'intérieur, ils se liguent pour ruiner l'édifice. Ces termites sont organisés à plusieurs niveaux : à l'intérieur de chaque famille, mais aussi à l'intérieur de chaque immeuble. Dans chaque immeuble bourgeois s'activerait donc une force destructrice, formée par tous les domestiques alliés aux concierges.

On accuse les bonnes de ménager les concierges, de leur faire des cadeaux pour avoir les coudées franches et piller les ménages comme elles l'entendent. Caricature de ce fantasme, la nouvelle de Jean Drault, « La Loge du concierge[14] ». On y voit les bonnes apporter successivement à la loge charbon, vin, thé, sucre et rhum. La nouvelle bonne est mise au courant des profits qu'elle peut réaliser chez ses maîtres, et la concierge lui glisse que la bonne qu'elle remplace a été renvoyée sur dénonciation... car elle avait le mauvais goût d'aller boire le thé de ses maîtres avec les concierges d'une autre maison; « not' thé, not' sucre, not' rhum », précise la concierge : voilà qui est net!

Il existerait donc une conjuration diabolique contre les maîtres, qui unirait domestiques, concierges et fournisseurs. Une autre nouvelle de Jean Drault, « Un gigot sous le robinet », montre comment fonctionne la conjuration. Deux bonnes, Louise et Victorine, parlent avec la concierge. Celle-ci donne à Louise un « truc » pour obliger ses « singes » (entendez ses patrons) à changer de boucher et lui permettre de toucher ainsi le sou du franc : il faut mettre la viande à moitié cuite sous le robinet d'eau froide, ce qui la rendra immangeable. Victorine voudrait, quant à elle, une recette pour contraindre sa maîtresse, qui est végétarienne, à manger de la viande et toucher, elle aussi, le sou du franc. La concierge demande en échange à Victorine des bouteilles de vin des maîtres.

Paul Chabot établit une nette différence entre le vol domestique (vol de bijoux ou d'argent), extrêmement rare, selon lui, et les « chapardages occasionnels, où le plaisir de boire une bonne bouteille revêtait des allures de farce[15] ». Il cite en exemple sa mère Yvonne et Françoise Le Bec, domestiques de longue date chez les Daniel, tout à fait honnêtes, et qui, cependant, avaient plaisir à « égayer » leurs repas avec quelques bouteilles de vin : c'est Yvonne qui les achetait sur son budget « sou du franc ».

On peut imaginer que le discours sur le sou du franc était bien plus important que la perte réelle d'argent occasionnée aux maîtres par cette pratique.

AUX VOLEURS!

La frontière est incertaine, qui sépare le coulage du vol domestique. Les pratiques admises peuvent dégénérer, les maîtres tout à coup ne plus fermer les yeux, et la domestique est dénoncée et jugée, parfois pour des vétilles. La répression en matière de vol était plus sévère si le coupable était un domestique, comme l'indique l'article 386 du Code pénal : « Sera puni de la peine de réclusion tout individu coupable de vol commis dans l'un des cas ci-après [...] Si le voleur est un domestique ou un homme de service à gages, même lorsqu'il aura commis le vol envers des personnes qu'il ne servait pas, mais qui se trouvaient soit dans la maison de son maître, soit dans celle où il l'accompagnait. »

Vols chez les maîtres

Si l'on considère le petit nombre de domestiques femmes qui ont comparu en assises à Paris, entre 1885 et 1895 (21 sur plus de 1 000 affaires, soit 2 p. 100), c'est d'abord pour vol et pour infanticide qu'elles sont jugées : 9 cas de chaque[16]. Même proportion, ou à peu près, de domestiques femmes traduites devant la cour d'assises de la Seine en 1900 : 9 pour 296 arrêts rendus (soit 3 p. 100). Parmi ces 9, 4 sont accusées de vol, 3 d'infanticide[17].

Ces treize domestiques jugées en assises pour vol sont accusées de vol au préjudice de leurs maîtres. Le montant des vols est variable, la liste de ce qui a été volé parfois hétéroclite : Françoise Graulière a dérobé des bottines appartenant à sa maîtresse et des marchandises pour plus de 1 200 francs; Marie Guilbert, diverses sommes d'argent (on retrouve 500 francs dans sa malle) et un morceau de velours. Signe que la valeur des objets n'est pas tout ce qui compte pour une domestique qui vole, mais aussi l'appropriation de ce qui touche de près aux maîtres : les bottines ou le morceau de velours du maître tapissier.

Les circonstances des vols ne sont pas toujours décrites; c'est dommage, car elles sont aussi précieuses que la liste des objets volés pour nous donner une idée des motivations possibles de la domestique. Ainsi Madeleine Schiron, âgée de dix-neuf ans, au bout de neuf mois de service chez des marchands d'habits, s'offre-t-elle une folle équipée : elle vole un matin 4 000 francs à ses maîtres, en dépense 700 dans la journée à s'acheter bijoux et vêtements, et le soir, comme elle est alsacienne, elle se rend à la gare de l'Est où elle espère prendre le train pour son pays natal. La police l'y attend et retrouve sur elle les 3 300 francs qui restent de la somme emportée. Pour un seul jour, la petite bonne aura pu contenter tous ses désirs frustrés.

Un autre cas nous montre jusqu'où va une famille qui cherche à récupérer un héritage, celui de Victorine Tupin, une veuve de quarante-neuf ans. Son maître est mort, à l'âge de soixante-dix-sept ans, deux ans et demi plus tôt. Il était depuis longtemps séparé de sa femme, et partageait son existence avec une Mme Barbe et sa domestique. A la mort de M. Saillard, sa famille ne retrouve plus ses titres de rente, attaque la femme Barbe en justice : elle rend les rentes à 4,5 %. La domestique, quant à elle, détient un titre à 3 %, cadeau de son maître, dit-elle. Mais il importe que l'ordre règne et elle se retrouve devant un jury d'assises qui, d'ailleurs, la reconnaît non coupable.

En correctionnelle, en revanche, le vol aux dépens des maîtres n'apparaît quasiment pas. Le vol est, et de loin, le premier chef d'accusation. Sur 2 199 jugements, on dénombre 47 domestiques femmes, en janvier 1900[18] (2 p. 100) : 30 sont accusées de vol, une seule de vol chez son maître. Même chose en juin 1900 : 34 domestiques femmes apparaissent parmi les 2 199 jugements (1,5 p. 100), 23 accusées de vol, une seule au préjudice de sa maîtresse. Il y a de nombreux cas de vols à des particuliers, mais on ne précise pas quel lien existe entre eux et la domestique indélicate.

Dans les registres d'écrou de la prison Saint-Lazare, les sondages faits en juin, octobre et décembre 1899[19] montrent que le vol est la première cause d'incarcération des servantes : il représente plus de la moitié des délits. Malheureusement « vol » n'est pas précisé : s'agit-il de vol domestique ou de vol à l'étalage?

Le répertoire de commissariat du quartier de la Madeleine pour 1900 cite 4 cas de domestiques accusées de vol par leurs maîtresses : on y voit que des servantes peuvent être dénoncées et arrêtées pour peu de chose. Le 13 octobre, Marguerite Clément est arrêtée pour avoir volé une paire de gants à sa maîtresse; la cuisinière, accusée de complicité, est remise en liberté. Mais l'histoire la plus pathétique est celle d'une petite bonne de quinze ans, Marthe Labats, accusée par son ancienne maîtresse de vol et d'abus de confiance. Marthe a quitté Octavie Lapostolle le 19 octobre en emportant 1 franc et en laissant des dettes chez deux fournisseurs : 0,60 franc chez le laitier, 0,45 franc chez le boulanger. La jeune fille reconnaît les faits. Elle nie, en revanche, avoir volé, comme sa maîtresse le prétend, six couverts à 5,50 francs l'un. La petite bonne a laissé sa place parce qu'elle était mal nourrie. Fait divers sordide, qui, une fois de plus, nous fait sentir la distance infinie qui sépare une domestique de grande maison et la petite bonne d'une maîtresse peu fortunée. Si le coulage fait partie de la vie quotidienne de celle-là, celle-ci, en revanche, est prisonnière du contrôle permanent que lui impose sa maîtresse : la nourriture lui est mesurée, les comptes du ménage sont épluchés jusqu'au dernier centime, c'est le règne de la mesquinerie. Le vol domestique est donc une réalité tout à fait relative à la maison où il se pratique[20].

Vols à l'étalage

En correctionnelle, ils représentent la plus forte proportion de délits commis : en janvier 1900, 17 domestiques sur 47 sont jugés pour vol à l'étalage, soit 36 p. 100; en juin 1900, 13 sur 34, soit 38 p. 100.

Les domestiques volent dans les grands magasins. Quand les objets volés sont indiqués dans les registres (ce n'est pas toujours le cas), on voit que cela peut aller du simple mouchoir – Victoria Fouillet est jugée, le 29 janvier, pour avoir volé un mouchoir au Louvre – à une pièce d'habillement – jaquette, jupe, chaussures –, en passant par des babioles : Elisabeth Schütz a dérobé une pièce de ruban, une boîte de poudre de riz et un crayon au Bon Marché. Et, pour cela, elles étaient même deux : une couturière l'accompagnait, inculpée aussi. Aucun vol très important. Les voleuses sont d'ailleurs – à moins de récidive – condamnées à des peines de détention avec sursis.

Les grands magasins étaient bien sûr, pour les femmes, un centre d'attraction puissant. Les domestiques n'étaient pas seules à y voler, les bourgeoises étaient tout aussi tentées, Zola l'a bien montré dans *Au Bonheur des dames*. Il arrivait que les maîtresses volent en compagnie de leur bonne : ainsi la veuve Léonard, jugée le 23 janvier, est-elle accusée d'avoir volé à plusieurs reprises au Bon Marché avec sa domestique, Marie Anne Schmitt.

Pourquoi les domestiques volent-elles à l'étalage? Si elles sont déclarées « sans domicile », on peut imaginer que le chômage les pousse à voler. Si elles sont en place, il semble évident qu'elles ne volent pas par besoin : elles pourraient, avec leur salaire, s'acheter les objets qu'elles dérobent. Mais peut-être les bonnes assouvissent-elles de cette manière leurs frustrations, peut-être est-ce une forme de résistance à l'autorité qu'elles subissent sans cesse. La résistance, en ce cas, se déplace de la personne des maîtres à l'abstraction que représentent les grands magasins. Le propriétaire du magasin paraît plus désincarné, plus lointain que le maître, ce qui permet la transgression avec moins de scrupules, sans doute.

JUSQU'AU CRIME ?

Mirbeau s'étonne, par la bouche de Célestine, que les crimes de domestiques sur la personne des maîtres ne soient pas plus nombreux : « Quand je pense qu'une cuisinière tient, chaque jour, dans ses mains, la vie de ses maîtres... une pincée d'arsenic à la place de sel... un petit filet de strychnine au lieu de vinaigre... et ça y est !... Eh bien, non... Faut-il que nous ayons, tout de même, la servitude dans le sang[21] ! »

Que font les domestiques mécontentes de leurs maîtres ? Leur réaction est plutôt résignée que révoltée. Cusenier parle de « l'obtusité de la sensibilité » des bonnes à tout faire. Accablées de travail, elles deviennent indifférentes, incapables de s'indigner, même si on les renvoie. Chantage ou crime sont rares. S'il y a vengeance, elle se manifeste plutôt dans des paroles de menace dérisoires, comme le raconte le *Journal* des Goncourt (18 juin 1888) : « Il était question de la domestique qui nous a empoisonnés il y a deux ou trois ans. Or Mme Daudet a appris depuis que la misérable s'était vantée d'avoir fait passer, en deux jours, le lait d'une nourrice avec laquelle elle était mal, et elle racontait que le poisson acheté par ses maîtresses, elle le tenait quatre ou cinq heures sur le trou de l'évier et que les œufs envoyés de la campagne, elle les faisait cuire au four dans la bouse de vache. »

Les affaires de meurtres sur la personne des maîtres sont rares mais elles mobilisent l'opinion, la presse s'en empare, un vent de panique se saisit du pays. Chaque domestique devient alors un meurtrier en puissance, chaque maître une victime toute désignée. Ces meurtres suscitent des polémiques dans les journaux et même des ouvrages de réflexion sur les rapports entre maîtres et domestiques. Ainsi le premier livre de Bouniceau-Gesmon, qui traite de ce thème, a-t-il été publié à Paris en 1885, sous le titre *Domestiques et Maîtres* avec le sous-titre suivant : « A propos de quelques crimes récents, par un magistrat. » Cet ouvrage était suscité par deux « crimes récents » : celui de la rue de Sèze, commis en avril 1885 et jugé en juin; celui, plus ancien déjà, d'Ampouillac, commis en octobre 1873 et jugé en mars 1874. Le second livre de Bouniceau-Gesmon, publié en 1896, rappelle à nouveau, dans l'introduction, tous les meurtres perpétrés par les domestiques sur la personne de leurs maîtres.

Il vaut la peine de s'arrêter sur ces meurtres ou tentatives de meurtres à partir des comptes rendus qu'en a donnés la *Gazette des tribunaux*, et pas seulement sur ceux dont sont responsables des servantes. Car, valet ou servante, c'est l'image de marque des domestiques qui est là en jeu. Voici donc ces crimes dans l'ordre chronologique :

1. *Le crime d'Ampouillac* (*Gazette...*, 5 et 6 mars 1874). La nuit du 16 octobre 1873, le baron de la Tombelle est assassiné dans son château d'Ampouillac par le domestique qui gardait le château, Philippe Le Vaineur, dit Mitron, et par un complice, Pierre Lasserre, un charpentier qui travaillait souvent à Ampouillac. Mitron et Lasserre profitent de ce que le baron est seul au château pour le tuer à coups de hache, le voler (Mitron a dérobé plus de 3 000 francs après l'assassinat), puis mettre le feu au cadavre. Mitron avoue, Lasserre nie, ils sont tous deux condamnés à mort.

2. *Le crime de la rue de Sèze* (*Gazette...*, 27, 28 juin 1885). Dans la nuit du 16 avril 1885, le concierge du 4 rue de

Sèze à Paris entend du bruit chez Mme Cornet, femme d'un riche filateur des Indes françaises (ce dernier est en voyage à Pondichéry). Au matin, la cuisinière découvre Mme Cornet égorgée. Le valet de chambre engagé la veille *par l'entremise d'un bureau de placement* a disparu. Il s'agit en fait d'un malfaiteur recherché par la police, Charles Marchandon. Arrêté, Marchandon reconnaît qu'il emploie le même procédé depuis deux ans. Il est âgé de vingt et un ans, vient d'une famille honnête. Il a été placé très jeune comme domestique. Il est condamné dès l'âge de dix-sept ans. A dix-huit ans, il entre comme valet de chambre chez M. d'Arcy à Saint-Germain-en-Laye. Deux jours après son entrée en fonction, il vole 3 000 francs, est arrêté et condamné. Si les maîtres qu'il vole ne se réveillent pas, ils ont la vie sauve. Mme Cornet, elle, s'est réveillée... Marchandon est condamné à mort.

L'affaire fut jugée le 26 juin, et le journaliste écrit : « La honte était aujourd'hui au palais de justice. » En effet, les femmes ont toutes voulu assister aux débats, on a distribué trop de billets, elles ont dû faire la queue comme au théâtre pour pouvoir entrer. Il y a eu des protestations et des clameurs et le chroniqueur compare ces femmes déchaînées aux femmes romaines assistant aux combats de gladiateurs !

L'opinion publique a été frappée par la facilité avec laquelle un malfaiteur pouvait se faire engager comme valet de chambre : non seulement il inspirait confiance mais il s'entourait de garanties, puisqu'il présentait aux bureaux de placement et aux maîtres de fausses lettres de recommandation. La question que chacun se pose alors est celle du contrôle des certificats et des antécédents. Mais il y a trop de candidats à la domesticité, les bureaux de placement n'ont pas les moyens de s'assurer de leur honnêteté, une brebis galeuse peut toujours se glisser parmi eux.

3. *Le crime de Villemomble* (Gazette..., 7, 11 avril 1886). Meurtre d'Elodie Ménétret par sa domestique, Euphrasie Mercier.

Euphrasie Mercier est fille d'un filateur du Nord. A la mort de son père, elle prend la direction de la filature et fait faillite, avec toute sa famille. Elle n'a plus alors qu'une obsession : reconstituer sa fortune perdue. Elle s'installe à Paris, et, de 1848 à 1863, se place dans des restaurants, des magasins de mode, des merceries. Elle apprend à fabriquer des chaussures et, en 1863 (elle a quarante-trois ans), elle s'établit à son compte, prend avec elle ses frères et sœurs. Mais ses affaires ne marchent pas, et, en 1881, elle est expulsée de son magasin car elle ne peut plus payer son loyer. En 1882, une des clientes d'Euphrasie, émue par la détresse de la famille Mercier, engage comme domestiques, dans sa propriété de Courbevoie, Euphrasie, son frère et ses deux sœurs; elle les paie 30 francs par mois. Mais, au bout d'un an, la généreuse femme, lassée par leurs bizarreries, les congédie.

En mars 1883, Euphrasie Mercier propose ses services à une autre de ses anciennes clientes, Elodie Ménétret. Celle-ci est une femme discrète, maladive et impressionnable, et Euphrasie entreprend de la dominer par la terreur : elle parle d'attaques, d'assassinats, d'apparitions. Mlle Ménétret se plaint à son vieil ami, M. Grassier : « La marchande de chaussures me fait peur. » Elle voudrait qu'il vienne demeurer chez elle, elle tient au moins à lui confier ses titres de rentes et ses bijoux, pour les mettre en sécurité. Cette décision pousse Euphrasie à agir : elle double la dose de laudanum que prend sa maîtresse pour calmer ses douleurs d'estomac, vers le 25 avril. Puis elle brûle le cadavre et enfouit les restes dans le jardin.

Elle raconte à M. Grassier que sa maîtresse est partie en voyage, ou qu'elle est entrée au couvent. Elle fait venir sa famille. Elle se met à fabriquer des faux pour toucher les coupons des valeurs que possédait Mlle Ménétret, revend la garde-robe de celle-ci, son mobilier, projette d'hypothéquer la propriété, de quitter la France, etc. Mais un de ses neveux découvre la vérité, veut la faire chanter, et, sur son refus, la dénonce, en août 1885.

A l'interrogatoire, Euphrasie dit qu'elle a toujours agi poussée par Dieu, mais nie avoir tué sa maîtresse. On lui accorde les circonstances atténuantes, car la folie est héréditaire dans la famille : elle est condamnée à vingt ans de réclusion.

4. *Tentative d'assassinat* de la jeune Mme Davoine par Rose Masson, dite Céline, domestique de M. Davoine, à Beaugency (*Gazette*..., 26 juillet 1891).

Cette affaire n'a pas pour mobile le vol mais la jalousie. L'accusée a vingt-six ans. Elle est servante chez M. Davoine, marchand de fers à Beaugency, depuis plusieurs mois. Elle a déjà deux enfants naturels (le chroniqueur dit qu'elle est « de mœurs légères »). M. Davoine est veuf depuis le 5 juin 1890, avec un garçon et une fille très jeunes. Le 25 mai 1891, il se remarie avec Mlle Rithaire. Avant le mariage, M. Davoine et Mlle Rithaire ont tous deux reçu des lettres anonymes de menaces.

Trois jours après le mariage, Céline propose à la nouvelle Mme Davoine de visiter la cave; mais celle-ci remonte vite car son mari l'appelle. Le 3 juin, nouvelle offre de Céline. Elle espérait pousser sa maîtresse dans un puits : elle avait auparavant enlevé la plaque de tôle qui le fermait. Comme Mme Davoine veut remonter, Céline éteint la lumière, se jette sur sa maîtresse, cherche à l'étrangler, n'y arrive pas, la précipite dans le puits. La malheureuse se met à hurler, Céline essaie de l'achever en lançant sur elle de gros blocs de pierre. M. Davoine s'inquiète de sa femme, la cherche partout, la trouve enfin et la sort du puits.

Au procès, Céline dit qu'elle était la maîtresse de M. Davoine qui lui avait promis le mariage. Il nie et, ajoute le chroniqueur : « il jouit de l'estime générale », tandis que Rose Masson fait preuve « d'un sang-froid et d'un cynisme absolus », en ne manifestant aucun repentir. L'avocat de la servante a beau dire que le vrai coupable est le maître qui a séduit et trompé (en effet, la veille du remariage de son maître, Rose-Céline partageait encore sa couche), Rose Masson est déclarée coupable avec circonstances atténuantes, et condamnée à vingt ans de travaux forcés.

Ces quatre affaires montrent qu'on n'était guère tendre dans les verdicts lorsque des domestiques s'en prenaient à la personne des maîtres. Voyons maintenant, car la comparaison est intéressante, deux affaires d'assises qui ont défrayé la chronique, où les accusés sont des maîtres qui ont tué ou tenté de tuer leurs domestiques.

1. Meurtre de Fanny Ordonneau, veuve Deguisal, servante du curé Gothland, par son maître et Mme du Sablon, maîtresse du curé (*Gazette*..., 1er, 8 décembre 1850).

Le 21 décembre 1849 meurt Fanny Ordonneau-Deguisal, servante du curé de Saint-Germain. Le curé l'enterre le 22 et écrit à son fils que sa mère a succombé à une congestion du cerveau. Surpris de la rapidité mise à inhumer sa mère, Edmond Deguisal obtient que le cadavre soit exhumé : on découvre que la domestique a été empoisonnée à l'arsenic. La défense invoque le suicide mais l'argumentation ne tient pas et la vérité se révèle : le curé Gothland est un beau garçon de vingt-neuf ans, Savoyard trapu, homme à bonnes fortunes, il a déjà été renvoyé de deux paroisses pour inconduite. Mme du Sablon, femme de trente ans, très légère, était sa maîtresse. La veuve Deguisal les regarde par des trous pratiqués dans le plancher du grenier, juste au-dessus du lit du curé. Un jour qu'elle se dispute avec son maître, elle l'avertit qu'elle sait tout de sa liaison et possède une lettre adressée par lui à Mme du Sablon. Les deux amants, se sentant menacés, décident de faire disparaître la servante. Dans ce but, Mme du Sablon a volé à son mari, médecin à Angoulême, de l'arsenic.

Mme du Sablon est acquittée : c'est une notable de

grande distinction, elle a été entraînée par la passion. De plus, son mari et elle ont fait une tentative de suicide au moment où elle a été accusée : l'opinion a été émue. Mais le curé Gothland est condamné aux travaux forcés à perpétuité. La soutane est plutôt une circonstance aggravante en cas de meurtre.

2. Tentative d'assassinat d'un maître, M. Armand, sur la personne de son valet de chambre, Maurice Roux (*Gazette*..., 14, 25 mars 1864).

Le 7 juillet 1863, à Montpellier, est découvert dans la cave de M. Armand, son valet de chambre, Maurice Roux, ligoté et râlant. Maurice Roux accuse son maître de l'avoir frappé. Le procès devait avoir lieu le 18 novembre 1863. Mais la veille, à dix heures du soir, Maurice Roux a été victime d'une nouvelle agression. Il a reçu des coups sur la tête et se trouve en état de choc cérébral.

L'accusé, Armand, est un riche propriétaire de cinquante ans, « grand, digne, grave ». Jusque-là, il était connu pour ses brutalités, mais il achetait le silence de ses victimes. Son système de défense est le suivant : par ruse, Roux s'est presque tué pour accuser son maître et lui extorquer de l'argent. Le réquisitoire du procureur général se termine par un appel aux jurés : « Il ne faut pas qu'on doute de vous dans cette lutte du puissant contre le faible, du riche contre le pauvre; c'est à vous de rétablir l'équilibre. Vous avez à donner un grand exemple de sagesse sociale. [...] Rendez un verdict modéré mais ferme, et ne veuillez pas que, si la vérité est du côté du domestique, la vérité succombe. » Mais les preuves manquent, le mobile aussi. Armand est un notable, Roux « un pauvre à la tête fêlée »; on acquitte donc Armand sous les ovations de la foule.

D'après ces exemples, il apparaît certain que l'indulgence des jurés va aux notables – Mme du Sablon et M. Armand – et non aux domestiques. C'est là un lieu commun, qu'il est toujours intéressant de voir fonctionner, cependant.

Les meurtres ou tentatives de meurtres perpétrés sur la personne des maîtres par les domestiques ont eu dans l'opinion publique un retentissement qui était sans rapport avec leur importance réelle. En effet, le public les ressentait comme directement représentatifs des menaces que les domestiques faisaient planer sur les maîtres et par là même sur l'ordre social. Mais ce sont là des actes exceptionnels. Si les domestiques apparaissent sur les bancs des assises, c'est plutôt pour avoir tué leur enfant nouveau-né que leur maître.

Nous avons vu, avec l'autodéfense quotidienne, le vol et le crime, les résistances qu'opposent aux maîtres les domestiques. Ce sont là des formes de résistance individuelle, même si, comme pour le sou du franc, il s'agit d'une pratique généralisée. Qu'en est-il maintenant de la résistance collective ? Peut-on parler de conscience sociale des gens de maison, d'organisation au niveau du groupe ? Avant d'étudier leur action syndicale, précisons d'abord leur situation face aux lois.

LES DOMESTIQUES ET LES LOIS SOCIALES

> Point de repos hebdomadaire
> Aux serviteurs, gens de maison;
> Notre patrie est la galère :
> Qui vogue en vain, sans horizon... [...]
> Nous voulons la loi prud'homale,
> Puis celles de protection;
> Etre compris, chose normale,
> Dans toute législation.
>
> *Les Gueux de la poussière*,
> chœur syndicaliste inédit, 21 mars 1909;
> sur l'air de *L'Internationale*.

Les domestiques sont-ils des citoyens?

Jusqu'en 1848, les domestiques n'eurent pas le droit de vote – les hommes, s'entend, car les servantes, comme toutes les autres femmes, n'étaient pas concernées. Mais, même si le suffrage universel ne les a pas rejetés, ils sont frappés d'autres exclusions. D'après la loi des 4 et 10 juin 1853, ils ne peuvent être jurés (article 5 du titre 1er). D'après celles du 5 mai 1855 (article 9) et du 14 avril 1871 (article 5), ils ne peuvent être élus conseillers municipaux. S'il est possible qu'ils soient témoins dans les actes de l'état civil, en revanche, l'article 283 du Code civil précise qu'ils n'ont pas le droit d'être témoins dans les enquêtes ordonnées par le tribunal, ni pour les actes reçus par les notaires.

Le fait d'être domestique aliène donc d'une part les droits civils de quelqu'un; de l'autre, le Code pénal, nous l'avons vu, punit les domestiques avec plus de rigueur en matière de vol (article 386) et d'attentat à la pudeur, viol (article 333).

La législation du travail

1. *Contestation sur les gages.* Jusqu'en 1868, le maître était cru sur son affirmation pour la quotité des gages, le paiment des salaires de l'année échue et les acomptes donnés pour l'année courante (article 1781 du Code civil). Le domestique n'avait donc aucun recours contre un maître malhonnête. Depuis la loi du 2 août 1868, en cas de contestation, on doit recourir aux preuves de droit commun.

S'il y a différend entre le maître et le domestique, les juges de paix ont pouvoir pour statuer jusqu'à 300 francs, d'après la loi du 12 juillet 1905 (article 5). Tous les syndicats mettent en tête de leurs revendications l'extension de la juridiction prud'homale aux conflits entre maîtres et serviteurs (*Journal des gens de maison*, 8 septembre 1904; *Le Serviteur*, dans son compte rendu du IIIe Congrès des Jaunes, avril 1907; *Le Réveil des gens de maison*, dans son compte rendu du Ier Congrès national du syndicat affilié à la CGT, 15 février 1910).

Juliette Sauget signale un cas où la domestique n'a presque aucun moyen de défense. En 1905-1906, elle a « fait » cinq emplois de quelques jours chacun, le temps d'exécuter des travaux pénibles, puis a été renvoyée sans être payée. Un capitaine de marine, pendant les huit jours d'engagement à l'essai, lui a ainsi fait nettoyer son appartement, avant de la congédier.

Si le maître doit de l'argent au domestique, celui-ci a « un privilège général sur la généralité des meubles du débiteur », pour paiement de ses gages (article 2101 du Code civil).

2. *Suspension du contrat de louage*. Le maître peut renvoyer un domestique vieux ou malade en ayant la loi pour lui, ou une servante enceinte, même mariée. Cusenier cite, à propos de ce dernier cas, un jugement du tribunal de Saint-Affrique, en date du 26 février 1896, confirmé par la Cour de cassation : « A aucun point de vue on ne saurait considérer un maître comme tenu de garder à son service une fille enceinte, soit que l'on envisage l'immoralité de sa conduite, le mauvais exemple dans la maison ou les graves inconvénients de l'accouchement. »

La loi du 27 novembre 1909 améliore cet état de choses : l'accouchement devient une cause de suspension du contrat de louage, mais non de résiliation. La domestique a droit au repos quatre semaines avant l'accouchement et quatre semaines après. Pendant les huit premiers mois de grossesse, un maître n'aura pas le droit de renvoyer sa servante mariée, si elle peut faire son travail. Il n'est, en revanche, pas question des mères célibataires.

3. *Accidents du travail*. La loi qui protège les ouvriers en cas d'accident date du 9 avril 1898. Il faudra attendre le 2 août 1923 pour que son bénéfice soit étendu aux domestiques attachés à la personne.

Voici quelle était la situation du domestique en cas d'accident du travail : pour que l'accident soit garanti, il faut qu'il soit survenu pendant le temps et sur le lieu du travail et qu'il ait un rapport de causalité avec le travail. S'il y a faute, l'auteur de cette faute (que ce soit le maître ou quelqu'un d'autre) doit réparation. Mais c'est au demandeur, le domestique accidenté, de faire la preuve de la faute. Or il est presque impossible de prouver une faute du maître[22]. Par exemple, un domestique blessé par un appareil qu'il utilise dans son travail devrait pour obtenir réparation, prouver le vice de construction ou d'installation de l'appareil, son défaut d'entretien, ou une circonstance établissant la faute du maître. La législation, en ce domaine, assimile le maître à un tiers et ne reconnaît pas les rapports particuliers qu'implique entre maître et domestique le contrat de louage de services.

Le 12 avril 1906, le bénéfice de la loi sur les accidents du travail est étendu aux domestiques employés dans les exploitations commerciales; le 15 décembre 1922, à ceux des exploitations agricoles. Pendant tout le début du siècle se succèdent à la Chambre des députés les rapports sur la question de l'extension de la loi de 1898 aux domestiques. Celui présenté par Emile Chauvin, le 7 juillet 1909, au nom de la commission chargée d'examiner la proposition de loi de M. Pugliesi-Conti « ayant pour objet d'étendre le régime de la législation sur les accidents du travail aux gens de maison, domestiques et serviteurs de toute sorte », donne les deux arguments suivants en faveur de l'extension :

– En fait, les domestiques attachés à la personne courent les mêmes risques que d'autres salariés protégés par la loi. Pourquoi la cuisinière qui se brûle en faisant sauter les pommes de terre frites du restaurateur est-elle protégée alors que celle du médecin ne l'est pas?

– En droit, le risque professionnel fait partie intégrante du contrat de travail; il n'y a donc aucune raison pour en exclure les domestiques.

Le rapport présenté par Ernest Lairolle le 26 décembre 1911 reprend les propositions d'Emile Chauvin en faveur de l'extension. Deux autres rapports sur le même sujet viennent encore devant l'assemblée : le 11 mars 1913 et le 26 mai 1913. Ils posent une question précise : faut-il faire entrer les étrennes dans le calcul du salaire de base, en cas d'incapacité permanente? La guerre interrompt les discussions, on reprend la question en 1921, puis en 1922, avec les rapports de Paul Duquaire. La loi a donc mis vingt-cinq ans pour être appliquée aux domestiques.

Avait bien été votée, entre-temps, un loi permettant aux maîtres d'adhérer à la législation des accidents du travail (18 juillet 1907). L'employeur devait, aux termes de cette loi, déclarer à la mairie ses employés de maison et contribuer au fonds de garantie. Mais peu de patrons souscrivent cette police d'assurance facultative.

L'extension de la loi du 9 avril 1898 aux domestiques est un des chevaux de bataille des syndicats. Le *Journal des gens de maison* du 8 janvier 1907 place cette revendication parmi les améliorations urgentes à apporter à la condition des gens de maison, au côté de celle de leur logement et de l'octroi de la sortie hebdomadaire. Le 8 mars 1909, le journal signale l'existence d'une pétition adressée au ministre du Travail pour que soit étendue aux domestiques la loi du 9 avril 1898. Enfin, le 8 septembre 1913, il annonce la réussite imminente de tous ces efforts. Les Jaunes de France et le Syndicat national des employés gens de maison émettent les mêmes vœux à l'issue de leurs congrès respectifs (1906, 1907, 1909) : que les gens de maison bénéficient de la juridiction prud'homale et de la loi de 1898. D'autres voix encore se font entendre : au conseil général de la Seine est présenté le

9 juillet 1911 un projet de vœu relatif à l'application aux gens de maison de la législation sur les accidents du travail, par MM. Massard, Merlin et Guillard.

4. *Repos hebdomadaire.* Alors qu'on peut parler de combat commun pour faire bénéficier les domestiques de la loi de 1898, il n'en va pas de même du repos hebdomadaire. Les domestiques sont exclus de la loi du 13 juillet 1906, qui oblige les employeurs à accorder aux ouvriers et employés une journée de repos par semaine. On a longuement discuté, avant et après le vote de cette loi, sur l'opportunité d'accorder aux gens de maison cet avantage. Il est intéressant, à ce sujet, de lire les procès-verbaux des séances de la commission permanente du Conseil supérieur du travail de 1904[23]. Après de grandes déclarations humanitaires sur « l'usage universel et séculaire du repos du dimanche », qui répond à des besoins physiques et moraux, on pose la question suivante : les employés dans les cuisines des hôtels, les restaurants, les pâtisseries doivent-ils bénéficier du repos hebdomadaire ? Des domestiques attachés à la personne, il n'en est jamais question.

Déjà, un extrait du compte rendu de la séance du 27 mars 1902 à la Chambre des députés donne une idée de l'état d'esprit qui règne à propos d'un éventuel repos hebdomadaire accordé aux domestiques. Le rapporteur demande aux députés de repousser l'amendement Jourde, qui concerne les garçons de café, les garçons et les apprentis pâtissiers, les garçons d'hôtel et de restaurant : « [...] de l'enquête à laquelle s'est livrée votre commission du travail, il est résulté que ces travailleurs sont plutôt des domestiques que des employés. Si vous voulez appliquer intégralement votre théorie, vous devez demander que tous les domestiques attachés aux maisons particulières soient compris dans la loi.

– *A gauche :* Parfaitement!

– *Le rapporteur :* Il ne sera donc plus possible d'avoir à Paris la vie parisienne, que vous connaissez et que vous appréciez tous [...]. »

La question du repos hebdomadaire pour les gens de maison divise leurs syndicats. Tant il est vrai qu'il ne s'agit pas là d'une simple revendication corporative mais bien d'une prise de position idéologique. D'un côté le syndicat affilié à la CGT met cette question à l'ordre du jour en première position (*Le Réveil des gens de maison*, 1er décembre 1908). De l'autre, les syndicats plus modérés, qui prêchent l'entente des maîtres et des serviteurs, sont soit carrément opposés à l'extension aux domestiques de la loi du 13 juillet 1906, soit plus circonspects, selon les circonstances.

La position extrême est adoptée par la Chambre syndicale des gens de maison, qui poursuit d'ailleurs une politique très cohérente en la matière. Dès 1900, ce syndicat se montre très hostile à la limitation du temps de travail. La loi Millerand, qui fixe à onze heures la journée de travail (en enlevant le temps des repas, dix heures de travail effectif), ne recueille, dans le *Journal des gens de maison* du 8 juillet 1900, que des protestations, au nom de la liberté et de la morale. Gaston Bonnefont écrit : « En principe, j'estime que l'agent par excellence de la moralisation et de la pacification c'est non pas l'oisiveté mais le travail. »

Toujours au nom de la liberté, Marius Roussel, dans le *Journal...* du 8 décembre 1905, se prononce contre le projet de loi concernant le repos hebdomadaire. A son tour, Gaston Picard, dans un éditorial du 8 septembre 1909, « Le Repos légal », se déclare partisan de la non-application aux gens de maison de la loi sur le repos hebdomadaire. Il s'en explique ainsi : le serviteur de maison bourgeoise n'est pas un travailleur assimilable à celui qui est employé dans un commerce ou une industrie. Il « devrait être en quelque sorte le prolongement de la famille de son maître ». Or, si le législateur intervient, il franchit à tort le seuil familial. Est posée ici clairement la question de l'intervention des pouvoirs publics dans le domaine privé. Cet argument explique sans doute le retard avec lequel a été appliquée aux domestiques la législation sociale. Mais, s'il n'est pas partisan d'accorder aux gens de maison le jour de repos hebdomadaire obligatoire, Picard en revanche revendique pour eux une sortie hebdomadaire (*Journal*..., 8 janvier 1907).

Le Genêt, quant à lui, se propose de demander aux maîtres et aux maîtresses un après-midi de liberté tous les quinze jours pour les serviteurs qu'il placera (*Le Serviteur*, mars 1906). Mais il ne fait pas figurer le repos hebdomadaire parmi les vœux émis au IIIe Congrès des Jaunes par les gens de maison (*Le Serviteur*, avril 1907). Le journal annonce, comme on ne s'est pas mis d'accord sur la question, la formation d'une commission d'étude. En mars 1908, l'abbé Jeannin écrit deux articles sur le sujet. Il y précise qu'il faut distinguer trois catégories de gens de maison : la domesticité des maisons aristocratiques, celle de la bourgeoisie moyenne (une ou deux femmes de chambre, une cuisinière) et la bonne à tout faire de la petite bourgeoisie. On peut s'arranger, dit-il, pour accorder des journées de loisir par roulement aux deux premières catégories de domestiques; mais il est impossible de traiter de la même manière la bonne à tout faire : « Comment songer à la possibilité de lui ménager une journée entière de repos par semaine, à moins de prétendre qu'une fois par semaine les maîtres s'en iront passer la journée en dehors de chez eux, ou se résoudront, en restant chez eux, à se servir eux-mêmes? » Comme Gaston Picard, l'abbé Jeannin conclut que la législation n'a pas à intervenir dans la réglementation du repos du domestique français.

Le mois suivant, *Le Serviteur* publie une lettre de Mlle Desaulnets, cuisinière, membre du Genêt mutualiste, à propos du repos hebdomadaire. Un jour plein de repos obligatoire serait un désastre, à son avis, et voici pourquoi :

1. Les maîtres seraient en droit de fermer l'appartement. La domestique serait obligée soit de passer la journée au sixième dans sa chambre, soit d'aller chez des

parents ou amis. De telles visites seraient nécessairement source de cadeaux, donc de dépenses.

2. Le travail de la veille serait doublé, celui du lendemain aussi.

Depuis vingt-deux ans qu'elle est à Paris, Mlle Desaulnets a pu, chaque dimanche, se rendre à la messe le matin, et disposer, le dimanche après-midi, de trois ou quatre heures, ce qui, affirme-t-elle, lui semble amplement suffisant.

Tous les domestiques n'affichent pas une semblable sérénité. On a une idée du désarroi que provoque parmi eux la loi de 1906 qui ne les concerne pas, en lisant, aux Archives nationales, les documents sur l'application de la loi[24]. On y trouve la correspondance échangée entre le ministre du Travail et les particuliers, lettres de bonnes étonnées que, accablées de travail, avec des horaires écrasants, elles n'aient pas droit à un jour de repos légal par semaine, comme tous les autres travailleurs.

Ainsi une lettre anonyme datée du 18 novembre 1913 constate amèrement : « Il y a que nous qui sommes les plus tenus pour bien dire les plus esclaves parmi tous les employés car jusqu'à présent nous n'avons qu'une demi-journée par mois et encore... » Certaines de ces lettres donnent des précisions effrayantes sur les horaires des bonnes. Mme Gagnepain, 130, Grande-Rue à Villemomble, se plaint de ce que sa fille de dix-sept ans et demi, en place depuis le 23 mars, n'ait jamais eu un jour de repos. Elle travaille de cinq heures et demie à vingt-trois heures (lettre du 25 août 1920). Césarine Marie, 10, rue Muller, dans le XVIIIe, est bonne chez une boulangère, « de cinq heures à vingt-deux heures dans des locaux où l'air et la lumière font souvent défaut ». La patronne, écrit-elle, « prétend me refuser quelques heures par semaine pour aller voir mon enfant et me reposer à l'air » (lettre du 12 juillet 1921).

5. *La retraite.* La loi sur les retraites ouvrières de 1910 concerne les domestiques, mais, dit Cusenier en 1912,

« elle n'a eu encore presque aucun effet parmi les domestiques. Les uns l'ignorent. D'autres craignent de révéler leur âge, obstacle au placement. Les autres, sans savoir pourquoi, refusent de demander un livret, et leurs maîtres, trop heureux d'économiser 6 francs ou 9 francs, les approuvent pour une fois ».

Le Syndicat national des employés gens de maison conteste d'ailleurs l'utilité de cette loi pour les domestiques. Dans *Le Réveil des gens de maison* du 15 février 1910, J. Liter déclare que c'est un leurre. En effet, sur 100 ouvriers qui cotiseront de dix-huit à soixante-cinq ans, 10 p. 100 atteindront ces soixante-cinq ans; sur 100 domestiques, il n'y en aura aucun. Il conclut qu'il faut d'abord faire bénéficier les domestiques de toutes les lois ouvrières afin de diminuer leur mortalité. *Le Réveil*... du 1er avril 1910 cite, à propos des retraites ouvrières, les paroles de Flaissières, sénateur de Marseille et unique socialiste, à la séance du Sénat le 11 mars 1910 : « Je vous accuse d'instituer une retraite pour les morts. » Et Flaissières d'ajouter qu'il faut en venir à la retraite à soixante ans.

Liter, lorsqu'il affirme qu'aucun des domestiques qui auront cotisé n'atteindra la limite d'âge, dit se référer aux chiffres du ministère du Travail et de la Prévoyance. Or il semble au contraire, d'après les recensements, que la domesticité « garde des sujets dans un âge avancé[25] ». Ainsi le recensement de 1901[26] fournit-il les indications suivantes :

Personnes de plus de 65 ans pour 100 employés de tout âge et de chaque profession :

	HOMMES	FEMMES
Agriculture	3,06	3,57
Industrie	2,52	2,83
Commerce	1,62	1,47
Domesticité	5,23	4,02

Avant le vote de la loi sur les retraites a été discuté le bien-fondé de l'application de cette loi aux domestiques. M. Goirand, sénateur nationaliste des Deux-Sèvres, déclare au Sénat, le 11 mars 1910, que les gens de maison ont suffisamment le sens de l'économie pour qu'on ne les oblige pas à cotiser pour leur vieillesse. Il faut leur laisser le choix de cotiser ou non. L'amendement que présente M. Goirand est repoussé, la loi concerne aussi les domestiques attachés à la personne, mais, comme on l'a vu plus haut, elle ne change pas grand-chose dans les faits.

Au total, la législation touche donc fort peu les domestiques. Si l'Etat ne se préoccupe guère de leur sort, que font leurs propres organisations? Regardons maintenant du côté des syndicats et des sociétés de secours mutuels, voyons ce qu'ils peuvent en attendre et combien d'entre eux sont concernés.

SYNDICATS ET SOCIÉTÉS DE SECOURS MUTUELS

> « La solidarité est étrangère aux gens de maison, ce sont de grands enfants indifférents, ils n'ont pas le sens des revendications collectives. »
>
> Gaston PICARD, directeur de la Chambre syndicale des gens de maison, réponse à l'enquête sur les domestiques, *L'Eclair*, 18 septembre 1904.

Il est difficile de répertorier tous les syndicats, même si l'on opère des recoupements entre l'*Annuaire des syndicats professionnels*, publié de 1889 à 1914, et les listes de syndicats publiées dans les ouvrages généraux sur la domesticité (Bouniceau-Gesmon, Cusenier, Moll-Weiss). Car, si les syndicats les plus importants sont aisés à connaître, en particulier à travers leurs bulletins, en revanche, il est de petits syndicats qui naissent et disparaissent sans laisser de traces nettes. Citons par exemple le Syndicat des gens de maison des deux sexes créé en 1903 qui, en 1905 (seule année où il est noté dans l'*Annuaire*...), a 63 adhérents, dont 26 femmes.

13 syndicats de gens de maison semblent fonctionner en 1910, regroupant 6 000 membres environ, hommes et femmes[27]. Comme il y avait à Paris, d'après le recensement de 1906, 210 000 domestiques, le nombre des syndiqués représente un peu plus de 3 p. 100 du total. Mais, si l'on considère seulement les femmes, environ 3 000 syndiquées pour plus de 170 000 domestiques donnent l'infime proportion de 1,7 p. 100.

En ce qui concerne les sociétés de secours mutuels[28], celle sur laquelle nous possédons le plus de renseignements est la Société de secours mutuels des gens de maison, fondée en 1854, et qui existe encore en 1908. Elle publiait des annuaires annuels qui nous donnent une idée de son fonctionnement[29]. Sociétés de secours mutuels et syndicats offrent à leurs membres des avantages assez semblables. Ils s'occupent de placement; ils versent des allocations en cas de maladie, de chômage; ils ont une caisse de retraites. Ils proposent des consultations médicales gratuites, récompensent les bons serviteurs par des médailles et les accompagnent jusqu'à leur dernière demeure. Les syndicats organisent souvent, en plus, des cours professionnels (cuisine, couture, coupe...).

Mutualisme ou socialisme?

Bien que le syndicalisme ne concerne qu'une frange très réduite de la domesticité, surtout chez les femmes, il est tout de même intéressant de lire les bulletins syndicaux qui ont été conservés. S'y pose en effet la question : que représente l'action syndicale pour les gens de maison?

Deux tendances s'opposent : la première est défendue par *Le Réveil des gens de maison*, c'est le syndicalisme révolutionnaire; la seconde, largement majoritaire, regroupe tous les autres syndicats (même s'ils tiennent à se démarquer les uns des autres, comme l'indique *Le Journal des gens de maison*, qui titre, le 8 mai 1907, « Ni Jaune ni Rouge ») : c'est la tendance réformiste (entente avec les maîtres pour obtenir de meilleures conditions d'existence en faveur des domestiques) et mutualiste (mise en place de structures pour aider les domestiques).

1. *Le syndicalisme révolutionnaire*

> Hardi! la « valetaille »!
> Ne soyons plus des chiens;
> Car nous sommes de taille,
> D'être des citoyens!
>
> *Les Gueux de la poussière.*

Il est représenté par le Syndicat national des employés gens de maison créé en 1906 qui a pour secrétaire général J.-B. Médard, et est affilié à la C.G.T. Dans *le Réveil des gens de maison* du 1er février 1909, Louis Berneron signe un article intitulé « A la dérive », où il s'élève contre l'équivoque que font planer les sociétés mutuelles. Il ne faut pas, dit-il, confondre mutualité et syndicalisme : « Il faut que l'on sache bien que par la mutualité aucune des réformes que nous demandons ne saurait aboutir. L'inertie des pouvoirs publics à notre égard est patente : c'est la force qu'il faut employer; le syndicat seul peut nous la donner. »

Et de poursuivre en filant des métaphores : « Sur la mer déchaînée des conflits sociaux, la tempête est sans cesse au-dessus de nos têtes. Les passions se soulèvent comme autant de vagues monstrueuses. La mutualité sur cette mer est comme un navire désemparé qui n'a d'autre but que de se laisser aller à la dérive, avec le seul souci d'éviter les écueils; mais nous, syndiqués, nous voulons vaincre les éléments déchaînés et nous les rendres propices, apaiser les tempêtes d'appétits, de passions, de haines; et c'est à ce travail devant lequel eussent reculé les Titans antiques que nous nous acharnons. » Déjà, le 1ᵉʳ janvier 1909, J.-B. Médard, pour définir le syndicalisme révolutionnaire, évoquait, dans le registre épique, le salarié qui arrache un sort meilleur à l'exploiteur, comme on arrache au vautour ses plumes...

Beaucoup de déclarations incendiaires. Médard, dans son rapport du syndicat du 28 août 1908, reproche à la société de traiter les domestiques en « bâtards, parias, esclaves », parle des bureaux de placement vampires et des patrons satyres. Mais, au bout du compte, qu'est-ce qui diffère, dans leurs revendications, d'avec les autres syndicats ? Ils sont les seuls à réclamer le repos hebdomadaire, nous l'avons vu, et la réduction du temps de travail. Surtout qu'ils comparent les conditions de travail des gens de maison en France et en Angleterre; les domestiques anglais ont obtenu la limitation de leur temps de travail : quarante-huit heures par semaine au maximum et trente-six heures consécutives de repos[30].

La revendication concernant le temps de travail et de repos est évidemment très importante. Pour le reste, le Syndicat national des employés gens de maison réclame, comme les autres syndicats, l'abolition des bureaux de placement privés, l'extension aux domestiques de la loi sur les accidents du travail, de la juridiction prud'homale, etc. Quant aux avantages que propose le Syndicat national, placement gratuit pour ses adhérents, caisse de chômage, secours de route, etc., ils ne diffèrent pas de ceux que proposent les autres syndicats.

Le syndicalisme révolutionnaire se distingue du réformiste par la violence de son discours, ses appels à la lutte des classes et à l'internationalisme. Ainsi, au Iᵉʳ Congrès national des gens de maison, qui se tenait à Paris du 21 au 26 mai 1909, auquel participaient 22 délégués, dont plusieurs femmes, représentants de 43 villes[31], évoque-t-on, outre les problèmes spécifiques aux gens de maison, les rapports internationaux. Au meeting de la salle Wagram, qui clôt le congrès, le 26 mai, est lu un télégramme de félicitations du Syndicat des gens de maison d'Allemagne; parmi les orateurs, on trouve Ebenoltz, délégué de Suède et du Danemark. Domestiques de tous les pays... Si l'on en juge par le nombre d'adhérents que comptait ce syndicat « rouge » (797 en 1910), de tels slogans mobilisaient fort peu la domesticité française.

2. *Le syndicalisme réformiste*

A/ *Les Jaunes*

> « Le socialisme et les syndicats rouges, qui se sont attaqués à toutes les corporations et qui les ont toutes plus ou moins corrompues, s'acharnent très particulièrement contre les gens de maison, et si les ravages exercés par l'esprit révolutionnaire ne sont pas aussi grands parmi les domestiques que dans les autres professions, c'est en partie au Genêt, aidé des Jaunes, qu'on le doit. Au Genêt nous opposons le langage du bon sens, de la raison, du progrès proprement dit, aux prédications de l'anarchie, de la violence et de la haine qui sont la spécialité des adeptes de la C.G.T. »
>
> Pierre BIÉTRY,
> président des Jaunes de France,
> *Le Serviteur*, 14 octobre 1908.

> « L'harmonie, l'état social que nous cherchons à établir... »
>
> *Le Serviteur*, 10 juin 1908.

Le Serviteur de mai 1906 rend compte de la réunion mensuelle du Genêt où l'on a redéfini les buts du syndicalisme modéré, « essentiellement antirévolutionnaire ». Foin des syndicats intransigeants, qui montent la tête aux domestiques! « Le Genêt est une association mixte où les patrons trouvent leur place, et où les membres des classes dirigeantes sont invités... » Le Genêt espère que les maîtres seront accessibles aux justes revendications des gens de maison, qu'ils vont les « régler en les modérant, sans les repousser de parti pris ». Le syndicat Jaune fondé en 1905 se soucie de son image de marque : il se veut modéré et efficace par sa modération. Il veut moraliser l'action syndicale.

Le Serviteur, dans le compte rendu d'une réunion, en novembre 1906, déclare : « Il vaut mieux s'occuper des gens de maison plutôt que de les délaisser, et les associer pour le bien afin qu'ils ne s'associent pas pour le mal. » Au Genêt, il n'est pas question de lutte des classes, mais bien plutôt de réconciliation. L'abbé Jeannin rappelle en ces termes l'action du Genêt : « Le rapprochement et l'entente entre les maîtres et les domestiques, le contact ménagé entre les classes supérieures et inférieures de la société dans les offices de placement conduits par des personnes de la société, et dans des réunions de la nature de celles que nous pratiquons [...] » (*Le Serviteur*, février 1907.)

Ce langage de consensus rappelle naturellement le discours de l'Eglise. D'ailleurs, *Le Serviteur* de novembre 1907 publie un article intitulé « Louis Veuillot et les inégalités sociales », envoyé par Joseph Boishut, valet de chambre, où il est dit que, si les inégalités viennent pour une part de l'injustice des hommes, pour le reste, ce sont des différences de nature qui les causent : « Grâce aux inégalités qui les départagent, les hommes se deviennent nécessaires les uns aux autres; ils se réunissent en société et forment comme une famille. » Maîtres et domestiques sont donc membres de la même famille et le syndicat doit être le lieu de leur réunion, où ils mettent en commun leurs réflexions, leurs suggestions pour que s'en trouvent améliorés leurs rapports.

Le Serviteur se vante de toucher, en plus des abonnés gens de maison plus de huit mille maîtres. Le Genêt a créé un Comité d'étude des maîtresses de maison, « pour la discussion des intérêts moraux et matériels des gens de maison et l'examen de leurs revendications », qui se réunit tous les premiers jeudis du mois, à côté du Comité d'étude des gens de maison, « pour la discussion... », qui se réunit tous les troisièmes dimanches du mois. Il est à remarquer que ce Comité d'étude des gens de maison est formé, exclusivement sur vote du Comité directeur du Genêt, de douze membres appartenant aux différentes catégories des gens de maison, placés depuis une année au moins.

En octobre 1908, *Le Serviteur* annonce la fondation du parti Jaune Propriétiste, pour lutter contre le collectivisme qui menace et défendre, comme son nom l'indique, la propriété. Il n'est pas indifférent de savoir qu'il y a eu un Comité propriétiste des gens de maison, réservé aux hommes. Le 22 avril 1910, le groupe propriétiste électoral de l'Association des gens de maison, 22 *bis*, rue de Naples, qui dit représenter quatre mille électeurs, adresse une lettre aux candidats aux élections. Il leur fait part de ses revendications qui sont d'ordre professionnel, sauf la première, que l'on est surpris de trouver dans le « point de vue professionnel » : la séparation des écoles et de l'Etat. Cependant, le syndicat a bien conscience d'être différent d'un groupement politique. *Le Serviteur* du 7 avril 1909, dans un compte rendu de l'action du groupe propriétiste, dit que celui-ci se propose un but qui déborde celui que peut se proposer un syndicat. L'action du syndicat est en effet limitée sur le plan politique.

En réalité, le discours du *Serviteur* est réactionnaire et nationaliste : il exalte la terre, la patrie[32], la réconciliation des classes et l'ordre social. Le nationalisme s'accompagne évidemment de racisme : antisémitisme (18 mars 1908 : « Otez-moi ça!... », les juifs veulent contraindre une malheureuse concierge parisienne à ôter de sa loge son crucifix de mariage!) et racisme provoqué par la concurrence des domestiques étrangers. Le Genêt demande que le conseil de Paris taxe les serviteurs venant de l'étranger, « puisque le sens patriotique ne suffit pas à enrayer la mode des étrangers » (19 août 1908) – la mode n'est rien d'autre qu'une question d'économie, puisqu'un domestique étranger se paie en général moins cher[33]; le Genêt refuse d'ailleurs de placer les serviteurs étrangers, sauf les Alsaciens-Lorrains.

En ce qui concerne la condition des domestiques, le Genêt raisonne en termes de philanthropie. Ce sont des femmes du monde qui animent les différentes activités du syndicat. Comme l'écrit une associée, en janvier 1906, le Genêt est « dirigé par des dames qui sacrifient leur fortune et les plus beaux jours de leur vie pour venir en aide aux humbles ». Ces dames ont nom Miramont de Veldegg, Aubergy de Blarer, etc. Dans un article intitulé « Le Genêt et les Femmes du monde », *Le Serviteur* du 10 novembre 1909 reproduit des extraits d'un article de la comtesse Guy de la Rochefoucauld sur l'apostolat de la femme, paru dans *Le Correspondant* du 10 décembre 1908. La comtesse de la Rochefoucauld donne une sorte de définition de l'attitude philanthropique « nouvelle ». La charité ne suffit plus, il y faut la conscience de sa responsabilité sociale : « Aux foules bercées depuis cent ans par le dogme égalitaire, la classe qu'on appelait autrefois la classe dirigeante a répondu par la charité, charité faite très largement avec empressement et dévouement généreux, mais sous une forme qui la rend souvent stérile et inefficace. Au lieu d'essayer de gagner la confiance, n'a-t-elle pas souvent blessé et éloigné? » Ne pas se retirer sous sa tente en attendant que passe la tourmente, mais réveiller l'apôtre qui dort dans le cœur de toute femme. Eviter la pitié sentimentale, s'élever à « la perception véritable des nécessités sociales de notre époque », se mettre à la place des autres pour comprendre, voilà la mission de la nouvelle philanthropie.

B/ *Ni jaune ni rouge :* le Journal des gens de maison

La Chambre syndicale ouvrière fondée le 3 novembre 1886 (c'est le plus ancien des syndicats) par Gaston Picard définissait ainsi ses buts :

1. Etablir des rapports constants entre tous les membres de la corporation des serviteurs de maisons bourgeoises, dits « gens de maison », pour se connaître, s'apprécier et coordonner leurs efforts en vue de se procurer des places sans avoir recours à l'intermédiaire des « bureaux de placement ». A cet effet, obtenir le concours des maîtres.

2. La recherche, l'étude et la mise en pratique d'institutions destinées à améliorer la situation de ses adhérents telles que : orphelinats, maisons de refuge pour les vieillards, caisses de secours et de retraites, etc.

Le programme paraît vaste, mais l'article I des statuts, qui précise que le but principal de la Chambre syndicale consiste à « s'occuper, par tous les moyens possibles, de procurer *gratuitement* des places à ses membres », correspond davantage à ce qui apparaît de l'activité du syndicat à la lecture du *Journal des gens de maison*. L'essentiel de son action tourne en effet autour de la question du placement.

Quant au discours politique de la Chambre syndicale, il est semblable à celui du Genêt. Nationalisme, antisémitisme, retour à la terre et aux vieilles valeurs morales, lutte contre les Rouges. Pour triompher des révolutionnaires, la meilleure arme est le réformisme : il est nécessaire d'améliorer l'existence des classes laborieuses pour leur prouver l'inanité des théories révolutionnaires, qui marqueraient la fin de notre civilisation (8 septembre 1893). Les réformistes veulent éviter le chaos socialiste et faire progresser sans secousses la société (8 mai 1900). « La mutualité, voilà le grand moyen d'action, le grand levier de tous ceux que préoccupe le bonheur des prolétaires » (8 septembre 1900).

Le syndicat accuse les gouvernants de démagogie, et de laisser partir à vau-l'eau les bastions français traditionnels, tels que l'orthographe. Le 8 septembre 1900, sous le titre « Gare à la culbute! », Puck annonce, à travers le laxisme orthographique qui s'installe (ont été publiées des tolérances aux examens et concours), l'effondrement prochain de la société, le nivellement par le bas. Et Gaston Bonnefont de renchérir : « C'est l'orthographe qui s'en va. C'est l'édit de Nantes de la syntaxe. C'est le chambardement de la langue qui commence en attendant le chambardement de la société. » L'apocalypse est pour demain.

L'apocalypse, c'est la société égalitaire à laquelle nous mènent tout droit les projets de la gauche, comme l'impôt sur le revenu. Cet impôt impliquerait une déclaration des fortunes, procédé qui n'aurait qu'un but : « dresser un inventaire des fortunes à l'usage des révolutionnaires de l'avenir; car on devine aisément qu'une fois établi, le tour de vis qui doit conduire au nivellement des fortunes ne se fera pas attendre » (8 mai 1901). Antiparlementarisme et antiféminisme caractérisent aussi le discours du journal depuis sa création jusqu'en 1902.

De 1902 à 1906, la tonalité change, résultat sans doute de l'arrivée au pouvoir du bloc des gauches : on se met à parler du sort des déshérités, des injustices sociales, on reconnaît que les socialistes n'ont rien de sanguinaire, Jaurès a même droit à un coup de chapeau. En août 1906, nouveau retournement : sont dénoncées les lois sociales qui perturbent l'économie et les finances, la « syndicomanie », etc. En mai et novembre 1907, octobre et novembre 1908, la Chambre syndicale se démarque de tous les mouvements politiques et affiche des buts purement humanitaires : « Notre œuvre est une œuvre fraternelle, qui a la philanthropie pour but et la mutualité comme moyen. » Le syndicat se propose uniquement « le placement et la retraite des bons et braves serviteurs ».

Ce soi-disant apolitisme va, bien entendu, de pair avec des attaques contre les socialistes, la C.G.T. et le Syndicat national des employés gens de maison. C'est de la démagogie, accuse G. Picard, que de dire aux serviteurs : « Il vous faut le port de la moustache, le repos hebdomadaire, la limitation des heures de travail et autres billevesées de toutes sortes, aussi peu réalisables les unes que les autres. » Mais il se félicite, dans cet éditorial du 8 octobre 1910, de ce que « le robuste bon sens de la grande majorité des serviteurs a éventé les traquenards de tous ces professionnels de la discorde ». Le rôle du syndicat, ajoute-t-il, est d'« atténuer dans la mesure du possible les effets pernicieux de l'ambiance nouvelle ».

C/ *Le Moniteur des gens de maison*

Comme *Le Serviteur* et le *Journal des gens de maison*, il prône « la bonne harmonie des classes, l'entente parfaite entre les maîtres et les serviteurs » (15 août 1907). Le conseil syndical a d'ailleurs institué un « Comité protecteur réunissant les maîtres s'intéressant à notre organisation et apportant à cette organisation l'appui de leurs conseils et de leur expérience ». M. de l'Espinasse est président d'honneur de ce comité.

Le Syndicat français des gens de maison, qui fonctionne depuis 1902 mais n'admet les femmes qu'en 1908, est sélectif dans le choix de ses adhérents : il ne les accepte que catholiques et français. Ce qui frappe, dans les quelques numéros que nous possédons du *Moniteur*..., c'est la permanence du discours sur l'épargne, sa nécessité et ses bienfaits. Le journal, à côté des « leçons d'épargne », et de la louange des tirelires, dénonce, dans un feuilleton, les horreurs de « la vente à crédit ».

Au total est remarquable, dans cette prose syndicale, le peu de place consacrée aux problèmes spécifiques aux conditions de vie des domestiques. Rappelons que le *Journal*..., qui existe depuis 1891, n'a parlé qu'en 1907 de la question du logement, pourtant cruciale! A gauche comme à droite, on prêche beaucoup, on parle morale et politique, mais on a l'impression que tout ce discours n'est pas vraiment adapté aux besoins de la domesticité. Il est vrai que, si on en juge par les chiffres qu'avance *Le Serviteur*, les lecteurs de la presse syndicale réformiste étaient des maîtres davantage que des serviteurs.

Les domestiques, contrairement aux ouvriers, restent des individus isolés : le peu de succès que rencontre chez eux l'action syndicale le prouve. Les résistances qu'ils manifestent aux maîtres ne sont pas collectives mais individuelles, elles ne sont pas organisées ni réfléchies comme résistances, elles se jouent dans la vie quotidienne. La résistance aux maîtres a un aspect paradoxal : c'est moins par une opposition aux codes bourgeois que les domestiques préservent leur identité que par une surenchère à ces codes.

TROISIÈME PARTIE

LA JOUISSANCE VOLÉE

CHAPITRE PREMIER

LOISIRS

Aux loisirs, les domestiques n'ont pas droit. Le montrent bien les emplois du temps et le fait qu'ils ne bénéficient pas du repos hebdomadaire. Les manuels de conseils aux maîtresses de maison sont, au début du XIXe siècle, pleins de l'idée qu'il faut occuper sans arrêt les domestiques pour éviter qu'ils ne sombrent dans l'immoralité. Peu à peu se dégage cependant un courant plus pédagogique : il est humain de laisser un peu de temps aux domestiques, mais il est, en même temps, nécessaire de les encadrer. Les maîtresses de maison sont responsables des loisirs de leurs domestiques, c'est à elles que revient le soin de leur montrer comment les occuper.

C'est, une fois de plus, à travers le discours des maîtres que nous avons vent d'une partie de la vie des domestiques. Leurs moments de loisir sembleraient justement devoir leur appartenir en propre. Qui dit loisir dit, en principe, plaisir d'en disposer comme on l'entend. Ce temps libre échapperait donc au contrôle des maîtres? Difficile de s'y résigner car, comme le lieu qui échappe, le sixième étage, le temps qui échappe devient matière à fantasmes. D'où l'équation « temps libre = immoralité », qui trouble l'esprit des maîtres. C'est pour la briser qu'ils se penchent sur la question.

Comment les domestiques, une fois leur travail terminé, peuvent-ils s'occuper? Précisons d'emblée que l'interrogation concerne seulement les femmes. Les valets fréquentent les cafés, les terrains de courses, les salles de jeux. Ce sont des hommes, on n'a pas à veiller sur eux. Les servantes au contraire requièrent l'attention. Le temps libre, la bonne le passe soit à l'intérieur, dans sa chambre du sixième, soit à l'extérieur. Dans les deux cas il y a des dangers à éviter : au sixième, la réunion avec les autres domestiques, à l'extérieur, les occasions de rencontre avec des hommes non contrôlés (ceux qui fréquentent les cercles de gens de maison, par exemple, sont des éléments contrôlés) : les bals, surtout, mais déjà la rue elle-même.

La première occupation du temps de loisir est la couture. Il faut que la domestique remette en état ses vêtements, les nettoie et les raccommode[1]. Mais on ne peut guère la cantonner à des activités aussi utilitaires, d'autant qu'elles ne diffèrent pas de celles qu'elle exerce dans le cadre de son travail. C'est ainsi qu'on en vient aux plaisirs intellectuels et à la lecture.

LIRE

La lecture a l'avantage d'être une occupation de type mixte : elle est divertissement, mais elle peut, en même temps, concourir à l'édification morale, à condition, bien entendu, qu'elle soit surveillée et dirigée convenablement.

On s'étonne de l'ampleur du discours sur la lecture, en ce qui concerne les domestiques, mais il faut bien voir que cette question ne leur est pas propre. Elle entre dans une préoccupation plus large et constante de la bourgeoisie au XIXe siècle : la formation et le niveau de culture à donner aux déshérités que sont le peuple et la femme. La servante appartient à l'une et à l'autre de ces catégories, elle est donc matière à interrogations multiples. Qu'elle lise, certes, mais quoi et pourquoi ?

De l'horrible danger de la lecture : les romans

    Mme de Genlis voudrait faire de la lecture un instrument d'édification pour les domestiques. C'est pourquoi elle leur propose le récit des belles actions véritables accomplies par des domestiques pendant la Révolution, puis par des domestiques nègres; ensuite une nouvelle de son invention, « La Reconnaissance », écrite à partir de faits vrais, où l'on voit deux domestiques se dévouer corps et âme à leur maîtresse[2]. Elle met en garde les femmes de chambre chargées de faire la lecture à haute voix à leurs maîtresses. Qu'elles se méfient du contenu, pernicieux peut-être, des ouvrages qu'on leur demande de lire. Si la maîtresse met entre les mains de sa femme de chambre un roman, que celle-ci refuse – avec « modestie » mais fermeté –, car les romans sont « pleins d'impiétés et de détails licencieux ».

    Les romans! C'est bien là le souci de tous les moralistes. Ils sont dangereux pour tout le monde, il est vrai. Mais ils le sont doublement pour les femmes, et, à plus forte raison, pour les servantes. L'inquiétude que causent les romans, Stendhal s'en moque dans *Le Rouge et le Noir*. Pour pouvoir prendre un abonnement chez le libraire de Verrières accusé de libéralisme sans se compromettre ni compromettre M. de Rênal, Julien a l'idée de le mettre au nom du dernier des gens de son maître : « Il faudrait spécifier que le domestique ne pourra prendre aucun roman. Une fois dans la maison, ces livres dangereux pourraient corrompre les filles de Madame et le domestique lui-même[3] », ajoute Julien pour achever de rassurer le maire de Verrières.

    Le danger que représentent les romans pour les jeunes bonnes est souligné, dans *Bouvard* et *Pécuchet*, par un maître aussi méfiant que M. de Rênal, M. de Faverges. En visite chez Bouvard, il lui rapporte le deuxième volume d'un roman de Frédéric Soulié, *Les Mémoires du Diable*, qu'il a confisqué à Mélie, la servante, occupée à le lire dans sa cuisine : « Et comme on doit surveiller les mœurs de ces gens-là, il avait cru bien faire en confisquant le livre[4]. » C'était Bouvard lui-même qui l'avait prêté à Mélie; malheureux inconscient... L'indignation de M. de Faverges le rappelle à sa responsabilité : « Je les [les romans] prohibe de ma maison, car le peuple, cher monsieur!... » Un maître digne de ce nom, soucieux de la moralité de sa maison, se doit de surveiller les lectures de ses domestiques. Les romans, c'est le Diable, comme l'indique le titre de celui que lisait Mélie.

Mais ils sont l'ordinaire de la lecture des domestiques, George Sand le souligne à propos de Julie, la femme de chambre de sa grand-mère. Elle arrive à Nohant en sachant à peine lire et écrire et, plus tard, occupe ses loisirs à lire; « D'abord ce furent des romans, dont toutes les femmes de chambre ont la passion, ce qui fait que je pense souvent à elles quand j'en écris[5]. » Mais Julie, qui fait preuve d'une intelligence exceptionnelle, ne s'en tient pas là : elle lit ensuite des ouvrages d'histoire puis de philosophie. Elle est une domestique à part, avec de telles lectures.

Ces « romans » dont on parle tant, quels sont-ils? C'est là que nous sommes embarrassés. Le terme reste vague, peu de textes donnent des titres. Les Goncourt disent de Germinie Lacerteux : « Elle avait aussi ce fond de lectures brouillées qu'ont les femmes de sa classe quand elles lisent. Chez les deux ou trois femmes entretenues qu'elle avait servies, elle avait passé ses nuits à dévorer des romans; depuis, elle avait continué à lire les feuilletons coupés au bas des journaux par toutes ses connaissances[6]. » Mirbeau fait lire *En famille*, d'Hector Malot, à Célestine, qui commente ainsi ses goûts littéraires : « Quel joli livre!... Et qu'il est bien écrit... C'est drôle, tout de même... J'aime bien entendre des choses cochonnes... mais je n'aime pas en lire... Je n'aime que les livres qui font pleurer[7]. » Célestine lit aussi Paul Bourget. En revanche, elle est très choquée par les ouvrages érotiques d'une de ses maîtresses : « Je ne joue pas les saintes nitouches, mais je dis qu'il faut être rudement putain pour garder chez soi de pareilles horreurs... » Mirbeau préserve ici l'image rassurante que la bourgeoisie veut se faire du « peuple » : plein de vices, bien sûr, mais au fond sentimental, pudique, attaché à la morale.

Les romans que lisaient les domestiques étaient sans doute des romans de quatre sous – on peut les imaginer d'après les feuilletons du *Journal des gens de maison* – destinés à faire pleurer ou rêver, où la morale traditionnelle reste sauve, au bout du compte. Il est intéressant de voir la conscience bourgeoise fantasmer sur d'aussi pauvres choses. Pourquoi cette terreur des romans entre les mains des domestiques ? Crainte de l'incontrôlable ? Crainte de la contagion ? Le roman représente pour la bonne un élément dangereux : il peut la faire rêver, lui donner des désirs d'évasion et de l'aversion pour sa condition. (Rappelons que Jules Renard attribuait la mauvaise évolution de Mariette aux romans qu'elle lisait et au théâtre.) Mais il est surtout, à travers la domestique, un élément pernicieux pour la fille de la maison. C'est la domestique qui introduit en cachette, et imprudemment, des romans dans la maison des maîtres. On l'a vu avec Julie chez les Durosel. C'est aussi ce que montre Flaubert.

Les romans pénètrent jusque dans le lieu en principe le plus préservé des dangers du monde extérieur : le couvent. Et cela par l'entremise d'une domestique, une lingère, qui s'installe au couvent huit jours par mois. Sans en avoir conscience, elle pervertit les jeunes âmes que leurs parents croyaient à l'abri : « [elle] prêtait aux grandes, en cachette, quelque roman qu'elle avait toujours dans les poches de son tablier, et dont la bonne demoiselle elle-même avalait de longs chapitres, dans les intervalles de sa besogne. Ce n'étaient qu'amours, amants, amantes, dames persécutées s'évanouissant dans des pavillons solitaires [...] forêts sombres, troubles du cœur, serments, sanglots, larmes et baisers, nacelles au clair de lune. [...] Pendant six mois, à quinze ans, Emma se graissa donc les mains à cette poussière des vieux cabinets de lecture[8]. »

Que leur faire lire ?

Mme Celnart conseille aux domestiques, pour se distraire, des lectures « sages et amusantes », comme *La Science du bonhomme Richard*[9]. Il s'agit du premier des *Ecrits populaires de Franklin*, « choisis et appropriés aux lecteurs français par le compagnon de Simon de Nantua », édité à Paris en 1829. Le « bonhomme Richard », c'est Richard Saunders, auteur d'almanachs devenu célèbre. On cite ses adages en ajoutant : « Comme dit le bonhomme Richard ». « Sa science » est en réalité une suite de clichés célébrant le travail, la constance et la résolution, l'économie, la piété... clichés dont il est éminemment utile aux maîtres que tout domestique soit pénétré. La baronne Froger de l'Eguille, elle, recommande aux domestiques de se cantonner aux vies de saints, pour éviter les dangers des livres, trop nombreux, contre la foi et les mœurs[10].

C'est Lamartine qui, en 1850, pose le problème de la littérature pour domestiques et, plus largement, d'une littérature populaire. Dans la préface de *Geneviève*, nous avons vu qu'il explique qu'il a écrit ce récit pour une servante d'Aix-en-Provence, Reine Garde. Elle a été servante et bonne d'enfants pendant dix-huit ans, puis, pour des raisons de santé, est devenue couturière en chambre. Elle aime la poésie, a lu *Jocelyn*, écrit des vers elle-même. Lamartine lui demande comment est né chez elle le goût pour la lecture. Elle a appris, dit-elle, à lire, écrire et compter en écoutant travailler les jeunes demoiselles dont elle s'occupait. Elle lisait en attendant leur retour du bal. Maintenant qu'elle est couturière, les gens qui connaissent son amour pour la lecture viennent lui prêter des livres et des journaux. Mais Reine se plaint de ne pas trouver de livres faits pour elle : « Les auteurs n'ont pas pensé à nous en les écrivant. » Elle lit et aime les Evangiles, l'*Imitation de Jésus-Christ*, la vie des saints, *Robinson Crusoé*, *Télémaque*, *Paul et Virginie*. (Flaubert à Louis Bouilhet : « A propos du Lamartine, j'ai vu hier dans *Le Constitutionnel* quelques passages de *Geneviève*. Il y a dans la préface une revue des grands livres que je te recommande. C'est de la folie arrivée à l'idiotisme[11]. ») Reine Garde fait part à Lamartine de son souhait qu'un auteur écrive, pour le peuple, des histoires simples, intéressantes, en prose. Celui-ci décide alors de faire œuvre pédagogique humanitaire et d'écrire pour les oubliés de la culture en faisant d'un personnage de servante son héroïne : c'est dans ce but qu'il a conçu *Geneviève, Histoire d'une servante*. Suivront, dans la deuxième partie du XIXe siècle et le début du XXe, d'édifiantes histoires de servantes, comme *Une servante d'autrefois*[12] ou *La Servante*[13].

Les journaux

On se préoccupe beaucoup de la qualité des romans que lisent les servantes. Imagine-t-on la servante au cœur pur soudain perdue parce que, dans sa chambre du sixième, la guette un mauvais roman ? Telle la cousette que Victor Hugo évoque dans « Regard jeté dans une mansarde », dont la foi et la pureté sont menacées par la présence d'un livre de Voltaire sur une vieille armoire[14] ! Mais, plus que les livres, il est probable que les servantes lisaient des almanachs et des journaux. Les Goncourt, séjournant chez leur cousine, à Bar-sur-Seine, signalent que la plus jeune des bonnes « a, par-dessous le linge qu'elle repasse, *Le Secrétaire français*, qui apprend à une amante à répondre à son promis, à un soldat à demander la place d'un caporal vacant » (*Journal*, octobre 1858). *Le Serviteur* du 10 février 1909 recommande aux domestiques la lecture de l'*Almanach des patronages* pour 1909.

Quant aux journaux, ils tiennent une grande place dans la vie des domestiques. On les lit ensemble, à l'office. Célestine se rappelle avec nostalgie le maître d'hôtel si distingué, M. Jean, qui leur lisait le *Fin de siècle*. Françoise, dans Proust, lit et commente avec passion les journaux à la veille de la guerre de 1914[15]. Rappelons aussi Bécassine, pendant la guerre, tellement imprégnée par la lecture des quotidiens qu'elle croit voir partout des espions et des sous-marins « boches »[16]. Lamartine connaissait l'importance de la presse populaire, puisqu'il dit, à la fin de la préface de *Geneviève*, avoir conçu le projet d'un quotidien de masses. Il suffirait, assure-t-il, qu'un million de citoyens souscrivent pour un franc par an et à l'aide de ce quotidien de masses on opérerait en dix ans une révolution morale. Ce qu'il ne précise pas, c'est ce qu'il écrirait dans ce journal fait pour le peuple.

Que lisent les domestiques dans les journaux? Comme pour les romans, nous manquons de précisions. La seule allusion faite sur ce sujet par une domestique se trouve dans le témoignage d'Yvonne Cretté-Breton. En 1912, elle lisait *Le Pèlerin*, alors que sa maîtresse, une ancienne actrice, lisait *Le Rire*. On peut cependant se faire une idée de ce qui était écrit pour les domestiques à la lecture du *Journal des gens de maison*. Nous avons déjà parlé du discours politique et syndical de ce mensuel. Regardons-en ici, la partie « littéraire ». Elle comprend des nouvelles et des feuilletons sentimentaux, comme « Les Deux Portraits » (8 mars 1897), qui raconte l'histoire d'un pauvre peintre écartelé entre deux femmes, une jeune fille pauvre et une riche Américaine, ou « Le P'tiot » (8 novembre 1897), tragédie d'une mère nourrice. Ses trois fils sont mort à la naissance. Son mari, pêcheur, meurt. Elle élève un petit Parisien que sa mère a abandonné, le traite comme son propre enfant. Quand il a douze ans, sa mère vient le rechercher. La nourrice, dépouillée de la seule affection qu'elle avait sur terre, se rend au cimetière, sur les tombes de ses trois enfants, et y meurt. Récit destiné à faire pleurer, comme l'est aussi « La Folie du jeu » (8 décembre 1894) : un homme ruine, par passion pour le jeu, son foyer, sa femme, ses enfants; puis il tue sa famille avant de se faire justice. Des récits pour faire rire : « Le Train des... maris » (8 août 1896). Ce train, c'est le Paris-Normandie, qui emmène les maris, en fin de semaine, rejoindre leurs femmes aux bains de mer. Dans ce train, un bourgeois songe, à l'aller, à sa maîtresse qu'il laisse à Paris, au retour, à sa femme qu'il laisse au bord de la mer. Et toujours il a faim... Des récits pour faire penser : « La Civière » (8 novembre 1892), méditation moralisatrice sur la vie et la mort au spectacle d'une civière.

La partie littéraire du journal comprend aussi des récits grotesques à force de se vouloir sublimes : « L'Eté de la Saint-Martin » (8 décembre 1896). Une femme qui n'a jamais aimé son mari s'apprête à le tromper pour la première fois. Sur la route, elle rencontre son fils. Choc salutaire : elle l'imagine en malheureux enfant d'une mère qui a fauté et renonce pour jamais à l'amour. Le mot de la fin est à la hauteur de ce qui précède : « Mais il restait le foyer »! Tous ces textes ont un point commun : quel qu'en soit le sujet, ils utilisent les lieux communs les plus éculés.

A ces perles de la morale bourgeoise s'ajoutent des récits pseudo-historiques, qui évoquent le faste, le décorum, pour faire rêver le lecteur : « L'Entrée à Sens de François Ier » (8 avril 1901) – « Les Vêtements du souverain pontife » – sur trois colonnes! (8 octobre 1903) – « La Fièvre de l'or » – en Californie (8 avril 1896) – ou « Les Mines d'or du Canada » (8 octobre 1900).

A côté des textes de fiction en prose, une grande place est faite à la célébration lyrique de la nature, en prose ou en vers. Citons par exemple : « Pauvre Papillon » (8 novembre 1894), « Merci soleil » (8 juillet 1900) ou « Gloire au soleil » (8 août 1900), « Le Vent » (8 décembre 1900), etc. Le thème des saisons connaît une faveur particulière, et c'est une occasion de reproduire, année après année, fidèlement, un amas de clichés. En témoigne une strophe au hasard – il y en a des dizaines du même genre – de « la Ronde des fleurs » (8 juin 1906) :

> Fillettes et jeunes garçons,
> Vite préparez vos chansons,
> Le printemps bientôt dans les branches,
> semant et des fleurs et des nids,
> va peupler votre paradis
> de rossignols et de pervenches!

La lecture de ces rubriques littéraires du *Journal des gens de maison* nous permet de constater qu'il ne s'agit en rien d'articles destinés à un public spécifique. Aux domestiques lecteurs de ce journal, on s'adresse en considérant qu'ils ont les mêmes préoccupations, les mêmes valeurs, le même univers que les lecteurs bourgeois (d'ailleurs, le journal était lu également par les maîtres membres honoraires du syndicat). L'univers culturel du domestique est donc, semble-t-il, calqué sur celui des maîtres. Et ce qui le prouve est l'existence, à partir de 1907, d'une nouvelle rubrique, la « Petite Chronique féminine ». Elle traite de la famille, bébés, enfants, adolescents, jeunes mariés, maris infidèles, et cela du point de vue de la femme bourgeoise, maîtresse de maison, épouse et mère. On sait que ces rôles-là étaient incompatibles avec le statut de servante, et cependant on fait comme s'il n'y avait aucune différence entre maîtresse et servante, comme si le même discours valait pour les deux. Se lit ici l'uniformisation des mentalités dans la société autour des valeurs bourgeoises. Celles-ci circulent du haut en bas de l'échelle sociale, et les prolétaires véhiculent le discours dominant, les domestiques au premier chef.

A en croire les recensements, il y a peu d'illettrées parmi les domestiques. Le recensement de 1901[17] donne les chiffres suivants pour la ville de Paris : sur 166 557 domestiques femmes en service (et 4 663 en chômage) savent lire et écrire 151 452 (et 4 070), sont illettrées 10 687 (et 483); le degré d'instruction n'est pas déclaré pour 4 418 (et 110). Le recensement de 1911[18] indique, pour 1 000 individus actifs, le nombre de femmes illettrées : 190 dans les professions agricoles; 100 dans les professions industrielles; 92 dans le service domestique comme dans les professions libérales et les services publics administratifs.

L'acculturation de la domestique se faisait souvent par osmose avec la famille de ses maîtres, comme Julie, femme de chambre de la grand-mère de Sand, Reine Garde, ou Catherine, à laquelle sa maîtresse, Mme Heurtaut, apprend à lire et à écrire[19]. Dans une lettre envoyée à *L'Union pour l'action morale*, Amélie-Andrée Gédalge raconte que sa grand-mère avait une bonne de douze ans, Henriette, à qui elle fait la lecture quand celle-ci a terminé son ouvrage (15 juillet 1899). Juliette Sauget, en 1908, est domestique à Amiens chez une directrice d'école qui lui fait suivre les répétitions de son fils (seize ans) pour améliorer son instruction. La condition de domestique était favorable à ce genre d'apprentissage, pour peu qu'un membre de la famille des maîtres ou un autre domestique s'intéressât aux progrès de l'élève.

En outre, à Paris, nombreux étaient les syndicats de gens de maison qui avaient institué des cours du soir, où l'on pouvait, entre autres activités, apprendre à lire et à écrire. Le *Journal des gens de maison* recommande aux domestiques qui en auraient besoin un cours gratuit de lecture et d'écriture ouvert par l'Association polytechnique, 49, rue Legendre, Paris XVIIe. Ce cours applique un système « sténo-idéographique » spécialement conçu pour adultes illettrés (8 novembre 1895). Le 8 octobre 1899, le *Journal*... signale à nouveau ce cours gratuit pour adultes, où l'on enseigne, en plus de la lecture et de l'écriture, l'orthographe et le calcul. Il conseille aux maîtres de maison de permettre à leurs domestiques de suivre un tel cours.

L'instruction doit être utile

La lecture semble donc, dans le discours bourgeois, une saine occupation des loisirs de la domestique, à condition d'être contrôlée par les maîtres. Bien dirigée, elle peut être source d'édification et de progrès moraux. Une notion tout à fait absente des préoccupations des maîtres, c'est le *plaisir* que la servante peut éprouver à lire. Seule compte l'utilité. Le plaisir est une notion par trop inquiétante, avec tout ce qu'elle comporte d'incontrôlé, d'individualiste, d'asocial. Le discours pédagogique du XIXe siècle fait dans l'efficace : efficace pour l'ordre établi, la morale, la religion. Ce souci, qui débouchera avec Jules Ferry sur l'enseignement primaire, obligatoire et gratuit (1881-1886), court tout au long du siècle : il faut éduquer, certes, mais se servir de l'instruction pour contrôler. Sur ce plan, répétons-le, le cas de la servante n'est pas particulier. La même question de l'utilité de l'instruction et de la lecture se pose à propos de l'éducation de toutes les filles, et de l'ensemble de la classe populaire.

Utile, l'alphabétisation ne l'est pas seulement dans le temps de loisir de la domestique. Lire et écrire font partie des attributions d'un bon domestique. Mme Pariset trace ainsi le « portrait de la bonne cuisinière » : elle doit savoir faire la cuisine mais aussi lire, écrire, compter. C'est important pour faire son marché et surtout tenir à jour ses livres de comptes. C'est aussi un moyen de promotion, comme le montre Mme de Genlis avec Hortense : fille de garde-robe à quinze ans, fille de cuisine ensuite, elle devient, à force d'efforts, institutrice d'une jeune personne très riche. Hortense est toujours en service, mais, au lieu de s'occuper du corps, elle s'occupe de l'esprit et peut avoir l'impression de monter en grade [20].

Si l'alphabétisation est un moyen de promotion, il faut

que ce soit à l'intérieur de la domesticité. Jean-Charles Bailleul met en garde le « bon domestique » : qu'il sache « lire, écrire, un peu calculer » (apprécions le « un peu »); mais qu'il ne devienne pas pour autant présomptueux. S'il se met à rêver à une place de commis de bureau, il convient de lui rappeler qu'il est ignorant et que « l'individu le plus malheureux est celui qui se croit déplacé dans son état [21] ».

L'instruction est à manier avec précaution, elle risque de faire dérailler l'ordre social. Ce discours du début du XIXe siècle semble d'un conservatisme grossier. L'abbé Grégoire tient des propos semblables : « Il est, pour chaque état, un degré convenable de connaissances, il faut s'y borner. » Il dénonce l'exagération de la proposition du prince de Ligne qui, en aristocrate éclairé et raffiné du XVIIIe siècle, prônait les serviteurs lettrés pour l'agrément des maîtres [22]. Les maîtres, constate le prince, vivent beaucoup avec les domestiques. Ces derniers doivent donc être éduqués dans des collèges où ils apprendraient à « aimer la lecture, la musique et le dessin, pour plaire à leurs maîtres ».

Voilà des termes qu'il n'est plus pensable de trouver au XIXe siècle. Symbolique, d'ailleurs, de la radicale opposition des mentalités est l'exemple que cite l'abbé Grégoire pour illustrer ce que doit être l'instruction des domestiques. Il s'agit d'une école que peuvent fréquenter les servantes, fondée à Lyon par Mme Cosway [23]. Elle comporte en principe trois classes : l'une pour les demoiselles riches, la seconde pour celles dont la fortune est médiocre, la troisième pour des filles pauvres (filles d'artisans). Il est intéressant de noter que la deuxième classe n'a jamais existé, faute d'élèves. Qui serait prêt à reconnaître sa fortune « médiocre »? Pour se démarquer des pauvres, on s'affirme parmi les riches. La troisième classe ne fonctionne qu'avec le secours de la bienfaisance, en particulier d'une société de jeunes demoiselles, les « Jeunes Economes », qui économisent pour faire élever des jeunes filles de familles vertueuses mais pauvres. Elles paient le trousseau, l'entretien et la pension de l'enfant.

Au programme des cours : tous les travaux de la maison, la lecture, l'écriture, l'étude du français et l'apprentissage d'une autre langue vivante. On récompense les plus douées de ces jeunes filles pauvres en leur enseignant en plus la géographie, l'histoire et le dessin. Elles pourront ainsi, au lieu de devenir servantes, se placer comme gouvernantes d'enfants. Mais les « Jeunes Economes » refusent la musique pour leurs protégées : elles craignent que celles-ci ne soient tentées par le spectacle plutôt que par le service domestique. On forme des servantes et non des actrices : piété oblige! Ainsi la culture d'une domestique doit-elle se borner au nécessaire et bannir le superflu, car superflu égale danger. Instruite? oui. Artiste? non.

A l'autre bout du siècle, et au début du XXe siècle, toutes les écoles ménagères répertoriées par Augusta Moll-Weiss[24] comprennent des cours différents selon qu'ils s'adressent aux maîtresses ou aux servantes, et plus largement aux bourgeoises ou aux femmes du peuple. La répartition se fait au nom du réalisme et de l'efficacité. Il est vrai que, dans le domaine de l'hygiène alimentaire, par exemple, il vaut mieux apprendre aux filles du peuple à composer des menus qui correspondent au budget et aux habitudes alimentaires des ouvriers. Mais le principe de réalité est en même temps un instrument politique qui sert à renforcer l'ordre établi. C'est ce qui se passe dans le discours sur l'instruction des servantes. Au nom du principe de réalité, on est d'accord que savoir lire et écrire est pour elles une bonne chose. Quant à des revendications culturelles plus larges, il n'en est pas question.

Le cas de la domesticité féminine n'est pas distingué spécifiquement. En cette période, on parle beaucoup du féminisme, de l'instruction des femmes. Le féminisme progresse à la fois sur le plan législatif (en 1899, la profession d'avocat s'ouvre aux femmes) et dans l'opinion. On en trouve de nombreux échos dans le *Journal des gens de maison*. Mais jamais ce féminisme n'est relié à la condition domestique. La femme dont on parle, celle qu'il faut instruire, c'est la femme bourgeoise ou la femme de l'ouvrier. La femme au foyer, pas la servante. On le voit bien dans un débat relaté dans les numéros d'août-septembre-octobre 1899 du *Journal*...

Le sujet en est l'éducation populaire féminine, à la suite d'une conférence faite au Trocadéro par Mlle Jeanne Chauvin. Il est important, disait-elle, que la femme lise : ce serait le début de son œuvre moralisatrice. Car les lectures faites en famille soustrairaient les hommes à « l'action dissolvante et démoralisatrice du cabaret ». A cette affirmation un journaliste répond : que liraient les femmes du peuple ? des romans. Voilà qui serait dangereux. Il vaudrait mieux leur proposer des conférences faites par les instituteurs. Un autre journaliste, femme cette fois-ci, intervient en insistant sur la nécessité, pour la femme, de lire. L'éducation lui est nécessaire car elle est « l'âme du foyer » et qu'elle a un rôle à jouer dans la vie de la nation : « la manière dont elle élèvera ses enfants » (souligné dans le texte). La femme qu'il faut instruire pour le bien de la nation, c'est la mère, pilier de la famille et de la patrie. Où est la place de nos domestiques, elles qui, justement, ne peuvent être des mères à part entière, qui n'ont pas de temps à consacrer à leurs enfants ? Elles sont forcément exclues des revendications culturelles des féministes.

La servante cultivée

Elle sévit à l'étranger, tout le monde s'accorde sur ce point, que l'affirmation soit donnée sans commentaire, ou pour s'indigner de la situation en France, ou encore pour se réjouir que la France ne connaisse pas un tel phénomène. Chateaubriand mentionne sa rencontre, à Prague, en 1833, avec « une jolie servante saxonne qui courait à son piano, toutes les fois qu'elle attrapait un moment entre deux coups de sonnette[25] ». Cette étonnante découverte appelle immédiatement la comparaison avec la France où la même chose semblerait incongrue : « Priez Léonarde du Limousin, ou Fanchon de la Picardie, de vous jouer, ou de vous chanter sur le piano *Tanti palpiti* ou la *Prière de Moïse* (Rossini). Impensable! »

Mlle Daubié, en 1866, à propos de l'instruction des domestiques, cite l'Allemagne en exemple. Là-bas, dit-elle, beaucoup de cuisinières sont philosophes, les servantes lisent Schiller et Goethe. La France, elle, érige en dogme l'ignorance pour les femmes. Et si les servantes françaises préfèrent les bastringues, la mentalité générale en est responsable, aussi bien que les maîtres inconscients des bienfaits qu'apporterait l'instruction. Car instruire, c'est moraliser, et en Allemagne les rapports des domestiques avec leurs maîtres sont meilleurs qu'en France.

L'étranger est le paradis des aberrations. Un journaliste, pour donner à ses lecteurs le frisson sur le monde à l'envers, rapporte ce que lui a raconté une dame qui a vécu en Australie : les cuisinières y jouent du piano, les femmes de chambre y montent à cheval[26]. Un autre raille les prétentions des domestiques anglaises : « Parmi celles qui ont trouvé un engagement cette année au marché de Lincoln (marché aux domestiques), on en cite une qui a demandé et obtenu un jour de congé par semaine pour prendre sa leçon de musique! Une autre à posé comme condition de recevoir son fiancé au moins trois fois par semaine. Une troisième a exigé deux soirées libres pour aller au théâtre! Et une quatrième a demandé l'après-midi du dimanche et toute la journée du lundi pour faire des excursions à bicyclette[27]! » Remarquons les points d'exclamation réservés aux prétentions culturelles et sportives. Qu'une servante ait des exigences de loisir pour raison sentimentale semble plus légitime.

Si d'aventure on imagine une servante française qui soit cultivée, c'est pour faire grotesque. Ainsi, dans *Brevet supérieur*[28], un couple de petits-bourgeois, les Picot, gagnent à la loterie, engagent une bonne et se commandent un piano – deux éléments indispensables à leur nouveau standing. Virginie, la bonne, se fait gronder à propos d'une poule qu'elle n'a pas su faire cuire. On lui donne même ses huit jours, jusqu'au moment où on découvre, par ce que rapportent les voisins, qu'elle joue admirablement du piano. Elle avoue alors qu'elle est diplômée et se préparait à être institutrice. Mais elle n'a pas trouvé de poste d'enseignante et s'est engagée comme bonne. Mme Picot, ravie, garde Virginie comme professeur d'orthographe, de piano, etc., et elle demande à son mari de chercher une femme de ménage. La culture ne fait pas partie du personnage de la bonne, ni les aspirations artistiques. Trouver une servante cultivée est risible, absurde. Service domestique et culture sont radicalement contradictoires.

Que recouvre le discours sur la servante cultivée à l'étranger? Faut-il penser qu'il y a effectivement ailleurs des domestiques versées dans les arts et lettres? Nous n'avons pas les moyens de le savoir et l'on peut en douter. Mais un tel discours témoigne moins d'une réalité que d'un sentiment de malaise chez ceux qui le tiennent. C'est peut-être là que se loge la mauvaise conscience des bourgeois français quant à la condition de leurs domestiques.

PLAISIRS DE BONNES?

Cusenier, au chapitre X de sa thèse, est le seul qui ait songé à recenser les plaisirs des domestiques. Ceux qu'il indique semblent plausibles, mais c'est de la reconstitution. Il est une réalité non écrite du quotidien de la domestique qui échappe à l'historien tout comme la répartition exacte du temps de celle-ci échappe au contrôle du maître. Si mince soit la marge de manœuvre de la bonne, si pesante la surveillance de la maîtresse, la domestique aura tout de même des moments à elle, dans sa chambre du sixième, dans sa cuisine, ou dans la rue, lorsqu'elle descend faire les courses. C'est sans doute ces lambeaux de liberté arrachés à la contrainte permanente de son existence qui représentent les plaisirs les plus vifs. Mais ce sont là des réalités qui, pour être importantes, ne sont pas comptabilisables. Est plaisir ce qu'on dérobe au quadrillage.

Manger et parler font partie de ces activités incontrôlables, sources de jouissance pour les domestiques, sources d'inquiétude pour les maîtres, comme en témoignent leurs affabulations.

Manger

Dans les grandes maisons, les domestiques gardent pour eux, à la cuisine, les meilleurs morceaux. Un bon cuisinier sait découper les viandes de manière que le meilleur reste à l'office. Cette attitude a souvent été l'objet de pastiches. Ainsi Julie, cuisinière des Durosel, demande-t-elle d'abord à son amant ce qu'il a envie de manger, avant d'établir avec sa maîtresse le menu du dîner et la liste des courses; elle s'arrange ensuite pour faire agréer à Mme Durosel le menu commandé par son amant[29]. C'est au détriment des maîtres que les domestiques satisfont leur gourmandise : s'il ne reste pas beaucoup de crème pour le café des maîtres parce que Joseph, le valet de chambre, vient de la prendre pour son café à lui, Julie rajoute simplement de l'eau dans le pot. Enfin, c'est bien connu, dès que les patrons ont le dos tourné, les domestiques organisent des fêtes avec des provisions qu'ils ont dérobées. Provisions de luxe, de préférence : pâté de foie, poularde truffée, champagne, etc.

Mettre de côté de bonnes choses à manger est relativement facile dans une grande maison où se pratique le « coulage »[30]. Il en va tout autrement dans un ménage petit-bourgeois où les moyens sont plus restreints et où l'unique bonne doit satisfaire en cachette sa gourmandise. Nous avons déjà parlé des domestiques mal nourries, obligées, pour ne pas mourir de faim, de voler leur nourriture : Adèle, que Mme Josserand surprend à voler des pruneaux, et à qui elle reproche, en plus, de boire du vinaigre en cachette[31]; Yvonne, contrainte par la faim de voler du pain la nuit, terrorisée à l'idée que ses maîtresses vont découvrir son larcin[32].

Mais il y a aussi un plaisir tout particulier, pour une bonne qui mange à sa faim, à dérober de quoi manger seule, dans son lit, la nuit. Du sucre surtout. Quand Julien revient voir Mme de Rênal de nuit, il dérange Elisa, la femme de chambre, occupée à voler du sucre[33]. Félicité, la jeune servante de Mme Bovary, vole aussi du sucre, pour le croquer dans son lit[34]. Pourquoi ce désir de sucre ? Sans doute, d'une part, parce que le sucre était, au XIXe siècle, une denrée chère, et que, dans de nombreuses maisons, on en comptait les morceaux et on le mettait sous clef. Mais il a, d'autre part, une valeur métaphorique, que suggère Frapié : la bonne, qui mène une vie dure et se sent seule, s'octroie de la douceur à travers le sucre ou les desserts dérobés. Tout comme les enfants se consolaient, dans les chansons de l'époque, avec des bonbons et des confitures : « Papa veut que je raisonne / comme une grande personne / moi je dis que les bonbons / valent mieux que la raison... »

Parler

Les conversations tiennent une grande place dans la vie des domestiques. On les accuse souvent de perdre leur temps en bavardages. Elles parlent entre elles, à la fenêtre, d'une cuisine à l'autre, comme dans *Pot-Bouille;* elles parlent au concierge, elles parlent avec des personnes rencontrées au marché, fournisseurs, commerçants; elles parlent enfin le soir, dans leurs chambres du sixième étage, avec leurs voisines. Sur quoi portent les conversations? Sur les maîtres, leur vie privée, leurs défauts, leurs histoires de famille. On pourrait dire des bonnes que, telles les chœurs de la tragédie antique, elles commentent les actions de leurs maîtres ou les épisodes de leur vie. Elles colportent les nouvelles, l'agonie de M. Vabre, par exemple : « Ça filtrait d'étage en étage, et jusqu'au bout de la rue, par les bonnes. [...] Celles-là distribuaient la fortune du moribond[35]. » Comme elles sont le chœur du drame bourgeois, c'est des obsessions bourgeoises qu'elles s'entretiennent : l'argent et le sexe.

Parler sert surtout à se consoler de sa solitude. Un des grands plaisirs est de rencontrer un « pays », une « payse », qui vous donnent des nouvelles de votre village natal. Il existe des sortes de réseaux d'information entre campagne et ville. Quelqu'un comme la meneuse de nourrices, qui fait régulièrement le voyage de l'une à l'autre, est en même temps chroniqueur de village. A chacun de ses voyages à Paris, chaque mois environ, la Couteau (la meneuse de *Fécondité*) vient boire avec Céleste l'apéritif dérobé aux Séguin pour l'occasion, et lui donner des nouvelles de Rougemont, leur pays natal.

Avoir des nouvelles du pays natal est d'autant plus précieux qu'il était difficile d'y retourner. D'une part, les domestiques n'avaient pas de vacances. S'ils se retrouvaient libres pendant l'été, parfois, c'est que des maîtres indélicats les avaient mis à la porte à la veille de leur départ en villégiature, pour ne pas avoir à les payer pendant les mois d'été. Ils sont donc au chômage et pas en vacances. (Dans ce cas, rentrer au pays pour l'été, dans leur famille, pouvait être avantageux, tant le chômage à Paris coûtait cher.) D'autre part, le prix du train était très élevé, comme en témoigne Paul Chabot. Mme Daniel propose à Yvonne un mois de congé exceptionnel en août 1905[36], pour retourner en Bretagne et revoir Françoise, la femme de chambre amie d'Yvonne qui termine ses jours à l'hospice de Morlaix. Le voyage représente un gros sacrifice financier pour Jean et Yvonne. En effet, le prix des billets en troisième classe est d'un sou au kilomètre. Paul, âgé de moins de dix ans, paie demi-tarif. Malgré cela, l'aller seul leur revient à 80 francs. Sur le retour, ils ont 20 p. 100 de réduction. On a vu qu'Yvonne gagnait 50 francs par mois. Le voyage aller et retour du couple Chabot et de leur fils, représentait donc plus de trois mois des gages d'Yvonne. Ajoutons à ce chiffre exorbitant que Jean, puisqu'il partait, perdait de ce fait son travail. Paul Chabot conclut : « Pour plus d'un, le prix du transport était un tel obstacle qu'aucun ouvrier ne s'en retournait au pays, l'exode en pleine jeunesse à l'assaut de la capitale prenait l'allure d'un adieu à la terre natale. »

Le monde extérieur

Manger est une activité d'intérieur, parler se fait à la fois dans le cadre de l'immeuble et dans la rue, en allant au marché, etc. Pour une bonne, sortir, qu'est-ce que c'est ?

1. *Aller à l'église.* C'est la sortie à laquelle les maîtres consentent le plus volontiers. Cependant, le dimanche matin, on préfère que la domestique assiste à la messe de six heures – encore appelée « messe des servantes » – plutôt qu'à la grand-messe, à dix heures : pendant que les maîtres se rendent à la grand-messe, la bonne est chargée de préparer le déjeuner dominical.

La religion était-elle un plaisir pour la servante ? Cusenier l'affirme. Les Goncourt décrivent très longuement, à propos de la piété temporaire de Germinie, les plaisirs de la confession : « Seul le prêtre est l'écouteur de la femme au bonnet. Seul il s'inquiète de ses souffrances secrètes [37]... » Pour la femme du peuple, disent-ils, la religion a des « enlacements secrets et délicats ». C'est particulièrement vrai pour ces exilées solitaires que sont les bonnes. D'autant que, à côté de la confession et du rapport personnel que l'Eglise propose à la servante dans la personne du prêtre, existent dans chaque paroisse des patronages que les domestiques peuvent fréquenter le dimanche après-midi. Elles y trouvent des jeux, de petites conférences, elles y trouvent surtout la possibilité de rencontrer des femmes originaires de la même région qu'elles, nous l'avons vu avec l'Œuvre de la Paroisse bretonne.

Il n'est pas question de nier que la religion et la fréquentation de l'Eglise aient pu être un plaisir pour certaines domestiques. La foi, pour celles-ci, a pu être sincère et secourable (sans qu'il soit possible de dire dans quelle mesure, ni pour combien d'entre elles...). On voit cependant, une fois de plus, à ce propos, comme il est difficile de tracer la démarcation entre ce qu'est le plaisir d'une bonne et le discours bourgeois sur ce plaisir. Tant il est évident, en ce qui concerne la religion, que les maîtres avaient tout intérêt, pour leur bonne conscience comme pour l'ordre moral, à déclarer plaisir ce qui n'était qu'adhésion au code établi.

2. *Se promener*. Il est nécessaire de distinguer entre les domestiques qui ont des enfants et celles qui n'en ont pas. Les premières, mariées ou non (mais on verra le nombre important de mères célibataires), consacraient sans doute leur temps de loisir à aller voir leurs enfants en nourrice dans la banlieue parisienne. Germinie Lacerteux emmène ainsi chaque dimanche son amant Jupillon voir leur fille en nourrice; elle joue avec l'enfant pendant que Jupillon pêche à la ligne [38].

Les autres, qui n'ont pas d'enfants, sont plus libres. Elles peuvent se promener sans autre but que celui de se divertir. Germinie, toujours en compagnie de Jupillon, aime, le soir, au printemps, aller « à l'entrée des champs [39] », jusqu'aux fortifications, lieu de promenade populaire. Le dimanche, les bonnes, en compagnie de leurs amants, s'en vont faire des « parties de campagne », pique-niquer, chanter et rire. C'est ainsi que Germinie rencontre Gautruche, « l'ouvrier noceur », au bois de Vincennes [40].

Si elles restent en ville, les bonnes fréquentent les

foires. Paul Chabot, comme Cusenier, nous les décrit, deux par deux ou en bandes, dans ces lieux de rencontre qui excitaient aussi la curiosité avec leurs « phénomènes » humains ou animaux, les attractions sportives, les cartomanciennes, etc. Les cirques, de leur côté, présentaient des spectacles qui duraient trois heures et pouvaient ainsi « meubler le vide d'un dimanche après-midi[41]. Sulette, pendant ses loisirs dominicaux, fréquente les cafés-concerts du Point-du-Jour ou de Montmartre, les fêtes foraines de Ménilmontant, de Neuilly ou des Invalides[42]. Mais il semble que le plus grand plaisir des bonnes était d'aller au bal.

3. *Danser*. Si l'on en croit *Le Figaro* du 3 février 1896, les domestiques valsent bien parce qu'ils ont pris des cours : « Un professeur de danse de l'Opéra a eu l'idée géniale de créer dans le quartier Saint-Denis une école de danse du soir à l'usage des gens de maison; il est en train de réaliser une fortune. » Pour qu'une école de danse du soir réservée aux domestiques connaisse tant de succès, il faut bien croire qu'ils aimaient danser, et y consacraient du temps, et de l'argent.

Les témoignages à ce sujet nous manquent, malheureusement. Seule Juliette Sauget signale qu'en 1908 elle fréquente le bal de l'Elysée-Montmartre, très en vogue, voisin du IXe arrondissement où elle travaille. Au chapitre XVI de *Germinie Lacerteux*, les Goncourt décrivent longuement le bal à la Boule-Noire : « La salle avait le caractère moderne des lieux de plaisir du peuple. Elle était éclatante d'une richesse fausse et d'un luxe pauvre. » Quant aux femmes réunies là, elles sont toutes habillées de sombre. Ce qui montre leur pauvreté, c'est l'absence de linge : « Pas un réveillon de blanc dans ces femmes sombres jusqu'au bout de leurs bottines ternes, et toutes habillées des couleurs de la misère. » Germinie, qui cherche Jupillon, s'assied à côté de femmes qu'elle reconnaît comme domestiques à leurs bonnets de linge (alors que les autres filles sont « en cheveux et en filet »).

Mais elle éveille de l'hostilité parce qu'elle est mieux mise que ses camarades : elle porte un chapeau, un « jupon à dents » dont le blanc passe sous sa robe, et une broche d'or à son châle.

Aller au bal pour oublier. Aller au bal pour trouver un amant ou un mari, qui vous sorte de la condition de bonne, vous donne une autre vie, ou au moins lui ajoute une autre dimension. L'espoir que la domestique met dans le bal, c'est, me semble-t-il, un très beau texte moderne[43] qui en donne la meilleure idée. La jeune fille qui a la parole dans *Le Square* de Marguerite Duras décrit à un voyageur de commerce l'état d'assoupissement où l'a jetée le service domestique depuis cinq ans qu'elle est employée de maison. Elle lui dit son incapacité à réagir, et la conviction qu'elle a que seul un homme qui la choisirait pourrait la faire à nouveau exister. Cet homme, elle espère le rencontrer au bal de la Croix-Nivert où elle se rend chaque samedi soir : « C'est au bal, il me semble, dans le mouvement et l'entraînement de la danse, que je crois qu'un homme pourrait oublier le mieux qui je suis, ou, s'il l'apprenait, qu'il pourrait en être moins repoussé qu'ailleurs. Je danse bien, oui, et lorsque je danse, rien de ma condition ne paraît. Je deviens comme tout le monde. Moi-même, j'oublie qui je suis. » Ce bal du samedi soir est le seul horizon ouvert dans l'existence de cette domestique de vingt et un ans. Elle est en place depuis l'âge de seize ans : « Voilà que j'ai vingt et un ans et que rien ne m'est arrivé »... Sa seule chance qu'il lui arrive quelque chose, la seule brèche dans la monotonie de sa vie, c'est le bal du samedi soir.

Le bal populaire, on le voit bien d'après la description des Goncourt, fait peur aux bourgeois. C'est un lieu de mauvaises fréquentations, prélude à toutes les perditions. C'est pourquoi il y a récupération par les maîtres du divertissement que représente la danse pour les domestiques, lorsqu'ils le peuvent; c'est-à-dire dans les grandes maisons ou dans les bals organisés par les syndicats des gens de maison. Ces bals-là, où les serviteurs dansent entre eux, présentent l'avantage de les préserver du contact avec le peuple : c'est une manière, pour les maîtres qui organisent les bals, de se préserver eux-mêmes en contrôlant les fréquentations de leurs domestiques.

Dans les grandes maisons, le bal des domestiques était une coutume traditionnelle lorsqu'on était à la campagne. Ainsi chez les d'Harcourt, dans leur résidence d'été à Sainte-Eusoge. Chaque samedi soir, la trentaine de serviteurs (ceux de Sainte-Eusoge, ceux de Paris et les saisonnières) organisent le bal dans la grande salle des gens : « Le bal tant attendu fournissait l'occasion de se mettre en valeur; les femmes mettaient leur point d'honneur à se montrer élégantes et plus d'une demandait à la couturière du pays de lui confectionner une robe pour ce qui était leur seule distraction [...] Ce n'est pas que le bal durait longtemps, c'était l'affaire de deux heures, mais durant ce temps-là on s'en donnait à cœur joie[44]. » Milieu privilégié de la domesticité de grande maison : on reste entre soi.

On retrouve cette atmosphère « familiale » dans les réunions dominicales du Cercle des gens de maison du Genêt. Si l'on danse au cours de ces petites fêtes du dimanche après-midi, c'est, comme nous le montrent les commentaires du *Serviteur* cités plus haut, dans une atmosphère digne de la comtesse de Ségur. Bon ton, simplicité, franche camaraderie : nous sommes loin des promiscuités du bal populaire. Voilà la grande source d'inconnu aseptisée et rentrée dans l'ordre bourgeois.

CHAPITRE II

LA VIE SEXUELLE

> « Le maître seul est bon pour elle. Il la consolerait, s'il osait. Il voit bien qu'en cet état désolé, où la petite n'a jamais un mot de douceur, elle est d'avance, à celui qui lui montrerait un peu d'amitié. L'occasion en vient bientôt, Madame étant à la campagne. La résistance n'est pas grande. C'est son maître, et il est fort. La voilà enceinte. Grand orage. Le mari, honteux, baisse les épaules. Elle est chassée, et sans pain, sur le pavé, en attendant qu'elle puisse accoucher à l'hôpital. (Histoire presque invariable, voyez les confessions recueillies par les médecins.)
>
> « Quelle sera sa vie, grand Dieu! que de combats! que de peines, si elle a tant de bon cœur, de courage, qu'elle veuille élever son enfant! »
>
> Jules MICHELET, *La Femme*[1].

Se marier?

L'état de domestique est un empêchement au mariage, déclare l'abbé Jeannin, dans *Le Serviteur* du 13 mai 1908.

On a vu que, bien payée, la domestique peut économiser et se constituer une dot. De plus, elle arrive au mariage mieux préparée que l'ouvrière. En effet, de par son métier, elle possède une formation de ménagère, et, au contact des maîtres, elle a même pu acquérir quelque éducation. C'est pourquoi trente à cinquante pour cent des servantes qui se marient montent dans la hiérarchie sociale, comme le montrent les travaux de l'historienne américaine Theresa Mac Bride[2]. Elles épousent des commerçants, des employés, des artisans. La condition domestique, si elle est conçue comme transition entre le milieu rural et le milieu urbain et comme temps de préparation au mariage, apparaît donc comme un moyen de promotion sociale. La plupart du temps, la servante qui se marie quitte le service domestique pour se consacrer à son ménage.

Il en va tout autrement des femmes pour lesquelles le service domestique n'est pas un état transitoire mais une profession. C'est de ces servantes à vie que parle l'abbé Jeannin. Les chiffres que nous donnent les recensements sont très éloquents sur la difficulté qu'il y a à mener de front le service domestique et le mariage. Le recensement de 1901 indique la situation de famille des domestiques du sexe féminin pour la ville de Paris[3]. Sur 166 557 domestiques femmes en service (et 4 663 en chômage), 87 716 (et 2 750) sont célibataires; 53 332 (et 1 221) mariées; 23 702 (et 649) veuves ou divorcées; pour 1 807 (et 43) l'état civil n'est pas déclaré. Plus net encore est le recensement de 1911, en ce qu'il fournit un pourcentage comparatif[4]. Sur 1 000 femmes, parmi les « ouvrières », voici combien sont mariées : service domestique, 215; professions industrielles, 331; services publics administratifs, 374. (Si l'on considère l'ensemble de la population active, 53 p. 100 des femmes sont mariées : 76 p. 100 chez les patronnes, 24 p. 100 chez les employées, 29 p. 100 chez les ouvrières, groupe dont font partie les domestiques.)

S'il y avait si peu de domestiques mariées, c'est que la vie de couple, lorsqu'on exerçait ce métier, était quasiment impossible. Pour s'en convaincre, il n'est que de lire ce que dit Paul Chabot de ses parents. Le temps qu'ils passent ensemble se réduit à « quelques heures de sommeil arrachées aux patrons[5] ». En effet, Jean, qui conduit des remises, commence sa journée à six heures. Le soir, il rentre relativement tôt mais ne peut voir sa femme. Yvonne dîne à l'office avec la femme de chambre et le maître d'hôtel-valet de chambre, tandis que Jean monte dîner seul dans leur chambre du sixième. Si Yvonne a obtenu des Daniel la permission de fournir le repas à son mari, elle n'a pas, en revanche, obtenu qu'il mange à la table des domestiques.

Ils se voient peu à Paris, mais pendant les mois d'été ils se voient moins encore. Yvonne accompagne sa maîtresse à Barbizon, Jean n'aime pas aller là-bas parce qu'il n'y rencontre sa femme qu'« entre deux portes ». Et, pour en arriver à cette pitoyable vie soi-disant conjugale, à ce manque quasi absolu d'intimité, que de peines! M. Daniel s'était étonné : « Enfin, Yvonne, pourquoi voulez-vous vous marier, n'êtes-vous pas bien comme ça? » Quant aux patrons de Jean (qui servait encore chez des particuliers au moment de son mariage), ils se montraient scandalisés que leur domestique veuille s'absenter la nuit pour rejoindre son épouse : « Enfin, Jean, si nous sommes malades, qui ira chercher le médecin? Qui attellera la voiture? » Plus tard, Mme Daniel à qui déplaisait le caractère de Jean essaie de faire divorcer Yvonne.

De manière générale, les maîtres accueillaient mal les domestiques mariés, comme le signale *Le Serviteur* du 29 avril 1908 : il y a là, dit le journal, une véritable œuvre sociale à accomplir. Lors de sa réunion du 7 mai 1908, le Cercle d'étude des maîtres et maîtresses de maison vote un blâme aux maîtres qui refusent les services des gens mariés. Une bonne mariée a des attaches en dehors de la famille qu'elle sert et on peut évidemment disposer d'elle moins facilement. On s'en méfie.

Les bonnes et leurs enfants

Pas plus qu'elle ne jouit d'une intimité conjugale la bonne ne jouit des joies de la famille. Cusenier écrit : la servante « n'est mère que pour souffrir les douleurs de l'enfantement. Elle ne connaît aucune des joies de la maternité ». Il est vrai que la servante qui accouche doit se séparer immédiatement de son bébé pour le placer en nourrice. Le cas extrême est imaginé par Frapié[6]. Julie Tacot, ancienne bonne devenue prostituée, montre à Sulette la photo de sa fille âgée de dix mois, en nourrice à la campagne. Julie n'a jamais *vu* sa fille. Elle a accouché à l'hôpital après avoir déclaré que l'enfant devait être placé en nourrice à ses frais. Quand elle est revenue à elle, après un accouchement difficile et plusieurs jours sans connaissance, sa petite fille avait été emmenée en Auvergne avec d'autres nourrissons. La mère n'a donc jamais vu que son portrait. Elle fabule autour de son existence : la fillette est, en réalité, morte depuis un an. Situation symbolique : la mère est là pour payer les étrangers auxquels elle confie son enfant; sa présence auprès de lui est quasiment inexistante.

Ce qu'une domestique peut espérer de mieux, c'est d'avoir parfois un jour de congé pour aller voir son enfant à la campagne. Ainsi Germinie goûte-t-elle, pendant quelques mois après la naissance de sa fille, le bonheur de se retrouver chaque dimanche avec le bébé et son amant, dans le calme champêtre. Bonheur d'être en famille interdit aux domestiques, bonheur éphémère. La petite fille tombe malade, Germinie n'ose rien dire à sa maîtresse et, plongée dans l'angoisse, attend son jour de congé pour aller voir l'enfant. Mais elle est déjà morte. Image de la servante dédiée au service du maître : l'urgence d'une situation personnelle passe toujours après le service. De plus, les tragédies ancillaires se vivent dans la clandestinité. Encore, dans le cas de Germinie, la domestique pouvait-elle voir sa fille chaque semaine. Mais ce rythme hebdomadaire de visite à l'enfant est exceptionnel, pour la raison qu'était exceptionnelle la journée de congé hebdomadaire accordée aux domestiques. Dans une nouvelle de Maupassant[7], la servante Rose va voir son fils en nourrice deux fois par an jusqu'à l'âge de six ans. La première fois, alors qu'elle l'avait laissé « petit squelette affreux », prématuré de deux mois, elle retrouve un beau bébé de huit mois. Surprise et émue, elle revient à la ferme en sanglotant. La découverte attendrie des premiers sourires et des premiers pas, la servante n'y a pas droit.

La frustration de la maternité chez une domestique peut la rendre jalouse du bonheur familial de ses maîtres et devenir ferment de destruction. Symbolique de la menace que fait peser sur un couple bourgeois une bonne frustrée est la fin du roman de Frapié. Sulette a affronté pendant sa grossesse toutes les misères réservées à une fille mère. La naissance de son fils, qui aurait dû lui faire oublier ses malheurs, n'est qu'un drame de plus, puisque le bébé meurt deux jours après. Elle trouve alors une place de bonne chez les Pinson, jeune ménage avec un enfant de quinze mois. Cruelle situation pour Sulette, qui va sans cesse comparer le bonheur de ses maîtres à son malheur. Douleur redoublée par l'inconscience de Mme Pinson, qui, sans arrêt, parle de la joie et de la nécessité de la maternité dans la vie d'une femme.

Sulette, qui se fait appeler Marie, depuis qu'elle a sombré sans espoir dans l'anonymat du service domestique, séduit M. Pinson, par jalousie du bonheur impudiquement étalé de sa maîtresse. Le maître éprouve, vis-à-vis de sa femme, des remords atténués par le fait qu'une bonne n'est pas une « vraie femme ». Et c'est la tragédie. Un jour que les Pinson jouent sur le balcon avec leur fils et Sulette-Marie, M. Pinson s'oublie jusqu'à embrasser cette dernière. Mme Pinson, qui tenait le petit Paul dans ses bras, aperçoit se reflétant dans la porte vitrée, la scène du baiser. De saisissement, elle lâche l'enfant.

On a vu combien les servantes mères célibataires sont frustrées de leur maternité. Les données changent-elles si c'est une servante mariée qui a un enfant? Ecoutons le témoignage du fils d'un cocher et d'une cuisinière. Paul Chabot, à peine né, est emmené par sa nourrice à Barbizon : « Il était hors de question que ma mère m'élève, elle n'avait pas le temps de s'occuper de moi, et les patrons ne toléraient pas les enfants de domestiques[8]. » Paul passe donc toute son enfance chez les Robillard, jardiniers dans la propriété de campagne de Mme Daniel : « Aussi loin que je me souvienne, c'est maman Robillard qui a bercé mon enfance. Yvonne, ma mère, je ne l'ai découverte que bien tard, pour ce que je la voyais! » Yvonne ne dispose jamais d'un jour de congé pour aller voir son fils. Elle se rend une fois par an à Barbizon avec sa maîtresse, pour y passer l'été. Pendant ces mois d'été, la mère a-t-elle des contacts avec son fils? Non, car la journée elle est toujours occupée dans sa cuisine, et le soir, quand elle a fini son service, son fils dort depuis longtemps.

Certes, Paul entrevoit sa mère, va de temps à autre tourner autour d'elle dans la cuisine; il lui arrive de la rencontrer aux repas, quand tous les domestiques de Mme Daniel, jardiniers compris, mangent ensemble. Mais jamais Yvonne n'a de temps à lui consacrer, occupée et fatiguée qu'elle est par son service : « Les seuls moments que nous avons pu partager, où j'ai souvenir qu'elle m'ait écouté, qu'elle ait prêté une oreille attentive à mes histoires de gamin, c'est la fois où elle s'est ébouillantée et a dû délaisser ses fourneaux quelques jours. » Pour avoir l'occasion de se montrer un peu mère, il faut que la domestique tombe malade et soit obligée d'interrompre son activité. Cette activité, en effet, est incompatible avec la maternité[9].

Paul ajoute qu'il ne souffrait pas de cette situation, puisqu'il était aimé et choyé dans sa famille adoptive. Sa mère était sûrement plus frustrée que lui. Quant à son père, Paul n'en parle que comme d'un étranger qu'il craignait et à qui il n'avait rien à dire. Yvonne et Jean Chabot n'ont récupéré leur fils que lorsqu'ils sont devenus concierges d'un immeuble bourgeois, en 1910 (Paul a onze ans). Et encore, même alors, il n'était pas possible que Paul cohabite avec ses parents, dans la minuscule loge. On a dû le faire dormir au septième étage, dans une chambre de bonne.

Dans le domaine de la maternité, la domestique mariée n'est donc pas mieux lotie que la célibataire. Il n'y a pas de place pour un enfant dans l'existence de ces femmes. Tout conspire à ce que les domestiques n'aient pas d'enfant. Pour elles, nous venons de le voir, l'enfant est presque uniquement une charge et les met dans une situation très difficile à vivre, tant matériellement que psychologiquement. De leur côté, les maîtres préfèrent les domestiques sans enfant. Nous le montre la lecture des petites annonces. Dans les années 1890, on trouve, dans le *Journal des gens de maison*, de nombreuses demandes d'emploi ainsi rédigées : « Couple cuisinière-valet de chambre, sans enfant, cherche... » Mirbeau fait raconter par Célestine une histoire particulièrement atroce pour illustrer le malthusianisme que les maîtres exigent souvent des domestiques. Un jardinier et sa femme, basse-courière, sont engagés par une comtesse[10]. Celle-ci les reçoit, entourée de trois enfants blonds et roses. Après avoir parlé du travail, des gages, elle leur demande s'ils n'ont pas d'enfants. A la réponse : « Nous avions une petite fille... Elle est morte! », la comtesse se réjouit : « Ah! C'est très bien [...] je dois encore vous prévenir que je ne veux pas, absolument pas, d'enfants chez moi. S'il vous survenait un enfant, je me verrais forcée de vous renvoyer... tout de suite... oh! pas d'enfants!... Cela crie, cela est partout, cela dévaste tout... » Sur ces mots, l'un de ses enfants tombe, elle se précipite pour le consoler.

Le jardinier, qui veut la place, accepte toutes les conditions. Comme sa femme est enceinte, il lui suggère l'avortement; quatre jours après, elle meurt d'une péritonite. L'homme a songé à étrangler les trois enfants de la comtesse mais n'a pas osé. Caricature que cette scène, dira-t-on, avec ses contrastes outranciers? Sans doute, mais significative de la pression qu'exerce le maître sur le corps de la domestique. Celle-ci est obligée de réaliser le désir d'anéantissement qu'a le maître à son égard, de s'imposer à elle-même l'annulation de son corps, puisque telle est la volonté du maître.

Quand les parents de Paul Chabot déménagent, trônent dans la voiture à bras, au-dessus de l'armoire, du lit et du matelas, « le bock et son caoutchouc [11] », nécessaires aux injections d'eau froide anticonceptionnelles. A la fin du XIXe siècle, à l'époque où l'on s'interroge avec angoisse sur la dépopulation et l'avenir de la France, les domestiques sont mis en accusation : ils ne font pas assez d'enfants; et les maîtres aussi, qui encouragent ce malthusianisme. Ainsi, Louis Liévin, dans *La France* du 7 février 1892, écrit : « Une des causes de la dépopulation de la France est l'incroyable quantité de domestiques qui figure dans les recensements. [...] La première et la meilleure des références pour un domestique est donc de ne pas avoir d'enfants. [...] En nous en tenant à l'exemple fourni par les domestiques " en ménage " et qui ne peuvent se placer qu'à la condition d'être " sans enfants ", nous trouvons là, incidemment, une des causes innombrables qui font de la France un foyer intense de dépopulation. » Léon Fay, qui cite cet article dans le *Journal des gens de maison* du 8 avril 1892, défend la cause des domestiques à l'aide d'un pauvre argument. Ils ont bien des enfants, dit-il, mais sont obligés de les mettre en nourrice, où ils meurent en plus grand nombre que ceux qui sont élevés par leur mère. Cet argument correspond à une réalité, mais Léon Fay ne pose pas la vraie question : pourquoi les domestiques sont-ils condamnés à n'avoir point ou que peu d'enfants? Parce qu'ils n'ont pas de chez eux ni de temps pour eux.

La situation des domestiques par rapport aux enfants

se trouve clairement exposée par Paul Thimonnier dans un article intitulé « La France se dépeuple » (*Le Réveil des gens de maison*, 1er décembre 1908). Thimonnier répond au sénateur Piot, qui se lamente sur le dépeuplement de la France, et prouve que les domestiques ne peuvent se permettre d'avoir des enfants. Il rappelle les chiffres : si 10 p. 100 des ménages de domestiques ont un ou deux enfants, 90 p. 100, en revanche, n'en ont pas. Dans *Le Réveil des gens de maison* du 1er février 1909, J.-B. Médard revient sur le même sujet et cite le pourcentage des domestiques enceintes sur les 6 000 qui ont été hospitalisées en septembre 1908 :

15 à 20 ans	40 %
21 à 25 ans	16 %
26 à 30 ans	12 %
31 à 35 ans	10 %
36 à 40 ans	5 %

Or la bonne gagne, dit-il, 25 à 30 francs par mois et ne peut payer les mois de nourrice. Elle se voit obligée, pour subvenir aux besoins de son enfant, de se prostituer : « Crève, " fille mère ", ou fais la p... » Médard dénonce l'attitude de Piot, le « célèbre repopulateur », qui veut que les femmes aient des enfants sans se préoccuper de la misère qui les guette. La patrie dépeuplée est en danger, crie Piot, mais de quelle patrie s'agit-il ? de celle des bourgeois. Les pauvres ne sont que de la « chair à canon » pour les riches, « vampires qui voulez vous repaître de chair à travail ». Le Syndicat national des employés gens de maison, affilié à la C.G.T., refuse le repeuplement au profit des bourgeois. Il a déjà distribué vingt mille brochures et journaux « où la procréation consciente est enseignée ». Le même numéro du *Réveil...* donne des conseils aux femmes domestiques, aux filles mères en particulier : « Lisez et faites lire à vos amies *Génération consciente, Moyens d'éviter les grandes familles, Ayons peu d'enfants. Pourquoi? Comment?*, etc. » Ces journaux et brochures concernant la contraception peuvent être envoyés par la poste.

« *Fille mère* »

Si l'on considère le nombre d'accouchements dans les hôpitaux de la ville de Paris pour l'année 1890, on trouve, sur un total de 4 624 mères célibataires, un peu plus de la moitié de domestiques, soit 2 354 (chiffre obtenu en ajoutant les cuisinières, les femmes de chambre et ce que l'état civil appelle « domestiques », les bonnes à tout faire [12]). A Baudelocque, en 1900, sur 637 domestiques qui accouchent, 509 sont célibataires; à la Pitié, sur 105 qui accouchent, 86 sont célibataires [13]. Etre célibataire et enceinte est quasiment un stéréotype de la condition domestique. Ce cas de figure conditionne bien d'autres aspects de l'existence ancillaire : avortement, infanticide, misère, prostitution, enfants abandonnés.

Enceinte de qui?

Flaubert, dans le *Dictionnaire des idées reçues*[14], écrit, au mot « femmes de chambres » : « Toujours déshonorées par le fils de la maison. » Cette boutade rend compte d'une situation assez courante : le fils de la maison où la domestique servait, le maître lui-même, un membre ou un ami de la famille étaient souvent responsables de la grossesse de la servante. Mais les pères n'étaient pas que des bourgeois; il y avait aussi les valets, les cochers, les livreurs, les hommes qui gravitaient dans le monde de travail de la domestique. Chacun, selon qu'il est du côté des maîtres ou du côté des domestiques, donne son interprétation sur la paternité des enfants des bonnes.

Goncourt, dans son *Journal* du 21 novembre 1871, rapporte une conversation au cours du « dîner des Spartiates », « aimable dîner de spirituels potiniers » : « On s'élève assez verveusement contre cette blague consacrée par le théâtre : le déshonneur de la fille du peuple par les riches bourgeois, tandis qu'en réalité le déshonneur commence presque toujours avec les cousins et les mâles de la famille » (de la victime). A l'inverse, *Le Réveil des gens de maison* du 1er décembre 1908, citant le rapport du secrétaire national du 28 août 1908, dénonce les cas de « satyrisme » du patron envers la bonne : « Combien de " mioches " de patrons ou fils de patrons sont portés à l'Assistance publique... » Raymond de Ryckère affirme : c'est une erreur de croire que la domestique est souvent violée ou déflorée par son maître. A preuve le relevé des cas de défloration fait par le docteur Martineau, médecin à l'hôpital de Lourcine, en 1882[15] (à Lourcine, on soigne les maladies vénériennes des femmes).

Sur 535 cas étudiés de défloration survenue à Paris, il y a 151 domestiques (bonnes, cuisinières, femmes de chambre, une gouvernante). Beaucoup de celles-ci déclarent ignorer la profession de l'homme qui les a déflorées. Il est plus facile, dit le docteur Martineau, de perdre sa virginité à Paris qu'en province (72 observations en province et à l'étranger contre les 535 de Paris). A Paris, en effet, « les occasions sont plus fréquentes, notamment pour celles qui, étant domestiques, femmes de chambre, sont logées dans ces immenses maisons où les chambres dites de domestiques constituent un vaste capharnaüm où la promiscuité s'établit avec la plus grande facilité ». R. de Ryckère, lui, fait au contraire ressortir que souvent les petites campagnardes, à leur arrivée à Paris, ne sont plus vierges. Ce n'est donc ni la grande ville ni le maître qui sont responsables de leur « chute ». Il cite les exemples de Célestine, déflorée à douze ans, par le contremaître d'une sardinerie, et de Germinie Lacerteux, violée à quinze ans par un vieux garçon, dans le café où elle est en place.

Il est difficile, dans un tel débat, de donner raison aux uns ou aux autres, tant il est évident que les arguments fournis ne viennent là que pour appuyer après coup des partis pris. Si l'on connaissait le nombre des bonnes séduites par les maîtres et celui des bonnes séduites par les valets, cochers ou fournisseurs, il serait possible de comparer et de conclure. Mais ce sont là des précisions statistiques que ne contient aucun recensement...

La littérature peut, bien sûr, nous donner une idée des mœurs paysannes et de la « vertu » des petites bonnes qui arrivaient à Paris. Surtout si elles ont été placées très jeunes comme servantes de ferme, il y a des chances pour qu'elles aient connu, en même temps que des conditions de vie et de travail très dures, l'oppression sexuelle des valets et des maîtres. Mais il faut être très prudent dans l'utilisation historique des données littéraires. Ce que Maupassant écrit sur la mentalité paysanne à propos du sexe risque de nous renseigner davantage sur son imagination que sur la réalité d'une telle mentalité. La virginité, selon lui, n'est pas une valeur dans le monde paysan et l'on ne semble pas faire de distinction à cet égard entre les servantes et les maîtresses. Tous les ventres s'arrondissent en même temps, au printemps, en Normandie. Le curé d'Yport parle du pèlerinage que font toutes les filles du pays, avant de se marier, à « Notre-Dame du Gros Ventre [16] ».

Si l'on n'accorde pas d'importance à la virginité des filles, c'est que, pour ces paysans normands, une seule chose compte : l'argent. Nous le montrent, en plus de l'affaire du mariage de Rosalie, la servante d'*Une vie*, deux nouvelles : *Le Vagabond* et *L'Aveu*[17]. La première raconte le viol d'une domestique qui porte deux seaux de lait par un vagabond ivre. La jeune fille se relève et lance des pierres à l'homme qui s'enfuit, furieuse pour son lait renversé bien plus que pour sa « vertu » ravie. La seconde met en scène une fille de paysans enceinte parce qu'elle payait son voyage en voiture en se faisant lutiner. Sa mère, à qui elle l'avoue, lui conseille de ne rien dire de son état pour économiser encore un peu d'argent, que ça vaille la peine. Sur l'avarice sordide des paysans, Bécassine ne raconte pas autre chose. Où est la réalité? Où commence la caricature?

Ce n'est pas cette vision que nous donne Jules Renard de la mentalité des paysans, dans ses romans ou son *Journal*, quand il parle du Nivernais. S'il est vrai qu'ils mènent une vie très primitive et très rude, et qu'ils ont le respect de l'argent, ils n'en ont pas moins le souci de la « vertu » de leurs filles. Ainsi, lorsque les Renard emmènent à Paris Augustine, leur petite bonne, la mère de celle-ci recommande-t-elle à Mme Renard de veiller à ne pas laisser sortir sa fille[18].

En conclusion, faute de statistiques, et avec des sources littéraires forcément sujettes à caution, il se révèle impossible de savoir qui sont les séducteurs des bonnes, à quelles tractations donnait lieu la séduction, et, au bout du compte, si les servantes faisaient grand cas ou bon marché de leur vertu.

Séduite par le maître

Le stéréotype romanesque de la servante innocente séduite par un maître méchant et dépravé se trouve dans *Les Mystères de Paris*[19]. Le notaire Jacques Ferrand a à son service Louise Morel, une jeune fille de dix-sept ans. Il se montre dur avec elle, elle est accablée de travail. La chambre de Louise est située tout en haut d'une grande masure isolée, elle a peur, sa porte n'a ni verrou ni serrure. Un soir, elle entend quelqu'un marcher et s'arrêter derrière la porte. Le lendemain, elle réclame un verrou au notaire qui la traite de folle. Un jour, Ferrand s'arrange pour rester seul avec Louise, il sonne pour la faire venir dans sa chambre et la prend dans ses bras. Elle se débat, il la frappe et lui fait du chantage : si elle ne cède pas, son père, à qui Ferrand a prêté de l'argent, ira en prison. Louise est sauvée cette fois-là par la sonnette du portier qui annonce l'arrivée d'une lettre.

A partir de ce moment-là, la jeune bonne vit dans la

terreur, elle ne dort presque plus, n'ose plus se déshabiller. Ferrand a fait ôter de sa chambre la commode, elle ne peut plus se barricader. Un soir, Ferrand et la femme de charge sont tous deux sortis, mais cette dernière a laissé à Louise pour son dîner du vin et de l'eau mélangés d'opium. La servante remonte dans sa chambre et s'endort en travaillant. Quand elle se réveille, elle est déshonorée[20]. Le notaire l'avertit que, si elle parle, personne ne croira ce qu'elle raconte, tout le monde l'imaginera consentante. Louise n'ose pas se plaindre à son père. Ferrand, nouveau Tartuffe, devant les curés qui viennent dîner chez lui, accable Louise de reproches sur ses manières trop libres avec les clercs de l'étude. La jeune bonne songe au suicide, la pensée de sa famille la retient.

Elle est enceinte et l'apprend à son maître qui joue l'indignation et la chasse. Elle le supplie de la garder car elle ne trouvera pas, étant enceinte, une autre place. Il accepte. Cinq mois de terreur et d'angoisses. Louise entend par hasard une conversation où Ferrand parle de se débarrasser d'elle. Aussi, quand il lui propose d'aller à la campagne, refuse-t-elle de le suivre. Il la jette par terre, ce qui déclenche une fausse couche. Elle enterre l'enfant puis quitte la maison. On vient l'arrêter chez son père : Jacques Ferrand l'a accusée d'infanticide. Le père de Louise à qui celle-ci confesse la vérité devient fou.

Que d'éléments réunis pour faire une histoire « noire » ! Le maître est un atroce individu, dépravé, sadique et cynique, la servante une parfaite victime pour le piège infernal tendu par l'infâme. L'innocence de la fille du peuple pillée par le bourgeois. L'aventure de Louise, loin d'être traitée comme une fiction, est souvent citée par les auteurs qui parlent des domestiques dans la seconde moitié du XIXe siècle, avec les réflexions du justicier Rodolphe sur la gravité de la débauche domestique : « Rien de plus fréquent que cette corruption plus ou moins violemment imposée par le maître à la servante : ici par la terreur ou la surprise; là, par l'impérieuse nature des relations que crée la servitude. [...] Et puis, pour la femme, quelles conséquences! presque toujours l'avilissement, la misère, la prostitution, le vol, quelquefois l'infanticide! » Et Rodolphe de dénoncer le scandale de la législation : l'homme qui a dépravé et abandonné une jeune innocente n'est jamais considéré comme son complice. Elle paie seule sa « faute », lui est acquitté.

Que le séducteur soit bourgeois ou prolétaire, à partir du moment où elle est enceinte, la servante assume seule cette terrible situation, c'est sur elle que se referme le piège. Elle dépend entièrement du bon vouloir de ses maîtres, qui se montrent, la plupart du temps, très peu compréhensifs. Une servante enceinte, c'est, de toute façon, un souci supplémentaire : elle risque d'être fatiguée ou malade, elle prendra du repos au moment de l'accouchement; le travail en pâtira. Si, en plus, elle est célibataire, il est commode de parler d'attentat à la moralité familiale et publique pour se débarrasser de quelqu'un qui sera moins productif.

Chassée

Le cas de figure classique est donc le renvoi de la servante enceinte. Renvoi particulièrement odieux si le père ou le fils de la famille est responsable de la grossesse. *L'Equité*, « organe éducatif du prolétariat féminin », dans son numéro du 15 janvier 1914, publie une parodie de la scène cliché du renvoi, intitulée « La Coquine ». Mme Grippelong vient annoncer à Monsieur que Justine, la bonne, est enceinte de six mois, des œuvres de leur fils Robert, jeune homme de vingt-six ans. Monsieur chasse Justine en la gratifiant de 100 francs et d'un sermon : « Mme Grippelong vient de m'apprendre la mauvaise action dont vous vous êtes rendue coupable à notre égard. Oubliant que vous étiez ici dans une maison honnête, vous avez donné libre carrière à vos instincts de débauche et de perversité. Vous avez porté le trouble dans notre intérieur, entraînant dans votre faute, M. Robert, et crevant le cœur de Mme Grippelong... Vous étiez traitée ici non pas comme une domestique mais comme l'enfant de la maison... » Discours caricatural de la mauvaise foi des maîtres. Ils transforment la bonne en bouc émissaire, la chargent de toutes les souillures puis la chassent pour purifier leur maison. Une fois Justine partie, Mme Grippelong suggère à son mari de donner à leur fils de l'argent de poche, de manière qu'il aille séduire des filles ailleurs. M. Grippelong n'est pas d'accord : « Si nous avions donné 100 francs par mois à Robert, ça aurait fait 6 000 francs. Or dans ce laps de temps nous avons renvoyé sept bonnes. A 100 francs chacune, ça fait 700 francs. C'est toujours 5 300 francs d'économisés! »

Raisonnement au cynisme grossier qui correspond sans doute à une attitude fréquente chez les maîtres : la bonne est là, sous la main, commode. On lui paie ses services, il n'y a pas de raison pour qu'on n'exploite pas toutes ses aptitudes. N'est-elle pas « à tout faire » ? Si le maître a des relations sexuelles avec la bonne, ce peut donc être par économie, par commodité, mais aussi parce que la bonne fait partie de la maison, est à l'intérieur du cercle familial : il échappe de cette manière à l'amour vénal et professionnel. C'est ce qu'explique Frapié à propos du fils du docteur Leroy[21]. Albert a dix-sept ans, il prépare Saint-Cyr. Il a de l'argent pour payer des prostituées, mais met un point d'honneur à « ne pas payer », justement. Comme il n'a aucune relation avec la classe ouvrière, il forme le projet de séduire la petite bonne. Un après-midi où il sait Sulette seule à la maison, Albert rentre en catimini et parvient à ses fins, après une poursuite folle à travers l'appartement. Mme Leroy, le soir, devine tout et prévient sa bonne : « Il ne doit pas vous arriver d'accident ». Elle rend Sulette responsable de ce qui s'est passé et des conséquences possibles; à elle de prendre des mesures : l'avortement est suggéré, que la jeune fille se débrouille. Trois mois plus tard, le docteur Leroy découvre sur le visage de Sulette un masque de grossesse, on la renvoie immédiatement : « Un tel scandale ne peut se tolérer dans une maison respectable. »

Même scénario dans *Fécondité* : Victoire Coquelet, petite bonne de dix-huit ans, quitte son village pour venir se placer à Paris. Son premier maître est un homme d'affaires louche. Le fils de la maison, âgé de vingt ans, lui fait un enfant dans sa cuisine, cinq jours après son arrivée. La mère jette dehors la bonne. Mathieu Froment voit en Victoire le symbole « des milliers de tristes créatures que la province envoie au pavé de Paris [...] long cortège des servantes engrossées et chassées au nom de la vertu bourgeoise [22] ». Victoire, c'est « l'esclave ahurie, la chair à plaisir du maître qui passe ».

Auprès de ses maîtres, la servante enceinte ne trouve, en général, non seulement aucun recours, mais du mépris et de la haine. Ainsi Rosalie Prudent, jugée pour infanticide. Elle était enceinte du neveu de ses maîtres, qui, au procès, viennent l'accabler : « [...] petits rentiers de province, exaspérés contre cette traînée qui avait souillé leur maison. Ils auraient voulu la voir guillotiner tout de suite, sans jugement, et ils l'accablaient de dépositions haineuses devenues dans leur bouche des accusations [23]. »

Cette haine des maîtres pour la servante enceinte, nous la connaissons par les récits de fiction; nous pouvons seulement supposer que la fiction reflète une part de la réalité. Dans les faits, nous avons deux exemples de l'inconscience des maîtres. Dans un arrêt de jugement à la cour d'assises de Paris, du 8 février 1895, d'abord. Léonie Bouvard, dix-neuf ans, est accusée d'infanticide. Elle était enceinte du fils de ses maîtres, des libraires. Elle couchait dans une chambre qui communiquait avec celle de ses maîtres, mais, dans cette chambre, dormait aussi le fils de la maison âgé de vingt-six ans... De son côté, Juliette Sauget raconte qu'en 1904, à dix-huit ans, elle est employée chez un loueur de voitures du XVIIIᵉ arrondissement. Elle loge dans l'appartement. Au bout de huit mois, un soir, un fils de la famille, âgé de dix-sept ans, vient dans sa chambre; elle le repousse. Le lendemain, à table, elle raconte son aventure. Ses patrons en rient, elle est choquée, pense qu'elle court des dangers chez eux, les quitte.

Nous savons aussi que, légalement, la bonne n'a aucun recours ni contre son séducteur ni contre le maître qui la renvoie lorsqu'il découvre sa grossesse. Aucune loi sociale ne protégeait alors la travailleuse qui attendait un enfant. En Suède, au contraire, la loi faisait défense à tout maître de renvoyer une servante pour cause de grossesse. En France, il faut attendre la loi du 27 novembre 1909 pour que l'accouchement devienne une cause de suspension du contrat de louage, et non de résiliation.

La recherche de la paternité.

La loi votée le 16 novembre 1912 est le résultat de trente-cinq ans de campagnes, projets, mouvements divers en faveur de la restauration de la recherche en paternité. Celle-ci, en effet, autorisée par un édit d'Henri II en 1556, avait été supprimée par la Législative, qui espérait ainsi mettre fin aux abus (jusque-là, une fille qui attribuait la paternité de son enfant à tel ou tel était crue sur ses affirmations; c'était le prétendu père qui devait faire la preuve de son innocence en la matière [24].) L'article 340 du Code civil de 1803 affirme : « La recherche de la paternité est interdite ». La seule exception à cette règle concerne les cas d'enlèvement : « Lorsque l'époque de cet enlèvement se rapportera à celle de la conception, le ravisseur pourra être, sur la demande des parties intéressées, déclaré père de l'enfant. » En revanche, l'article 341 de ce même Code civil admet la recherche de maternité.

Dans le dernier quart du XIXᵉ siècle se dessine un fort mouvement en faveur de la modification de l'article 340. Réintroduire dans le Code la recherche en paternité apparaît à beaucoup de législateurs et de philanthropes comme une mesure de sauvegarde de l'enfant, une prévention contre l'infanticide, l'avortement, l'abandon d'enfant. Goncourt, dans son *Journal* du 16 novembre 1875, se fait l'écho de cette question qui agite les esprits : « On cause des conférences qui avaient lieu, ces jours-ci, entre Dupanloup et Dumas fils, pour faire introduire la recherche de la paternité dans le Code, et l'on ne doutait pas que, si la Chambre actuelle s'était perpétuée, une proposition ad hoc n'eût été soumise à ses délibérations. » Un projet de loi présenté par M. Bérenger échoue devant le Sénat, en 1878. Le projet présenté par M. Rivet connaît le même sort, en 1883, puis en 1891, malgré la campagne que mène celui-ci, de 1883 à 1889 [25].

Le rapport favorable de Viviani en 1901 [26] sur le projet de loi présenté par Rivet ne fait guère avancer les choses. En 1905, Paul Bienvenu déclare : « L'heure est arrivée enfin de libérer la femme et l'enfant de votre oppression séculaire » (il s'adresse aux mâles bourgeois [27]). En 1908, Bérenger et Rivet présentent au Sénat un projet de loi sur lequel on discute seulement en juin 1910. Le Sénat l'adopte en première lecture. Mais ce n'est que deux ans et demi plus tard que la loi est enfin votée. Des rapports écrits sur le sujet font remarquer que la France est, avec la Russie, le seul pays où n'est pas admise la recherche en paternité. Qu'enfin soit votée la loi, et ce sera une véritable œuvre de salut public : « Tout un lamentable troupeau de malheureuses filles mères flanquées de petits enfants reniés par leur père connaît des misères affreuses – des misères où germent les pires ferments de haine et de débauche, de vice et de souffrance, où germent, disons-nous, les plus belles fleurs du mal et de la douleur, les plus puissants éléments de désorganisation sociale [28] !... »

Venant après de si longs débats, la loi du 16 novembre 1912 a de quoi surprendre. En effet, si la recherche en paternité est bien permise, ce n'est que dans des cas très précis et très limités : cas d'enlèvement et de viol (seul cas prévu en 1803), cas de « séduction dolosive » rendue vraisemblable par « un commencement de preuve écrite », cas de concubinage notoire à l'époque de la conception, cas, enfin, de participation du père à l'entretien de l'enfant. Les domestiques ne sont pas concernées par ces diverses situations : l'amant d'une bonne ne lui écrit pas, surtout s'il s'agit de son maître; la bonne ne vit pas en « concubinage notoire », elle n'en a pas les moyens (place, temps), ses rapports amoureux relèvent davantage de la brève rencontre[29]; enfin, on ne connaît guère d'homme qui, responsable de la grossesse d'une servante, lui donne de l'argent pour élever l'enfant.

On peut donc affirmer que la loi de 1912 ne change rien pour une domestique séduite et abandonnée. Elle n'a pas davantage de recours contre le père de l'enfant après le vote de la loi qu'avant. Elle doit donc se débrouiller seule, et elle vit souvent sa grossesse comme un cauchemar : elle cherche à la dissimuler, travaille jusqu'à la veille de l'accouchement; dans les meilleurs des cas, elle accouche à l'hôpital, dans les pires, seule dans sa chambre; au bout de cela, l'infanticide quelquefois, la misère souvent. A moins qu'elle n'ait su « se débrouiller », c'est-à-dire avorter à temps. Dans tous les cas, c'est seule qu'elle fait face.

Cacher son ventre

On peut comprendre, d'après les réactions des maîtres, l'obsession que représentait, pour la servante qui se savait enceinte, l'idée que sa grossesse pouvait se deviner. Ainsi Céleste, chez les Séguin, alors qu'elle est enceinte de six mois, « se serrait à étouffer, par crainte de perdre sa place[30] ». A sa troisième grossesse, elle est renvoyée, faute d'avoir pu cacher son état.

Or se serrer à étouffer est dangereux pour l'enfant en gestation, peut provoquer sa mort ou des malformations. C'est le thème de *La Mère aux monstres*[31]. Une servante de ferme enceinte, « torturée de honte et de peur », se serre le ventre violemment à l'aide d'un système de son invention : corset de force, fait de planchettes et de cordes. L'enfant naît monstrueux. On la chasse. Elle élève son monstre, pleine de haine pour lui, mais n'ose pas le tuer. Un jour, des montreurs de phénomènes lui proposent d'acheter son fils. Depuis, « pour se faire des rentes comme une bourgeoise », elle enfante d'autres monstres, devient habile à varier leur forme selon les pressions qu'elle fait subir au fœtus. Revanche grinçante de la servante qui fait fortune à l'aide des instruments de torture que lui imposait la société bourgeoise.

Une bonne enceinte, et chassée, se trouve dans une situation impossible. Il lui faut se chercher une place alors que, pour tout maître éventuel, son ventre sera l'obstacle à son engagement. Ventre qui dénonce la « faute », l'immoralité, ventre accusateur qui transforme en paria celle qui l'arbore. Sulette, une fois chassée, va s'installer à l'agence Bizon, qui exploite la misère[32]. Le directeur sait qu'on n'arrive jamais à placer une fille enceinte mais il entretient ses illusions tant que durent ses économies. Il donne à Sulette des adresses de personnes qui cherchent une domestique. Sulette se présente à toutes, et partout essuie le même refus assorti de commentaires indignés ou de moqueries.

Quai d'Anjou : « La morale me défend d'accepter vos services. Retirez-vous et tâchez de respecter les lois »; dans le quartier de la Bourse : « Vous n'êtes pas honteuse de vous exhiber dans un état pareil? »; ou encore : « Il faut vraiment que ces filles-là aient bien peu de cœur! » Tout se passe comme si la fille mère n'avait plus aucun lieu pour exister sur terre : « La fille grosse ne devait ni mendier, ni vagabonder, ni voler, ni avorter, ni se suicider, et il ne fallait pas non plus qu'on lui donnât du travail, ni du pain, ni un asile. » La société bourgeoise exige qu'elle s'annihile, le temps d'effacer son ventre de pécheresse[33]. Sulette sent même, sur ce ventre, les regards de reproche des passants « devinant la fille mère ». Regards qui la culpabilisent et l'excluent. Quand elle n'a plus aucune ressource, Sulette se dirige vers la Seine pour se suicider. Il lui reste un seul refuge, la mort. Elle est sauvée, au dernier moment, par l'entremetteuse dont elle avait refusé les services autrefois. Beau paradoxe : celle dont la profession est de dépraver, pour une fois, sauve quelqu'un. Mais la logique de la société bourgeoise voulait que la jeune servante se suicidât, elle y était acculée par le comportement général à son égard.

Accoucher seule

Quand on lit *Pot-Bouille* et la terrible évocation de l'accouchement d'Adèle, seule dans sa chambre du sixième, on croit cette scène sortie tout droit de l'imagination de Zola. On est surpris de découvrir dans les rapports de la cour d'assises de la Seine (1885-1895) neuf cas de servantes qui, comme Adèle, ont accouché seules [34]. Les rapports ne donnent pas de détails sur l'accouchement, concentrés qu'ils sont sur l'infanticide qui a suivi. Mais le roman de Zola apporte des précisions qui serrent le cœur : le froid qui étreint Adèle, les cris qui lui échappent malgré elle et qu'elle doit ravaler pour ne pas alerter ses voisines, et surtout sa méticulosité.

Elle trouve encore la force d'étendre sur son lit une vieille toile cirée afin de le protéger. Ce même détail poignant est aussi dans *Rosalie Prudent*. Rosalie ressent les premières douleurs dans sa cuisine, elle monte chez elle en se tenant à la rampe et, pour ne point gâter son lit, se couche par terre. Symbolique du dénuement de la servante, le fait qu'elle ne dispose d'aucune place à elle, d'aucun lieu où poser son corps, pas même d'un lit pour accoucher.

L'abandon d'enfant

Cet enfant qu'Adèle expulse d'elle-même, seule et dans la terreur, elle s'en débarrasse aussitôt. Elle l'enveloppe dans un journal et descend porter le paquet dans le passage Choiseul. Il est six heures du matin, elle a de la chance, personne ne l'a vue, pas même le concierge de son immeuble, le redoutable M. Gourd. La seule réflexion d'Adèle sur l'enfant est pour regretter que ce soit une fille : « Encore une malheureuse! de la viande à cocher ou à valet de chambre[35]. »

On pouvait abandonner un enfant dans une église, selon une tradition séculaire, sous le porche d'un commissariat de police, mais le moyen le plus employé, dans la première partie du XIXe siècle, était les « tours ». Le aour est un cylindre qui pivote sur l'axe de sa hauteur et dont un côté est ouvert. Le côté fermé fait face à la rue. Une sonnette extérieure est placée à proximité. Une femme veut-elle déposer son nouveau-né? Elle avertit la personne de garde par un coup de sonnette. Aussitôt le cylindre tourne, présente son côté ouvert à l'extérieur, reçoit le bébé, et, tournant encore, l'apporte à l'intérieur de l'hospice. Ainsi personne n'a vu la femme qui apportait l'enfant[36]. Les tours deviennent institution officielle par le décret du 19 janvier 1811. Mais dès 1827 se lèvent des protestations devant l'accroissement énorme des abandons d'enfants. Vers 1830, leur période la plus prospère, il y eut 251 tours en France. En 1849, le ministre de l'Intérieur nomme une commission d'enquête sur les tours, pour savoir s'il faut les abolir complètement ou au contraire les rétablir.

Vers 1862, tous les tours sont supprimés par voie administrative. Or on constate, à partir de cette date, un accroissement du nombre des infanticides, et se pose, jusqu'au début du XXe siècle, la question du rétablissement des tours. Le docteur Brochard, en 1874, adresse au Sénat une pétition : « Le grand fauteur et le grand coupable de la marche ascendante de l'infanticide et de l'avortement que l'on pouvait constater de l'année 1822 à l'année 1874 n'était autre que la suppression du tour. » Mais des propositions de MM. Bérenger et de Lacretelle, en 1878, pour la restauration des tours, échouent.

A remplacé le dépôt secret de l'enfant dans les tours son admission à bureaux ouverts dans les hospices. C'est évidemment un obstacle sérieux à la clandestinité qui entourait auparavant l'abandon d'enfant[37].

L'infanticide

Il existe une sorte de canevas de l'infanticide ancillaire, que Granier expose dans *La Femme criminelle*[38]. Une petite Bretonne vient à Paris, elle se place comme servante chez une fruitière. Les maîtres ne se rendent compte de rien, elle continue un travail fatigant. La date de l'accouchement arrive; malgré des coliques symptomatiques, elle vaque tout de même à ses occupations jusqu'à neuf heures du matin. Elle demande alors une heure de repos en prétextant un malaise subit, elle ne profère aucun cri. Elle monte dans sa chambre. Deux heures après, sa patronne ne la voyant pas revenir va chercher un médecin et monte avec lui sous les combles. Ils entendent des gémissements étouffés. La domestique leur crie : « Je me lève, dans quelques instants je serai à la boutique », mais ils entrent.

La petite bonne se tord sur son lit, veut s'habiller quand même. En la forçant à se recoucher, ils aperçoivent la tête tranchée d'un nouveau-né. Le couteau de cuisine, encore tout sanglant, se trouve dans le tiroir de la table de nuit. Avant l'arrivée de sa maîtresse, la domestique a eu le courage de se lever pour aller jeter l'enfant dans les cabinets. Mais le système d'évacuation était trop étroit pour permettre à la tête de passer, d'où la décapitation.

Il est vrai que, dans les comptes rendus de jugements

de la cour d'assises de la Seine, se retrouve à plusieurs reprises cette situation : la servante qui accouche seule et va jeter le bébé dans la fosse d'aisances (affaires jugées le 18 avril 1888; le 21 avril 1891; le 24 avril 1891; le 19 juin 1891)[39]. La question de la tête qui ne passe pas est, elle aussi, évoquée à deux reprises. Le 18 avril 1888 : Eugénie Desclau a poussé de force le nouveau-né par la lunette et lui a brisé le crâne; mais il vivait encore et meurt étouffé par les matières fécales. Le 20 avril 1893 : Marie-Louise Gourdon, comme la tête de son bébé ne passait pas, a retiré le corps de la cuvette des W.-C., l'a enveloppé dans un journal et déposé sur la banquette du train Chartres-Paris.

Raymond de Ryckère parle de « mode du jour[40] » dans les infanticides et cite le docteur Paul Aubry : « A une époque, la mère applique la main sur le nez et la bouche de l'enfant. [...] On préfère aujourd'hui asphyxier l'enfant sous un oreiller ou un édredon. [...] A une autre époque, l'enfant périra le plus souvent par immersion dans les égouts, dans une fosse d'aisances, etc. La strangulation sera de mode à certains moments. Couper ces enfants en morceaux ou les faire brûler jouira de la vogue à certaines époques[41]. »

Ainsi Rosalie Prudent étouffe-t-elle ses deux nouveau-nés avec son oreiller. Marianne raconte à Célestine que, lorsqu'elle était petite bonne chez une marchande de tabac à Caen, elle a été débauchée par un interne en médecine. Enceinte, elle a été renvoyée. L'interne lui a trouvé une place au « Boratoire » de l'école de médecine. Elle y tuait les lapins et achevait les cochons d'Inde. L'enfant a subi le même sort que les animaux[42]. Quand Modeste Autome est à l'hôpital, elle voit arriver une jeune domestique qui, abandonnée par son amant, a accouché toute seule, a étranglé l'enfant et l'a fait brûler dans le fourneau de la cuisine. Elle est ensuite remontée dans sa chambre où elle est tombée évanouie. A l'hôpital, elle meurt[43].

L'infanticide et la loi

En 1810, la législation condamne à mort la mère infanticide, en vertu de l'article 302 du Code pénal. En 1824, on admet les circonstances atténuantes en faveur de la mère infanticide : on la condamne aux travaux forcés à perpétuité. J.-V. Daubié souligne, en 1866, que l'infanticide est « poursuivi ou amnistié avec une disproportion étonnante d'appréciation » et donne des exemples : en 1845, la cour d'assises de l'Indre acquitte une servante qui, chassée par ses maîtres pour cause de grossesse, s'était vue réduite à étrangler son enfant. En 1846, la cour d'assises de la Seine acquitte une bonne qui avait coupé son enfant en morceaux puis l'avait jeté dans un puits. En 1862, une domestique perd la santé à la suite de son accouchement. Ses gages annuels tombent de 205 francs à 80. Elle ne peut plus payer les 160 francs de pension pour sa fille et la tue. Elle est condamnée à vingt ans de travaux forcés par la cour d'assises de Troyes. (Le rapport entre les gages annuels de la servante, avant leur réduction, et le prix à payer pour la mise en nourrice de l'enfant en dit long sur la difficulté qu'éprouvait une domestique à entretenir un enfant. Le coût d'une nourrice représente presque les quatre cinquièmes du salaire annuel de la bonne.) En 1868, toujours d'après Mlle Daubié, la moitié des mères infanticides sont acquittées, les autres sont condamnées à cinq ou huit ans de réclusion.

Les comptes rendus de la cour d'assises de la Seine, cour d'appel de Paris, entre 1885 et 1895 confirment les dires ci-dessus. Voici ce qui concerne les infanticides commis par des domestiques :

Dates des jugements	Verdict	Mode d'infanticide
1888 17 avril	2 ans de prison	étouffement
18 avril	4 ans de prison	cabinet d'aisances
1891 21 avril	acquittement	cabinet d'aisances
24 avril	1 an de prison	cabinet d'aisances
19 juin	1 an de prison	cabinet d'aisances
1893 1er mai	acquittement	étouffement
3 août	acquittement	strangulation
1895 8 février	acquittement	strangulation ou coups sur la tête
3 juillet	1 an de prison avec sursis	enfant coupé en morceaux puis cabinet d'aisances

Des esprits bien-pensants comme Ryckère s'élèvent souvent contre le laxisme des tribunaux en matière d'infanticide : on est trop bon avec les responsables d'infanticides, elles ne devraient bénéficier d'aucune pitié. Le président de la cour d'assises ajoute un avis dans ce sens à propos de plusieurs affaires. Josephte Ducruet, condamnée le 17 avril 1888 à deux ans de prison : « Disproportion qui existe entre le crime commis et le châtiment. » Eugénie Desclau, condamnée le 18 avril 1888 à quatre ans de prison : « La peine doit être entièrement subie pour que la répression soit à peu près suffisante. » Marie-Philomène Fleig, condamnée le 24 avril 1891 à un an de prison : « La peine est extrêmement faible, eu égard à la qualification véritable des faits : il n'y a lieu à réduction. »

Le jury d'assises, dans tous ces cas, répondait « oui » à la question « suppression de l'enfant né vivant » et « non » à la question « homicide volontaire », ce qui permettait peines légères ou acquittement. Comme l'indique le *Compte général de l'administration de la justice criminelle* pour l'année 1900, « la déclaration de circonstances atténuantes est la règle pour ainsi dire absolue en matière d'infanticide[44] ». Illustre cette affirmation la proportion de circonstances atténuantes pour 100 crimes déclarés constants par le jury :

1880	99
1890	95
1900	100

En face du jugement de Marcelline André, condamnée le 19 avril 1893 à cinq ans de travaux forcés, le président des assises ajoute une note : « La peine peut paraître lourde en comparaison des verdicts habituels en matière d'infanticide. Mais elle pourra être réduite ultérieurement. »

Les jurys, dans l'ensemble, font donc preuve d'indulgence. Si l'on considère les arrêts de la cour d'assises de la Seine pour l'année 1900, sur 296, 9 concernent des domestiques femmes. Parmi ces 9, 2 étaient accusées d'infanticide, 1 de tentative d'infanticide (sans précision aucune sur les circonstances). Les trois sont acquittées (26 février, 28 mars, 5 juillet). Octave Gauban explique ainsi l'indulgence des jurés : puisque la recherche de paternité n'est pas permise, « comment dès lors blâmer le jury quand il acquitte et quand il s'étonne de ne pas voir assis au banc d'infamie, à côté de la coupable, celui dont on invoque même parfois le témoignage? ».

L'assistance pleure-t-elle au récit de ces pitoyables meurtres, comme dans *Rosalie Prudent*? Il est vrai que tous les détails de l'histoire sont faits pour tirer des larmes. Enceinte du neveu de ses maîtres, Rosalie prépare tout pour accueillir l'enfant, bien décidée à le garder. Elle accouche seule, de jumeaux : « Deux enfants! Moi qui gagne 20 francs par mois! Dites... est-ce possible? un, oui, ça s' peut, en se privant... mais pas deux! » Désespérée, elle les étouffe et va les enterrer dans le jardin. Mais elle ne peut plus se lever. Le médecin vient et découvre tout. Rosalie est acquittée.

On peut se demander qui dénonçait ces malheureuses servantes infanticides à la police. Les maîtres, la plupart du temps, mais aussi les concierges. C'est le cas de Josephte Ducruet. Au début de l'année 1888, elle accouche seule dans sa chambre, étouffe l'enfant et descend travailler normalement le lendemain. Mais la concierge repère une tache de sang devant la porte de la chambre de bonne où loge Josephte. La domestique reconnaît les faits.

L'infanticide fait tellement partie des stéréotypes qu'on accole à la servante qu'elle apparaît comme guettée par la suspicion générale : elle est toujours susceptible d'être enceinte et de tuer son enfant. C'est ce que dénonce *L'Echo de Paris* du 23 juin 1899, dans un article intitulé « Arrestation ». M. le président Fabre s'est étonné de la facilité avec laquelle on arrêtait les gens, sur simple dénonciation, à propos de l'affaire Mellos. Mlle de Mellos avait accusé d'infanticide sa femme de chambre. Un examen médical a démontré qu'il ne pouvait y avoir eu infanticide car il n'y avait pas eu grossesse. La femme de chambre victime de cette fausse accusation a réclamé des dommages-intérêts à sa maîtresse. Le tribunal les lui a refusés, pour la raison suivante : Mlle de Mellos, en dénonçant sa femme de chambre, n'avait pas l'intention de lui nuire, au contraire (sic).

Graindorge, auteur de l'article, commente : « Dès que l'accusation d'infanticide tombe sur une bonne ou une cuisinière, cela devient de l'enthousiasme. La classe des domestiques est privilégiée. On dirait que ces pauvres filles passent leur vie à jeter des fœtus dans des endroits secrets pour le simple motif de ne pas perdre leur place. Et il suffit que le permier venu écrive au commissaire de police ou au parquet : " Mlle Zélie, du 49, a fait disparaître son enfant " pour que Mlle Zélie aille coucher le soir à Saint-Lazare sans autre formalité. »

Dans l'imagination commune, servante, grossesse illégitime et infanticide sont des notions si bien liées qu'elles peuvent produire des fantasmes impressionnants. Ainsi celui que rapporte Goncourt dans son *Journal* du 23 juin 1881. C'est le récit d'un jeune médecin italien appelé au chevet d'un prêtre de quatre-vingts ans. Dans la nuit qui précède la mort du prêtre éclate un orage, et le vieillard est saisi d'hallucinations; il croit que le diable vient se saisir de lui : « En cette épouvante [...] jaillirent du mourant d'autres paroles, avouant qu'il avait eu, bien des années auparavant, un enfant avec sa servante, qu'il l'avait tué, qu'il l'avait enterré sous le grand figuier du jardin. Et quand il disait cela, de la porte derrière laquelle elle écoutait, apparaissait la vieille servante, la figure cachée dans ses mains, et qui lui jetait : " Mais, mon cher maître, vous avez perdu la tête, comment pouvez-vous dire des choses comme cela? " Et l'épouvante du diable se grossissant [...] de toutes les messes qu'il avait dites en état de péché mortel... » On voit bien, d'après cette scène, comment le désir refoulé, la sexualité barrée par les notions de péché et de Mal, peuvent se cristalliser pour produire le fantasme du crime majeur, l'infanticide.

L'avortement

« Ah! si les médecins se faisaient les dénonciateurs publics de tout ce qu'ils pensent sur certaines hémorragies non douteuses pour eux, sur ces péritonites à invasion subite, d'une origine inexplicable, mortelles le plus souvent, on verrait peut-être se soulever un coin du voile. »

Docteur C. GUIGNARD,
Infanticides. Faut-il rétablir les tours?

« Vous savez tous combien de femmes viennent à l'hôpital réclamer des soins pour une métrorragie ou une métrite, dont l'origine est inconnue. Bien souvent, ces troubles utérins sont la conséquence de manœuvres abortives plus ou moins habilement pratiquées. [...] L'avortement est un crime d'autant plus fréquent qu'il est excessivement facile de le dissimuler. »

Paul BROUARDEL, *L'Avortement*[45].

« A la différence des infanticides, qui sont principalement commis dans les campagnes, soit une proportion de 75 p. 100, les avortements sont, en majorité, commis dans les villes, soit une proportion de 60 p. 100. »

Compte général de la justice criminelle, 1880, cité par René BOUTON, *L'Infanticide*[46], et par Félix ALLEMANE, *L'Avortement criminel*[47].

Si, comme pour l'infanticide, on consulte, à propos de l'avortement, le *Compte général de la justice criminelle* des années 1880 et 1900, on lit dans le rapport du ministre les mêmes constatations d'impuissance à vingt ans de distance. En 1880 : « Les accusations d'avortement soumises au jury de 1831 à 1880 s'élèvent au nombre de 1 032. Ce chiffre est loin de représenter le nombre réel des crimes commis parce qu'un très grand nombre, le plus grand nombre, échappe aux investigations de la justice. » En 1900 : « Une évaluation, même approximative, des faits punissables est tout à fait impossible. » Ce dernier rapport ajoute cependant : « Le mouvement des affaires jugées à subi, depuis vingt ans, une marche ascendante. Ce résultat tendrait à faire croire [...] que la proportion des crimes réellement commis a augmenté. » Le nombre d'affaires d'avortement jugées annuellement ne sont pas très nombreuses. Le *Compte général*... de 1900 en dénombre, pour les années 1881 à 1900, entre 19 et 43.

Comme dans les cas d'infanticides, les jurys se montrent très indulgents pour les responsables d'avortements. En 1900, 45 des 73 accusés sont acquittés, soit une proportion de 63 p. 100. Les circonstances atténuantes sont accordées à 81 p. 100 des accusés. (En 1880, on comptait 40 p. 100 d'acquittements, 78 p. 100 de circonstances atténuantes.)

L'article 317 du Code pénal fait de l'avortement, comme de l'infanticide, un crime et non un délit. Il est donc jugé en cour d'assises et non devant les tribunaux correctionnels. Les circonstances atténuantes sont accordées par les jurés et non par les juges. Une femme enceinte qui se fait avorter ou un tiers, autre qu'un médecin, qui l'aide peut se voir infliger de cinq à dix ans de prison. Pour les médecins, pharmaciens, qui seraient complices d'avortement, la peine est lourde : de cinq à vingt ans de travaux forcés. Si l'on admet les circonstances atténuantes, la réclusion, dans le premier cas, va de un à cinq ans; les travaux forcés, dans le second, de deux à cinq ans. Les raisons de l'indulgence des jurés et de leur refus d'appliquer les peines prévues? Sans doute, selon Allemane, leur conscience que le vrai coupable est le séducteur, qui, lui, n'est en général pas parmi les accusés.

Les domestiques et l'avortement

Le *Compte général...* leur accorde, en 1880, dix pour cent des avortements commis en France, soit deux fois moins que d'infanticides. La lecture d'un ouvrage aussi complet que la thèse de Félix Allemane sur l'avortement criminel est frustrante : sont répertoriées les femmes accusées de s'être fait avorter d'après leur âge, leur état civil, leur domicile, leur degré d'instruction; seule leur profession n'est pas indiquée!

Dans les comptes rendus de la cour d'assises de la Seine, 1885-1895, on ne trouve que deux cas de domestiques jugées pour avortement; encore sont-ils douteux. Le 14 août 1886, on juge Maria Fehr, accusée d'avoir fait avorter une domestique, Suzanne Ackermann, et cette dernière, mariée et mère d'un enfant. Les deux femmes nient, avouent, puis se rétractent. Le maître de Mme Ackermann déclare qu'elle est tombée le 10 janvier. La fausse couche du 12 a pu être provoquée par la chute. Les deux accusées sont donc acquittées. Pour cette affaire, comme pour les infanticides ci-dessus, on peut se demander d'où vient la dénonciation. La notice dit : « Au mois de février dernier, la police de Paris était prévenue qu'une femme Ackermann avait, un mois auparavant, fait une fausse couche et que celle-ci devait être attribuée à des manœuvres abortives... » Vague inquiétant. Les agents de l'ordre veillent, quoi qu'il en soit.

L'autre cas d'avortement, jugé le 23 novembre 1895, est celui d'une bonne, Joséphine Ober, enceinte de son maître, M. Fis, épicier à Bagnolet. En mai 1894, Mme Fis fait avorter sa servante, avec la complicité de son mari. La domestique est acquittée, les maîtres condamnés à un an de prison.

Si l'on consulte les registres de la maternité Baudelocque pour 1900, on constate que, sur 718 domestiques hospitalisées, 10 l'ont été pour avortement : 5 célibataires, 4 femmes mariées, 1 veuve. A la Pitié en 1900, sur 687 domestiques hospitalisées, aucun cas d'avortement n'est signalé. Il est vrai que, pour 110 d'entre elles, la cause de l'hospitalisation n'est pas portée sur le registre d'entrées.

Peu de traces d'avortements, donc, malgré les affirmations des médecins sur leur recrudescence[48]. C'est que l'avortement, contrairement à l'infanticide, ne laisse pas de corps du délit. Il n'est pas comptabilisable, sauf si la servante est dénoncée, ou en si mauvais état qu'elle est obligée d'aller à l'hôpital. Jeanne Gaillard suggère une explication à la forte mortalité des femmes en couches dans les hôpitaux (en 1863, 1 décès pour 7 accouchées; en 1865, 1 décès pour 5 accouchées) : ne serait-elle pas la suite de manœuvres abortives? On ne possède malheureusement aucun renseignement précis à ce sujet.

D'autre part, l'infanticide est le seul fait des bonnes célibataires. L'avortement est pratiqué aussi par les femmes mariées, comme moyen de régulation des naissances. Ce phénomène va de pair avec le fait que l'avortement est plutôt citadin. Sans doute faut-il être plus évoluée, plus au courant des mécanismes de la conception et de la grossesse pour songer à l'avortement. L'infanticide est l'ultime recours de la petite bonne qui sait à peine qu'elle est enceinte, comme Adèle dans *Pot-Bouille*, ou terrorisée de l'être et incapable de prendre une initiative avant que se produise l'inéluctable : la naissance. C'est le crime de la malheureuse prise au piège qui n'a qu'une idée : cacher sa grossesse. Lorsqu'elle accouche, seule, son premier réflexe est d'empêcher l'enfant de crier; aussi le serre-t-elle à la gorge. Souvent la strangulation intervient très vite. Puis il faut songer à se débarrasser du corps, à trouver une cachette. Ces gestes sont des réactions instinctives à une situation d'angoisse. On peut donc comprendre pourquoi des domestiques vont jusqu'à l'infanticide plutôt que de recourir à l'avortement.

Qui est la « faiseuse d'anges »?

C'est l'épicière, dans le *Journal d'une femme de chambre*. Mais en général c'est plutôt la sage-femme que l'on soupçonne de meurtre d'enfant. Cusenier signale que certaines sages-femmes se livrent à un vaste racolage de domestiques par voie d'annonces, comme le montrent les rubriques « offres d'emploi » des journaux (il ne précise pas de quels journaux il s'agit) : « Sage-femme désire bonne enceinte. Soins pour gages. S'adresser M... » Ces « soins » proposés concernent-ils l'accouchement ou l'avortement? Difficile à savoir.

Zola met en scène, dans *Fécondité*, une de ces sages-femmes homicides[49]. Mme Rouche est connue pour son tour de main : elle fait des enfants mort-nés. Mais, si l'enfant dont la mère veut se débarrasser naît vivant, Mme Rouche refuse de le tuer; il faut alors le confier à une nourrice qui se chargera de le faire disparaître. (C'est ainsi que le premier enfant de Céleste est mort lors de l'accouchement par les soins de Mme Rouche; son second, né vivant, mourra en nourrice.)

Mme Rouche pratique aussi les avortements. Elle veut

prouver à Mathieu Froment qu'elle n'est pas une criminelle mais qu'elle soulage les misères, et pour cela lui donne l'exemple d'une servante qu'elle a secourue : « Une fille de ferme, grosse de six mois, arrivant à pied de la Beauce, chassée de partout, poursuivie à coups de pierre par les enfants, réduite à coucher dans les meules et à voler la pâtée des chiens : ne pensez-vous pas que c'était aussi une charité de la délivrer tout de suite? » Elle ajoute, logique : « Est-ce que, si nous refusions, le nombre des infanticides ne doublerait pas? »

Refuser de « soulager » une malheureuse, c'est l'acculer à l'infanticide et peut-être à la mort. Ainsi a fini une jolie petite bonne qui servait chez le banquier d'en face. Elle est enceinte depuis trop longtemps pour que Mme Rouche puisse intervenir sans danger; de plus, la petite bonne habite trop près de chez elle. Deux mois plus tard, la cuisinière qui partageait la chambre de la jeune fille vient chercher en hâte la sage-femme. Sa compagne est morte d'une hémorragie après avoir étranglé l'enfant dès qu'il est sorti d'elle. La cuisinière n'a rien entendu. Tragédie silencieuse.

La prostitution

En dix ans, de 1878 à 1887, le docteur Commenge, dans le dispensaire de salubrité de la préfecture de Police qu'il dirige, a vu passer 6 842 « insoumises » reconnues malades. Parmi elles, le premier rang revient aux domestiques : 2 681, soit 39,18 p. 100. Elles sont deux fois plus nombreuses que les couturières et les lingères, qui occupent le deuxième rang (1 326), et quatre fois plus que les blanchisseuses qui arrivent en troisième position (614). Il est vrai que Commenge prend le terme « domestique » dans son sens large : « toutes les filles qui sont le plus souvent sans autre profession et se trouvent dans la nécessité d'entrer en place pour vivre[50] », c'est-à-dire aussi bien les domestiques de maison bourgeoise que celles des marchands de vin, et même les femmes de ménage.

Les domestiques sont également en bonne place parmi les femmes atteintes de maladies vénériennes hospitalisées à Lourcine dans le service du docteur Martineau, dont nous avons parlé plus haut.

Les domestiques étaient sans doute nombreuses parmi les prostituées clandestines, comme le montrent ces exemples, mais on ne possède pas, par définition, de statistiques sur la prostitution clandestine. Quant aux prostituées en carte, Cusenier affirme qu'à Paris cinq ou six bonnes le deviennent chaque jour, plus de deux mille par an, mais il ne cite pas ses sources. A la fin du XIXe siècle, on rappelle encore les chiffres donnés par Parent-Duchâtelet en 1857[51] : le deuxième rang des prostituées à Paris est tenu par les domestiques, le premier appartient aux femmes sans profession. Sur 1 000 domestiques, il y a 81,69 prostituées, contre 52,42 sur 1 000 ouvrières[52].

Pour Parent-Duchâtelet, ce qui jette une fille honnête à la rue, c'est la séduction, la misère, le dévouement. Nous verrons que d'autres causes encore sont avancées pour expliquer la prostitution des bonnes.

Séduction et misère

Un rapport d'un médecin sur les prostituées qui se trouvent dans son service à l'hôpital nous montre par quel chemin une domestique arrive à la prostitution. Le rapport manuscrit n'est malheureusement pas daté; il fait partie du dossier « Gens de maison » de la Bibliothèque Marguerite-Durand, qui contient des documents datant de la fin du XIXe siècle et du début du XXe. Marie R. (prostituée nº 5) a eu un enfant à dix-neuf ans chez ses maîtres. Elle ne sait pas si c'est de Monsieur ou du jeune frère de Madame, ses deux premiers amants. Elle s'était tellement serrée que l'enfant est né mal conformé et n'a vécu que six semaines. Elle a été malade pendant six mois après l'accouchement et est sortie de l'hôpital si faible qu'elle se faisait chasser de toutes les places. Elle est devenue prostituée sur les conseils d'une fille qu'elle a connue à la maternité et le regrette car elle « crève la faim » quand même et est atteinte d'une métrite chronique.

Lazarine V. (prostituée n° 26), Bretonne, fille d'un prêtre et de sa gouvernante; placée à quinze ans comme domestique, elle se retrouve enceinte du garçon de ferme qui couchait dans la chambre voisine de la sienne. Mais, lorsqu'elle le dit, ce garçon l'accuse de mentir, on la chasse et on lui conseille d'aller à Paris. Son amant l'a tellement battue qu'elle fait une fausse couche en chemin de fer. Elle est transportée à l'hôpital de la Charité, sa voisine de lit lui donne l'adresse d'un bureau de placement qui est, en réalité, une agence de prostitution.

Ces deux cas présentent des points communs : la domestique, jeune, est séduite (par son maître, un membre de la famille où elle sert, un domestique). Elle perd son emploi, mais à l'hôpital ses voisines de lit lui parlent et, soit directement, soit indirectement, la mettent sur la voie de la débauche. L'hôpital, où se réunissent les misères, est, comme la prison, un centre de dépravation. Amère sur la vie qu'elle a menée jusque-là, la jeune domestique se laisse sans peine attirer par l'espoir d'une existence moins rude, sans être informée des dangers qu'elle court et de l'avenir que lui réserve la prostitution.

Si l'enfant de la célibataire vit, le schéma que nous venons d'évoquer s'en trouve-t-il modifié? Moralement, peut-être se sent-elle responsable de quelqu'un et y gagne-t-elle une raison de vivre? Mais matériellement sa situation devient extrêmement difficile. La domestique ne peut en aucun cas garder son enfant auprès d'elle, elle est obligée de le mettre en nourrice, ce qui lui coûte une bonne partie, sinon la totalité, de ses gages. Devient forte alors la tentation de se prostituer pour constituer un appoint à son salaire.

Il peut arriver que les maîtres apprennent que leur bonne a un enfant naturel et, pour cette raison, la renvoient. La prostitution apparaît à ce moment-là comme la solution à la question du chômage, la possibilité de trouver de l'argent pour payer la nourrice. Nous rejoignons ici un problème qui n'est pas spécifique à la domesticité, celui de la femme seule et sans ressources, chargée d'enfant(s). Ainsi, dans le même rapport, la prostituée n° 34, une veuve sans moyens d'existence avec trois enfants à charge, dont l'aîné a cinq ans. Pour les nourrir, elle se livre à la prostitution. La voilà enceinte et, pendant qu'elle accouche, deux de ses enfants meurent au dépôt des enfants assistés. Elle met les deux autres en nourrice et se place comme domestique. Malgré ses efforts, elle ne parvient pas à payer les mois de nourrice et se voit contrainte d'abandonner ses enfants à l'Assistance publique. Elle retourne à la prostitution dans le but d'économiser et de reprendre ses petits. Mais, quand elle demande à l'Assistance publique ce qu'elle doit rembourser si elle veut reprendre les enfants, l'administration répond qu'est nécessaire, en plus de l'argent, un certificat de bonnes mœurs. Désespérée, Marie R. se met à boire.

On voit ici quel lien unit les deux métiers de domestique et de prostituée. Si une femme dépourvue de formation professionnelle doit gagner sa vie, elle choisit d'exercer l'un des deux, ou, comme c'est le cas dans l'exemple précédent, l'un après l'autre, ou même les deux à la fois [53]. Les servantes séduites et abandonnées sont donc des victimes toutes prêtes pour la prostitution, et davantage encore si elles ont un enfant en nourrice. Chaîne fatale : séduction – abandon – misère – prostitution.

Mauvaises fréquentations

Les jeunes filles qui arrivent de la campagne sont souvent victimes de leur naïveté. A Paris, les occasions de débauche sont fréquentes et elles se laissent entraîner facilement. Telle cette bonne citée par le docteur Martineau : « [elle] a gardé jusqu'à vingt-huit ans, en province, une réserve stricte. Elle est venue alors à Paris comme domestique; elle y a trouvé, peu après, une amie de son pays qui l'a fait sortir et l'a conduite chez un marchand de vin en lui vantant la vie de plaisir qu'on y menait. Celle-ci est entrée de plain-pied dans la prostitution la plus basse. » Elle voit deux ou trois hommes par jour, de trente à trente-cinq en fin de semaine.

Mais, plus que la rue, c'est le sixième étage qui est dénoncé comme le lieu d'élection pour l'apprentissage de la débauche. Sont en cause la mixité des chambres de domestiques et la promiscuité qui s'y établit facilement. Félix Lohse, au cours de son enquête sur la prostitution des mineures, a rencontré deux jeunes filles tombées dans la prostitution après avoir été séduites sous les combles : « L'une, venue de la Bretagne, avait été débauchée par un vieux domestique, qui l'avait fait ensuite chasser de sa place à cause de son inconduite. L'autre, arrivée du Centre, après avoir cédé aux instances d'un domestique de la maison, fut contrainte par lui à racoler le soir, après son travail[54]. »

Il existe, au sixième étage, comme une conspiration du Mal. Tout commence par les discussions des domestiques qui se rassemblent dans les chambres des uns ou des autres pour critiquer les maîtres. Des causeries, on passe aux coucheries. Les nouveaux arrivants qui ne voudraient pas se plier à ces mœurs seraient en butte à la persécution : « Dès qu'un domestique entre dans la maison, vierge de toute mauvaise suggestion et animé de principes de fidélité et de respect envers ses maîtres, il est aussitôt contaminé, perverti et mis à l'unisson des autres[55]. »

L'appât du gain

Au sixième étage, on acquiert donc l'habitude des liaisons faciles. Un partenaire succède à l'autre, et, un jour, on pense à gagner de l'argent par ce moyen : telle est l'explication que donne le docteur Commenge. Les bonnes, dit-il, trouvent toujours leurs gages trop modiques et les arrondissent par la prostitution.

Se prostituer au lieu d'entrer en place permet de gagner plus d'argent en prenant une moindre peine. Les jeunes filles qui arrivent de province l'ont si bien compris que la profession de femme galante est « ruinée par le chemin de fer » : c'est du moins la déclaration d'une « biche » au vaudevilliste Martin que rapporte Goncourt (*Journal*, 26 mai 1861). Elle retrace la « carrière » d'une provinciale « montant » à Paris : « Tu comprends, voilà une pauvre fille qui s'embête en province, qui est malheureuse. Elle économise de quoi prendre le chemin de fer. Elle arrive à Paris. Elle entre comme bonne, chez un vieux monsieur. Ce vieux monsieur la baise. Il lui donne 20 francs, elle s'achète une robe de soie. Et en rentrant, elle se dit que c'est bien bête de gagner 20 francs par mois, quand elle peut gagner 20 francs tous les soirs. Elle met de côté, pour louer une chambre huit jours dans un hôtel. Elle loue, elle va trouver une marchande à la toilette, qui la nippe à crédit. Elle va à Mabille... Et encore une de lancée dans la circulation! » Le principal mobile d'une domestique qui se prostitue est donc, d'après cette fille galante, l'intérêt.

Cette vision de la prostitution comme promotion par rapport à la domesticité est développée par une courtisane, la marquise Obardi. A sa fille Yvette, qui s'en indigne, elle déclare : « Si je n'étais pas courtisane, moi, tu serais aujourd'hui une cuisinière, toi, comme j'étais autrefois, et tu ferais des journées de 30 sous, et tu laverais la vaisselle [...] tandis que tu flânes toute la journée parce que je suis une courtisane. Voilà. Quand on n'est rien qu'une bonne, une pauvre fille avec 50 francs d'économies, il faut savoir se tirer d'affaire, si on ne veut pas crever dans la peau d'un meurt-de-faim, et il n'y a pas deux moyens pour nous, il n'y en a pas deux, entends-tu! quand on est servante! [...] Nous n'avons rien que notre corps [...] quand on est belle fille, faut vivre de ça, ou bien souffrir de misère toute sa vie[56]. »

Les agents de la prostitution

Une domestique peut être dévoyée par une mauvaise fréquentation, nous l'avons vu. Nous avons vu aussi comment les bureaux de placement pouvaient racoler des bonnes pour d'autres activités que le service de la maison; se chargeant de pourvoir en filles, sous couvert de la domesticité, des hommes seuls, par exemple. Mais il existe également de véritables maquerelles racoleuses pour le compte des maisons de passe, qui rôdent autour des gares et des bureaux de placement. Mirbeau en décrit une, qui accoste Célestine.

La maquerelle attend le soir, à la sortie du bureau, les candidates au placement; elle les suit discrètement, les aborde plus loin, par crainte des sergents de ville. Elle a l'air respectable et tâche de profiter du désarroi où se trouvent les domestiques en chômage pour les engager : « Venez donc chez moi, au lieu de traîner votre pauvre vie d'embêtement en embêtement, et de misère en misère. Chez moi, c'est le plaisir, le luxe, l'argent... c'est la liberté[57]. » Célestine accepte un jour, par lassitude, de prendre un verre avec elle. Elle lui vante sa clientèle, uniquement composée de hauts personnages (même le président de la République...), et explique sa recherche des domestiques par les goûts particuliers de ses clients. Ce qu'ils lui demandent le plus, ce sont « des femmes de chambre, des soubrettes... une robe noire très collante... un tablier blanc... un petit bonnet de linge fin... Par exemple des dessous riches : ça oui[58] ».

La domestique ne changera donc pas de personnage puisque le sien est si suggestif. Pour en compléter l'érotisme, il lui suffira d'ajouter des dessous de luxe : charme piquant du contraste entre l'austérité de l'uniforme de la bonne et la sensualité de ce qui se cache dessous. L'amusant est que l'uniforme de domestique comme matière à fantasme érotique est un lieu commun; il fait partie de l'équipement de tout bordel qui se respecte. Alors quel besoin de chercher de vraies bonnes pour jouer le rôle de bonnes? Pour faire plus vrai que nature?

Le bureau de placement est donc un lieu de recrutement des prostituées. Un autre lieu est (encore!) le sixième étage des immeubles. Ainsi Frapié met-il en scène cette entremetteuse, Mme Coquého, qui visite, le soir après dix heures, les étages des domestiques. Elle est surnommée « la Providence des bonnes », leur tire les cartes, leur vend des pilules anticonceptionnelles. Elle offre à Sulette, à qui elle trouve le mérite de la fraîcheur – jeune, jolie, vierge –, de la placer chez un vieux monsieur. Elle avoue avoir été poursuivie en justice par l'Œuvre des gares, pour être allée attendre au chemin de fer de jeunes provinciales. Elle connaît le monde louche de Paris. C'est elle qui, après avoir sauvé Sulette du suicide, la loge dans un hôtel truqué de la rue Gît-le-Cœur, théâtre d'aventures érotiques.

Les annonces d'offres et de demandes d'emplois domestiques

Les petites annonces sont un moyen pour attirer les domestiques vers la prostitution. R. de Ryckère dit avoir étudié pendant plusieurs années les annonces d'un grand journal parisien (il ne précise pas lequel) et les classe en quatre catégories[59].

NEUTRES OU INDIFFÉRENTES	SÉRIEUSES	NON SÉRIEUSES	SUSPECTES
Demandes des maîtres. Ils précisent :			
1. quelle domestique ils cherchent 2. son âge approximatif 3. les gages qu'ils donneront. Ils exigent parfois des références	les qualités morales qu'ils attendent de la domestique. Cherchent souvent une bonne de plus de 30 ans (âge = garant de la moralité)	Demi-mondaines demandant souvent des domestiques de 22 ans (majeures depuis 1 an et encore fraîches)	Demoiselle de 20 à 30 ans, physique agréable, pour monsieur seul. Place tranquille
Offres des domestiques Elles mentionnent :			
1. leur âge 2. la nature de la place désirée 3. le nombre de personnes qu'elles entendent servir 4. les gages exigés 5. leurs références 6. leurs qualités	qu'elles désirent une maîtresse sérieuse et non légère	Jeunes postulantes, qui voient dans le service une école de galanterie, de bon ton, de luxe	Bonne représentant bien, propre, bonnes références, sachant diriger un ménage, demande place chez monsieur seul

Pour attirer leurs victimes, les trafiquants se servent des première et deuxième catégories « neutre » et « sérieuse », car les deux autres sont déjà trop spécialisées.

A qui se fier?

Le docteur Commenge insiste sur la facilité avec laquelle une jeune fille passe de l'état de domestique à celui de prostituée et inversement. L'absence de frontière entre les deux professions a de quoi inquiéter les maîtres. Il cite des exemples : M.... (Clémence), âgée de dix-huit ans, née dans l'Aisne, est venue à Paris en avril 1889. Elle est domestique à Pantin pendant deux mois et demi, puis se prostitue, de juillet à octobre 1889. Elle retourne dans son pays, et, malgré des boutons à la vulve, ne consulte pas de médecin. Revenue à Paris en avril 1890, elle sert chez un jeune ménage jusqu'au 24 mai. Du 24 au 28 mai, elle se prostitue. Elle est arrêtée le 28 mai. On l'examine et on constate qu'elle a une angine syphilitique, et des plaques à la vulve et à l'anus. Elle était malade depuis huit mois, inconsciente du danger qu'elle courait et qu'elle faisait courir aux autres. Le plus inquiétant est qu'elle inspirait confiance : « Elle a une jolie figure, avec un air modeste et réservé qui devait tromper facilement les maîtres qu'elle servait. Elle était dangereuse et pour ses maîtres et pour ceux qui, croyant à une vertu relative, devaient chercher à lui plaire, ne soupçonnant guère à quels sérieux dangers ils s'exposaient[60]. »

Ni une allure honnête ni de bons renseignements ne sont garants de la moralité d'une servante. Autre preuve de cette affirmation : une fille de vingt-cinq ans se présente spontanément, le 20 avril 1890, dans les bureaux de la préfecture de Police, pour demander à être inscrite sur les registres de la prostitution. Elle a une bonne tenue, l'air réservé. Elle a été femme de chambre dans de bonnes maisons et possède d'excellents certificats. Elle devait se marier mais, abandonnée par son amant, elle préfère, plutôt que de redevenir femme de chambre, se prostituer[61].

Les certificats, comme la bonne mine, sont éminemment sujets à caution. Car, dit le docteur Commenge, souvent, les maîtres qui ont eu des domestiques à la moralité douteuse n'osent pas le déclarer et leur accordent des certificats laudatifs et mensongers. Ainsi, Mlle X, professeur de musique, a-t-elle gardé pendant deux ans à son service une bonne qui semblait douée de toutes les qualités et possédait d'excellents certificats. Un jour, par hasard, la maîtresse apprend que sa domestique a figuré dans un procès en compagnie de prostituées et de clients d'une maison close...

La syphilis menace

> « En ce temps où la pénurie des domestiques fait qu'on prend chez soi n'importe qui, n'importe quoi, pourvu qu'on soit servi, il est bon de montrer combien il peut être imprudent de confier les enfants à des mains mercenaires, à des femmes trop souvent sans conscience et sortant à peine parfois d'une villégiature plus ou moins longue à Saint-Lazare ! »
>
> Docteur Léon BIZARD,
> *La Syphilis et les domestiques*[62].

Sur les 2 681 domestiques devenues insoumises soignées au dispensaire de la préfecture de Police, le docteur Commenge dénombre 1 494 accidents syphilitiques, 1 198 accidents vénériens, 139 gales et 2 831 manifestations morbides. Les accidents syphilitiques prennent la forme de chancre ou de plaques muqueuses de la vulve ou de la bouche. Dans ce dernier cas (322 malades), la syphilis a pu être transmise par l'intermédiaire d'un verre ou d'un couvert : « On peut dire, conclut Commenge, sans exagération, que la syphilis règne en maîtresse dans les demeures les plus simples comme dans les plus luxueuses; on la rencontre dans la cuisine et à l'office, aussi bien que dans l'antichambre; dans la salle à manger comme dans la chambre de la mère de famille, ainsi qu'auprès du lit des enfants! »

Constatation la plus désolante : parmi ces domestiques contaminées par la syphilis se trouvent 752 mineures. Comme les mineures sont souvent celles qui s'occupent des enfants, ceux-ci sont particulièrement menacés : un baiser suffira à les contaminer à leur tour.

Par leur immoralité, leur inconscience, les domestiques menacent la sécurité, la santé de la famille et de la race. Dans cette perspective, les maîtres apparaissent comme des victimes. A preuve l'anecdote que rapporte Henry Buguet[63]. Un de ses amis croise sur le boulevard des Italiens une femme qui l'accoste et lui fait des propositions. Ce monsieur reconnaît avec stupéfaction la femme de chambre de sa femme. Elle emmenait ses « clients » dans un hôtel garni puis rentrait chez ses maîtres comme si de rien n'était : « Et dire, commente Buguet, qu'à ces créatures-là nous sommes exposés, tous les jours, à confier nos enfants! »

Difficulté à sortir de la prostitution

Selon Parent-Duchâtelet, sur 5 081 filles sorties de la prostitution, 972 ont pris divers états (couturières, blanchisseuses, etc.), 461 se sont placées comme domestiques, 247 ont pris un commerce. Et Parent-Duchâtelet de regretter qu'on n'apprenne aux filles, dans les refuges comme le Bon Pasteur, que la couture et la broderie. Mieux vaudrait, en vue de leur réinsertion sociale, leur enseigner des activités ménagères : elles trouveraient facilement, ensuite, un emploi de bonne à tout faire.

Mais Parent-Duchâtelet ne parle pas de la difficulté que

ces anciennes prostituées devenues bonnes à tout faire éprouvent dans leur nouvelle existence. En effet, elles sont en permanence menacées : si elles rencontrent quelqu'un qui les identifie comme prostituées, elles sont perdues auprès de leurs maîtres. Ainsi l'histoire d'une fille publique de Paris, donnée pour véridique par Raymond de Ryckère. Elle a voulu rompre avec son passé, a quitté la capitale pour le bord de la mer, où elle s'est placée comme bonne dans un hôtel. Au bout d'un mois, un voyageur la reconnaît, sa maîtresse la renvoie, elle rentre à Paris et retourne à la prostitution. Au lieu d'être soutenue dans son dessein de se racheter, l'ancienne prostituée est rejetée à son ancienne existence. Les maîtres sont responsables de ce rejet[64].

L'ancienne prostituée peut aussi être trahie par de mauvais renseignements que donne sur elle la police, si ses maîtres viennent s'informer. Dans le cas où elle était « en carte », il reste trace d'elle sur les registres de la police. Dans les *Rapports au conseil municipal de Paris*, présentés au nom de la commission sur la Prostitution et la Police des mœurs par MM. Mithouard, Quentin, Turot, le 24 février 1904, sont insérées deux lettres de domestiques qui montrent combien il est difficile d'être radiée de la liste des filles publiques. A partir du moment où elle est fichée comme prostituée, une fille peut être arrêtée n'importe quand, même si elle va seulement chercher du pain[65] : « Dès qu'elle a le pied dehors, elle est toujours de bonne prise. » C'est ce qui est arrivé à l'une des domestiques qui écrit à M. Turot : « On me donne donc cette infâme carte, j'avais dix-sept ans. Je réussis néanmoins à me placer comme bonne boulevard de la Chapelle; au bout de deux mois, mes patrons m'envoyèrent faire une course au Châtelet, je fus rencontrée par les agents des mœurs, arrêtée et envoyée au Dépôt. Le lendemain, j'allais faire quatre jours à Saint-Lazare. Inutile d'ajouter que je n'ai pas osé retourner chez mes patrons. »

Cette jeune fille était en place depuis deux mois; on

dira peut-être qu'en deux mois on n'a pas le temps de se faire oublier. Mais que répondre au témoignage apporté par l'autre lettre ? « Quant à la carte, si elle n'empêche pas de travailler, pour se la faire retirer c'est bien difficile. Moi je travaille, eh bien, jamais je ne ferais venir la police aux renseignements car, lorsque les patrons savent ces histoires-là, ils ont vite fait de vous remercier. L'envoyé de la Préfecture n'est pas toujours si discret qu'on veut bien le dire, et si je le dis, c'est l'exemple que j'ai eu un jour dans une maison, de ce cas-là, la pauvre fille est morte maintenant et est bien débarrassée à mon sens. Cette femme n'avait pas été reprise depuis sept ou huit ans, alors il me semble que, quand on est connue, on ne peut rester ce temps-là sans être prise. »

La débauche domestique

C'est la forme la plus répandue de la prostitution, celle qui consiste à considérer une domestique comme une maîtresse commode pour le maître ou le fils de la maison. Comme si faire l'amour avec ces messieurs entrait dans les tâches de la bonne. Sorte de droit de cuissage que le maître exerce sur elle.

Il est des maîtres qui font un véritable commerce de bonnes, comme Rigou : se sont succédé à son service et dans son lit dix jolies servantes. Il les prend à seize ans et les renvoie à dix-neuf, lorsqu'elles n'ont plus à ses yeux la jeunesse requise[66]. La domestique est le territoire du maître. C'est aussi avec ce sentiment que Julien, le héros d'*Une vie*, retrouve, dès son retour de voyage de noces, le lit de Rosalie, à qui il fait un enfant en même temps qu'à sa femme Jeanne. De son côté, M. Lanlaire, on l'a vu, profite de toutes les domestiques que sa femme engage.

L'image de marque de la bonne est souvent celle d'une fille facile à posséder, pour le maître. Et Pécuchet se ridiculise une fois de plus en traitant Mélie, sa jolie servante, comme une jeune fille à conquérir, par des approches délicates : gentillesses et cadeaux. Loin de s'émouvoir et de se refuser, Mélie se laisse trousser sur un tas de fagots, dans la cave. Pécuchet, qui la croyait innocente, attrape avec elle une maladie, se guérit et se retrouve dégoûté des femmes[67].

La domestique peut être engagée comme prostituée sans que cela soit précisé clairement. Ainsi Célestine chez Mme de Tarves, élégante maîtresse d'une maison très chic, rue de Varennes, où règne une atmosphère mêlée d'obscénité et de bigoterie. Elle se met tout de suite avec Célestine sur un pied de familiarité inquiétant, lui donne de sa propre lingerie, lui parle de sa toilette intime. La cuisinière révèle à Célestine le but de cette familiarité : « Ce qu'elle veut, c'est que vous couchiez avec son fils... pour que ça le retienne davantage à la maison... et que ça leur coûte moins d'argent à ces grigous... [...] Elle a même attiré des amies chez elle[68]... » Mais, la mère a beau se faire entremetteuse domestique, son fils préfère fréquenter les « cocottes ». Célestine devient la maîtresse à éclipses de Xavier de Tarves. Lorsqu'elle réussit à séduire Xavier et à le retenir à la maison, Mme de Tarves traite bien sa femme de chambre. Dans le cas contraire, elle passe de la familiarité à la dureté. Il est clair que ce n'est pas seulement l'intérêt qui fait agir ainsi la mère; en donnant à sa femme de chambre sa lingerie et son parfum pour séduire son fils, elle réalise à travers la personne de Célestine son désir d'inceste.

De la débauche domestique, la servante peut faire profession. C'est le thème de la nouvelle de Maupassant, *Sauvée!*[69], repris par Jacques Monnier et André de Fouquières dans *La Bonne à rien faire*[70]. La marquise de Rennedon raconte à une amie comment elle a réussi à se débarrasser d'un mari odieux : elle l'a fait prendre en flagrant délit d'adultère en compagnie d'une professionnelle du divorce. Elle s'est procuré une photo de la maîtresse de son mari, puis s'est adressée à une agence spécialisée pour qu'on lui trouve une femme de chambre qui ressemble à la photo. (Dans la comédie de Monnier et Fouquières s'ajoute un élément trouble : le directeur de l'agence est persuadé que la marquise est lesbienne et cherche une femme de chambre pour ses propres plaisirs. En plaçant Rose, il avertit : « Cette jeune fille n'a fait jusqu'ici que les adultères... »)

Rose en est à son huitième divorce (à son dix-septième chez Monnier et Fouquières!). Le soir même, elle déclare à sa maîtresse que séduire son mari lui semble une entreprise aisée. Et le neuvième jour Rose est devenue la maîtresse de Monsieur. La marquise et elle prennent alors rendez-vous pour le flagrant délit. La marquise dit de Rose à son amie que c'est « une fille précieuse », et elle ajoute : « Si tu en as jamais besoin, n'oublie pas! »

Ce qui apparaît, que ce soit dans la prostitution occasionnelle des bonnes ou dans la débauche domestique, c'est que la frontière n'est pas nette entre la domestique et la prostituée. Il est vrai que la bonne arrondit parfois ses gages en se prostituant, mais surtout les maîtres ont tendance à considérer qu'une bonne est faite pour servir, dans tous les sens du terme. Comme elle sert à table et à la cuisine, elle sert au lit. Dans l'imaginaire bourgeois, la bonne et la prostituée ne sont bien souvent qu'une seule et même personne.

CONCLUSION

CONCLUSION

LA MÉNAGÈRE

L'ÉVOLUTION de la domesticité au cours du XIXe siècle tend vers le modèle représenté par la bonne à tout faire chez les petits-bourgeois. Or la domestique unique n'a pas de code qui régisse sa condition. Pas de place définie pour elle dans la famille ni dans la société.

Les moralistes ont tenté d'élaborer un code chrétien de la domesticité. Le discours de la première moitié du XIXe siècle sur ce sujet se situait dans le mouvement de restauration morale et religieuse qui suivait la Révolution. Ces moralistes n'ont pas disparu : jusqu'en 1914, certains tâchent de faire réintégrer, par le discours, aux domestiques un rôle qu'elles n'ont plus, celui de membres de la famille. Mais la fin du XIXe siècle cherche davantage, pour la bonne, un statut de travailleur autonome à l'intérieur de la famille. Le discours sur la domesticité perd de son aspect passionnel et met l'accent sur le contrat à établir entre les maîtres et la servante.

Il est cependant difficile de trouver les termes d'un contrat lorsque les deux parties sont corps à corps, quotidiennement, sans aucun espace entre elles. La situation de la bonne est gênante. Au moment où triomphe la famille nucléaire, au moment où les logements sont devenus de petits appartements conçus comme des nids, au moment où l'espace se répartit symboliquement en intérieur-famille-sécurité/extérieur-étrangers-danger, que faire de la bonne qui n'appartient ni à l'intérieur ni à l'extérieur ?

La crise de la bonne à tout faire va obliger à un autre regard sur la domesticité. Au regard sur le passé qui mène au regret du paradis perdu et du code féodal de la domesticité va se substituer (quelquefois les deux coexisteront) celui sur l'avenir. Les pôles d'attraction deviennent les pays anglo-saxons, où les domestiques possèdent déjà un statut légal, et la technique libératrice, qui permet, au bout du compte, d'envisager la suppression de la domesticité.

L'ailleurs contemporain : les pays anglo-saxons

La nostalgie du passé, que nous avons vue dans l'introduction, coexiste avec une perspective réformiste qui se veut résolument moderne. Ces deux attitudes paraissent contradictoires; en réalité, elles témoignent sans doute du même désir de trouver une place pour les domestiques. Certains rêvent de les réintégrer à une cellule familiale de type Ancien Régime et de restaurer les valeurs de ce passé mythique. D'autres, comprenant la vanité du retour en arrière, songent plutôt à donner aux domestiques un statut social. Et, dans ce but, ils regardent ce qui se passe dans d'autres pays.

En Angleterre comme en Amérique, les domestiques savent, mieux qu'en France, s'unir pour faire respecter leurs droits. Les domestiques anglais, par exemple, ont obtenu le certificat obligatoire et l'assurance contre les accidents. Et, s'il est vrai que certains individus vont trop loin dans leurs revendications, jusqu'à demander deux soirées libres par semaine pour aller au théâtre ou la journée du lundi pour faire de la bicyclette, on reconnaît volontiers la légitimité de la plupart des revendications de gens de maison (qu'elles concernent le logement, la nourriture, la garantie du temps de repos, la possibilité de recevoir des amis, etc.).

Pour un peu, le discours réformiste pousserait les domestiques à se syndiquer : puisqu'il s'agit de leur donner une place déterminée dans la structure sociale, les syndicats peuvent les y aider. Surtout que les syndicats de gens de maison sont le plus souvent des organisations mixtes, où les patrons ont leur place, et qu'ils peuvent devenir une autre figure de la cellule familiale élargie qui a disparu (on a déjà noté l'importance de l'adjectif « familial » dans le discours du *Serviteur*).

Regarder la situation de la domesticité américaine, c'est à la fois en tirer une leçon et se réconforter. Nous n'en sommes pas, en France, arrivés à de telles extrémités et il est temps encore de faire des réformes si nous voulons y échapper. Il faut donc réfléchir à ce qui s'est passé dans les pays anglo-saxons.

Transformation du travail domestique en travail à la tâche : de la bonne à la femme de ménage

En Amérique, les domestiques à demeure disparaissent; on ne trouve plus de jeunes filles ou de femmes qui veuillent servir, elles préfèrent l'usine ou l'atelier (c'est pourquoi celles qui acceptent de servir se montrent très exigeantes sur les salaires, les moments de liberté, les tâches à accomplir). A la place de domestiques, les maîtres américains emploient donc des aides passagères, des « gens à aider ».

Un tel système avait été prôné en France par des philosophes comme Adolphe Garnier[1] (le service personnel doit disparaître au profit du service réel, il faut « payer l'œuvre plutôt que l'homme, l'acte plutôt que le temps »), ou des sociologues comme Charles Gide. Le docteur Commenge, en 1897, suggère l'organisation suivante : les maîtres loueraient pour quelques heures, par l'intermédiaire d'une agence, des employés pour telle ou telle tâche bien déterminée. La thèse du remplacement progressif de la bonne par la femme de ménage, qui paraît banale aujourd'hui, était développée par certains un peu comme s'ils n'y croyaient pas, comme si cette évolution était destinée à rester dans le monde de l'utopie. Significatif de cette mentalité, l'éditorial de Marcel France dans le *Journal des gens de maison* du 8 novembre 1913. Il parle d'une enquête sur les domestiques lancée par un grand journal parisien, cite la solution proposée à la crise de la domesticité : le remplacement du service à gages par le service à la tâche, puis il conclut étrangement : en France, il est encore temps pour les maîtres de s'appliquer à la bienveillance et à une patiente sélection, de manière à reformer une classe de bons domestiques.

Faire avec ou sans ?

Pour sortir de la crise de la domesticité, ne faut-il pas envisager une solution radicale, la suppression des domestiques ? Les maîtresses de maison américaines y sont quasiment contraintes ; ne vaut-il pas mieux pour les Françaises se faire le plus tôt possible à cette idée ? Trois éléments permettraient une telle révolution : le progrès technique, le changement des mentalités, le changement des structures sociales.

1. *La technique libératrice.* Gloire à la vapeur, qui devient le « serviteur par excellence du genre humain [2] » ! Gloire aussi à l'électricité ! Dans le phalanstère de Beauclair, lieu où se concrétise l'utopie, il n'y a pas de domestiques : « Il suffisait de tourner des boutons, et la maison s'éclairait, se chauffait, la cuisine se faisait, les diverses machines de métier ou d'usage domestique se mettaient en marche [3]. » L'avenir s'annonce lumineux grâce aux femmes de ménage mécaniques, aux valets à vapeur, à des robots aides-ménagères [4].

On prend déjà ses désirs pour des réalités puisqu'on a appelé « servantes » les petites tables qui mettent la vaisselle à portée des convives. Mais, ainsi que le fait remarquer Chauvet en 1896, ces servantes-là ne lavent pas la vaisselle! Jean-Pierre, en 1904, cite avec plus de précision les découvertes qui libèrent déjà les Américains : le pressing, les machines à laver et à éplucher, les plats tout prêts apportés de l'extérieur.

On fonde beaucoup d'espoir sur la confection à l'extérieur du foyer de la nourriture. Il y a eu, aux Etats-Unis, des projets pour créer des dépôts culinaires dans chaque rue, qui enverraient chaque jour, sur appel téléphonique de la maîtresse de maison, à domicile, les repas préparés[5] et la vaisselle (projet de Mme Lewis), ou encore pour créer des « offices de cuisine » dans chaque quartier des grandes villes (projet, en février 1893, de M. George Layard). Le docteur Commenge, qui rapporte ces projets, les juge « pas en rapport avec nos mœurs ». Il semble, autant qu'on puisse le savoir, que les tentatives communautaires qui ont existé pour casser le cadre familial et élaborer la nourriture en commun se soient soldées par un échec[6].

2. *Changer les structures.* Se poser la question de la domesticité, se demander pourquoi il y a crise mène à la remise en cause des structures sociales dans lesquelles on vit. Et ce n'est pas le moindre paradoxe que, pour être à la recherche d'une place à donner aux domestiques dans la société, on soit chassé de la position qu'on occupe. En effet, s'il devient impossible de trouver des serviteurs, au lieu de se lamenter sur les temps qui changent, on peut aussi retourner le problème et se demander s'il est nécessaire de se faire servir, s'il n'est pas possible de se débrouiller autrement.

Pour que le service soit supportable, et n'humilie pas celui qui le pratique, il faut déplacer la notion de service de l'individu vers celui de la communauté. Il faut donc se mettre à vivre en communauté. Cette solution est présentée comme venant des pays anglo-saxons et, nous l'avons vu, des expériences de ce type ont été effectivement tentées en Angleterre et en Amérique (en 1892 et 1893, la presse américaine se fait largement l'écho du débat sur la crise de la domesticité et sur les expériences communautaires). Mais c'est ne pas mettre suffisamment en lumière l'influence des saint-simoniens français dans ce domaine.

Au familistère de Guise, fondé en 1859 par Godin, un industriel fouriériste, une partie des soins ménagers est confiée à des fonctionnaires payés par la communauté : « Le domesticat disparaît devant le fonctionnariat[7]. » Charles Gide, reprenant l'idée de Fourier, préconise, pour pallier la difficulté de se procurer des domestiques, le recours à la vie de club, de pension[8]. Car la vie en commun, d'une part, réduit le nombre des domestiques[9] et, d'autre part, transforme la qualité du service.

Il faut distinguer les communautés, qu'elles soient utopiques ou réelles, selon qu'elles emploient ou non des domestiques à l'usage de la collectivité. Pour Charles Gide, l'organisation de la société en communautés permettrait la mise en commun et donc l'allégement des tâches ménagères. Elle suppose qu'on n'emploie plus qu'un nombre réduit de domestiques et uniquement pour accomplir le service nécessaire à la collectivité. A côté de cela, chaque participant se prendrait en charge lui-même, s'habillerait, se coifferait, ferait son lit, cirerait ses chaussures.

Mais il existe d'autres communautés où la règle est plus austère : les participants se chargent eux-mêmes des travaux ménagers, les maîtres se font domestiques quand il le faut. C'est le cas de la communauté d'Enfantin et de ses quarante fidèles qui s'installent en juin 1832 à Ménilmontant. Chacun des « apôtres » remplit des tâches bien définies : Enfantin lui-même est jardinier, il y a un cuisinier[10]... Intéressante répartition qui fait du plus pauvre du groupe l'homme de ménage. Intéressante aussi la répartition du masculin et du féminin à l'intérieur de la « commune » fantôme de Saint-Pétersbourg dans les années 1860 : « On prétendait qu'on y enrôlait toutes les jeunes filles qui voulaient quitter la maison familiale. Les jeunes gens des deux sexes y vivaient, disait-on, dans un communisme complet. On n'avait pas le droit d'y avoir des domestiques, et les demoiselles de la noblesse lavaient elles-mêmes les planchers et nettoyaient les samovars[11]. » Aux femmes également, les travaux domestiques dans la communauté d'Icarie : « Dans chaque famille, les femmes et les filles exécutent ensemble tous les travaux domestiques, depuis cinq ou six heures du matin jusqu'à huit heures et demie[12]. »

La vie communautaire briserait la structure familiale et beaucoup de moralistes préféreraient ne pas se porter à de telles extrémités. C'est pourquoi ils parlent de la nécessité de changer les mentalités tout en restant dans le cadre social établi.

3. *Changer les mentalités : l'aube de la ménagère.* Le discours est unanime sur un point : les employeurs ne peuvent plus se conduire en maîtres, il leur faut apprendre à différencier ce qu'il est légitime de demander aux domestiques et ce qui ne l'est pas. Apprendre à les respecter s'ils veulent avoir quelque chance d'être encore servis. Marguerite Durand, dans des notes manuscrites[13], recommande de transformer les domestiques en « employés ménagers », de leur éviter les besognes répugnantes et d'avoir recours, pour les travaux les plus pénibles (parquets, vitres, blanchissage), à des spécialistes. On ne traiterait donc pas la maison particulière autrement qu'une boutique ou un bureau, où l'on fait venir des spécialistes du ménage.

Les domestiques deviendraient ainsi des « gens de maison » ou des « employés de maison ». De quand datent ces expressions ? Le *Larousse du XIXe siècle* indique, à l'article « gens » : « Le mot *gens* est souvent accompagné d'un complément déterminatif qui exprime 1) l'état, la profession. Gens d'Eglise, de lettres, d'épée, de robe. Gens du roi. Gens de mer. » Pas de trace de « gens de maison », qui, en revanche, apparaît à la suite de la liste ci-dessus dans le *Larousse du XXe siècle :* « Gens de maison (néologisme) = les domestiques. »

Etre appelés « gens de maison » ou « employés de

maison » est l'une des revendications des syndicats de domestiques. *Le Réveil des gens de maison* du 1er décembre 1908 l'indique comme cinquième point de l'ordre du jour des réunions de propagande : « Projet de loi et de décret déposé à la Chambre des députés par le syndicat, pour la répression de l'appellation et qualitatifs de " gagistes, gens à gages, valets, domestiques " dans toutes pièces civiles et civiques, de l'administration publique, actes de mariage, cartes électorales, etc., à être remplacés par l'appellation, dénomination de " employés de maison ". » Bien après le guerre, la Chambre des députés examine (séance du 13 décembre 1924) une proposition de loi tendant : « 2) à changer dans tous les textes officiels, juridiques ou autres, le titre de " domestiques " serviteurs à gages attachés à la personne en celui d' " employés de maison ". » Cette proposition a été établie à partir des revendications de l'Union libre des gens de maison, 52, avenue des Ternes, Paris XVIIe.

Il faut perdre l'idée qu'il est naturel d'être servi. Il est urgent d'apprendre à se servir soi-même, urgent d'éduquer les enfants dans ce sens. Et pour cela il est nécessaire de mettre la mère au travail. Dans le même temps se mène la campagne pour l'allaitement maternel. La mère bourgeoise est rappelée à son premier devoir : celui d'allaiter son enfant et de ne plus se décharger sur la nourrice de cette tâche[14]. Il est frappant de voir nos moralistes acharnés à culpabiliser et à chapitrer la femme-mère-maîtresse de maison pour qu'elle prenne en main le fonctionnement de la maison et l'éducation des enfants. Encore faut-il qu'elle en soit capable : d'où la nécessité de donner aux filles une formation ménagère.

En diminuant l'importance de la domesticité, ou mieux en la supprimant, on moraliserait la société tout entière. C'est ce que suggère un lecteur de *l'Union pour l'action morale*, P. Guérin, instituteur dans les Vosges : employer des domestiques est immoral, car, d'une part, leur travail est improductif pour la société, d'autre part ils ont une mauvaise influence sur les maîtres et sur leurs enfants

(15 juillet 1899). De son côté, le cuisinier philosophe oppose l'Europe, où la domesticité est « plus qu'une erreur sociale [...] un malheur public », aux Etats-Unis, où « tout se fait par les soins de la mère de famille [15] ». Le grand Lincoln lui-même, avant son élection à la présidence, vivait dans sa maison de l'Illinois sans domestique.

Honte aux jeunes ménages qui n'ont pas de gros moyens et choisissent d'avoir une bonne plutôt qu'un enfant! Le besoin de se faire servir manifeste un goût de luxe qui annihile la conscience des devoirs envers la société : « Le lit de la bonne dans nos villes, à Paris surtout, fait le plus grand tort au berceau [16]. » Le devoir social des couples est de faire des enfants. Dans la mesure où il faut choisir entre un bébé et une bonne, avoir une bonne devient une menace pour la race. Fait domestique égale décadence.

On assiste à la fin du XIXe siècle à la mise en place d'un discours de glorification de la femme comme gardienne du foyer. Comme il devient de plus en plus difficile de trouver des domestiques, comme leur image de marque s'est dégradée, que la race des vieux serviteurs est à jamais disparue, « parce que l'état social qui permettait leur existence est disparu », mieux vaut ne pas se faire d'illusions sur le retour aux mœurs du passé, mieux vaut changer son fusil d'épaule et tenter de promouvoir d'autres valeurs. Jusque-là, avoir une bonne était affaire de « standing », une femme qui n'en avait pas en était honteuse; il faudrait maintenant qu'au lieu de le cacher elle le proclame et en tire de la fierté. La petite-bourgeoise doit adopter comme règle de conduite « paraître ce que l'on est réellement » et croire que le plus grand titre au respect c'est de montrer qu'on « ne se dérobe pas à la commune loi du travail [17] ».

Apparaît ici une nouvelle figure de la maîtresse de maison qui n'a plus seulement à diriger les domestiques (d'ailleurs, on n'en trouve plus guère à diriger) mais qui met la main à la pâte et au balai. Elle va connaître un grand succès. La petite-bourgeoise qui s'occupe de tout, cuisine, ménage, courses, enfants, se modèle, on le perçoit, sur la servante toute dévouée. A partir de là, on va sans arrêt ajouter des tâches à la maîtresse de maison, y compris celle de travailler, en plus, à l'extérieur de son foyer, et plus elle s'activera, plus elle sera glorifiée! De la glorification de la bonne servante, qui n'existe plus qu'à l'état de survivance, on passe donc à la glorification de la maîtresse de maison ménagère. Celle-ci doit être formée; c'est pour cela que les jeunes filles fréquenteront l'école ménagère.

L'école ménagère

« Les filles fréquenteront plutôt l'école ménagère que le cours de musique. Outre les qualités d'ordre pratique qu'elles ne manqueront pas d'y acquérir, elles y apprendront à devenir moins impulsives et, pour tout dire, moins nerveuses. » Telle est la solution qu'apporte Maurice Beaufreton, en 1906, à la crise des bonnes. Il ajoute que, contrairement à la musique moderne, les tâches ménagères ont une influence lénifiante. Il ne faudrait pas croire pour autant qu'elles sont ennuyeuses : leur diversité préserve de l'ennui!

Augusta Moll-Weiss, qui a passé plusieurs années à étudier la question de l'enseignement ménager, rappelle, en 1908, l'historique de l'enseignement ménager en France. Après un long désintérêt pour ce sujet, la France lui donne enfin l'importance qu'il mérite. En mai 1905, le Congrès d'hygiène sociale lui accorde la place d'honneur. En novembre 1906, le Congrès d'hygiène alimentaire émet le vœu que l'enseignement ménager soit généralisé à tous les niveaux. En juillet 1907, il est décidé que l'enseignement de l'économie domestique sera obligatoire dans les lycées et collèges de jeunes filles. Dans les premières années du XXe siècle, l'Etat prend donc en charge l'enseignement ménager. Jusque-là, seules des initiatives privées avaient joué un rôle dans ce domaine, comme celle de Mlle Doyen-Doublié, qui avait créé à Reims, en 1873, la première « école primaire ménagère professionnelle » (trois ans de cours; on y entre avec le certificat d'études).

L'enseignement public avait bien fait quelques tentatives, comme celle d'adjoindre, dès 1885, des classes ménagères aux cours complémentaires de certaines écoles municipales de Paris. Ces classes ménagères consistent en cours pratiques de cuisine, blanchissage, repassage, couture, auxquels s'ajoutent des cours d'hygiène et d'économie domestique. Mais Moll-Weiss leur reproche d'être trop loin de la réalité, de ne pas apprendre aux élèves des choses utiles, qui correspondent à leur cadre de vie (par exemple, on devrait leur apprendre à composer des menus qui ressemblent à ceux d'un ménage ouvrier). Elle reproche surtout à ces classes ménagères de ne pas valoriser l'enseignement qu'elles dispensent. En effet, comment les élèves n'auraient-elles pas l'idée que le ménage est une « occupation inférieure » si la maîtresse d'école ne prend pas en charge ces cours et laisse à une ancienne bonne à tout faire le soin de les organiser? Se trouve là clairement exprimée la nécessité de promouvoir le ménager.

Les premières années du XXe siècle sont très fructueuses pour cette promotion. Partout se créent et fleurissent les cours. A Lyon, en 1902, Mme Rochebillard crée deux cours d'enseignement ménager, un pour les filles du monde, l'autre pour les filles du peuple. En 1903-1904, elle établit, en plein centre ouvrier, un cours de cuisine, d'hygiène, de comptabilité ménagère, de nettoyage, etc. A Paris, en 1902, Mme Thome fonde un cours d'enseignement ménager pour les jeunes filles du monde, « le Foyer », 37, rue Vaneau. On n'en finirait pas de citer les domaines d'études investis par l'enseignement ménager : enseignement primaire, primaire supérieur, postscolaire, normal, agricole, secondaire, normal secondaire, etc. Même à l'Ecole normale supérieure de Sèvres est institué un cours de coupe!

Naturellement, Moll-Weiss insiste sur une école ménagère dont elle est la fondatrice, l'Ecole des mères, qui a son siège 12 *bis*, rue de Miromesnil à Paris (elle a été fondée à Bordeaux en 1897). Elle comprenait au départ trois sortes de cours : ceux du jeudi destinés à la section populaire; ceux du samedi pour les femmes de la petite bourgeoisie; enfin, les cours complémentaires pour les femmes du monde. A chaque classe ses besoins; on ne mélange pas les torchons avec les serviettes, c'est le cas de le dire.

Dans les années suivantes, Augusta Moll-Weiss s'intéresse aux écoles ménagères de Suisse, Belgique et Hollande, en tant qu'elles peuvent former des domestiques. En effet, *le Musée social* l'a chargée d'une enquête sur la question des servantes, qui passionne l'opinion française. Parmi les causes de la crise du service domestique, Moll-Weiss relève le manque de formation des bonnes qui doivent « tout faire » sans avoir rien appris. Et elle émet l'hypothèse suivante : « Si l'aide ménagère connaissait davantage la tâche qui est la sienne, elle la remplirait mieux, elle ne s'irriterait pas contre une patronne qui n'aurait plus, ou presque plus, de remontrances à lui faire. » D'où l'idée de créer des écoles ménagères destinées aux servantes. C'est pourquoi Moll-Weiss est allée visiter les écoles de servantes qui existent dans d'autres pays européens. Ses rapports sur la question sont contenus dans deux numéros du *Musée social*, l'un en 1911, « les Ecoles de servantes en Suisse », l'autre en 1913, « les Ecoles de servantes en Belgique et Hollande ». Elle décrit le fonctionnement de ces écoles, puis fait part du compte rendu des directrices sur leurs activités.

Que ces écoles soient conçues uniquement pour former des domestiques ou qu'elles forment en plus de futures maîtresses de maison, le résultat semble, au bout du compte, être le même. Ainsi la directrice de l'école de Lenzbourg (Suisse allemande), destinée à former des servantes, écrit-elle que son établissement « n'est plus une école de servantes » mais qu'il est devenu une

« école de ménage », puisque les jeunes filles ne veulent plus se placer comme domestiques. Même constatation de la directrice de l'école ménagère de Fribourg (Suisse française), qui donne des cours de six mois pour futures maîtresses de maison en même temps que d'autres cours, de six mois ou d'un an, pour servantes professionnelles : l'école ne forme plus de domestiques, mais des jeunes filles qui veulent entrer comme élèves à la pouponnière.

Quant à la directrice de la très récente école de Chailly, près de Lausanne, elle déclare à Moll-Weiss : « Des domestiques, on a bien voulu en recevoir, en former, mais il ne s'en est pas présenté, et l'école s'est alors simplement ouverte aux filles de la petite bourgeoisie qui paient 70 francs par mois pour y suivre les cours comme internes. Comment voulez-vous que les futures domestiques se résignent à venir chez nous pour y dépenser de l'argent et n'en pas gagner ? Elles trouvent plus de places qu'elles n'en veulent, alors qu'elles ne sont pas formées. »

Les écoles de servantes sont donc des échecs, comme le reconnaît elle-même Moll-Weiss en 1927, et l'argument de la directrice de l'école de Chailly semble bien être le bon : il est inutile de payer pour apprendre un métier si, sans aucune formation, on trouve à s'engager très facilement, avec un bon salaire. Mais, en 1927, c'est plutôt un argument moral que donne Moll-Weiss pour expliquer que les écoles ménagères sont désertées par les servantes. Elle rapporte les propos de la mère supérieure de l'Œuvre pour les domestiques, destinée à la formation et au placement des jeunes filles en service et des ouvrières éloignées de leur famille. Cette Œuvre, qui avait accueilli, en 1895, 1 500 domestiques, n'en a reçu que 291 en 1921. La mère supérieure explique ainsi la baisse des effectifs : « Les domestiques deviennent de plus en plus rares ; il se glisse parmi elles un certain mauvais esprit. »

Les seules écoles de servantes qui aient bien fonctionné sont des centres de formation pour les spécialistes que sont les bonnes d'enfants. C'est le cas de l'Institut de puériculture d'Anvers (ou Crèche Elisabeth), qui s'est adjoint une école de bonnes d'enfants. Les jeunes filles, d'origine ouvrière ou petite-bourgeoise, font deux ans d'études, au bout desquels elles sont placées par l'Institut. Très recherchées, ces jeunes filles gagnent au minimum 50 francs par mois, en 1913.

Former les bonnes, en faire des spécialistes a échoué. La crise de la domesticité n'a pas trouvé dans l'enseignement ménager sa solution, comme l'espéraient les réformistes. Nombreux étaient ceux qui avaient mis toute leur confiance dans l'enseignement ménager, croyant qu'une formation préalable donnerait du lustre à une profession délaissée, que les jeunes filles embrasseraient ainsi plus volontiers[18]. Cet espoir placé dans la pédagogie se révèle être un échec complet. Entrer en condition reste le métier des femmes qui n'en trouvent pas d'autre.

Mais le statut de la bonne va évoluer. D'une part, elle se transforme en femme de ménage payée à l'heure. D'autre part, qu'elle soit bonne « couchante » ou femme de ménage, l'employée de maison acquiert petit à petit un statut de travailleur : temps de travail limité, jours de repos obligatoires, congés payés. Même si réapparaissent, à travers l'employée de maison d'aujourd'hui, certaines images du passé, la situation de celle-ci est tout autre. Même si elle est prise dans des rapports personnels difficiles avec ses maîtres, elle bénéficie aujourd'hui de tous les avantages sociaux.

Si l'enseignement ménager n'a pas fait naître la nouvelle génération de domestiques qu'on pouvait en attendre, il a, en revanche, fabriqué une femme nouvelle, devenu un modèle pour plusieurs générations : la petite-bourgeoise au foyer, écrasée par toutes les tâches, y compris celles de la domestique devenue introuvable, et fière de l'être. A elle aboutissent tous les personnages de domestiques que nous avons rencontrés : nourrice, bonne d'enfants, cuisinière, souillon... A la ménagère la diversité des tâches qui l'empêchent de s'ennuyer jamais.

NOTES

INTRODUCTION

1. Jules RENARD, *Journal*, Paris, 1925-1927.
2. H. de BALZAC, *Eugénie Grandet*, Paris, 1833.
3. Gustave FLAUBERT, *Un cœur simple*, Paris, 1877.
4. Edmond et Jules de GONCOURT, *Journal*, Paris, 1887-1896.
5. Cité par Guy THUILLIER, *Pour une histoire du quotidien en Nivernais*, Paris, 1977.
6. Paul CHABOT, *Jean et Yvonne domestiques en 1900*, Paris, 1977, chap. IX.
7. H. de BALZAC, *Pierrette*, Paris, 1840, chap. VII, « La Tyrannie domestique ».
8. Cf. « Il n'y a encore que quelques jeunes gens qui ont des montres, et quelques nourrices qui en ont rapporté de Paris et qu'elles retirent prétentieusement de la poche de leur robe pour regarder l'heure. » (SIMON, *Statistique de Frétoy*, 1886, cité par Guy THUILLIER, *op. cit.*; Thuillier ajoute : « Tous les observateurs soulignent les habitudes de luxe ramenées de Paris par les nourrices morvandelles et les domestiques de bonne maison, qui reviennent en vacances avec des toilettes tapageuses. » Il se réfère en particulier à ARDOUIN-DUMAZET, *Voyage en France*, 1910.)
9. Jules RENARD, *Nos frères farouches. Ragotte*, Paris, 1908, chap. I.
10. Emile ZOLA, *La Curée*, Paris, 1872.
11. *Réveil des gens de maison*, 1er décembre 1908 (organe du Syndicat national des employés gens de maison des deux sexes, de France et des colonies, créé en juin 1906. Affilié à la C.G.T. La B.N. en garde des numéros de 1908 à 1910, sous la cote JO 45 351).
12. J.-K. HUYSMANS, *A rebours*, Paris, 1884.
13. Le château de la Verrerie est maintenant devenu l'Ecomusée de la communauté Le Creusot Montceau-les-Mines. L'archiviste de l'Ecomusée, Luc Dunias, a bien voulu me donner la précision suivante, à propos de la reconstruction du début du XXe siècle : « Plusieurs architectes, peintres, paysagistes collaborèrent à cette œuvre, mais c'est Eugène Schneider lui-même qui décida des plans dans le moindre détail comme il le faisait d'ailleurs pour toutes les constructions du Creusot. Elevé chez les jésuites à Paris, il avait un goût prononcé pour l'architecture, pour la mise en ordre des espaces et des hommes. »
14. Marguerite BAULU, *Modeste Automne*, Paris, 1911.
15. Céleste ALBARET, *Monsieur Proust*, Paris, 1973.
16. George SAND, *Histoire de ma vie*, Paris, 1854-1855, IVe partie, chap. IX.
17. Jean-Charles BAILLEUL, *Moyens de former un bon domestique*, Paris, 2e édition, 1814.

18. Cf. Marie MILON, *Guide pratique, manuel et complet des domestiques hommes et femmes, contenant sur tout le détail du service des instructions indispensables également aux maîtres et aux maîtresses de maison*, chez l'auteur, à Pernes (Vaucluse), 2e édition, 1873. « Vos mains sont appelées à tout faire, à toucher à tout. Qu'elles s'acquittent des détails désagréables de manière à ne pas communiquer la moindre répugnance aux parties les plus délicates de votre service. »

19. Les deux textes se trouvent dans le dossier « Gens de maison » de la Bibliothèque Marguerite-Durand. La réponse d'Henriette Caro-Delvaille est manuscrite.

20. Cora MILLET-ROBINET, *Le Bon Domestique*, Poitiers, 1859.

21. Yvonne CRETTÉ-BRETON, *Mémoires d'une bonne, Souvenirs 1908-1919*, Paris, 1966.

22. Comtesse de SÉGUR, *Les Petites Filles modèles*, Paris, 1858.

23. *Journal des gens de maison*, organe mensuel de la Chambre syndicale ouvrière des gens de maison créée en 1886. La B.N. en possède toute la collection, depuis le 8 décembre 1891 jusqu'au 8 juillet 1914, sous la cote JO 45 083.

24. *L'Eclair*, quotidien, B.N., microfilm D.89.

25. Henri JOLY, *La Crise de la domesticité*, Paris, 1913.

26. Recensement du 5 mars 1911, t. I, 3e partie, p. 21.

27. Marcel CUSENIER, *les Domestiques en France*, Paris, 1912, Ire partie, chap. I.

28. *Enquête sur le placement des employés, ouvriers et domestiques à Paris depuis la promulgation de la loi du 14 mars 1904*, Office du travail, Paris, 1909.

29. A. de LAMARTINE, *Geneviève*, Paris, 1850.

30. Edmond et Jules de GONCOURT, *Germinie Lacerteux*, Paris, 1864.

31. Emile ZOLA, *Nana*, Paris, 1880; *La Curée*, Paris, 1872; *Une page d'amour*, Paris, 1877.

32. Abbé GRÉGOIRE, *De la domesticité chez les peuples anciens et modernes*, Paris, 1814.

33. Augusta MOLL-WEISS, *Les Gens de maison*, Paris, 1927.

34. BOUNICEAU-GESMON, *Domestiques et Maîtres à propos de quelques crimes récents*, Paris, 1885; *Domestiques et Maîtres. Question sociale*, Paris, 1896. (Le premier de ces ouvrages est paru avec la mention anonyme : « par un magistrat ». Le second reprend souvent mot pour mot le premier.)

35. Maurice DARMUZEY, *Le Placement des ouvriers, employés et domestiques en France et à l'étranger*, 1895.

Olivier FOURCADE, *De la condition civile des domestiques*, Paris, 1898.

Léon HOM, *De la situation juridique des gens de service*, Paris, 1901.

Emile THUARD, *Du placement des ouvriers et domestiques en France et à l'étranger*, Le Mans, 1904.

Henri RICHARD, *Du louage des services domestiques en droit français*, Angers, 1906.

Rémy DUBOIS, *De la condition juridique des domestiques*, Lille, 1907.

André PERSONNAZ, *Le Louage des domestiques*, Paris, 1909.

Robert SAUTY, *De la condition juridique des domestiques*, Paris, 1911.

Marcel CUSENIER, *op. cit.*

36. *L'Union pour l'action morale*, du 1er mai au 1er novembre 1899, B.N., 8oR 12 330.

37. *La Réforme sociale*, juillet-décembre 1901, 5e série, t. II, B.N., 8ºR 4042.

38. L.-F. FOUIN, *De l'état des domestiques en France et des moyens propres à les moraliser*, Paris, 1837.

Marius-Henri-Casimir MITTRE, *Des domestiques en France dans leurs rapports avec l'économie sociale, le bonheur domestique, les lois civiles, criminelles et de police*, Paris, 1838.

Abbé BUSSON, *Etude sur l'état des rapports des domestiques et des maîtres et sur le moyen d'améliorer ces rapports*, Besançon, 1844.

François PÉRENNÈS, *De la domesticité avant et depuis 1789*, Paris, 1844.

PREMIÈRE PARTIE

CHAPITRE PREMIER

1. Baron HAUSSMANN, *Mémoires*, t. II, Paris, 1890.
2. Cf. Journal des gens de maison, 8 septembre 1894. Conseil de L. de Fonvérine, dans un article intitulé « Soyez pratiques » : pour se garantir du chômage l'été, il faut choisir un maître qui possède une propriété à la campagne et va y passer la belle saison. Que le serviteur plante là le maître en hiver, comme le maître plante là le serviteur en été.
Voir aussi abbé François CADIC, *L'Œuvre de la Paroisse bretonne*, 2e édition, Aurillac, 1901. « C'est une mode, depuis quelques années, de voyager en Bretagne; c'est une mode aussi de n'en revenir qu'avec une domestique bretonne. »
Voir enfin Philippe RÉGNIER, *La Maison neuve*, roman paru dans *Le Correspondant*, juillet-août-septembre 1908.
3. ZOLA, *L'Œuvre*, Paris, 1886. Christine Hallegrain, orpheline élevée dans un couvent à Clermont, est placée par les sœurs comme lectrice à Passy, chez la vieille Mme Vanzade.
4. EDGY, *La Servante*, Paris, 1905.
5. Marthe-Juliette MOUILLON, « Un exemple de migration rurale de la Somme dans la capitale : domestique de la Belle Epoque à Paris (1904-1912) », document extrait des Mémoires de Juliette Sauget (1886-1969), dans *Etudes de la région parisienne*, juillet 1970, p. 1 à 9.
6. Cf. *Le Serviteur*, 15 septembre 1909 (bulletin du Genêt, syndicat de gens de maison affilié à la Fédération des jaunes de France, créé en 1905. La Bibliothèque nationale possède la collection du *Serviteur* depuis le nº 2, décembre 1905, jusqu'à celui du 20 mars 1912, sous la cote 4ºR 2292). Joseph BOISHUT, dans *Une petite Bretonne à Paris*, raconte une histoire dont il dit avoir été témoin récemment, et qui, en tout cas, est exemplaire : « Arrive au Genêt, du fond du Finistère, une jeune fille. On la conduit à la Paroisse bretonne. Elle n'a pas mangé, elle avait juste de quoi payer son voyage. Comme beaucoup d'autres, la pauvrette s'était imaginé qu'arrivée à Paris des maîtres viendraient la chercher à la gare et l'emmèneraient, lui donnant la forte somme, quoiqu'elle ne sût pas travailler. [...] Aux questions qu'on lui pose, elle répond : " J'avais entendu dire qu'à Paris on gagne beaucoup d'argent. Au pays on est neuf enfants et je suis l'aînée : on est dans la misère, je suis partie croyant bien faire et rendre les miens heureux. " »

7. Cf. A. WEBER, *Des usages locaux. Coutume d'Orléans. Baux verbaux. Louage des domestiques*, Orléans, 1882.

8. Cf. Jules RENARD, *Nos frères farouches. Les Philippe*, Paris, 1907. « Le petit Joseph n'ira plus à l'école, parce qu'il en sait assez long, et il a profité hier de la grande louée de Lormes pour se louer [...] Il portait un flocon de laine à sa casquette, ce qui signifiait : " Je me loue comme berger. " Ceux qui veulent se louer comme moissonneurs ont un épi de blé à la bouche. Les charretiers mettent un fouet à leur cou. Les autres domestiques se recommandent par une feuille de chêne, une plume de volaille ou une fleur. »

9. Lucien DARD, *Etude sur les bureaux de placement, historique, fonctionnement actuel, projets de réforme*, Paris, 1900, rappelle l'origine des sociétés philanthropiques : l'œuvre des Catherinettes. L'hôpital Sainte-Opportune, qui au XIIe siècle, s'élève à l'angle de la rue des Lombards et de la rue Saint-Denis, devient par la suite la Maison-Dieu de sainte Catherine. Celle-ci est destinée à héberger pendant trois jours et trois nuits « les femmes, filles ou veuves qui venaient à Paris pour y chercher une condition ». Cette maison a été supprimée à la Révolution.

10. *Le placement des employés, ouvriers et domestiques en France. Son histoire. Son état actuel*, Office du travail, Paris, 1893.

11. MIRBEAU, *Journal d'une femme de chambre*, Paris, 1900, chap. XIII.

12. Sœurs de la Croix (ou filles de la Croix), archives de l'évêché, casier 36/Cl.

13. *Annuaire des syndicats professionnels*, 1889-1914.

14. *Le placement...*, 1893 (*op. cit.*).

2e Enquête sur le placement des employés, des ouvriers et des domestiques, Office du travail, Paris, 1901.

Enquête..., 1909, *op. cit.*

15. BOUNICEAU-GESMON, 1896, *op. cit.*

Léon FRAPIÉ, *La Figurante*, Paris, 1908, chap. III.

Marcel LAVIEUVILLE, *La Question des bureaux de placement. Loi de 1904. Ses résultats*, Paris, 1912.

16. MIRBEAU, *op. cit.*, chap. XV.

17. A. GRANVEAU, *Lettre à Monseigneur l'archevêque de Paris pour lui exposer les misères de la domesticité*, Paris, juin 1868.

18. Eugène CHARBONNEL, *Etude sur le placement gratuit des employés, ouvriers et domestiques, par les bureaux municipaux de Paris*, Nancy, 1896.

Cf. aussi L. DARD et M. LAVIEUVILLE, *op. cit.*

A l'échelle nationale, le premier bureau gratuit est ouvert à Levallois-Perret en octobre 1882; le deuxième à Lille en avril 1884.

19. Autre initiative du bureau municipal du VIe arrondissement : il accorde une récompense aux personnes placées par ses soins qui sont restées plus de trois ans en place, après vérification de leur bonne conduite et de leur moralité. Les récompenses varient entre 20 et 30 francs par personne. A l'Exposition de 1900, ce bureau reçoit la mention honorable, ainsi que celui du XVe *(Rapport du jury international de l'Exposition de 1900*, groupe XVI, Paris, 1902, 4e partie, classe 112, pp. 560-561).

20. Numa RAFLIN, *Les Bureaux municipaux de placement à Paris en 1909*, Paris, 1910.

21. Cf. Léon FRAPIÉ, *op. cit.*, chap. III. Interrogatoire en règle de Sulette par des maîtres, rue des Batignolles, chez lesquels l'a envoyée le bureau

de placement. Questions sur elle-même, sur sa famille, réflexions désagréables sur sa coiffure, sa tenue, ses mains : « Vos mains ne sont pas assez gercées, auriez-vous peur de récurer ? » ; son prénom : « Je ne comprends pas qu'une bonne se permette de porter un nom pareil ! C'est un nom de roman, ma parole ! »

Débaptiser et rebaptiser les domestiques était une habitude chez certains maîtres. Sulette est rebaptisée Marie par Mme Coton ; Célestine devient Mary chez Mme de Tarves – à l'anglaise, c'est plus chic ! La mère de Paul Chabot, qui, elle, s'appelait Marie, perd son premier prénom au profit de son second, Yvonne, que préfère M. Daniel. On se rappelle que, dans *Les Misérables* (Paris, 1862), le grand-père de Marius appelle toutes ses servantes Nicolette (3e partie, livre 2, chap. V).

22. Cet épisode est repris par le docteur COMMENGE, *La Prostitution clandestine à Paris*, Paris, 1897.

23. Cf. *Enquête* de 1909.

En 1903, 16 bureaux municipaux avaient placé à demeure 30 925 employés et domestiques. En 1904, 16 bureaux avaient placé 33 841 employés et domestiques. En 1907, enfin 20 bureaux avaient placé 39 106 employés et domestiques. Aucun chiffre n'est donné concernant les bureaux autorisés.

24. La municipalité accordait des subventions aux associations faisant du placement gratuit. Par exemple, en 1907, 300 francs à la Protectrice des gens de maison, 300 francs à l'Union fraternelle des gens de maison, 200 francs à la Chambre syndicale des gens de maison, 100 francs au Ménage.

25. Sans date, Bibliothèque Marguerite-Durand, dossier « Gens de maison ».

26. Honoré de BALZAC, *La Cousine Bette*, Paris, 1846.

Cf. aussi François PÉRENNÈS, *op. cit.*

27. J.-V. DAUBIÉ, *La Femme pauvre au XIXe siècle*, Paris, 1866, cite un cas semblable. Un maître donne de faux renseignements sur une femme de chambre, il est condamné à 250 francs d'amende, fait appel. En juin 1861, un autre tribunal casse la sentence, alléguant que tout maître a le devoir de révéler les défauts de ses domestiques.

28. Guy de MAUPASSANT, *Rose*, Paris, 1884.

29. Répertoire de commissariat, quartier de la Madeleine, année 1900, n° 31, Archives de la préfecture de Police.

30. J.-A. de LÉRUE, *Maîtres et Domestiques*, Rouen, 1862.

31. J. Henri LASALLE, *Maison hospitalière. Projet d'un établissement destiné à recevoir les femmes domestiques aux époques où elles sont sans place*, Paris, 1827.

32. De son côté, le Syndicat national des employés gens de maison lance une souscription pour créer un home qui accueillerait les domestiques. Ce home comporterait, entre autres éléments, un restaurant pour chômeurs, alimenté par les produits des cours de cuisine (*Le Réveil des gens de maison*, 1er décembre 1908).

L'*Enquête* de 1909, p. 142, dénonce la confusion qui s'opère illégalement entre garni et bureau de placement à propos des « logeuses de bonnes » : « Ces logeuses ont ouvert de grands dortoirs, où les domestiques sans place et qui n'ont pas de famille ou d'amis à Paris vont coucher moyennant une rétribution de 3 à 5 francs par semaine. Peu à peu ces logeuses se sont mises à placer leurs pensionnaires. Le placement, qui au début était gratuit, paraît perdre ce caractère. »

33. Mme Henri SCHMAHL, « L'Assistance et l'Education des jeunes servantes à Paris et à Londres », *Revue philanthropique*, 10 décembre 1897.

CHAPITRE II

1. Archives Murat, Archives nationales, 31 AP 293, avec l'aimable autorisation du prince Murat.
2. Paul CHABOT, *op. cit.*
3. *Ibid.*
4. Cf. Ronald-Henri HUBSCHER, « Le Livre de comptes de la famille Flahaut, 1811-1877 », *Revue d'histoire économique et sociale*, 1969, n° 3. Il dit, à propos de la domesticité d'une famille de bourgeois campagnards : « Il y aurait une sorte de cursus honorum dans la condition ancillaire; ainsi nous constatons la promotion de deux servantes de cour au rang de servantes de maison. »
5. On pense au film de Jean Renoir, *La Règle du jeu*, où Lisette, la femme de chambre parisienne, est mariée au garde du château. Celui-ci se plaint de ne pas voir souvent sa femme, mais Lisette préfère la compagnie de sa maîtresse à celle de son mari, qui est rustre et jaloux.
6. Archives nationale, 31 AP 292 (1897-1913).
7. Sur la nourrice, voir mon article, « La Fin des nourrices », *Le Mouvement social*, n° 105, octobre-décembre 1978.
8. *Prix et Salaires à diverses époques*, Statistique de la France, Strasbourg, 1863, p. 87, « Salaires industriels dans la ville de Paris pendant l'année 1853, Domestiques ».
9. *Statistique de la France, année 1880*, nouvelle série, t. X, Paris, 1883, p. 98, « Domestiques ».
10. Cf. Mme PARISET, *Manuel de la maîtresse de maison ou lettres sur l'économie domestique*, Paris, 1821 : les gages de la province représentent la moitié au plus des gages de Paris.
11. 40 francs, c'est le chiffre que donne Gustave BIENAYMÉ, *Le Coût de la vie à Paris à diverses époques, gages des domestiques et rémunération de leurs auxiliaires*, Paris, 1900, pour les gages de la bonne à tout faire en 1875.
12. Cf. Mme de WADDEVILLE, *Le Monde et ses usages*, 8ᵉ édition, Paris, 1897, p. 299 à 311, « Des domestiques ». Le « denier à Dieu » est une coutume parisienne qui tend à disparaître. Le domestique n'a pas à restituer cette somme, quelle que soit la durée du service. Différentes sont les arrhes versées par le maître au domestique, caution égale à un mois de gages. Le serviteur doit les rendre « au simple » s'il quitte la maison avant l'année révolue; « au double » s'il n'entre pas en service chez le maître après avoir promis de le faire.
13. Emile ZOLA, *Au bonheur des dames*, Paris, 1883.
14. Marguerite PERROT, *Le Mode de vie des familles bourgeoises*, Paris, 1961, p. 10.
15. Theresa MAC BRIDE, « The Modernization of " Woman's Work " », *Journal of Modern History*, juin 1977, a pu dire, à juste titre, que les gages représentaient moins de la moitié du salaire de la domestique.
16. *La Réforme sociale, ut. sup.*
17. Jules SIMON, *L'Ouvrière*, 9ᵉ édition, Paris, 1891 (la 1ʳᵉ date de 1861).

18. Sur les économies que peuvent réaliser les domestiques, et qui constituent des dots appréciées, voir :

BALZAC, *Eugénie Grandet, ut. sup.* La grande Nanon est un beau parti, avec ses 4000 livres en viager. *Albert Savarus*, Paris, 1842. Mariette, la femme de chambre, a mis de côté 15000 francs. *Le Cousin Pons*, Paris, 1847. Madeleine Vivet, grâce à ses 20000 francs, espère épouser le cousin pauvre de ses maîtres, les Camusot.

ZOLA, *La Curée, ut. sup.* Céleste a épargné 5000 francs pour s'acheter une maison. *Le Docteur Pascal*, Paris, 1893. Martine, en trente ans, a économisé tous ses gages : 12000 francs. Avec les intérêts, elle possède 30000 francs, placés en rentes solides.

Voir aussi les rapports de la Caisse d'épargne de Paris, de 1828 à 1914, Archives nationales, 88 AQ I-6, utilisés par Theresa MAC BRIDE, « Social Mobility for the Lower Classes : Domestic Servants in France », *Journal of Social History*, VIII, 1974. Jusqu'au milieu du XIXe siècle, les domestiques constituaient de loin le groupe le plus important des déposants, 20 à 25 % du total.

Voir enfin le répertoire de commissariat du quartier de la Madeleine pour 1900. Le 10 décembre, Justine Moindrot, quatre-vingt-sept ans, en service chez M. Delaporte, 18, rue Claude-Lagarde, se fait voler dans sa chambre un livret de Caisse d'épargne contenant 1 114 francs.

19. Archives Mackau-Maison, Archives nationales, 156 AP III, 85, dossier 2.

20. Marguerite PERROT, *ut. sup.*, p. 76, « Gages ».

21. *Cartogrammes et Diagrammes relatifs à la population parisienne et à la fréquence des principales maladies, 1865-1887*, Paris, 1889.

22. *Salaires et Coût de l'existence à diverses époques jusqu'en 1910*, Statistique générale de la France, Paris, 1911.

23. Emile ZOLA, *Pot-Bouille*, Paris, 1882.

24. Emile ZOLA, *Paris*, Paris, 1898.

25. Honoré de BALZAC, *Les Employés*, Paris, 1838.

26. George SAND, *ut. sup.*, IIe partie, chap. XII.

27. Archives nationales, livres de comptes et de maison de la famille Guébin, 78 AP, 26 à 34, 1886-1900.

28. Dominique DESANTI, *Flora Tristan*, Paris, 1972.

29. Emile ZOLA, *Fécondité*, Paris, 1899.

30. George SALOMON, *La Domesticité*, extrait de la *Nouvelle Revue*, 1er février 1886.

CHAPITRE III

1. Archives nationales, F 7 13718.

2. *Journal* de STENDHAL, 1801-1814, Paris, 1888.

3. Comme l'indique Marcelle, la femme d'*Un couple ouvrier traditionnel*, Jacques CAROUX-DESTRAY, Paris, 1974, qui était domestique pendant la guerre de 1914.

4. Il m'a été communiqué par Françoise Vergneault, que je tiens à remercier ici.

5. *Manuel des bons domestiques. Droits et Devoirs*, Paris, 1896.

6. Thorstein VEBLEN, *Théorie de la classe de loisir*, 1899, édité à Paris en 1970.

7. Mme CELNART, *Manuel complet des domestiques ou l'art de former de bons serviteurs*, Paris, 1836.
8. Gustave FLAUBERT, *Madame Bovary*, Paris, 1857.
9. Aglaé ADANSON, *La Maison de campagne*, Paris, 6e édition, 1852, la 1re date de 1822.
10. Mmes PARISET et CELNART, *Nouveau Manuel complet de la maîtresse de maison*, Paris, 1913.
11. Augusta MOLL-WEISS, *Madame et sa bonne*, Paris, 1925.

Sur la stricte répartition des tâches hebdomadaires, voir Philippe BOUVARD, qui, dans un livre prétendument drôle, en réalité odieux, *Madame n'est pas servie!*, Paris, 1965, rappelle l'emploi du temps des bonnes de sa mère.

12. Jean RATEAU-LANDEVILLE, *Notre-Dame des servantes, histoire de Claudie 1912-1940*, Rodez, 1964.
13. L'estimation est de Marcel CUSENIER, *op. cit.*, Ire partie, chap. IV.
14. Eugène LABICHE, *Le Plus Heureux des trois*, Paris, 1870.
15. H. de BALZAC, *Illusions perdues*, IIe partie, Paris, 1837-1843.
16. Emile CARDON, *L'Art au foyer domestique*, Paris, 1884.
17. Robert BURNAND, *La Vie quotidienne en France, 1870-1900*, Paris, 1947.
18. Catalogue de l'exposition *Le Parisien chez lui au XIXe siècle, 1814-1914*, Archives nationales, Hôtel de Rohan, novembre 1976-février 1977, p. 120.
19. Jules RENARD, *Journal*, 23 juillet 1903.
20. Cf. *Larousse du XIXe siècle*, article « Pot de chambre ». « Tenir le pot de chambre à quelqu'un » : lui rendre les services les plus vils, être avec lui de la plus basse servilité.
21. Catalogue de l'exposition..., *ut. sup.*, p. 117.
22. Jules MICHELET, *Journal*, t. III (1861-1867), Paris, 1976.
23. Jules ROMAINS, *Le Drapeau noir*, Paris, 1937, cité dans le catalogue de l'exposition..., *ut. sup.*, p. 117.
24. Pour la lessive et ses techniques au XIXe siècle, voir Guy THUILLIER, *op. cit.*, La lessive « au cuveau », qu'on pratiquait deux ou trois fois l'an, a été longuement décrite par Zola dans *Le Rêve*, Paris, 1888, chap. V. Cette grande opération est également mentionnée dans BALZAC, *La Rabouilleuse*, Paris, 1841; Flore Brazier la dirige.
25. Jean GENET, *Les Bonnes*, Décines, 1947.
26. Yvonne CRETTÉ-BRETON, *op. cit.*
27. Docteurs Henry THIERRY et Lucien GRAUX, *L'Habitation urbaine : chambres de domestiques, cuisines et loges de concierges*, Paris, 1909 (étude présentée à la Société d'art populaire et d'hygiène en 1905).

CHAPITRE IV

1. Mais, selon Emile MASSARD, *Proposition relative à l'hygiène et au travail des gens de maison*, déposée au conseil municipal de Paris, 27 mars 1906, la condition des bonnes à Paris est supportable si on la compare à celle des servantes de Berlin. Il cite le rapport d'Arthur Raffalovitch sur ces dernières : « Ces pauvres filles couchent un peu partout, dans les couloirs, dans les salles de bain, dans la cuisine. Quant aux privilégiées qui ont une pièce pour la nuit, le mot de grenier serait trop noble pour désigner de pareils galetas. [...] Les cas ne sont pas rares où, pour arriver à

son lit, il faut se servir d'une échelle de meunier » (Archives de la préfecture de Police, DB/69).

2. Cf. un témoignage contemporain du même ordre : Maria ARONDO, *Moi, la bonne*, Paris, 1975, raconte qu'arrivant de son Espagne natale à Aulnay-sous-bois, dans les années 1960, en service chez un médecin, elle dormait sur le canapé de la salle d'attente. Elle devait, le matin, en toute hâte, retaper le canapé avant l'arrivée des clients.

3. Marcel CUSENIER, *op. cit.*, IIe partie, chap. V.

4. *L'Eclair*, 26 septembre 1904, lettre d'un maître, G. Perret.

5. Catalogue de l'exposition..., *ut. sup.*, pp. 98-99

6. *Ibid.*, p. 31 et 32, coupes datant de 1845 et 1847.

7. Cf. JEAN-PIERRE, « Maîtres et Serviteurs. La crise du service domestique », *L'Action populaire*, 3e série, n° 46, Paris, 1904.

8. ZOLA, *ut. sup.*, chap. I et VI.

Cf. Michel LEIRIS, *Frêle Bruit*, Paris, 1976, p. 176 : « Comme le corps, un logis a ses parties nobles et ses parties basses : au zénith, le salon (du moins à l'époque où tout appartement bourgeois avait le sien) : au nadir, la cuisine, avec son pendant les w.-c. où s'engloutit – sous une forme dégradée et par voie diluviale – ce qui est préparé dans cet endroit ancillaire, indigne même d'être compté parmi les " pièces " et que mettent très en dessous de cette autre non-pièce, la " salle d'eau ", son fourneau et ses ustensiles (plus plébéiens, si modernes soient-ils, que la baignoire et les installations diverses de toilette, relevées, elles, par une légère touche de coquetterie, voire par une nuance d'érotisme alors qu'ils ne sont, eux, qu'un outillage domestique au sens le plus humiliant du terme). »

9. *Annales d'hygiène publique et de médecine légale*, janvier-juin 1891, t. XXV.

10. Anatole FRANCE, *Le Petit Pierre*, Paris, 1918.

11. Jules SIMON, Archives nationales, 87 AP 20, dossier 66, *Nouveau Texte sur le logement des domestiques*, sans date, manuscrit.

12. Docteurs THIERRY et GRAUX, *op. cit.* On trouve le même détail dans Philippe RÉGNIER, *op. cit.*

13. *Bulletin des ligues sociales d'acheteurs;* 2e trimestre 1908, cité par Gaston JOLLIVET, « Les Domestiques parisiens », *Le Correspondant*, 10 août 1908.

14. A propos du manque d'aération des logements de domestiques, voir les accusations du docteur HEULHARD d'ARCY, *Du service médical des pauvres tant à la ville qu'à la campagne et de la manière dont il doit être établi pour répondre à la fois aux nécessités des malades indigents et aux exigences légitimes des médecins*, 1868 (cité par Guy THUILLIER *op. cit.*).

« Il est telles personnes qui logent leurs serviteurs beaucoup moins bien que leurs chiens et leurs chevaux, et qui ne paraissent pas se douter que, comme eux, une servante a besoin de respirer un air pur. » Et il raconte une affreuse histoire, survenue en 1864 dans la maison d'un notable de village : une jeune servante se fait aider par une amie, un jour de lessive. Le soir, elle propose à celle-ci, car il est trop tard pour repartir, de dormir avec elle « dans le petit réduit qui lui servait de chambre à coucher, et dans lequel on ne pouvait respirer qu'à la condition de tenir la porte entrouverte ». Le lendemain, les jeunes filles sont retrouvées asphyxiées. L'une d'elles ne peut être ranimée.

15. Célestine au Mesnil-Roy, MIRBEAU, *op. cit.*, chap. VII.

16. Docteurs THIERRY et GRAUX, *op. cit.*

17. *Le Réveil des gens de maison*, 1ᵉʳ décembre 1908.
18. La seule occasion, apparemment, où les maîtresses songent à monter au sixième, c'est lorsqu'elles ne voient pas, le matin, apparaître leur bonne, que celle-ci n'a pas pu se lever pour une raison ou pour une autre. C'est là un schéma classique de découverte d'infanticide (voir le chapitre sur la vie sexuelle).
19. Mme PARISET, *op. cit.*
20. Mmes PARISET et CELNART, *op. cit.*
21. Gaston JOLLIVET, *L'Eclair*, 23 juillet 1908, Bibliothèque historique de la Ville de Paris, Dossier Actualité 80, « Domestiques ».
22. Léon FRAPIÉ, *op. cit.*, chap. V.
23. *Pot-Bouille*, *Le Journal d'une femme de chambre*, etc.
24. JEAN-PIERRE, *op. cit.*
25. Pauline de GRANDPRÉ, *La Prison Saint-Lazare depuis vingt ans*, Paris, 1889.
26. Alphonse DAUDET, *Le Nabab*, Paris, 1877.
27. R. P. DAUPHIN, *Une plaie sociale. Un remède*, Paris, 1901.
28. Léon FRAPIÉ, *op. cit.*, chap. XII.
29. MIRBEAU, *op. cit.*, chap. VII.
30. Docteurs THIERRY et GRAUX, *op. cit.*
31. *Le Ménagier de Paris*, composé vers 1393, édité à Paris en 1846. Voir aussi baronne STAFFE, *La Maîtresse de maison*, 29ᵉ édition, Paris, 1892 : « Les jeunes filles doivent être l'objet d'une surveillance paternelle et maternelle. Il est odieux de les envoyer coucher sous les toits, dans une espèce de promiscuité horrible, ainsi qu'on fait trop souvent à Paris et dans les grandes villes. Elles sont aussi précieuses que les filles de la maison, et on les gardera sous la même clef. »
32. Notes manuscrites. Bibliothèque Marguerite-Durand, Dossier « Gens de maison ».
33. Philippe RÉGNIER, *op. cit.*
34. Paul JUILLERAT, *L'Hygiène du logement*, Paris, 1909.

DEUXIÈME PARTIE

CHAPITRE PREMIER

1. *Première Epître de saint Pierre*, 2 (18-24).
2. Abbé d'EVERLANGE, *Devoirs des servantes en exemples*, Nîmes, 1859.
3. *Modèle et Patronne des servantes et ouvrières... ou Vie de sainte Zite*, Chambéry, 1811.
4. Sur le travail rédempteur, voir aussi abbé V. POSTEL, *Les Saints domestiques*, Avignon, 1857. Il donne un extrait des *Instructions* composées par le cardinal Cibo pour ses domestiques : « Occupez-vous continuellement car le Diable tente tous les hommes oisifs, et celui qui ne fait rien est capable de commettre tout le mal possible. »
Voir encore abbé ROUQUETTE, *La Servante chrétienne*, nouvelle édition, Paris, 1871, chap. XIV, qui a pour en-tête : « Dieu veut que vous travailliez. Dangers d'une vie oisive, etc. »
Voir enfin abbé BUSSON, *Instructions et Conseils aux filles de service et à*

tous les domestiques en général, Paris, 1842 : « Votre état vous préserve des dangers de l'oisiveté [...]. »

5. R. P. Edouard de NECY, *Le Foyer domestique*, Paris, 1909 : « Dieu veut la différence des classes sociales. »

Cf. FROGER, curé de Mayet, *Instruction de morale, d'agriculture et d'économie pour les habitants de la campagne*, 1769, cité par Bernard GROETHUYSEN, *Origines de l'esprit bourgeois en France*, Paris, 1927, p. 209 : « [...] les uns sont nés pour commander, et les autres pour obéir ».

6. Cardinal Cibo, cité par l'abbé POSTEL, *op. cit.*

7. *Le Livre d'or des domestiques*, édité par la Société saint Augustin, Paris, 1909.

8. Cf. *Le Serviteur*, 2 décembre 1908, « Jubilé de Pie X », par Mme de VELDEGG : le titre le plus cher aux papes est celui de « serviteur des serviteurs de Dieu » donc « Servir n'est pas s'avilir [...] Serviteurs, servez vos maîtres par esprit de devoir et pour Dieu et votre conscience avant tout, et vous pourrez vous redire avec fierté ces nobles paroles : " Servir c'est régner ! " »

Cf. aussi abbé POSTEL, *op. cit.* : « La condition des serviteurs, si on l'examinait seulement aux yeux de la sagesse et de l'ambition humaine, paraîtrait humiliante et triste. Mais que la religion sait bien relever nos pensées et offrir à nos regards de plus consolants horizons ! »

9. Abbé OZANAM, *Manuel des pieuses domestiques*, 5e édition, Paris, 1876 (la 1re date de 1847).

10. J.-Ch. BAILLEUL, *op. cit.*, chap. XXV.

Baronne FROGER de L'EGUILLE, *Manuel des domestiques*, Poitiers, 1883, chap. VII.

11. Abbé BUSSON, *Instructions et Conseils...*, *ut. sup.*, Ire partie, « Idée de la domesticité. Avantages spirituels ».

12. Voir sur ce point, en plus de l'abbé OZANAM et de la baronne FROGER DE L'EGUILLE, *op. cit.*, abbé FLEURY, *Instructions pour les domestiques ou Traité des devoirs des domestiques envers leurs maîtres*, Paris, 1688, rééditées en 1853, par G. Sandré.

13. Cf. Schéma du livre de l'abbé Rouquette : les derniers chapitres évoquent la mort de la servante (chap. XXVI), son jugement par Dieu (chap. XXVII), enfin la servante au ciel (chap. XXVIII).

14. A. de LAMARTINE, *Geneviève*, *ut. sup.*

15. Gustave FLAUBERT, *Un cœur simple*, *ut. sup.*

16. CAUMERY et PINCHON, *L'Enfance de Bécassine*, Paris, 1913.

17. *Ibid.*

18. *Bécassine pendant la Grande Guerre*, Paris, 1915.

19. Bécassine, c'est bien connu, a mal à la tête dès qu'elle doit penser un peu. Voir, par exemple, *Bécassine au Pays basque*, Paris, 1925.

20. *Bécassine pendant la Grande Guerre*, *ut. sup.*

21. *Bécassine mobilisée*, Paris, 1918.

22. *Bécassine chez les Turcs*, Paris, 1919.

23. *L'Automobile de Bécassine*, Paris, 1927.

24. *Bécassine au Pays basque*, *ut. sup.*

25. *Les Mésaventures de Bécassine*, Paris, 1939.

26. *Bécassine mobilisée*, *ut. sup.*

27. *Bécassine chez les Turcs*, *ut. sup.*

28. *Bécassine pendant la Grande Guerre*, *ut. sup.*

29. *Bécassine fait du scoutisme*, Paris, 1931.

30. *Les Mésaventures de Bécassine*, *ut. sup.* L'emploi du possessif, qui

assimile la domestique à la maîtresse, est à rapprocher du chapitre IV de Paul CHABOT, *op. cit.*, intitulé « Notre famille », c'est-à-dire celle des d'Harcourt, maîtres et valets réunis, vue par le cocher de la maison, Jean Chabot.

31. *Bécassine prend des pensionnaires.*
32. *Les Mésaventures de Bécassine, ut. sup.*
33. *Journal* des Goncourt, *ut. sup.*, 13 octobre 1855.
34. *Ibid.*, 12 juin 1857.
35. Sur la mission de « fermer les yeux » du maître assignée à la domestique, voir *Germinie Lacerteux, ut. sup.* : « Germinie n'était pas une bonne pour Mlle de Varandeuil, elle était le Dévouement qui devait lui fermer les yeux »; et aussi *La Curée, ut. sup.* : Renée Saccard a l'habitude de dire à sa femme de chambre : « Va, ma fille, c'est toi qui me fermeras les yeux. »
36. *Journal* des Goncourt, *ut. sup.*, 19 décembre 1877.
37. Autre exemple du dévouement absolu de Pélagie : elle se relève à quatres heures du matin pour confirmer à son maître, qui rentre chez lui, le succès à l'Odéon de la reprise de sa pièce, *Henriette Maréchal*. Elle lui dit l'enthousiasme des spectateurs des troisièmes galeries qui trépignaient (*Journal*, 3 mars 1885).
38. Marguerite BAULU, *op. cit.*, chap. II.
39. Léon FRAPIÉ, *op. cit.*, chap. I.
40. *Ibid.*, chap. II.
41. Cas extrême : la servante doit compter pour rien ce qui peut bouleverser toute son existence, s'il s'agit de préserver la famille des maîtres. BLISMON, *Guide des femmes de ménage, des cuisinières et des bonnes d'enfants*, Paris, 1841 : si le maître essaie de séduire la domestique, que celle-ci quitte la maison sous n'importe quel prétexte, sans dire la vérité à sa maîtresse, pour ne pas « percer le cœur de cette malheureuse épouse ».
42. Zulma CARRAUD, *Une servante d'autrefois*, Paris, 1866. L'action de ce livre est située en 1750, mais elle reflète la mentalité de 1866.
43. EDGY, *op. cit.*, chap. XIII.
On pense, à propos du maître qui se laisse mourir et délègue le soin de vivre à la servante, à la célèbre phrase de Villiers de l'Isle-Adam : « Vivre ? Nous laisserons cela à nos domestiques. »
44. Institut de France, *Prix de vertu*, discours prononcé par François Coppée, 16 novembre 1893, suivi d'un livret contenant le récit des actions vertueuses, Paris, 1893.
45. *Les Prix de vertu fondés par M. de Montyon*, discours prononcés à l'Académie française, réunis et publiés avec une notice sur Montyon par Frédéric Lock et Justin Couly, Paris, 1876 (1819-1875).
Cf. A. PITON DU GAULT et Eugène CHERVET, *Les Bons Serviteurs*, Rennes, 1862. Ils rapportent l'histoire de Françoise Querdray, de Saint-Thurial, récompensée pour cinquante-cinq années de service chez les mêmes maîtres, dont elle a élevé les quatre enfants, puis les huit petits-enfants.
46. Voir la géniale caricature des vertus domestiques que fait André GIDE, *Paludes*, Paris, 1895. Le sublime revient en boomerang : à celui de la domestique répond le sublime des maîtres.
Richard : « Edouard, mon beau-frère, avait un grand besoin d'argent [...]. Donc mes tiroirs restaient à peu près vides, et pour payer la cuisinière il fallait priver Albert de ses leçons de violon. J'en étais désolé, car ce sont les seules distractions de sa longue convalescence. Je ne sais comment la

cuisinière eut vent de la chose; cette pauvre fille nous est très attachée – vous la connaissez bien, c'est Louise. Elle vint nous trouver en pleurant, disant qu'elle se priverait de manger plutôt que de peiner Albert. Il n'y avait qu'à accepter, pour ne pas froisser cette brave fille; mais je pris la résolution de me relever deux heures chaque nuit, lorsque ma femme me croit endormi, et de ramasser, à l'aide de quelques traductions d'articles anglais que je sais où placer, l'argent dont nous privions la bonne Louise. [...] La seconde nuit, à peine étais-je installé, qui vois-je arriver? Ursule! Elle avait eu la même idée : pour payer Louise, elle préparait de petits écrans, qu'elle sait où placer. [...] Nous étions tous deux très émus; nous nous sommes embrassés en pleurant. J'ai vainement tâché de la persuader de se coucher. » Et le narrateur de s'écrier : « Mais c'est excessivement touchant, ce que vous me racontez là! »

47. Comtesse de SÉGUR, *Les Malheurs de Sophie*, Paris, 1859.
48. Comtesse de SÉGUR, *Les Petites Filles modèles*, Paris, 1858.
49. Comtesse de SÉGUR, *Diloy le chemineau*, Paris, 1868.
50. Elle peut se faire redresseuse de torts, comme Pélagie (comtesse de SÉGUR, *Après la pluie le beau temps*, Paris, 1871). C'est la bonne de Geneviève, une jeune orpheline qui vit chez son oncle, M. Dormère. Exaspérée par les méchancetés impunies de Georges, fils de M. Dormère, à l'égard de Geneviève, Pélagie la défend auprès de son oncle, et tente d'ouvrir les yeux de ce dernier sur son propre fils.
51. Dominique ROLIN, *Le Gardien*, Paris, 1955.
52. Léon GOZLAN, *Les Maîtresses à Paris*, Paris, 1852.
53. Gustave FLAUBERT, *Le Sexe faible*, Paris, 1873.
54. MIRBEAU, *op. cit.*, chap. XIV.
55. *La Cousine Bette, ut. sup.*
56. Plaisant retournement du cliché de la servante destructrice de toute une famille : le vaudeville d'Oscar MÉTÉNIER et DUBUT DE LAFOREST, *La Bonne à tout faire*, Paris, 1892. La domestique des Voussanges, Félicie Barba, est la maîtresse de son maître qui la gâte, lui donne de l'argent. Mais, loin de ruiner la famille où elle sert, Félicie rend service à chacun tout en préservant ses propres intérêts. Elle favorise les amours de sa maîtresse avec le baron Luzard; elle pousse Léonce, le grand fils, amoureux d'elle, à travailler, c'est ainsi qu'il devient bachelier, elle obtient du baron Luzard la décoration pour son maître. Les Voussanges, reconnaissants, mettent dans sa corbeille de noces 4 000 francs, pour l'aider à installer un salon de coiffure avec son mari, Victor le coiffeur.
57. Emile ZOLA, *La Terre*, Paris, 1887.
58. BARBEY D'AUREVILLY, *Les Diaboliques*, Paris, 1873.
59. J.-K. HUYSMANS, *En ménage*, Paris, 1881.
Mélanie habite ailleurs que dans l'immeuble de son maître. Elle est donc femme de ménage plutôt que bonne. Mais, comme elle a été bonne autrefois chez André Denis, et que le romancier lui donne ce nom, il semble légitime de la considérer comme telle.
60. Jean DRAULT, *Nos domestiques*, 2e édition, Tours, 1908 (la 1re date de 1907).
61. George SAND, *Histoire de ma vie, ut. sup*,. IIIe partie, chap. II.
62. *Le Prisme*, encyclopédie morale du XIXe siècle, Paris, 1841; « la gouvernante du curé de village » : le curé et sa bonne ont en commun une situation d'exclusion. Ils sont « tous deux isolés du reste des hommes ».

63. Hélène CIXOUS et Catherine CLÉMENT, *La Jeune née*, Paris, 1975, p. 276.

64. Cf. Jules RENARD, *Le Pain de ménage*, Paris, 1898. Pierre, mari fidèle depuis douze ans, confie à une amie ses tentations d'adultère : « Je regardais une petite bonne qui venait d'entrer à la maison. Elle essuyait les meubles de mon cabinet de travail avec une application sournoise. Elle rôdait d'un pied de table à un bâton de chaise. Il faisait lourd, orageux. Elle reluisait comme une tartine. Elle m'agaçait. Brusquement... vous me faites rougir... je l'ai embrassée un bon coup [...] et je me suis sauvé [...] au premier prétexte je l'ai fait flanquer à la porte. »

65. Cf. une réflexion des Goncourt eux-mêmes, *Journal*, Cabourg, 25 août 1863 : « Aux bains de mer, les filles ressemblent à des honnêtes femmes et elles affectent cette ressemblance. Elles ont la même toilette, de la tenue, des enfants, comme elles, qu'elles promènent et qu'elles ont l'air d'aimer. [...] Et ce qu'il y a de triste, c'est que rien ne distingue la maternité d'une fille de la maternité d'une autre femme. A les voir, on les croirait mères. » Trahison du corps féminin qui ravale les grandes dames au rang des servantes, des mères vertueuses à celui des prostituées.

66. Jules MICHELET, *Journal*, t. III, *ut. sup*.

67. Emile ZOLA, *La Terre*, *ut. sup,*. 3e partie, chap. IV.

68. Emile ZOLA, *Une page d'amour*, *ut. sup.*, 3e partie, chap. IV.

Il est à noter que les batailles ritualisées de Rosalie et de Zéphyrin sont les mêmes que celles que se livrent, dans *La Faute de l'abbé Mouret*, frère Archangias et la Teuse, servante de l'abbé.

Sur la sensualité des bonnes, voir aussi Céleste, femme de chambre des Séguin, dans *Fécondité*. Elle a la chair fraîche, les dents éclatantes, elle couche à droite et à gauche, avec les fournisseurs, le facteur, le fils de la maison, se retrouve enceinte d'elle ne sait qui, se fait avorter, ou s'arrange pour que l'enfant meure en nourrice. Ce qu'elle cherche, dit Zola, c'est « du plaisir sans peine ».

69. MIRBEAU, *op. cit.*, chap. VII.

70. Cf. IBSEN, *Les Revenants*, 1902. Oswald Alving voudrait épouser Régine Engstrand, la servante de sa mère. La jeune fille est amoureuse d'Oswald, elle est belle, épanouie, et sa chair rendrait la vie au jeune homme débilité.

71. G. de MAUPASSANT, *La Chambre 11*, Paris, 1885.

72. Emile ZOLA, *Fécondité*, *ut. sup.*, livre IV, chap. I.

73. G. de MAUPASSANT, *Notre cœur*, Paris, 1890.

74. Marcel PRÉVOST, *Les Anges Gardiens*, Paris, 1913.

75. Sur la présence maléfique d'une gouvernante qui s'acharne à détruire une famille heureuse, voir aussi Victor CHERBULIEZ, *Méta Holdenis*, Paris, 1873 (réédité huit fois jusqu'en 1905).

76. H. de BALZAC, *Albert Savarus*, Paris, 1842.

77. George SAND, *Histoire de ma vie*, *ut. sup,*. IIIe partie, chap. II.

78. Emile ZOLA, *La Terre*, *ut. sup.*, 2e partie, chap. VII.

79. Cf. l'anecdote que rapporte le docteur COMMENGE dans *La Prostitution clandestine à Paris*, *ut. sup.* Une respectable famille parisienne prend à son service, en 1886, une veuve de trente-cinq ans, originaire de l'Aisne. La domestique semble tout à fait digne de confiance, les parents la chargent de chaperonner leur fille de dix-sept ans. Au lieu d'accompagner celle-ci à ses cours de musique, la domestique l'emmène dans des cafés d'étudiants, car elle a pour amant un étudiant en médecine de vingt et un ans. La

jeune fille commet l'imprudence d'écrire des lettres à un des étudiants qu'elle a ainsi rencontrés, lettres que la famille récupère à grand-peine.

Cf. aussi Philippe RÉGNIER, *La Maison neuve, ut. sup.* Rose, la bonne, pervertie par un valet de chambre, encourage Raymonde, la fille de ses maîtres, à désobéir à ses parents, et facilite une correspondance amoureuse entre la jeune fille et un aventurier intrigant.

80. Eugène GRANGÉ et R. DESLANDES, *Les Domestiques*, comédie en trois actes présentées aux Variétés le 18 juin 1861, acte II, scène 4.

81. Emile ZOLA, *Pot-Bouille, ut, sup,.* chap. XIV.

82. *Ibid.*, chap. XVIII.

83. Emile ZOLA, *Fécondité, ut. sup.*, livre IV, chap. III.

84. Cf. BOUNICEAU-GESMON, en 1885, *op. cit.* Cri d'alarme à propos de l'éducation des enfants, de la responsabilité des parents et des domestiques. Il faut éduquer le domestique car, par la force des choses, il est « l'instituteur de la première enfance ».

Voir aussi CUSENIER, *op. cit.* Les domestiques sont les véritables parents adoptifs de l'enfant. En effet, plus les parents sont riches, moins ils s'occupent de leurs enfants. Il est rare qu'un enfant passe plus de deux heures par jour avec son père et sa mère. Le manque de conscience des parents en matière d'éducation est une des causes de la rupture de l'unité familiale.

Sur les enfants abandonnés par leurs parents aux domestiques, voir COLETTE, *Le Pur et l'Impur* :

« A l'office, elles avaient eu, dès les premiers pas trébuchants, leurs complices et leurs tourmenteurs. A l'office, elles avaient, comme leurs frères, tremblé, aimé aussi. Il faut bien qu'un enfant aime. Celles de qui je parle dataient, sensiblement plus âgées que moi, d'une époque où l'aristocratie, plus encore que la bourgeoisie riche, remettait sa progéniture à la domesticité. Lequel valait mieux pour les enfants, du tourmenteur à gages ou de l'allié vicieux? Mes narratrices ne les jugeaient pas. Elles ne se souciaient guère d'inventer, quand elles me racontaient froidement les ripailles de l'office, l'alcool versé aux enfants hébétés, la néfaste subalterne qui gavait un jour les nourrissons qu'on oubliait d'alimenter le lendemain... Elles ne se mettaient pas à leurs récits de ton larmoyer des faits divers. Aucune ne revendiquait le grade d'enfant martyr, pas même la fille du duc X [...] Mariée à un homme qu'elle haïssait [elle] n'avait osé avouer son désespoir de se croire enceinte qu'à un vieux valet, antique corrupteur d'enfants princiers, qu'elle redoutait.

– Il m'a apporté un breuvage, contait-elle, attendrie. Lui, lui seul au monde, a eu pitié de moi. [...] le vieux m'encourageait en m'appelant tout bas : " Niña... Pobrecita... " comme quand j'étais petite. »

85. Henry JAMES, *Notebooks*, New York, 1947.

86. Henry JAMES, *Le Tour d'écrou*, 1898.

87. Emile ZOLA, *L'Œuvre, ut. sup.*

88. Marcel PRÉVOST, *op. cit.*, livre II. Voir aussi la lettre de John Bowdler (qui s'est rendu célèbre pour avoir, au XIXᵉ siècle, « bowdlerized » – expurgé – Shakespeare à l'usage des écoliers) à « une jeune dame pour laquelle il avait une grande estime, peu de temps avant son mariage », citée par Virginia WOOLF, *Three Guineas*, 1938, chap. I, note 34 : « Avant tout, évitez tout ce qui pourrait avoir *la plus légère tendance* à l'indélicatesse ou au manque de décorum. Peu de femmes ont la *moindre idée* du dégoût éprouvé par les hommes à voir une femme même effleurée par cela et surtout s'il s'agit d'une femme à laquelle ils sont attachés. A

s'occuper des enfants ou des malades, les femmes deviennent trop aptes à acquérir l'habitude de parler de ces sujets dans un langage qui choque les hommes délicats. »

89. George SAND, *Histoire de ma vie, ut. sup.*, IIIe partie, chap. XII.
90. MIRBEAU, *op. cit.*, chap. XV.
91. Emile ZOLA, *Pot-Bouille, ut. sup.*, chap. XVII.
92. *Ibid.*, chap. VI.
93. *Ibid.*, chap. XIII.
94. Emile ZOLA, *Une page d'amour, ut. sup.*, V[e] partie, chap. I.
95. *Pot-Bouille, ut. sup.*, chap V.
96. *Ibid.*, chap. XVIII. Voir aussi les dégoûts de François MAURIAC, *L'Enfant chargé de chaînes*, Paris, 1913 : « Même chez la discrète Marthe, Jean-Paul avait remarqué ce goût des femmes pour les histoires d'office et d'antichambre : rien ne les intéresse au monde que leurs servantes » (chap. XXIV); *La Robe prétexte*, Paris, 1914 : « Pourtant je me troublai de voir Camille s'intéresser au ménage. [...] Désormais elle compta le linge. Des querelles de domestiques la passionnèrent. Elle les commentait le soir » (chap. XXIX); *Le Désert de l'amour*, Paris, 1925 : « C'était le plus souvent des discussions ménagères, chacune défendait ses domestiques : *Iliade* misérable où les querelles de l'office déchaînaient les unes contre les autres, dans l'Olympe de la salle à manger, les déesses protectrices (chap. II).

CHAPITRE II

1. *L'Automobile de Bécassine, ut. sup.*
2. Paul CHABOT, *op. cit.*, chap. IV.
3. Marcel PROUST, *Le côté de Guermantes*, Paris, 1920.
4. Marcel PROUST, *Du côté de chez Swann*, Paris, 1915, « Combray ».
5. Paul CABOT, *op. cit.*, chap. XI.
6. Octave MIRBEAU, *op. cit.*, chap. III.
7. *Ibid.*, chap. XVI.
8. Paul CHABOT, *op. cit.*, chap. V.
Cf. Bouniceau-Gesmon, citant, en 1896, un compte rendu d'un bal des gens de maison en 1870, splendide par la distinction, où l'on refusait les « domestiques inférieurs ». Il parle de la « soif ardente de distinctions et d'inégalités » qui caractérise les domestiques.
9. De manière générale, celui qui a le pouvoir et l'argent a toujours raison. Ainsi Françoise, pourtant si pleine de préjugés, accepte-t-elle l'homosexualité lorsqu'il s'agit des protecteurs, M. de Charlus et Robert de Saint-Loup. Les protégés, Jupien et Morel, ont, en revanche, toujours tort (*Le Temps retrouvé*, Paris, 1929, « Tansonville »).
10. *Le Côté de Guermantes, ut. sup,*. chap. I.
11. *Du côté de chez Swann, ut. sup.*
12. *Ibid.*
13. Marcel PROUST, *Sodome et Gomorrhe*, Paris, 1922, 2e partie, chap. I.
14. *Le Côté de Guermantes, ut. sup.*
15. H. de BALZAC, *Le Cousin Pons, ut. sup.*
16. Emile ZOLA, *L'Œuvre, ut. sup.*
17. ERCKMANN-CHATRIAN, *L'ami Fritz*, Paris, 1867.
18. Anatole FRANCE, *op. cit.*

19. *Du côté de chez Swann, ut. sup.*
20. *Ibid.*
21. Marcel PROUST, *A l'ombre des jeunes filles en fleurs*, Paris, 1919.
22. Cf. *Le Côté de Germantes, ut. sup.* Françoise veille la grand-mère du narrateur à l'agonie. Mais elle la laisse pour recevoir un ouvrier électricien : son protocole ne permettait pas qu'elle le fît attendre, l'état de la grand-mère ne comptait plus. Le narrateur exaspéré est obligé d'aller chercher Françoise lui-même.
23. Cf. *Pot-Bouille, ut. sup.* Formalisme des bonnes qui se sentent à égalité dans la manière de s'adresser la parole. Julie, cuisinière des Duveyrier, et Lisa, femme de chambre des Campardon, se donnent du « Mademoiselle, vous... », alors qu'elles accablent de grossièretés Adèle, la petite bonne des Josserand.
24. Paul CHABOT, *op. cit.*, chap. VII.
25. Comtesse de SÉGUR, *op. cit.*
26. Anatole FRANCE, *Monsieur Bergeret à Paris*, Paris, 1901.
27. Emile ZOLA, *op. cit.*, chap. XVII.
28. H. de BALZAC, *Les Paysans*, Paris, 1844.
29. Les valets se réfèrent aux bourgeois, comme les bourgeois aux aristocrates : manière de se chercher un « code d'honneur », pour reprendre une expression de Jean-Paul Aron.
30. Victorine B. (BROCHER), *Souvenirs d'une morte vivante*, Lausanne, 1909; Paris, 1976.
31. Octave MIRBEAU, *op. cit.*, chap. VI.
32. G. de MAUPASSANT, *Le Marquis de Fumerol*, Paris, 1886.
33. Emile ZOLA, *op. cit.*
34. D'où la théorie de Thorstein VEBLEN, *op. cit.* : loi du « gaspillage ostentatoire ». « L'obligation de consommer ostensiblement a fait du cadre de la vie un attirail encombrant et compliqué. » On ne peut, seul, sans domestiques, utiliser tout ce dont on se nantit : demeures, meubles, vêtements, confort alimentaire. Pour jouir de ces biens, on est obligé d'engager des domestiques. Leur présence est ressentie comme contraignante, mais « on les supporte et les rétribue, afin qu'ils prennent par délégation leur part de cette lourde consommation de biens ménagers ». On n'engage donc pas des domestiques pour se rendre la vie plus agréable; on les engage, contraint par la nécessité de consommer qui envahit la vie. Ils font partie de la lourde organisation qu'on appelle train de maison, et sont un mal nécessaire.
35. H. de BALZAC, *Illusions perdues, ut. sup.*, Ire partie.
36. STENDHAL, *Le Rouge et le Noir*, Paris, 1831.
37. J.-K. HUYSMANS, *En ménage, ut. sup.*

Cf. G. FLAUBERT, *L'Education sentimentale*, Paris, 1869. M. Dambreuse vient de mourir. Sa veuve propose à Frédéric de l'épouser. Frédéric s'offre à veiller le mort : « – Ce serait peut-être plus convenable. – Oui, peut-être bien, dit-elle, à cause des domestiques » (IIIe partie, chap. IV).

Cf. G. de MAUPASSANT, *Mont-Oriol*, Paris, 1886 (Ire partie, chap. VIII). Christiane Andermatt à son amant Paul Brétigny : « J'irai te voir tous les jours, tantôt le matin, avant déjeuner, tantôt le soir, à cause des domestiques qui pourraient jaser si je sortais à la même heure. »

Cf. Hugues REBELL, *La Câlineuse*, Paris, 1900 (chap. II) Geneviève de Requoy vient se faire dépuceler chez Herbert Primeraine : « – Que je me mette pour me réchauffer... dans votre lit [...]
– Et les domestiques, qu'est-ce qu'ils diraient?... »

38. Octave MIRBEAU, *op. cit.*, chap. I.
39. *Ibid.*, chap. VI.
40. *Ibid.*, chap. I.
41. *Ibid.*, chap. II.
42. G. de MAUPASSANT, *Rose, ut. sup.*
43. *Les Français peints par eux-mêmes*, Paris, 1841, t. I, Auguste de LACROIX, « La Femme de chambre », pp. 225-232.
44. Octave MIRBEAU, *op. cit.*, chap. I.
45. *Les Français peints par eux-mêmes, ut. sup.*
46. Emile ZOLA, *Nana, ut. sup.*, chap. II.
47. Emile ZOLA, *Fécondité, ut. sup.*
48. Emile ZOLA, *La Curée, ut. sup.*
49. Emile ZOLA, *L'Argent*, Paris, 1891.

CHAPITRE III

1. Cf. GRANGÉ et DESLANDES, *op. cit.*, acte I, scène 6 : M. Durosel sonne, sonne, sans résultat. Furieux, il vient lui-même à la cuisine chercher l'eau chaude dont il a besoin pour se raser. Les domestiques jouent l'étonnement de n'avoir pas entendu la sonnette.
2. Marcel PROUST, *La Prisonnière*, Paris, 1924.
3. Marcel PROUST, *Sodome et Gomorrhe, ut. sup.*
4. Marcel PROUST, *Albertine disparue*, Paris, 1925, chap. 2.
5. Marcel PROUST, *Le Temps retrouvé, ut. sup.*
6. H. de BALZAC, *La Cousine Bette, ut. sup,*. Ire partie.
7. GRANGÉ et DESLANDES, *op. cit.*, acte I, scène 1.
8. Emmanuel CHAUVET, *Le Travail. Etudes morales. Les domestiques*, Caen, 1896.
9. GRANGÉ et DESLANDES, *op. cit.*, acte III, scène 11.
10. Paul de KOCK, *La Grande Ville, Nouveau Tableau de Paris*, Paris, 1842, « Les Dames au marché ».
11. Voir aussi la justification du sou du franc, *L'Eclair*, 25 septembre 1904, lettre d'une domestique parisienne, G. T., rue du Rocher : la cuisinière se donne du mal pour aller aux halles à quatre heures du matin acheter moins cher, il est normal qu'elle ait un escompte.
12. Pauline de GRANDPRÉ, *op. cit.*, « Les Confidences d'une domestique », pp. 223-236.
13. Emile ZOLA, *Nana, ut. sup.*; chap. XIII : « C'était, à l'office, un gaspillage effréné, un coulage féroce, qui éventrait les barriques de vin, qui roulait des notes enflées par trois ou quatre mains successives. Victorine et François régnaient en maîtres dans la cuisine, où ils invitaient du monde, en dehors d'un petit peuple de cousins nourris à domicile de viandes froides et de bouillon gras... tandis que, au milieu de ce gaspillage général, de ce sac de ville emportée d'assaut, Zoé, à force d'art, parvenait à sauver les apparences, couvrait les vols de tous pour mieux y confondre et sauver les siens... en haut, chez Madame, la débâcle soufflait plus fort : des robes de 10 000 francs, mises deux fois, vendues par Zoé. »

J.-K. HUYSMANS, *En ménage, ut. sup.*, chap. XII : « C'était dans sa maison une véritable gabegie, un vrai pillage; chacun tirait à soi et le plus âpre encore était le mari de la bonne qui emportait les gilets et les chaussettes, dévorait des argents fous en achat d'eau seconde et de cire, aidait à vider les bouteilles de vin et empêchait l'eau de vie de vieillir dans les armoires. Tous les matins, Mélanie réclamait 20 francs. »

Voir aussi *Journal* des Goncourt, 11 février 1881 : « Rochefort disait, ce soir, qu'il gagnait 100 000 francs par an, et qu'il n'était ni coureur de femmes, ni buveur, ni joueur, et qu'il dépensait à peine une dizaine de mille francs en tableaux, qu'il ne savait pas où cet argent passait, et qu'il n'avait pas de quoi se mettre sur le dos.... avouant un gigantesque " coulage " dans sa maison. »

14. Jean DRAULT, *Nos domestiques, ut. sup.*

Voir aussi GRANGÉ et DESLANDES, *op. cit.*, acte III, scène 5 : Julie suggère à ses maîtres, qui viennent de recevoir un coupon pour une loge à l'Opéra et ne peuvent se rendre au spectacle, de l'offrir au concierge. « [...] de cette manière, dit-elle en aparté, il ne bavardera pas sur le souper. » (Il s'agit du souper auquel Julie, en l'absence de ses maîtres, convie les autres domestiques de l'immeuble.)

15. Paul CHABOT, *op. cit.*, chap. X.

16. Archives nationales, BB20 287-288.

17. Archives de la Seine, DI U8 113.

Le *compte général de l'administration de la justice criminelle* pour l'exercice 1900-1901 examine la criminalité féminine selon les professions et indique le rapport des accusées à chaque groupe de la population féminine active sur 100 000 habitants de même condition :

Industrie	50
Agriculture	20
Services publics	19
Service domestique	12
Professions libérales	9
Commerce	6

18. Archives de la Seine, D2 U6. Tribunal de première instance du département de la Seine, police correctionnelle, janvier et juin 1900.

19. Archives de la Seine, DYIO 157. Registre d'écrou de la prison Saint-Lazare, 25 mai 1899-janvier 1900.

20. Pauline de GRANDPRÉ, dans *La Prison Saint-Lazare depuis vingt ans, ut. sup.*, rapporte les confidences d'une domestique incarcérée pour « vol de confiance », c'est-à-dire vol domestique. Catherine servait chez une maîtresse difficile qu'elle a voulu quitter. Celle-ci a fouillé son linge (le maître a, en principe, le droit de fouiller la malle de la domestique au moment de son départ) et trouvé deux « mauvaises nippes lui appartenant »; dans un coin de la chambre de bonne, la maîtresse a découvert « un vieux parapluie qui servait pour la cuisine ». Catherine jure à Mme de Grandpré qu'elle ne sait pas comment les nippes se trouvaient là. Pour ces « vols », la domestique a été condamnée à un an de prison par le tribunal correctionnel.

Le vol domestique était autrefois puni de mort. C'était encore vrai en 1724, où Voltaire proteste contre cette barbarie. Cf. Louis Sébastien MERCIER, *Tableau de Paris*, Hambourg, 1781, t. II, « Servante mal pendue ». Il y a dix-sept ans environ, une jolie paysanne, en service chez un homme vicieux, résiste aux avances de son maître. Celui-ci cache des affaires à lui parmi celles de sa servante et la fait condamner pour vol : elle doit être pendue. Mais elle est mal pendue, le procès n'est pas révisé et la malheureuse est condamnée à vivre en se cachant : « l'horrible calomniateur demeure impuni ».

Cusenier affirme qu'en 1791 le vol domestique n'est plus puni que de huit années de prison.

21. MIRBEAU, op. cit., chap. XIII.

22. Cf. Archives nationales AD XIX W 65, « Accidents du travail. Jurisprudence », t. VIII, octobre 1907.

30 mai 1907. Justice de paix de Paris. Dame Michault contre Vilpelle. La dame Michault est laveuse de vaisselle, c'est-à-dire domestique chez Vilpelle. Le 3 mai 1904, elle a eu un accident du travail. Une écharde dans l'index de la main droite a provoqué un panaris : elle demande à son patron une indemnité temporaire de 25 francs. La justice statue ainsi : « Sans révoquer en doute l'accident dont elle se plaint, il est certain que cet accident ne rentre pas dans la catégorie des risques professionnels prévus par la loi du 9 avril 1898... » La dame Michault devrait justifier qu'a été commise envers elle par son patron une faute ou une négligence. Vilpelle est renvoyé des fins de la demande, sans dépens.

23. Archives nationales AD XIX W 34.

24. Archives nationales F 22 367, chemise « Domestiques ».

25. Marcel CUSENIER, op. cit., IIe partie, chap. XIII.

26. Recensement de 1901, t. IV, p. 215.

27. Se pose la question du nombre d'adhérents déclarés par les syndicats. Car, s'il existe presque toujours des différences entre les chiffres cités par l'*Annuaire des syndicats professionnels* et par Marcel Cusenier, elles restent minimes, sauf pour le Syndicat français des gens de maison. En revanche, on reste stupéfait devant les chiffres que déclarent les bulletins syndicaux. Comment expliquer les 7 623 adhérents annoncés par le *Journal des gens de maison* contre les 1 001 donnés par l'*Annuaire*... pour la même année 1900? ou les 11 000 adhérents au Genêt qu'avance *Le Serviteur* en 1908? Même si ni l'*Annuaire*... ni Cusenier ne citent le Genêt, et si, donc, nous ne possédons pas d'autres chiffres en regard, 11 000 n'est pas crédible, puisque Cusenier nous dit qu'à la fin de 1910 on comptait 3 785 domestiques syndiqués à Paris, répartis en 9 syndicats. (A noter que, si avec les chiffres donnés aux pages 308-309 de son livre, on fait une addition, on obtient 5 785 et non pas 3 785.) Comme nous avons dénombré 13 syndicats et non pas 9, le nombre des gens de maison syndiqués peut donc être plus élevé que celui qu'indique Cusenier, mais on voit mal 11 000 adhérents regroupés en un seul syndicat. Si nous additionnons les chiffres que nous possédons pour 1910, en laissant de côté celui du Genêt, nous obtenons : hommes et femmes : 6 898; femmes : 3 054.

Sans doute faut-il comprendre que les chiffres très importants fournis par les bulletins syndicaux résultent de l'addition des domestiques et des maîtres, « membres bienfaiteurs » ou « membres fondateurs ». La lecture des statuts du Genêt nous permet cette hypothèse. Si les syndicats comptent comme « membres » tous les maîtres qui s'inscrivent pour trouver des domestiques, on arrive vite à un grand nombre de syndiqués...

28. Voir les listes que donnent l'*Enquête sur le placement* de 1909, *Paris charitable et prévoyant* de l'année 1904, et les documents des Archives nationales AD XIX W 73.

29. Sous la cote Z 770 à la Bibliothèque historique de la Ville de Paris, années 1877 à 1900.

30. Cf. Rapport de la délégation à l'Exposition franco-britannique, 25 août-3 septembre 1908.

31. Cf. l'*Humanité*, 26 mai 1909.

32. Lancement de deux souscriptions : l'une (*Le Serviteur*, 6 mai 1910), pour offrir une couronne de fleurs blanches à Jeanne d'Arc, place Saint-Augustin; l'autre (*Le Serviteur*, 20 mars 1912) « afin d'accélérer la création d'une puissante armée d'aéroplanes consacrés à la défense de la patrie ».

33. Cf. *Journal des gens de maison*, 8 juillet 1914, qui se plaint du chômage réservé aux serviteurs français par la concurrence étrangère. Les étrangers, qui représentaient en 1900 6 p. 100 des domestiques, en représentent en 1913 14 p. 100. Les étrangers nouveaux venus sont placés par les agences de placement à très bas prix. Une fois qu'ils sont initiés, les agences les font entrer chez des maîtres qui paient mieux, et touchent ainsi une nouvelle commission.

TROISIÈME PARTIE

CHAPITRE PREMIER

1. Marie MILON, *Guide pratique, manuel et complet des domestiques...*, ut. sup. Mais le *Nouveau Manuel complet de la maîtresse de maison* (réédition de Mmes Pariset et Celnart), en 1913, préconise de laisser à la bonne quelques heures par semaine *en plus* des heures du dimanche, pour lui permettre d'entretenir son linge et ses vêtements.

2. Mme de GENLIS, *Le La Bruyère des domestiques précédé de considérations sur l'état de la domesticité en général, et suivi d'une nouvelle*, Paris, 1828.

3. *Le Rouge et le Noir, ut. sup.*, Ire partie, chap. VII.

4. G. FLAUBERT, *Bouvard et Pécuchet*, Paris, 1880, chap. VI.

Sur la corruption de la servante par les romans, voir Marie MILON, *ut. sup.*, chap. XII : « C'est à elle surtout que nous recommandons de ne pas lire des romans qui exalteraient son imagination et pervertiraient son cœur. » Voir aussi l'*Union pour l'action morale*, 15 juillet 1899, lettre d'une lectrice, Amélie-Andrée Gédalge, qui dénonce le danger, pour les domestiques, de la « mauvaise littérature », romans-feuilletons, romans soi-disant populaires...

5. *Histoire de ma vie, ut. sup.*, IIIe partie, chap. II.

6. E. et J. de GONCOURT, *op. cit.*, chap. XLIX.

7. MIRBEAU, *op. cit.*, chap. III.

On apprend, par le *Journal* de Jules Renard, que des hommes importants n'hésitaient pas à s'entretenir des lectures de leurs domestiques. Léon Blum raconte : « il a surpris une de ses bonnes apprenant par cœur *Volupté*, de Sainte-Beuve, qu'elle avait pris dans sa bibliothèque. Il dut lui donner le livre. » Commentaire ironique de Tristan Bernard : « La scène du don a dû être émouvante! » Paul Adam dit qu'une de ses bonnes lisait du Poictevin... puis parle de lettres que lui ont écrites des ouvriers : la lecture des domestiques se situe bien dans le cadre de la culture populaire (13 février 1895). Jules Renard lui-même, à propos de Mariette qui « se gâte » à cause des lectures et du théâtre, cite ses dernières lectures : *Quand on aime*, de Decourcelle; *Le Capitan* et *L'Héroïne* de Michel Zevaco (9 juin 1908).

8. *Madame Bovary, ut. sup.*, chap. VI, de la Ire partie.

9. *Manuel complet des domestiques, ut. sup.*, chap. I.
10. Baronne FROGER DE L'EGUILLE, *op. cit.*, chap. XV.
11. Lettre de Flaubert à Louis Bouilhet, Alexandrie, 5 juillet 1850.
12. Zulma GARRAUD, *op. cit.*
13. EDGY, *op. cit.*
14. In *Les Rayons et les Ombres*, Paris, 1840.
15. *Le Temps retrouvé, ut. sup.*, « Tansonville ».
16. *Bécassine pendant la Grande Guerre, ut. sup.*
17. T. I, pp. 328-329.
18. T. I, 3e partie, p. 34.
19. EDGY, *op. cit.*
20. Mme de GENLIS, *op. cit.*, chap. II.
21. J.-Ch. BAILLEUL, *op. cit.*, chap. IV.
22. Prince de LIGNE, *Œuvres choisies, littéraires, historiques et militaires*, Genève, 1809, t. II.
23. Abbé GRÉGOIRE, *op. cit.*, chap. VIII.
24. Augusta MOLL-WEISS, *Les Ecoles ménagères à l'étranger et en France*, Paris, 1908.
25. CHATEAUBRIAND, *Mémoires d'outre-tombe*, Paris, 1848-1850, 4e partie, livre IV, chap. 12.
26. *Petit Bleu*, « Le Thé de Justine », 27 janvier 1900.
27. Cité par JEAN-PIERRE, « Maîtres et Serviteurs, la crise du service domestique », *ut. sup.*
28. In Jean DRAULT, *op. cit.*
29. GRANGÉ et DESLANDES, *op. cit.*, acte I, scènes 8 et 11.
30. Cf. MIRBEAU, *op. cit.*, chap. IV. Célestine, rue Lincoln où elle est deuxième femme de chambre, passe ses après-midi à se divertir avec les autres domestiques : « quelquefois, de l'office, le maître d'hôtel nous apportait des gâteaux, des toasts au caviar, des tranches de jambon, un tas de bonnes choses... » La gouvernante anglaise leur prépare le thé.
31. *Pot-Bouille, ut. sup.*, chap. XVI.
32. Paul CHABOT, *op. cit.*, chap. IX.
33. *Le Rouge et le Noir, ut. sup*,. Ire partie, chap. XXX.
34. *Madame Bovary, ut. sup.*, Ire partie, chap. IX.
35. *Pot-Bouille, ut. sup.*, chap. XI. Sur le rôle que tenaient les domestiques dans la vie quotidienne d'un quartier, voir le *Répertoire de commissariat du quartier de la Madeleine* pour l'année 1900. Les domestiques sont souvent « entendues » comme témoins. Par exemple, le 1er décembre, un cocher renverse une personne en face du 26, bd Malesherbes. Sont recueillis, sur cet accident, les témoignages de Reine Prunier, quarante-deux ans, cuisinière, 7, place de la Madeleine, et d'Amélie Prisker, vingt-deux ans, domestique, 26, bd Malesherbes. Toutes deux témoignent en faveur du cocher.
36. Paul CHABOT, *op. cit.*, chap. XIII.
37. *Germinie Lacerteux, ut. sup,.* chap. IV.
38. *Ibid.*, chap. XXI.
39. *Ibid.*, chap. XII.
40. *Ibid.*, chap. XLVIII.
41. Paul CHABOT, *op. cit.*, chap. VI.
42. Léon FRAPIÉ, *op. cit.*, chap. XII.
43. Marguerite DURAS, *Le Square*, Paris, 1955.
44. Paul CHABOT, *op. cit.*, chap. VII.

CHAPITRE II

1. Jules MICHELET, *La Femme*, Paris, 2e édition, 1860.
2. En plus des deux articles déjà cités plus haut, voir son ouvrage *The Domestic Revolution*, Londres, 1976.
3. T. I, pp. 328-329.
4. T. I, 3e partie, p. 30.
5. Paul CHABOT, *op. cit.*, chap. XI.
6. Léon FRAPIÉ, *op. cit.*, chap. VI.
7. G. de MAUPASSANT, *Histoire d'une fille de ferme*, Paris, 1881.
8. Paul CHABOT, *op. cit.*, chap. XII.
9. Juliette SAUGET, devenue « fille mère » en 1909, décide, au bout de deux ans, d'élever sa fille elle-même, et pour cela abandonne son métier de domestique pour prendre une place de concierge.
10. MIRBEAU, *op. cit.*, chap. XV.
11. Paul CHABOT, *op. cit.*, chap. XIII.
12. Chiffres indiqués par Viviane AYMÉ, *La Domesticité féminine à Paris, 1890-1914*, D.E.S. non publié, sous la direction de Philippe Vigier, Nanterre, octobre 1973. Il est à noter que de nombreuses servantes provinciales « montent » à Paris pour y cacher leur grossesse et y accoucher. Certaines font même le voyage à pied.

Voir aussi le tableau des enfants mis en nourrice en 1881-1886, page 34 du recueil des *Cartogrammes envoyés à l'Exposition de 1899* (service de la Statistique municipale). Il indique, pour chaque arrondissement de Paris, combien sur 1 000 enfants nés vivants, ont été envoyés en nourrice. Vient en tête le bourgeois VIe arrondissement, avec 500 enfants (la moyenne, pour la ville de Paris, est de 381). Mais, si l'on regarde la répartition de ces enfants selon qu'ils sont légitimes ou illégitimes, on voit que le VIe arrondissement est aussi celui où les enfants illégitimes envoyés en nourrice sont le plus nombreux. On peut donc penser, malgré les conclusions hâtives qui accompagnent le tableau, qu'une bonne proportion des enfants du VIe envoyés en nourrice sont des enfants de filles mères, c'est-à-dire de domestiques. Celles-ci, en effet, étaient nombreuses dans le VIe : 300 à 399 domestiques féminines pour 1 000 ménages de deux personnes au moins.

Voir enfin la proportion de domestiques mères célibataires dans les asiles maternels. L'asile Ledru-Rollin, 2, rue de Bagneux à Fontenay-aux-Roses, qui accueille les convalescentes relevant de couches, a reçu, entre 1892 (date de son ouverture) et 1900, 7 339 femmes parmi lesquelles 4 151 domestiques. 5 832 de ces hospitalisées sont célibataires et 5 446 sont Françaises nées en province. La conclusion du croisement de ces trois éléments est : « L'immense majorité des hospitalisées de l'asile Ledru-Rollin se recrute parmi les domestiques venues de province à Paris et devenues filles mères » (*Exposition de 1900; rapport du jury*, 4e partie, classe 112, Paris, 1902). Le R. P. Dauphin, directeur de l'asile Saint-Raphaël, 297, rue Saint-Jacques, asile privé ouvert aux victimes d'une première faute trois mois avant leur accouchement, affirme de son côté que les premières accueillies sont les bonnes qui viennent de province se placer à Paris (R. P. DAUPHIN, *op. cit.*).

13. Registres d'entrées à Baudelocque et à la Pitié pour l'année 1900, Archives de l'Assistance publique.
14. Gustave FLAUBERT, *Dictionnaire des idées reçues*, Paris, 1913.

15. Docteur L. MARTINEAU, *La Prostitution clandestine*, Paris, 1885.
16. G. de MAUPASSANT, *Une vie*, Paris, 1883, chap. VII, VIII, IX.
17. G. de MAUPASSANT, *Le Vagabond*, Paris, 1887; *L'Aveu*, Paris, 1880.
18. Jules RENARD, *Journal*, 23 août 1908.
19. Eugène SUE, *Les Mystères de Paris*, Paris, 1841-1843, IVe partie, chap. VIII, IX, X, XII.
20. Sur le fantasme de la servante espionnée, droguée et violée pendant son sommeil, voir aussi *La Figurante, ut. sup.*, chap. XXI. Sulette partage, dans un hôtel rue Gît-le-Cœur, la chambre d'une jeune bonne. Celle-ci lui raconte que l'hôtel est truqué, qu'on les regarde. Elle dit comment l'année précédente elle a été violée dans un hôtel du même genre, après avoir été droguée.
21. *La Figurante, ut. sup.*, chap. XIV, XV, XVI.
22. Emile ZOLA, *op. cit.*, livre 2, chap. IV.
23. G. de MAUPASSANT, *Rosalie Prudent*, Paris, 1886.
24. Cf. Jean-Louis FLANDRIN, *Les Amours paysannes*, Paris, 1975.
25. Signalée par A. BOUTIN, *La Recherche de la paternité*, Paris, 1910. J.-V. DAUBIÉ, *op. cit.*, montre bien l'absurdité de la législation en vigueur. Si on appliquait, dit-elle, à la propriété notre mode de protection de la famille, voici ce qu'on obtiendrait : « 1) La recherche du vol est inutile. 2) Les voleurs spécialement protégés sont exempts des contributions et des charges publiques qui frappent les propriétaires légitimes. 3) Les volés seuls seront punis. »
26. *Journal des gens de maison*, 8 mars 1901.
27. *Journal des gens de maison*, 8 avril 1905.
28. Léon AUBIN, *La Recherche en paternité*, Orléans, 1910.
29. A BOUTIN, *op. cit.* : « On accuse aussi volontiers les bourgeois de débaucher leur bonne [...] à moins d'accorder pleine créance à la femme qui se plaindra, ces cas seront de ceux où il sera le plus difficile à la plaignante d'apporter le moindre commencement de preuve; de pareilles relations étant essentiellement courtes et ne comportant habituellement ni preuves écrites, ni concubinage, ni possession d'état. »
30. *Fécondité, ut. sup.*, livre 2, chap. II.
31. G. de MAUPASSANT, *La Mère aux monstres*, Paris, 1885.
32. L. FRAPIÉ, *op. cit.*, chap. XVII.
33. Sur l'obsession du ventre prolétaire empli, voir M. Gourd, concierge de l'immeuble dans *Pot-Bouille*, exaspéré par le ventre de la piqueuse de bottines du sixième étage. Elle a loué la chambre alors qu'elle était toute plate encore, et elle est maintenant enceinte jusqu'aux yeux; son ventre donne des cauchemars au concierge : « Le ventre, maintenant, lui semblait jeter son ombre sur la propreté froide de la cour, et jusque sur les faux marbres et les zincs dorés du vestibule. C'était lui qui s'enflait, qui emplissait l'immeuble d'une chose déshonnête, dont les murs gardaient un malaise. A mesure qu'il avait poussé. il s'était produit comme une perturbation dans la moralité des étages » (chap. XIII).
34. Cf. Paul CHABOT, *op. cit.*, épilogue : une bonne enceinte de son patron, qui accouche seule au septième étage (Paris, 1910).
35. *Pot-Bouille, ut. sup.*, chap. XVIII.
36. C'est dans un tour que Geneviève, la servante du roman de Lamartine, abandonne l'enfant de sa sœur. Lamartine défendait énergiquement les tours : « La charité doit avoir non des yeux pour voir ou des oreilles pour entendre, mais des bras pour recevoir » (cité par Octave GAUBAN, *De l'infanticide*, Bordeaux, 1905).

Pour la description du tour, voir Jacques DONZELOT, *La Police des familles*, Paris, 1977, p. 30.

37. Jeanne GAILLARD, dans sa thèse, *Paris, la ville, 1852-1870*, Paris, 1977, dit que l'une des raisons de la fréquentation moins importante des hôpitaux par celles qui formaient leur clientèle la plus nombreuse (ouvrières à l'aiguille, journalières, etc.) réside dans le changement de modalité pour les abandons d'enfants. L'abandon d'enfant doit désormais se faire par déclaration devant le commissaire de police; avant, il y avait simple prise en charge du nouveau-né par l'hôpital. C'est pourquoi beaucoup de femmes qui voulaient abandonner leurs enfants allaient accoucher à la maternité de la Bourbe (à Port-Royal).

Cusenier suggère, en ce qui concerne les domestiques, une autre explication de leur préférence pour le meurtre de l'enfant plutôt que pour l'abandon : la vie est amère pour la servante, elle veut épargner cela à son enfant et aime mieux le voir mort que malheureux.

38. C. GRANIER, *La Femme criminelle*, Paris, 1906.
39. Cf *Répertoire de commissariat du quartier de la Madeleine*, 1900. 13 mars : arrestation de Georgette Parquet, vingt ans, célibataire, domestique au service de M. Nadar, photographe, 51, rue d'Anjou. Un vidangeur a trouvé dans une tinette le corps d'un nouveau-né en complète putréfaction, enveloppé d'une chemise marquée G.P. Georgette Parquet dit qu'en lavant elle a laissé tomber une chemise dans les cabinets. Elle nie être la mère de l'enfant.
40. Raymond de RYCKÈRE, *La Servante criminelle*, Paris, 1908, chap. IV.
41. Docteur Paul AUBRY, *La Contagion du meurtre*, Paris, 1887.
42. MIRBEAU, *op. cit.*, chap. IV.
43. Marguerite BAULU, *op. cit.*, chap. IV.

Cf. un fait divers rapporté par le journal *Le Voltaire*, 13 mai 1883, cité par le docteur C. GUIGNARD, *Infanticides. Faut-il rétablir les tours ?*, Tours, 1883. Une fille, Marie X, âgée d'une vingtaine d'années, au service des époux Legris, 20, rue Mazagran, depuis plusieurs mois, avait en apparence une conduite irréprochable. Un jour, Mme Legris, ne voyant pas descendre sa domestique, monte au sixième étage. Elle frappe, n'obtient pas de réponse, se dispose à aller chercher un serrurier. Mais la porte s'ouvre : « Sur son lit, tout inondé de sang, la jeune fille gisait, pâle, défaite, anéantie et les vêtements également ensanglantés. » Mme Legris fait venir le commissaire de police qui trouve sous le traversin de l'accouchée un paquet contenant les restes d'un enfant nouveau-né, étranglé depuis quelques heures. Marie X avoue et est conduite à Saint-Lazare.

44. *Compte général de l'administration de la justice criminelle*, année 1900, p. 33.
45. Paul BROUARDEL, *L'Avortement*, Paris, 1901.
46. René BOUTON, *L'Infanticide*, Paris, 1897.
47. Félix ALLEMANE, *L'Avortement criminel*, thèse de doctorat, Carcassonne, 1911.
48. René BOUTON, *op. cit.*, dit qu'à la ville, à cause des faiseuses d'anges, « l'avortement a détrôné l'infanticide ». Le docteur Tardieu, *Etude médicale légale sur l'avortement*, Paris, 1855, parlait déjà de « l'extrême importance de ce crime qui a dégénéré, nous en avons les preuves, en une véritable industrie ».
49. ZOLA, *op. cit.*, livre 2, chap. V.
50. Docteur O. COMMENGE, *op. cit.*, 1897, chap. VII.
51. PARENT-DUCHÂTELET, *De la prostitution dans la ville de Paris*, 3ᵉ édi-

tion, Paris, 1857. Ces chiffres sont repris par Jules Simon, *L'Ouvrière*, ut. sup.

52. Cf. Docteur JEANNEL à Bordeaux, il y a 40 domestiques sur 100 prostituées. Cité dans *Maîtres et Domestiques fin de siècle*, par un cuisinier philosophe, ancien gendarme devenu domestique, de 1875 à 1897, Paris, 1898.

53. Cf. G. de MAUPASSANT, *Le Port*, Paris, 1889. Françoise Duclos, orpheline, se place comme servante à quinze ans. Elle est séduite par deux maîtres successifs, le second l'abandonne au Havre. Comme elle n'a rien à manger, elle entre en maison close.

Autre exemple célèbre de femme de chambre séduite, abandonnée, obligée de se prostituer : Katioucha Maslova, l'héroïne de *Résurrection*, Tolstoï, 1899.

54. Félix LOHSE, *La Prostitution des mineures en France, avant et après la loi du 11 avril 1908*, Paris, 1913, chap. I.

55. Rapport du baron de Montenach au Congrès de la protection internationale de la jeune fille, Dijon, 1910, cité par Félix Lohse.

56. G. de MAUPASSANT, *Yvette*, Paris, 1885.

57. MIRBEAU, *op. cit.*, chap. XV.

58. Cf. Jean GENET, *Le Balcon*, Paris, 1956 : « la soubrette en tablier rose » apparaît comme un personnage classique réclamé par les visiteurs du bordel, aux côtés de « la pénitente dégrafée, la jument du général, la paysanne culbutée dans la paille »...

Alain CORBIN, *Les Filles de noce*, Paris, 1978, p. 305, rappelle l'explication donnée par Krafft-Ebing de la « tentation ancillaire » : « A une époque où le costume établissait une véritable barrière entre les sexes, le tablier aurait évoqué le sous-vêtement féminin et laissé présager une facile intimité. »

59. R. de RYCKÈRE, *op. cit.*, chap. IX.

60. Docteur O. COMMENGE, *Recherches sur les maladies vénériennes à Paris dans leurs rapports avec la prostitution clandestine et la prostitution réglementaire, 1878-1887*, Paris, 1890, chap. XIV, observation 16.

61. Docteur COMMENGE, *op. cit.*, 1897.

62. Docteur Léon BIZARD, *La Syphilis et les Domestiques*, Paris, 1923.

63. Henry BUGUET, *Guide des maîtres et des domestiques*, Paris, 1881.

64. Cf. G. de MAUPASSANT, *L'Odyssée d'une fille*, Paris, 1883. Récit d'une prostituée parisienne. Domestique à Yvetot, obligée, pour manger, de se prostituer à Rouen, elle est emprisonnée, puis reconnue innocente. Mais, malgré le verdict, elle ne peut plus se placer comme domestique et sombre définitivement dans la prostitution.

65. *Rapports au conseil municipal de Paris*, présentés au nom de la deuxième commission sur la Prostitution et la Police des mœurs par MM. Mithouard, Quentin, Turot, le 24 février 1904, Archives de la préfecture de Police, Conseil municipal de Paris, 1904, Rapports et Documents.

Cf. Jules BLUZET, *La Prostitution officielle et la Police des mœurs*, Lyon, 1903. Lorsqu'une fille est inscrite sur le registre de la police, elle devient la « chose » des agents : elle peut être arrêtée n'importe quand.

66. H. de BALZAC, *Les Paysans*, ut. sup.

67. G. FLAUBERT, *Bouvard et Pécuchet, ut. sup.*, chap. VII.

68. MIRBEAU, *op. cit.*, chap. XII.

69. G. de MAUPASSANT, *Sauvée!*, Paris, 1884.

70. Jacques MONNIER et André de FOUQUIÈRES, *La Bonne à rien faire*, Paris, 1906.

CONCLUSION

1. Adolphe GARNIER, *Morale sociale*, Paris, 1850, livre IV, chap. II.
2. Edmond ROBERT, *Les Domestiques, étude de mœurs et d'histoire*, Paris, 1875.
3. Emile ZOLA, *Travail*, Paris, 1901.
4. A noter qu'un siècle plus tard se tient le même discours. En 1970, on lit dans *Le Personnel de la maison*, guide pratique Denoël de la vie quotidienne, que le robot comme aide-ménagère c'est pour le XXIe siècle.
5. *L'Eclair*, 20 septembre 1904 : Mme Schmahl dit de la cuisine distribuée à domicile à Londres qu'elle est parfaite pour 50 familles, détestable pour 200 à 300. Et, ajoute-t-elle, « c'est la grande maison à étages, comme à Paris, avec cuisine, service, blanchissage compris, à volonté, qui semble le mieux répondre aux besoins domestiques modernes ».
6. Maurice BEAUFRETON, « Comment se rédoudra la question des domestiques », *La Quinzaine*, 16 octobre 1906, signale l'échec récent, à Londres, des « cuisines centrales », grandes cuisines communautaires dans les immeubles.
7. *L'Union pour l'action morale*, 1er novembre 1899, article signé J.-P. : Jean-Pierre ?
8. *Ibid.*, 1er août 1899.
9. Cf. Edmond ROBERT, *op. cit.* Il cite Victor Considérant, disciple de Fourier : « A ces quatre cents familles naguère isolées, il fallait quatre cents ménagères pour préparer leurs aliments. Vingt ou trente femmes suffiront aujourd'hui à tous les travaux de la cuisine. »
10. Ces détails m'ont été communiqués par Laure Adler.
11. Yvonne SINGER LECOCQ, *Rouge Elisabeth*, Paris, 1977.
Cette commune, inspirée par la lecture des saint-simoniens français, terrorisait les parents, et, bien que personne ne l'ait jamais vue, personne ne doutait de son existence.
12. Etienne CABET, *Voyage en Icarie*, Paris, 5e édition, 1848, t. I, chap. XII.
13. Bibliothèque Marguerite-Durand, Dossier « Gens de maison ».
14. Si les mères doivent allaiter, c'est à la fois « pour leur santé, pour l'ordre moral ». Gardien, ancien professeur de l'Académie de Paris, cité par J. POISLE DESGRANGES, *Guide du bon maître et du bon domestique*, Paris 1876.
15. *Maîtres et Domestiques fin de siècle, ut. sup.*
16. Georges MONTORGUEIL, *L'Eclair*, 22 janvier 1917.
17. Maurice BEAUFRETON, *op. cit.*
18. Bouniceau-Gesmon, Salomon, Marguerite Baulu, Cusenier...

TABLE

Avant-propos 5

INTRODUCTION

I. Monter à Paris 15
II. Le corps nié 26
III. La crise de la domesticité 33

PREMIÈRE PARTIE
L'ESPACE DE TRAVAIL

I. Le placement 43
II. Les places, les gages 77
III. Les tâches 102
IV. Le logement 125

DEUXIÈME PARTIE
L'ESPACE IMAGINAIRE ET LES CODES

I. Marthe/Marie-Madeleine 151
II. Suppôts des codes 216
III. Résistances 241

TROISIÈME PARTIE
LA JOUISSANCE VOLÉE

I. Loisirs 287
II. La vie sexuelle 312

CONCLUSION

La ménagère 365
NOTES 379

IMPRIMÉ EN FRANCE PAR BRODARD ET TAUPIN
58, rue Jean Bleuzen - Vanves - Usine de La Flèche.
LIBRAIRIE GÉNÉRALE FRANÇAISE - 14, rue de l'Ancienne-Comédie - Paris.
ISBN : 2 - 253 - 03734 - 6